Der Kosmos-Waldführer

KOSMOS NATUR FÜHRER

M. Poruba / J. Pokorny
O. Rabsteinek / R. Hrabak

Der Kosmos-Waldführer

Pflanzen und Tiere in Farbe

Kosmos
Gesellschaft der Naturfreunde
Franckh'sche Verlagshandlung
Stuttgart

Text von Rudolf Hrabák, Jaromír Pokorný, Miroslav Poruba, Otomar Rabšteinek
Ins Deutsche übertragen von Jan Gruna, Alexander Richter
Farbzeichnungen von Květoslav Hísek
Federzeichnungen von Michal Skalník
265 Fotos von Bárta (2), Bellmann (6), Bluďovský (2), Brchel (1), Breburda (1), Chroust (5), Danegger (5), Diffené (3), Eichhorn (5), Formánek (2), Harz (1), Hrabák (35), Hoch (5), Humpál (1), Jurzitza (9), Kahl (2), König (10), Kricnar (1), Kunc (1), Limbrunner (7), Moosrainer (2), Pavlík (27), Pfletschinger (18), Pradáč (18), Rabštejnek (5), Reinhard (23), Rödl (4), Rohdich (1), Rudert (1), Rys (5), Schrempp (14), Studnička (5), Vlasák (1), Weber (9), Zeininger (25), Zepf (3)
Graphische Gestaltung von Stanislav Seifert

Umschlag von Edgar Dambacher unter Verwendung einer Aufnahme von H. Reinhard

CIP-Kurztitelaufnahme der Deutschen Bibliothek

Der Kosmos-Waldführer: Pflanzen u. Tiere in Farbe /
M. Poruba ... (Ins Dt. übertr. von Jan Gruna;
Alexander Richter). – Stuttgart: Franckh, 1979.
(Kosmos-Naturführer)
ISBN 3-440-04496-3
NE: Poruba, Miroslav (Mitarb.)

Bild 1 (Seite 2). Laubwald im Frühsommer

Franckh'sche Verlagshandlung, W. Keller & Co., Stuttgart / 1979

Printed in Czechoslovakia / Imprimé en Tchécoslovaquie
LH 14 Ste / ISBN 3-440-04496-3
Gesamtherstellung: TSNP, Martin
3/07/04/52-01

Der Kosmos-Waldführer

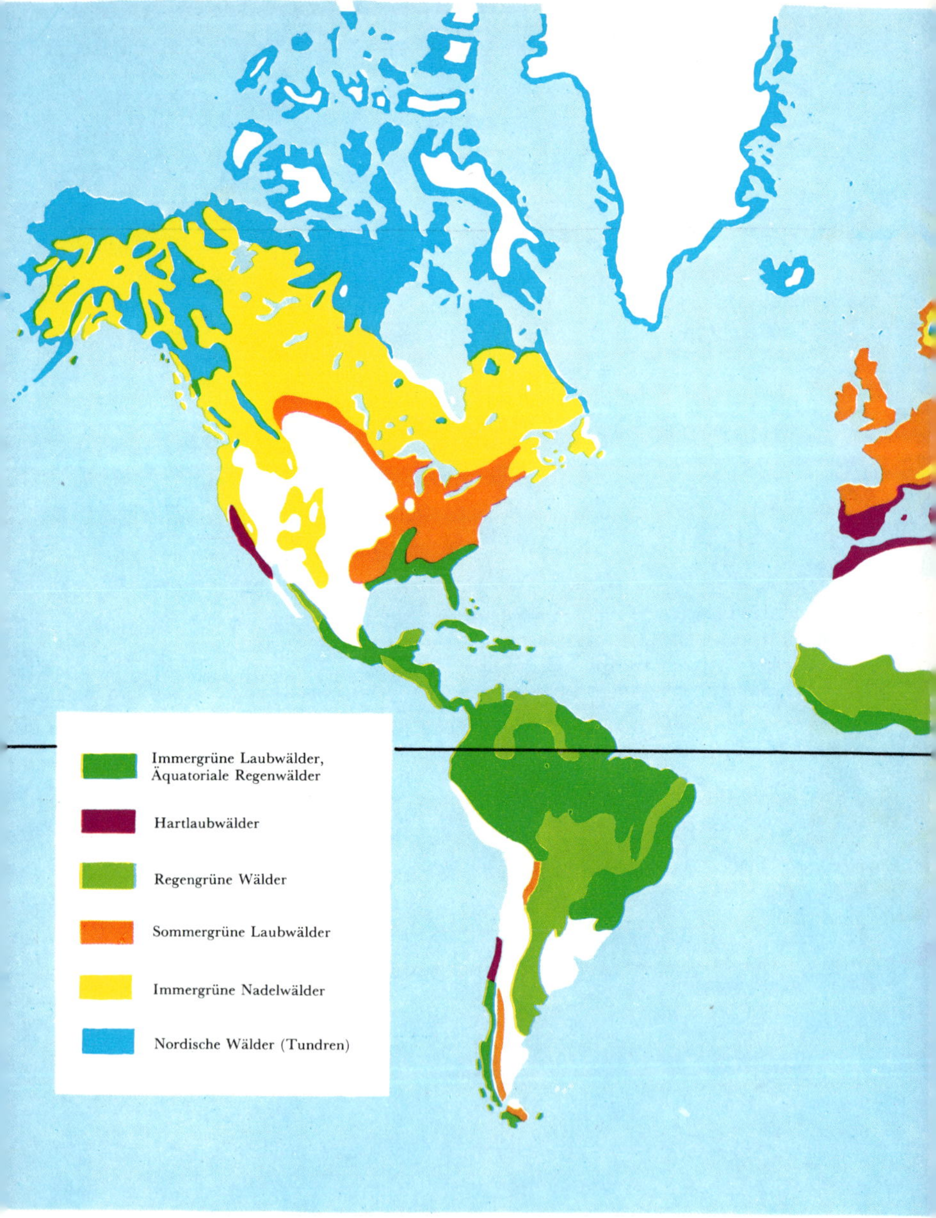

Die Verbreitung des Waldes auf der Erde

In Anlehnung an E. Strasburger,
„Lehrbuch der Botanik“

Die Verbreitung des Waldes auf der Erde

Auf der Erde sind heute rund 29 % des Festlandes von Wald bedeckt. Früher war dieser Anteil wesentlich größer. Der Rückgang der Waldfläche hatte teils natürliche Ursachen und steht im Zusammenhang mit ungünstigen klimatischen Veränderungen auf der Erde oder mit Naturkatastrophen, teils aber ist er auf den Einfluß des Menschen zurückzuführen.
Schon von jeher hat der Mensch, was er braucht, aus dem Wald geholt: Bauholz, Brennmaterial, Holz für Geräte; er hat den Wald zurückgedrängt durch Rodung für seine Siedlungen und durch Waldverwüstung beim Schiffsbau oder durch übermäßige Brennholz- und Weidenutzung. Nach der Statistik der Weltorganisation FAO (Forest and Agricultural Organisation) entspricht die heutige Ausbreitung des Waldes in den einzelnen Kontinenten den folgenden Angaben:

	Mill. ha Wald	Bewaldung in %
Europa ohne UdSSR	169	30,4
UdSSR	910	40,6
Nordamerika	750	38,6
Mittelamerika	76	27,0
Südamerika	795	54,0
Afrika	763	25,4
Asien ohne UdSSR	548	20,0
Ozeanien	218	27,0

Im Vergleich zur Waldfläche nimmt der Agrarboden auf dem ganzen Erdball nur ca. 23 % ein.
Auf der Erde gibt es also insgesamt 4 Milliarden 229 Millionen Hektar Wald. Das entspricht der gesamten Fläche von Nord- und Südamerika. Daraus könnte man schließen, daß es auf der Erde genügend Wald gebe. Dem ist aber nicht so. Denn allein ein Drittel der Waldflächen hat durch extreme klimatische Bedingungen nur Heckencharakter ohne Nutzwert. Allerdings sind diese Wälder sehr wertvoll für den Boden, was von manchen Staaten leider weder erkannt noch richtig eingeschätzt wird. Außerdem werden ca. 500 Millionen Hektar Wald durch unbedachte Rodung vernichtet, und auf über der Hälfte der gesamten Waldfläche der Welt läßt sich mit den derzeitigen technischen und ökonomischen Möglichkeiten überhaupt nicht wirtschaften; diese Wälder sind bisher praktisch nicht nutzbar. Man kann also sagen, daß auf 1000 Hektar Wald nur 75 Hektar entfallen, die sich bewirtschaften lassen, und von weiteren 225 Hektar wird Holz ohne besondere Pflege des Waldes abgebaut. Mehr als 70 % der Waldfläche können überhaupt nicht bewirtschaftet werden.
Auf einen Erdbewohner entfallen heute im Durchschnitt zwar 160 Ar Wald, doch bestehen gebietsweise beträchtliche Unterschiede. So kommen z. B. auf Alaska 500 Hektar, in Holland jedoch nur 20 Ar auf einen Bewohner.
Der gesamte Holzvorrat der Erde wird auf 192 Milliarden m^3 geschätzt. Das wäre ein riesiges Reservoir, von dem die Menschheit nicht einmal den jährlichen Zuwachs verbrauchen könnte. Diese Angaben berücksichtigen jedoch nicht, daß die Holzvorräte auf der Erde recht ungleichmäßig verteilt sind und enthalten auch verkehrstechnisch unzugäng-

Bild 2. Herbstlicher Mischwald.

liche Waldflächen. Der jährliche Verbrauch an Holz beträgt 1 Milliarde 400 Millionen m^3; das entspricht dem Inhalt von 1 Million 285 Tausend Eisenbahnwagen, die, hintereinander aufgereiht, einen Schienenstrang beanspruchen würden, der 26 mal um den Äquator reicht.

Der Jahresverbrauch an Holz nimmt jedoch ständig zu, so daß man versuchen muß, die jährliche Produktion der bewirtschafteten Waldflächen zu erhöhen und Holz durch Kunststoffe zu ersetzen. Beim Laubwald unterscheidet man immergrüne, regengrüne und sommergrüne Wälder. Die immergrünen Wälder behalten ihre Belaubung das ganze Jahr über, doch bringen auch sie natürlich immer wieder neue Blätter hervor und lassen alte fallen. Der Blattwechsel vollzieht sich aber ganz unauffällig. Die regengrünen Wälder der Tropen und die sommergrünen der gemäßigten Zonen treiben ihre Belaubung nur während klimatisch günstigen Zeiten aus, die ersten nach heftigen Regenperioden, die letzteren während der milden, frostfreien Jahreszeit. In der übrigen Zeit, also während der Trockenperioden bzw. im Winter sind sie kahl. Nadelhölzer sind im allgemeinen immergrün, d. h. sie werfen ihre Nadeln erst nach mehreren Jahren ab, so daß die Bäume ständig grün bleiben. Eine Ausnahme macht z. B. die Lärche, die ihre Nadeln alljährlich im Herbst abwirft und sie im Frühjahr neu bildet, ebenso die Metasequoia.

Immergrüne Laubwälder finden wir vor allem in den Tropen und Subtropen. Es handelt sich hauptsächlich um äquatoriale Regenwälder, die in niederschlagsreichen und warmen Gebieten vorkommen. Im Laufe eines Jahres treten hier nur unwesentliche Klimaschwankungen auf. Hohe Luftfeuchtigkeit und Temperatur bewirken ein üppiges Wachstum der artenreichen Flora. Diese Art von Wäldern stellt praktisch die höchste Stufe einer Waldgemeinschaft dar; hier findet man den ausgeprägtesten Kampf ums Dasein. Typisch für den tropischen Urwald ist die unterschiedliche Höhe der Bäume, so daß ihre Kronen fast den ganzen Raum ausfüllen. Alle Pflanzen des Waldesinnern füllen und nutzen hier den gesamten Raum unter und zwischen den Baumkronen vollkommen aus. In diesen Wäldern schätzt man die Anzahl der Holzarten auf 10 000 (in Mitteleuropa nur ca. 40 Arten). Da die tropischen Bäume das ganze Jahr über in voller Lebenstätigkeit stehen, haben sie weniger Laub als unsere Gehölze. Deshalb ist auch der Schatten im tropischen Urwald weniger dicht als in unseren Wäldern, und die Krautschicht kann sich ungestörter entwickeln. Die Kronen der tropischen Bäume sind nicht so weitästig. Im Unterschied zu den europäischen Holzarten besitzen sie keine Borke, auch fehlen ihnen schützende Schuppen auf den Knospen.

Bemerkenswert sind die zahlreichen Epiphyten: Orchideen und Farne. Sie besitzen besondere Einrichtungen für das Auffangen von Wasser und ernähren sich von faulenden Pflanzenresten, so daß sie auch ohne Boden ganz selbständig leben können. Ebenfalls typisch für diese Wälder sind die Lianen, die an Bäumen emporranken und oft eine Länge von einigen hundert Metern erreichen.

Abgestorbene Pflanzenteile werden auf Grund der günstigen klimatischen Verhältnisse schnell und restlos zu Mineralstoffen abgebaut. Forstwirtschaftlich ist der tropische Urwald jedoch nicht ergiebig, da hier nur wenig Nutzholz zu finden ist. Der immergrüne Regenwald beschränkt sich auf Tropengebiete, die meist ans Meer grenzen. Hier gibt es durchschnittliche Temperaturen von 25 °C und Niederschlagsmengen von ca. 2000 mm. Es handelt sich um die Gebiete von Indisch-Malaysia, Kongo, Guinea und um das Amazonasgebiet.

Eine andere Gruppe immergrüner Laubbäume bilden die Lorbeer- und Hartlaubwälder. Hier wachsen Holzarten mit harten, lederartigen, kleinen, während der Trockenzeit nicht abfallenden Blättern, die durch einen Wachs- oder Harzüberzug vor übermäßiger Verdunstung geschützt sind. Die Bäume besitzen meist knorrige Stämme, bleiben niedrig und

Bild 3. Vegetationsgebiete in Europa: 1 – Kiefernwälder und Heiden, 2 – Fichtenwälder der Hochgebirge und des Nordens, 3 – Buchenwälder, 4 – Eichenwälder, 5 – Waldsteppen, 6 – Immergrüne Wälder des Mittelmeergebietes, 7 – Wärmeliebende Wälder, 8 – Waldtundren.

können infolgedessen sehr dichte Wälder bilden. Im Gegensatz zum Regenwald besitzen diese Bäume eine Borke, oft sogar Kork. Ihre Baumkronen sind oft schütter und licht. Die Strauchschicht besteht zum großen Teil aus Dornbüschen mit Blättern, die einen hohen Gehalt an ätherischen Ölen besitzen. Diese Art von Wäldern finden wir z. B. im Küstengebiet des ganzen Mittelmeers, wo im Sommer Temperaturen von 25 °C, im Winter von 8 bis 11 °C und Niederschläge von nur 800 mm vorherrschen (Bild 3).

Sommergrüne Laubbäume besitzen sattgrüne, dünne Blätter. Sie kommen in Landstrichen mit ausgeprägten Jahreszeiten vor. Durch den Wechsel von Sommer und Winter sehen diese Wälder im Verlauf eines Jahres unterschiedlich aus. Die Knospen der Gehölze werden durch Schuppen geschützt, oft noch durch Härchen oder Harze. Der Wind sorgt für die Bestäubung. Die Bäume dieser Wälder zeigen recht einheitliche Wuchsformen, meist überwiegt eine Holzart. Sommergrüne Laubwälder kommen nur auf der nördlichen Halbkugel vor und haben sich den extremen jahreszeitlichen Bedingungen angepaßt.
Immergrüne Nadelwälder wachsen vor allem in kühleren klimatischen Regionen, d. h. in den nördlichen Teilen Europas, Asiens und Nordamerikas oder in höher gelegenen Gebirgsgegenden. Die Stämme dieser Waldbäume sind lang und astrein; deshalb ergeben sie auch eine hohe Nutzholzausbeute. Nadelbäume bilden oft einheitliche, reine Bestände, besonders in klimatisch ungünstigen Gebieten. In reinem Nadelholz häufen sich aber nicht zersetzte Pflanzenreste; Rohhumus entsteht und verschlechtert den Boden durch Humussäuren.
Im Bildteil beschäftigen wir uns noch eingehender mit den einzelnen Typen des europäischen Waldes.

Der Wald als natürliche Lebensgemeinschaft

Zu jeder Jahreszeit verbirgt sich im Wald ein staunenswert mannigfaltiges Leben von Pflanzen und Tieren, von deren Zusammenleben oder gegenseitigem Kampf der gewöhnliche Besucher des Waldes kaum eine Ahnung hat. In den Kronen wie am Boden spielen sich die verschiedensten Schicksale von Pflanzen und Tieren ab, nach einem natürlichen Gesetz, das alles Lebende in der gesamten Natur beherrscht: dem Kampf ums Dasein. Der Tod des einen ist der Beginn oder die Fortsetzung des Lebens eines anderen, und jede Geburt trägt bereits den Keim des Untergangs in sich. So lebt der Wald im ewigen Kreislauf der Natur. Verteilung und Formen der Wälder auf dem Erdball sind nicht zufällig, sondern das Ergebnis einer ganzen Reihe äußerer Einflüsse, der Umwelt. Darunter versteht man vor allem das Klima, die Zusammensetzung des Bodens, die Höhenlage über dem Meeresspiegel, die Anwesenheit von Tieren und Pflanzen, nicht zuletzt auch des Menschen, also alles, was sich im näheren oder weiteren Bereich aufhält. Die Umgebung und der Wald beeinflussen einander wechselseitig. Der Wald ist daher keine zufällige Gruppierung von Pflanzen und Tieren, sondern eine ganz gesetzmäßige natürliche Formation.
Wo der Wald nicht Fuß fassen kann, haben sich andere Pflanzengesellschaften entwickelt, die sich an besondere Bedingungen anpaßten: Pflanzengesellschaften der Moore, Steppen, Wüsten, solche von stehenden Gewässern und Felsregionen. Am eindrucksvollsten ist jedoch die Gemeinschaft der Waldpflanzen – nicht allein durch ihr Erscheinungsbild, sondern auch durch ihren Einfluß auf die Umgebung. Bei günstigen Klima- und Standortverhältnissen setzt sich der Wald unter natürlichen Bedingungen gegenüber anderen Pflanzengesellschaften auf jeder größeren brachliegenden Fläche durch. Nur menschliche Eingriffe oder klimatische Veränderungen, die das Wachstum der Gehölze beeinträchtigen, vermögen ihn hier zu verdrängen. Der Wald ist somit eine abschließende und bleibende Lebensgemeinschaft, alle anderen Gemeinschaften bilden sich nur vorübergehend als Wegbereiter des Waldes.
Die Begrünung eines unbewachsenen Bodens verläuft etwa so: Den kahlen Fels besiedeln als erste Pioniere die Flechten. Sie durchdringen die Felsspalten und scheiden Säuren aus,

Bild 4. Das Gehölz nutzt für seine Existenz jeden Felsspalt und nimmt auch die unwirtlichsten Stellen in Anspruch.

die das Gestein zusammen mit Witterungseinflüssen zersetzen. Dadurch entstehen Bedingungen für das Einwurzeln der etwas höher entwickelten Pflanzen wie z. B. von Moosen, Farnen, Gräsern und verschiedenen Kräutern. Diese Pflanzen bilden mit dem verwitterten Gestein eine Bodenschicht, auf der im Laufe der Zeit Gesträuch heranwächst. Später stellen sich auch anspruchslose Holzarten wie Salweide, Birke und Espe ein, die dann die Bedingungen für die eigentlichen späteren dauerhaften und anspruchsvolleren Gehölze wie Buche, Fichte und Tanne schaffen (Bild 4). Am besten läßt sich der Wechsel der Pflanzengemeinschaften auf gerodeten Flächen beobachten – auf einem Kahlschlag. Hier entfällt die Tätigkeit der Bodenpioniere, denn der Boden des Kahlschlags ist für das Keimen der Pflanzen schon günstig vorbereitet. Entwicklungsfolge und Wechsel des Bewuchses (Sukzession) sind jedoch gleich: Gräser und Kräuter, Sträucher, Wald (Bild 5).

Im Wald begegnet man dem Kampf um den Lebensraum jederzeit und in jeder Entwicklungsstufe der Pflanzen. Den Höhepunkt erreicht er in der Zeit des stärksten Wachstums der Pflanzen. Auch günstige Umweltbedingungen beschleunigen und intensivieren den Kampf. Als Ergebnis all dieser komplizierten Beziehungen unter den pflanzlichen Organismen zeigt sich die Gruppierung gewisser Arten in einer Gemeinschaft, in der sich die Pflanzen möglichst wenig gegenseitig behindern. Da die einzelnen Holzarten nicht alle die gleiche Höhe erreichen, bilden sich im Waldaufbau mehr oder weniger deutliche Schichten und im Boden verschiedene Wurzelhorizonte (Bilder 6, 7). Die oberste Schicht bilden die Bäume, darunter befindet sich die Strauchschicht, dann folgen die Kräuter, Moose und die mittlere und untere Wurzelschicht. Diese stufenweise Aufteilung des Waldes ist sehr wichtig, denn sie ermöglicht das Wachstum zahlreicher Pflanzen auf gleicher Fläche unter vollkommener Ausnutzung des Raumes über und unter der Erde. Diese Waldschichten

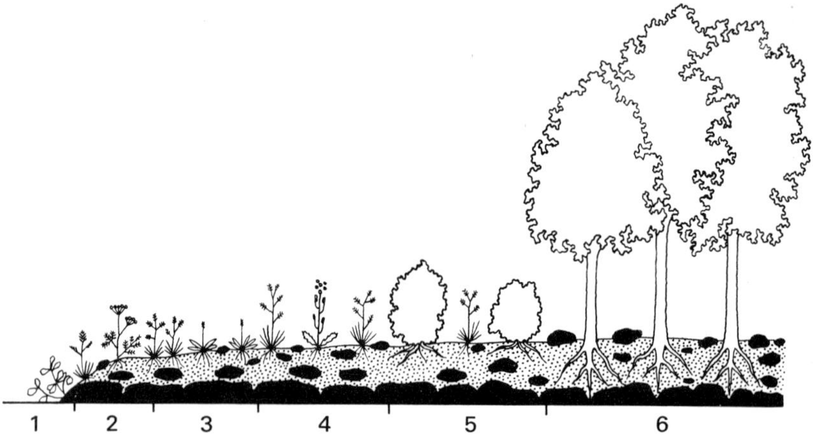

Bild 5a. Aufsteigende Sukzession (natürliche Ablösung der Gemeinschaften) auf felsigen Gebieten: 1 – Spaltenvegetation, 2 – Harte Gräser (Schwingel), 3 und 4 – Riedgras und weitere höhere Gräser, 5 – Sträucher, 6 – Wärmeliebende Eichenwälder.

sind umso ausgeprägter, je günstiger die äußeren Bedingungen sind, die den Reichtum an Arten und die Üppigkeit des Wuchses fördern. Dadurch wird auch die gegenseitige Abhängigkeit der Organismen im Wald größer. Je ungünstiger die Bedingungen sind desto einfacher und artenärmer ist der Wald aufgebaut und desto mehr nimmt die gegenseitige Abhängigkeit der Organismen ab. Am besten läßt sich die Auflockerung dieser Beziehungen in den lichten Hochgebirgswäldern beobachten, wo sich die Kräuterschicht von den Pflanzen benachbarter Gebirgswiesen kaum unterscheidet. Auch in der nördlichen Tundra finden sich solche Beziehungen.

Die unterschiedlichen Standortansprüche der Pflanzenarten bestimmen, wo sie sich zu Pflanzengesellschaften vereinigen. Am wichtigsten ist der Lichtbedarf. Manche Holzarten brauchen vollen Lichtgenuß zu ihrem Gedeihen (z. B. Lärche, Eiche, Birke), andere verlangen dagegen mehr Schatten, wenigstens in der Jugend (z. B. Tanne, Buche). Mit dem Lichtbedürfnis hängt auch die Kronenform zusammen: Lichtholzarten bilden eine lockere Baumkrone aus, Schattholzarten eine dichte. Die Dichte der Baumkronen beeinflußt auch die unteren Schichten der Waldgemeinschaft. So können unter Lichtholzarten noch eine ganze Reihe anderer Holzarten und eine reiche Bodenflora gedeihen im Gegensatz zu Schattholzarten.

Eine wichtige Rolle spielt außerdem der Boden. Von seinem Nährstoffgehalt und seiner Verfassung hängt das Gedeihen der Pflanzen so sehr ab, daß man auch sein Entstehen und die Prozesse, die sich dabei abspielen, näher betrachten sollte. Der Boden entsteht in langen Zeiträumen (1 m^3 Boden entsteht im Verlauf von 400 bis 1000 Jahren) aus dem Grundgestein durch Verwitterung unter Einwirkung physikalischer und chemischer Einflüsse sowie lebender Organismen. Dabei werden die Mineralstoffe des Bodens aufgeschlossen, hinzukommen organische Substanzen durch Verwesung pflanzlicher oder tierischer Organismen, die durch Pilze, Bakterien und Kleinlebewesen in einfache, wasserlösliche Stoffe zerlegt werden. Die gelösten anorganischen oder organischen Stoffe dienen den Pflanzen als Nährstoffe und können in dieser Form von den Wurzeln aufgenommen werden. Die Anreicherung der Nährstoffe im Boden ist vor allem auf die Tätigkeit der Mikroorganismen

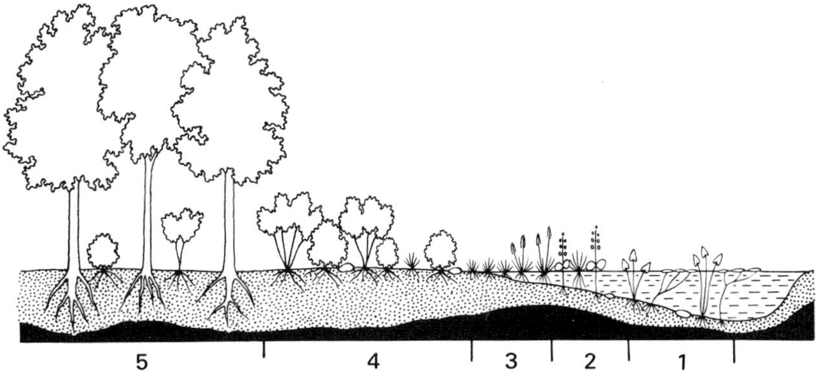

Bild 5b. Aufsteigende Sukzession in verlandenden Tümpeln: 1 – Freischwimmende Pflanzen, 2 – Aus dem Boden wachsende Pflanzen, 3 – Riedgras und Rohr, 4 – Bröckelwuchs, Weiden und Erlen, 5 – Eichenwald mit Birke.

zurückzuführen. Die Zersetzung pflanzlicher und tierischer Überreste verläuft in 2 Stufen: durch die Humifikation und die Mineralisation. Bei der Humifikation bildet sich Rohhumus, der den Pflanzen nicht zuträglich ist.

Die ursprüngliche Struktur der organischen Ausgangsstoffe ist noch erkennbar. Bei der Mineralisation werden diese Stoffe vollends zu organischen Stoffen abgebaut. Die Endprodukte sind Kohlendioxid, Wasser und Mineralverbindungen in einer für die Pflanzen aufnehmbaren Form. In diesem Endstadium besitzt der Humus eine dunkle Farbe, und die Strukturen der ursprünglichen Substanzen sind in ihm nicht mehr erkennbar.

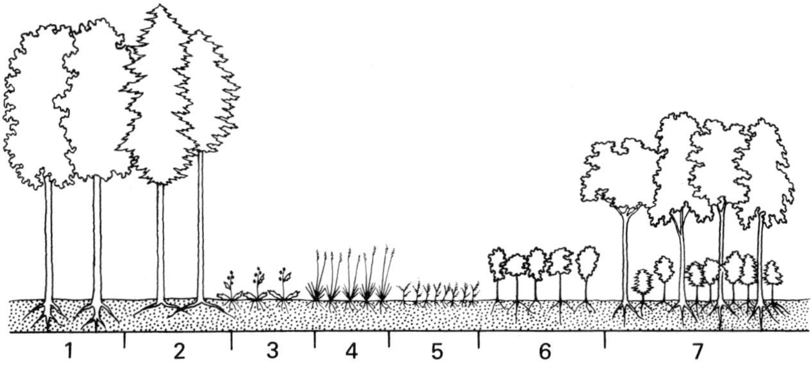

Bild 5c. Absteigende Sukzession (Degradationsstadium) in Buchenwäldern: Buchen und Fichtenbestand (1 u. 2) vor dem Abtrieb; die kleinen Weiden und der Knöterich (3) auf der Lichtung werden schnell durch Schilf (4) und schließlich durch Heidekraut (5) ersetzt; in das Heidekraut fliegen Kiefern- und Birkensamen ein (6), die die Umgebung für das Hauptgehölz vorbereiten – für Buche und Tanne mit Fichte (7).

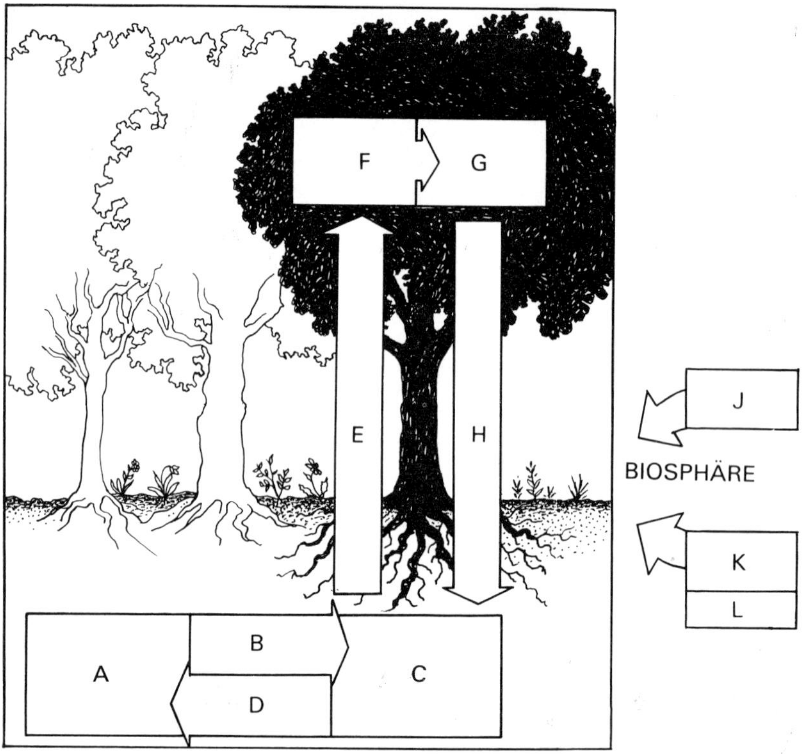

Bild 8. Der Kreislauf des Calciums im Laubwald: A – Bodenbildende Minerale, B – Verwitterung, C – Erreichbare Nährstoffe, D – Aufschluß weiterer Minerale, E – Calciumaufnahme durch die Pflanzen, F – Calciumgehalt in der lebenden Pflanze, G – Calciumgehalt in abgestorbenen Pflanzenteilen, H – Rückführung des Calciums in den Boden durch Zersetzung und Auslaugung, J – Calcium aus Niederschlägen, K – Calcium ausgewaschen in Form von Lösungen, L – Calcium ausgeschwemmt in Bodenteilchen. Bei dem Calciumkreislauf kommt im Wald jährlich 1/14 der erreichbaren Menge zur Wirkung.

Vorarbeit der anderen angewiesen sind. Fast in jedem Boden findet man Regenwürmer, Krustentiere, Tausendfüßer, Ameisen, Spinnen und viele Larven der verschiedensten Insekten. Ihnen allen dienen die unzähligen Mikroorganismen als Nahrung, die so in den ständigen Kreislauf der organischen Materie zurückkehren. Für den Kreislauf der Stoffe im Boden sind die Regenwürmer unermeßlich wichtig. Ihre Anzahl im Boden schwankt. Sie lieben lockeren Boden, in dem pro Kubikmeter durchschnittlich tausend Einzelwesen leben.

Sie durchbohren den Boden in allen Richtungen und durchlüften und befeuchten ihn auf diese Art und Weise. Nachts kommen sie an die Oberfläche und verschleppen pflanzliche Überreste mit in den Boden, wo sie sie vertilgen. Mit der pflanzlichen Nahrung nehmen sie auch Erde auf, die sie zusammen mit nicht verdauten Resten durch den After in winzigen Krümeln wieder ausscheiden. Die Masse des Kotes erreicht bis zu ein Gramm täglich.

Die unzähligen Bodenorganismen mengenmäßig zu erfassen, ist sehr schwierig. Man schätzt durchschnittlich 500 Millionen verschiedenartiger Lebewesen pro Hektar. Die Anzahl der Bakterien auf der gleichen Fläche kann man durch Zahlen überhaupt nicht ausdrücken. Alle diese Lebewesen zerkleinern die Bodenteilchen, lockern den Boden auf und führen ihm durch ihre Ausscheidungen Stickstoff zu. Als Ergebnis ihrer Tätigkeit entsteht der Waldhumus mit seinen für die Pflanze aufnehmbaren Nährstoffen. Aus diesem ständigen Kreislauf sind die Mikroorganismen nicht wegzudenken.

Durch ungünstige klimatische Veränderungen oder durch den Einfluß des Menschen kommt es zu einer Störung, einer Degradation des Waldbodens, was sich besonders in Kiefern- und Fichtenwäldern deutlich offenbart. Man kann von einer Art Erkrankung des Bodens sprechen. Dieser Vorgang soll hier vereinfacht dargestellt werden. Ein wichtiger Bestandteil des Bodens sind die kolloiden Bodenteilchen – in Wasser unlösliche Stoffe. Sie haben entweder organischen Charakter (entstanden aus Huminsäuren) oder anorganische Eigenschaften (Tonminerale), die meist von der Kieselsäure oder von Salzen des Aluminiums oder des Eisens abgeleitet werden. Kommen sie mit einem basisch reagierenden Stoff in Berührung, gerinnen sie zu einer formlosen Masse. In diesem geronnenen Zustand besitzen sie eine wichtige Eigenschaft – sie binden an ihrer Oberfläche Nährstoffe, die dann nicht in untere Bodenschichten weggespült werden. Wichtig ist natürlich, in welcher Tiefe die Bodenkolloide mit den basischen Stoffen in Berührung kommen. Auf armen Böden, die wenig Niederschläge erhalten, kommt es zur Berührung und zum Gerinnen der basischen Stoffe mit den Kolloiden in Tiefen bis ca. 1 Meter. Dadurch entsteht im Boden eine Verdichtungszone, die unter besonders ungünstigen Bedingungen völlig wasserundurchlässig und steinhart werden kann. Diese Schicht unterbricht die senkrechte Wasserbewegung: bei Regen verschlammt der Boden, bei Trockenheit dagegen trocknet er aus, denn durch die verstopften Kapillaren kann kein Wasser aus tieferen Schichten mehr aufsteigen. In diesen Böden wirken deshalb die Kolloide negativ.

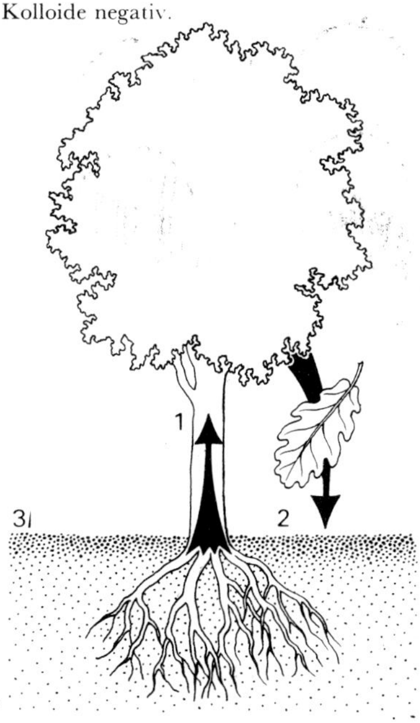

Bild 9. Kreislauf der Nährstoffe vom Boden über die Pflanze zurück in den Boden und die Anreicherung organischer Pflanzenteile im Oberflächenhumus: 1 – Nährstoffaufnahme aus dem Boden, 2 – Laubfall – Rückführung der Nährstoffe, 3 – Der sich anhäufende Humus.

Die Pflanzen des Waldes

Wollte man den Begriff Wald definieren, könnte man ihn als eine Pflanzengemeinschaft bezeichnen, bei der lebende und nicht lebende Komponenten ein zusammenwirkendes, sich gegenseitig beeinflußendes Ganzes darstellen, in dem das Gehölz die wichtigste Rolle spielt. Welche Faktoren beeinflussen nun das Wachstum und die Entwicklung des Waldes? Da gibt es einmal die leblose Natur, den Standort, auf dem der Wald wächst, der von Klima und Boden geprägt wird, dann die lebende Natur, also Pflanzen, Tiere und Menschen. Der Wald hat seinerseits wieder eine Rückwirkung auf seine Umgebung. Obwohl das Klima auf die Pflanzen stets in seiner Gesamtheit wirkt, muß man zur Beurteilung die einzelnen Komponenten für sich betrachten: Licht, Temperatur, Wasser, chemische Zusammensetzung des Bodens, Wind.

Für alle Grünpflanzen ist das Licht eine Grundvoraussetzung zum Leben. Es liefert die zur Assimilation (Photosynthese) notwendige Energie. Die Pflanze bildet organische Verbindungen aus Kohlendioxid und Wasser mit Hilfe von Sonnenenergie, die durch das Blattgrün (Chlorophyll) absorbiert wird. Das Licht hat also zusammen mit Wasser und Wärme eine wichtige Aufgabe beim Aufbau organischer Materie. Je mehr die Pflanze das Licht nutzt, um so mehr organische Substanz kann sie bilden, was sich bei den Bäumen im Holzzuwachs zeigt. Voraussetzung sind allerdings genügend Assimilationsorgane. Darum sollte die Baumkrone im Optimalfall mindestens 1/3 der Stammlänge erreichen.

In der Natur hängt die Belichtungszeit einer Pflanze von der Länge des Tages ab, die je nach geographischer Breite verschieden ist. Kurze Tage beeinträchtigen die Entwicklung und bestimmen so das Verbreitungsgebiet der Pflanzen. Man unterscheidet Langtagspflanzen (viele mittel- und nordeuropäische Arten) und Kurztagspflanzen (tropische und subtropische Arten). Das Licht beeinflußt auch die Samenkeimung. Bei manchen Arten fördert es, bei anderen verzögert oder hemmt es gar die Keimung.

Die meisten Pflanzen wenden ihre Assimilationsorgane zum Lichteinfall, damit sie sich gegenseitig nicht beschatten und das Licht optimal nutzen. Man kann bei ihnen eine regelrechte Bewegung oder eine entsprechende Krümmung der Blattstiele zum Licht hin beobachten. Jedoch nicht alle Pflanzen reagieren gleichermaßen auf das Licht. Vielfach stellen sie ihre Blätter senkrecht zum einfallenden Licht, oft wehren sie sich sogar gegen direkte Sonnenbestrahlung, oder sie weichen dem Licht überhaupt gar nicht aus und breiten ihre Assimilationsorgane wie die Kiefer ringsum aus. Andererseits können bei ein und derselben Pflanze die Blätter sich auch unterschiedlich verhalten. Bei der Buche, zum Beispiel, wenden sich die Blätter im oberen Teil der Krone von der Hauptrichtung des Lichteinfalls ab (sie nutzen nur das zerstreute Licht), innerhalb der Baumkrone und auf den unteren Ästen stehen sie senkrecht zum Lichteinfall.

Die einzelnen Holzarten haben, ähnlich wie die Kräuter, ein unterschiedliches Lichtbedürfnis. Das zeigt sich am deutlichsten an der Belaubung: je dichter die Krone eines Baumes, desto weniger Licht benötigt das untere Laub und desto besser verträgt der Baum den Schatten. Man bezeichnet solche Gehölze als Schattholzarten (z. B. Buche, Tanne oder Fichte). Dagegen deutet eine schüttere Baumkrone auf größeren Lichtbedarf hin, deshalb spricht man bei solchen Gehölzen von Lichtholzarten (Lärche, Kiefer, Birke und Akazie). Manche Holzarten brauchen mit zunehmendem Alter mehr Licht. So ist eine junge Esche, zum Beispiel, recht schattenverträglich, wogegen ein älterer Baum viel mehr Licht braucht. Ähnlich verhält es sich bei Eiche, Eberesche und anderen Gehölzen.

Auch die Form der Krone, die vor allem den Habitus des Baumes ausmacht, hängt vom Licht ab. Nadelbäume der nördlichen Gebiete haben meist eine schmale, kegelförmige Krone (Auslese durch Schneedruck). In Richtung Äquator werden die Baumkronen flacher. Diese Erscheinung hängt mit der Sonnenstellung zusammen – im Norden nutzt der Baum durch die Kegelform das seitlich einfallende Licht; in den Tropen dagegen durch die flache Kronenform die senkrecht einfallenden Strahlen. Auch im mitteleuropäischen Raum haben die Holzarten ihre typische Kronenform. So haben zum Beispiel die Kiefern und Fichten der höheren Lagen oder in nördlicheren Gebieten schlankere, mehr kegelförmige Kronen, die Laubbäume der Ebenen und Hügelländer (Ahorn, Eiche, Buche) dagegen mehr kugelige Kronen (Bild 11).

Unsere mitteleuropäischen Hölzer besitzen alle einen typischen Habitus, der bei Laubbäumen am besten im Winter zu erkennen ist. Bei ihnen geht der Stamm oft nicht bis in die Krone durch. In einer gewissen Höhe trägt er sehr starke Äste oder teilt sich gar. Die Hauptäste sind ihrerseits wieder reich verzweigt. Nadelbäume wachsen von Jugend an bis ins hohe Alter mit einem durchgehenden Stamm, der sehr typisch ist bei Fichte und Lärche. Ihre Verzweigung unterscheidet sich deutlich von der bei Laubbäumen: Die Äste entspringen quirlförmig am Stamm; (nur bei der Lärche sind sie spiralformig angeordnet.)

Allgemein kann man sagen, daß die Laubbäume in der Jugend eine mehr schlanke Baumkrone haben, die erst im späteren Alter ihre typische Form erlangt. So breitet sie sich bei der Buche kugelförmig nach oben aus, bei der Linde rundet sie sich oval ab. Die Baumkronen der Ulmen erinnern an die Form eines Kelches.

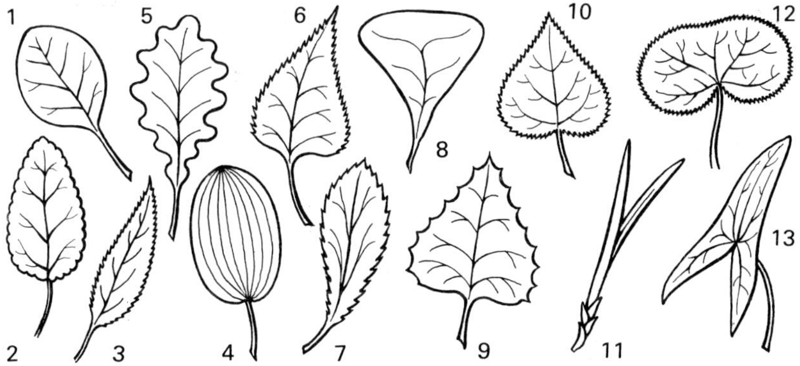

Bild 10a. Blattformen einfacher Blätter: 1 – rundlich, 2 – eiförmig, 3 – länglich-spitz, 4 – elliptisch, 5 – gebuchtet, 6 – breit-lanzettlich, 7 – spießförmig, 8 – keilförmig, 9 – dreieckig, 10 – herzförmig, 11 – nadelförmig, 12 – nierenförmig, 13 – pfeilförmig.

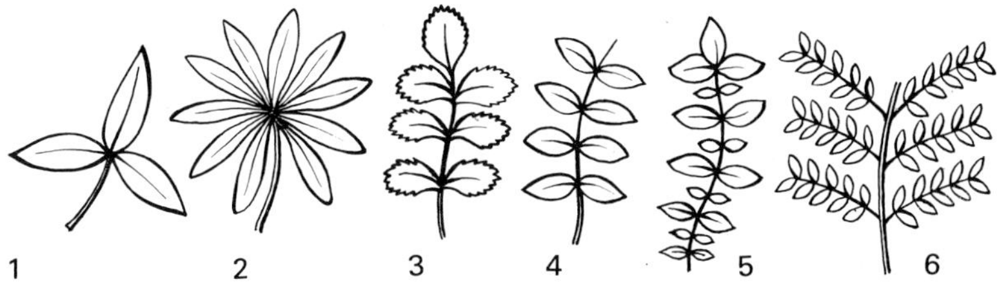

Bild 10b. Blattformen zusammengesetzter Blätter: 1 – dreizählig, 2 – handförmig, 3 – unpaarig gefiedert, 4 – paarig gefiedert, 5 – unterbrochen unpaarig gefiedert, 6 – doppelt paarig gefiedert.

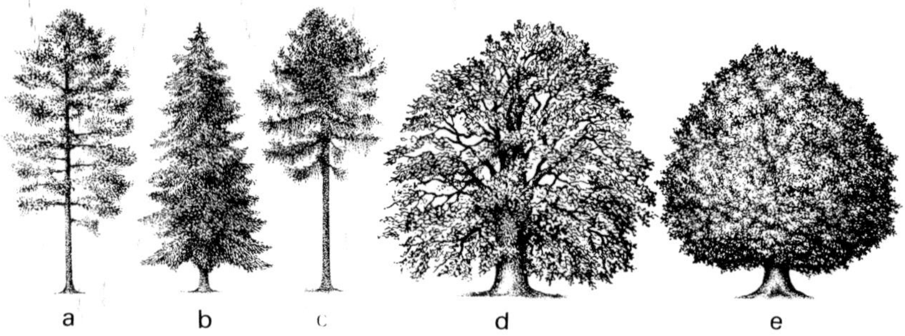

Bild 11. Typischer Habitus der Gehölze: a – Tanne, b – Fichte, c – Lärche, d – Eiche, e – Linde.

Das Lichtbedürfnis der Bäume zeigt sich auch im Wuchs, besonders bei den Laubhölzern, die mehr Licht benötigen und im Mischwald die Lücken mit ihren Kronen ausfüllen. Dadurch entstehen nicht nur einseitig entwickelte Baumkronen, sondern auch unerwünschte verkrümmte Stammformen. In forstlich bewirtschafteten Wäldern wird ein Kronenschluß angestrebt. Beim horizontalen Schluß (in gleichaltrigen Beständen) sollen sich die Kronen der herrschenden Bäume berühren. Die mitherrschenden mit einseitiger Krone nimmt man heraus, damit die herrschenden den vollen Lichtgenuß bekommen und noch besseren Zuwachs leisten. Beim vertikalen Bestandesschluß (in ungleichaltrigen Beständen) läßt man in den Lücken des Kronendachs weniger hohe oder jüngere Bäume (Schatthölzer) stehen. Sie können das durchfallende Licht noch für ihren Zuwachs nutzen und so den Raum vom Boden bis zum Kronendach ausfüllen. Ein guter Kronenschluß beeinflußt natürlich das Leben der ganzen Umgebung.

Lichtmangel setzt nicht nur die Assimilation der Pflanzen herab, sondern auch die Bodenwärme und damit die Tätigkeit der Mikroorganismen. Dadurch zersetzt sich unter bestimmten Holzarten und auf bestimmten Böden die Bodenstreu nur unvollständig, so daß Rohhumus mit all seinen schlechten Eigenschaften entsteht.

Die Temperatur ist ein weiterer bedeutender Faktor im Wald. Von ihr hängen die wichtigsten pflanzlichen Funktionen ab, insbesondere Assimilation, Verdunstung (Transpiration) und Atmung. Jede Pflanzenart braucht jedoch eine bestimmte Temperatur. Grundsätzlich kann man sagen, daß in Europa für die Assimilation höherer Pflanzen Temperaturen von mindestens 0 bis 5 °C in Betracht kommen, wobei dann 20 bis 30 °C als optimal und 40 bis 50 °C als maximal anzusehen sind. Einige arktische Pflanzen halten jedoch auch Temperaturen bis −60 °C aus, wogegen manche tropische Arten schon bei Temperaturen um +3 °C eingehen. Organe mit geringem Wassergehalt wie etwa Wurzeln, besonders aber Samen, überdauern niedrige Temperaturen viel besser ohne Schaden als saftige Pflanzenteile. Sehr widerstandsfähig sind auch verholzte Teile. Man kann also sagen, daß das Pflanzenleben an bestimmte Temperaturgrenzen gebunden ist.

Die Jahrestemperatur bestimmt das Verbreitungsgebiet der Waldbäume, von denen sich manche an sehr große Temperaturunterschiede innerhalb dieses Gebietes anpassen können, z. B. Birke oder Espe. Als Vegetationszeit, in der die Pflanzen in voller Lebenstätigkeit stehen, gilt der Zeitraum, in dem die durchschnittliche Tagestemperatur über 10 °C liegt. So kommen Fichte, Kiefer und Lärche mit einer Vegetationszeit von knapp 2 Monaten aus, Buchen und Eichen brauchen dagegen 3–4 Monate.

Die Vegetationszeit bestimmt auch die ungefähre Baumgrenze im Gebirge. Mit zunehmender Höhenlage verkürzt sich die Vegetationszeit um 8 bis 9 Tage pro 100 m. Entsprechend ihrem Wärmebedürfnis finden die einzelnen Holzarten auch in sehr verschiedenen Höhenlagen ihre stärkste Verbreitung. So kann man die wichtigsten europäischen Holzarten nach steigender Meereshöhe ihrer Hauptverbreitung, also mit abnehmender Temperatur etwa in nachstehende Reihenfolge bringen: Eßkastanie, Sommereiche, Schwarzerle, Weißbuche, Wintereiche, Linde, Esche, Rotbuche, Bergahorn, Tanne, Fichte, Kiefer, Birke und Espe.

Aber nicht die Durchschnittstemperaturen, sondern die Temperaturextreme begrenzen das Vorkommen unserer Holzarten, besonders nach Norden und im Gebirge, selbst wenn die Extremwerte nur alle paar Jahrzehnte einmal auftreten. Extreme Kälte wird zwar während der Vegetationsruhe eher vertragen, wirkt aber während der Vegetationszeit verheerend. Frostrisse entstehen unten am Stamm auf der Sonnenseite. Frostkerne im Holzkörper entwerten den Stamm. Gipfeldürre kann auftreten. Seltener sind Hitzeschäden wie der Rindenbrand. Darunter haben besonders Holzarten mit glatter Rinde zu leiden, wie die Schattholzarten Fichte, Buche und Weißbuche. Die Birke schützt sich durch ihre weiße Rinde, die nur wenig Wärme absorbiert und gut isoliert. Den älteren Baum schützt eine starke Borke (verkorkte Rinde).

Da die Temperatur direkt oder indirekt das Klima beeinflußt, hat man sie als Kriterium benutzt, um Klimazonen festzulegen, in denen die entsprechenden Waldtypen vorkommen.

In der tropischen Zone mit einer durchschnittlichen Jahrestemperatur von über 20 °C gedeiht eine besondere, eben die tropische Pflanzenwelt. Die Wälder gehen hier in Savanne über.

Die subtropische Zone weist 1–8 Monate im Jahr eine durchschnittliche Temperatur bis zu 20 °C auf. Hier gibt es immergrüne Laubwälder. In kühlen Monaten sinkt hier die Durchschnittstemperatur nicht unter 10°C und das langfristige Temperaturminimum nicht unter −5 °C. Im Binnenland dieser Zone befinden sich Wüsten und wüstenähnliche Landstriche.

Die gemäßigte Zone mit sommergrünen Wäldern und Grassteppen im Binnenland wird durch die vier Jahreszeiten charakterisiert. Sie hat mit der kühlen Zone einen überwiegenden Anteil von Nadelholz gemeinsam. Die Vegetationszeit dauert höchstens 4 Monate, und die Durchschnittstemperatur der wärmsten Monate liegt höher als 10 °C.

Die Polarzone schließlich besitzt keine zusammenhängenden Wälder; sie geht in die Zone des ewigen Schnees über.

Eine weitere Grundbedingung für das Pflanzenleben ist das Wasser. In ihm lösen sich die Mineralsalze des Bodens in eine für die Pflanze aufnehmbare Form, außerdem ist es für den Stoffwechsel wichtig. Über die Wurzeln gelangt es in die Assimilationsorgane, wo neue Stoffe aufgebaut werden. Durch mikroskopisch kleine Öffnungen in den Blättern, den Spaltöffnungen, verdunstet überschüssiges Wasser wieder in die Atmosphäre. Wasseraufnahme und Verdunstung müssen in einem ausgewogenen Verhältnis zueinander stehen, denn das Wasser durchdringt den ganzen Pflanzenkörper. Sinkt der Wassergehalt der Pflanze, so nehmen auch Assimilation, Atmung und Verdunstung ab. Der Wassergehalt darf deshalb ein gewisses Minimum nicht unterschreiten, wenn die Pflanze am Leben bleiben soll. Der Wasserbedarf unterscheidet sich bei einzelnen Arten und schwankt in den verschiedenen pflanzlichen Organen, auch während der einzelnen Entwicklungsstadien. Während der Blütezeit braucht die Pflanze mehr Wasser als beim Reifen der Samen. Wenn ein Mißverhältnis zwischen Wasseraufnahme und Wasserabgabe (Transpiration) entsteht, welkt sie. Bis zu einem gewissen Grad kann sich die Pflanze der Schwankung des Wasserstandes anpassen, da sie die Verdunstung und die Intensität des Atmens und Assimilierens regeln kann. Diese Fähigkeit wird durch den anatomischen Aufbau der

Pflanze bedingt. Ihrem Wasserbedarf entsprechend unterteilt man die Pflanzen in trockenheitsliebende (Xerophyten), feuchtigkeitsliebende (Hygrophyten) und in solche mit mittlerem Wasseranspruch (Mesophyten).

In Gebieten, wo trockene und feuchte Perioden abwechseln, wie in den Steppen, passen sich die Pflanzen in der Weise an, daß das Wachstum mit der feuchten, die Ruhezeit mit der trockenen Periode zusammenfällt. Wo dies nicht ausreicht, haben die Pflanzen auf außergewöhnlich trockenen Standorten noch besondere Schutzeinrichtungen entwickelt: Sie schränken die Wasserabgabe sehr stark ein und speichern während der kurzen Regenperioden das Wasser in einem Wassergewebe. Die Organe mit solchen Geweben werden dick und fleischig. Die Pflanzen, die es besitzen, nennt man Sukkulenten. Man unterscheidet Wurzel-, Stamm- oder Blattsukkulenten. Dabei sind die oberirdischen Teile vielfach rückgebildet, während ein ausgedehntes Wurzelsystem noch in größerer Tiefe Grundwasser erreichen kann.

Auch der Laubfall schützt vor zu großer Verdunstung. So hat zum Beispiel der bekannte Besenginster, der an trockenen Standorten wächst, im Frühjahr kleine dreizählige Blätter, die mit steigendem Wasserbedarf zu Beginn des Sommers abfallen. Die Assimilation wird dann von den grünen Trieben und Zweigen übernommen. Ein Höchstmaß an Anpassung zeigen xerophyte Pflanzen, die überhaupt keine Blätter entwickeln, so daß nur in den grünen Sprossen assimiliert wird. Kakteen zum Beispiel sind blattlos, dafür haben die Sprosse eine kugelige oder zylindrische Form und damit eine verhältnismäßig kleine Oberfläche, wodurch die Transpiration herabgesetzt wird. Außerdem besitzen sie in diesen verdickten Sprossen Gewebe zur Wasserspeicherung.

Die Transpiration kann auch durch eine verdickte Haut (Epidermis) und durch weniger Spaltöffnungen eingeschränkt werden. Bei hygrophilen Pflanzen liegen die Spaltöffnungen an der Blattoberfläche in der Epidermis, bei xerophilen in der Epidermis versenkt, so daß ein windstiller Raum darüber entsteht. In diesen Höhlungen erschweren oft noch Härchen die Wasserabgabe. Bei manchen Pflanzen rollen sich die Blätter zusammen und schützen so die Spaltöffnungen vor austrocknendem Luftzug. Auch die verschiedenartige Behaarung der Pflanzen, z. B. bei der Königskerze, schränkt die Transpiration ein. Ebenso schützen Wachs- oder Harzausscheidungen die Blattoberfläche vieler Xerophyten vor Wasserverlust.

Nadelbäume verkleben ihre Spaltöffnungen zum Teil durch Harzausscheidung, was die Transpiration natürlich stark einschränkt. Sogar der Bau der Nadeln hat xerophyten Charakter. Er soll eine erhöhte Transpiration im Wind verhindern. Während des Sommers transpirieren die Nadeln lebhaft, im Winter nicht, weil die Spaltöffnungen mit Wachs und Harz verklebt sind und der gefrorene Boden keine Wasseraufnahme erlaubt.

Mesophyte Pflanzen haben einen mittleren Bedarf an Feuchtigkeit. Sie passen sich den Bedingungen aller klimatischen Zonen an, vertragen jedoch keine Witterungsextreme. Hierher gehören praktisch alle europäischen Laubbäume und Kulturpflanzen. Sie besitzen keine besonderen Schutzeinrichtungen gegen zu große Verdunstung, sind daher unbehaart und lebhaft grün.

Hygrophyte Pflanzen wachsen in Europa meistens in der unteren Waldschicht oder an Bächen im Schatten anderer Arten. Da es sich um eine sehr feuchte Umgebung handelt, haben diese Pflanzen eine lebhafte Transpiration. Sonst sind sie typisch für feuchte Urwälder in den Tropen. Sie haben meistens dünne, große und geteilte Blätter (Oberflächenvergrößerung) und viele Spaltöffnungen. Auch ihre Stengel sind meistens saftig. Neben der mehr passiven Transpiration können manche Pflanzen auch aktiv Wasser ausscheiden, das dann am Blattrand aus Wasserspalten oder Drüsenhaaren austritt. Sehr schön zeigt diese Erscheinung der Frauenmantel.

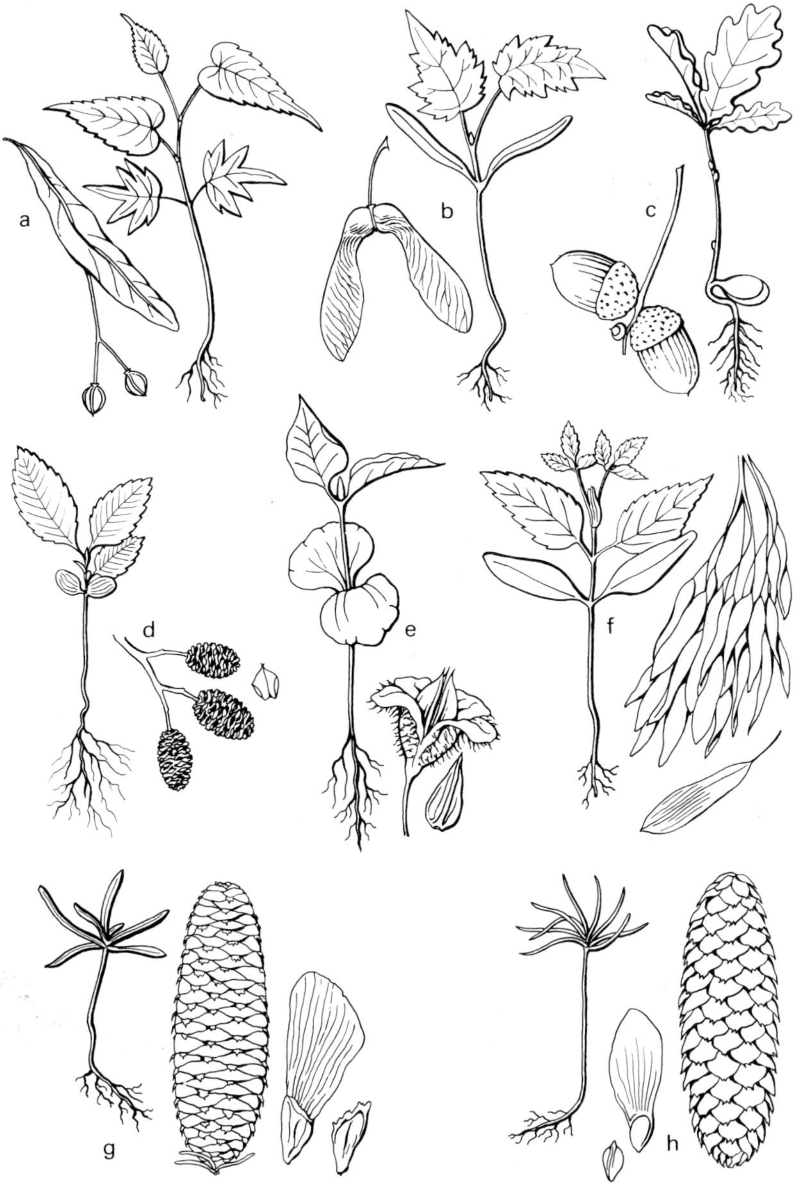

Bild 12. Keimlinge, Samen und Früchte einiger Waldbäume: a – Linde, b – Bergahorn, c – Eiche, d – Erle, e – Buche, f – Esche, g – Tanne, h – Fichte.

Für europäische Nadel- und auch Laubwälder bedeutet die Winterperiode eine Trockenzeit. Die Wurzeln der Nadelhölzer stellen ihre Tätigkeit früher ein als die Wurzeln der Laubbäume und der Lärche (deren Nadeln abfallen). Das hängt mit dem erwähnten xerophyten Charakter der Nadelbäume und ihrem Schutz vor zu großem Wasserverlust zusammen. Die Laubbäume stellen sich auf den Winter ein durch Abwerfen ihrer Blätter, denn der gefrorene Boden verhindert die Wasseraufnahme, und durch die Transpiration der Blätter würde der Baum im Verlauf des Winters vertrocknen. Für den Blattabfall bereitet sich der Baum regelrecht vor. Zunächst beschränkt er alles Wachstum und zieht in den gesamten Holzteil die Nährstoffe zurück, die in den Blättern enthalten sind und durch den Blattfall verloren gingen. Die Verfärbung des Laubes im Herbst zeigt diese Umstellung an. Zunächst bildet sich eine Schicht stärkereicher Parenchymzellen an der Basis des Blattstiels, meist kurz vor dem Abfallen. Nur die Gefäße sind hier verholzt, alle anderen mechanischen Gewebe reduziert. Durch Verschleimung der Mittellamellen und Abrundung der Zellen zerreißen die Leitbahnen, und das Blatt löst sich ab. Die äußersten Zellschichten der Wundfläche vernarben, indem sie verholzen und so die Blattnarbe abschließen. Darunter bildet sich meist schon vor dem Blattfall eine Korkschicht. An den Blattnarben kann man noch lange erkennen, wo früher Blätter gesessen haben.

Das Wasser hat noch eine andere wichtige Aufgabe: Die Samen brauchen es zum Keimen. Bei regnerischem Wetter im Frühjahr nimmt der Samen Wasser auf, quillt, die inneren Gewebe sprengen die Schale, und gleichzeitig beginnt der Embryo zu wachsen, wobei er das Nährgewebe aufbraucht. Wasser dient auch zur Verbreitung der Samen. Solche Samen besitzen oft eine Art Luftpolster, so daß sie auf dem Wasser schwimmen, wie das bei der Erle der Fall ist (Bild 12). Wie steht es nun mit dem Feuchtigkeitsbedarf des Waldes? Von allen Pflanzengemeinschaften in der Natur braucht der Wald am meisten Wasser zur Bildung von organischen Stoffen, denn er produziert weit mehr Pflanzenmasse auf gleicher Fläche als andere Pflanzengesellschaften. Trotzdem ist die Niederschlagsmenge, die das Vorkommen des Waldes bestimmt, verhältnismäßig klein. Man schätzt, daß der Wald ca. 50 mm Niederschlag in jedem der vier Vegetationsmonate benötigt, also von Mai bis August insgesamt 200 mm bei mittlerer Luftfeuchtigkeit. Für die Holzartenzusammensetzung und Verbreitung eines Waldes ist daher nicht die Durchschnittsmenge der Niederschläge im Jahr entscheidend, sondern ihre Verteilung im Verlaufe des Jahres. Deshalb beruht im Mittelmeergebiet die andersgeartete Vegetation gegenüber Mitteleuropa vor allem auf einer ungünstigen Verteilung der Niederschläge im Verlauf des Jahres, denn das Maximum der Niederschläge fällt in die Winterzeit.

Nach dem Feuchtigkeitsbedarf der Holzarten ergibt sich folgende Zusammenstellung: Mit geringer Feuchtigkeit begnügen sich Kiefer, Akazie, Birke und Espe; viel Feuchtigkeit brauchen Schwarzerle, Esche, Pappel, Weide, Fichte und Sommereiche. Mittlere Ansprüche haben die übrigen Holzarten.

Der Wind kann einen sehr günstigen Einfluß haben, für die Existenz des Waldes ist er sogar unentbehrlich, als Sturm jedoch wirkt er verheerend. Wo er für Befruchtung, Selbstansamung und Verbreitung der Samen oder Früchte sorgt, ist er hilfreich. Samen, die durch den Wind verfrachtet werden, sind mit Flügeln oder Flaum versehen, wodurch sie sich auf weite Entfernung verbreiten können.

Weniger günstig sind Luftströmungen, die ohne Unterbrechung stetig über weite Flächen wehen (Wüsten; flache, sandige Küsten), oder die in höheren Lagen, an Kraft und Geschwindigkeit zunehmen. Auf die Dauer beeinträchtigen sie die äußere Form der Pflanzen. Im Gebirge begegnet man den Windformen der Fichten (sogenannte Windflüchter) mit dürren Ästen auf der Wetterseite. Die übrige Krone ist in der Windrichtung langgezogen. Ähnlich verstümmelte Baumkronen findet man auch an Meeresküsten. Hier

geht es aber nicht nur um die mechanische Einwirkung des Windes, sondern auch um eine erhöhte Transpiration, durch die das Dürrwerden und verkrüppelte Wachstum der Äste zustandekommt.
Ähnlich wirkt der stetig wehende Wind auf ganze Waldbestände. Schon jede Luftbewegung verstärkt die Transpiration. Bei unzureichender Wasserversorgung zeigen sich daher nach starkem Wind ähnliche Anzeichen wie bei großer Trockenheit – die Jungpflanzen in den Kulturen welken und werden dürr. Auch den Boden kann der Wind austrocknen. Wo er Laub und feinen Humus wegbläst, verarmt der Boden.
Der Wind beeinflußt außerdem die Stammform. Durch seinen stetigen Seitendruck macht er freistehende und auch vorherrschende Stämme abfällig, d. h. der Stamm verliert seine zylindrische Gestalt, wird kegelförmig und eignet sich dann weniger gut für die Holzverarbeitung. Auch bei Schnee- und Sandverwehungen beeinträchtigt der Wind das Wachstum. Bäume und Sträucher erreichen dort, wo der Schnee zum Teil weggeblasen wird, nur die Höhe der Schneedecke und bilden dann einen Polsterwuchs. Der Wind wirkt hier auf die aus dem Schnee herausragenden Triebe nicht nur physiologisch durch Austrocknung, sondern auch mechanisch wie ein Sandstrahlgebläse aus Schneekristallen. Die herausragenden Pflanzenteile sterben ab.
Am meisten fallen Sturmschäden (Windwurf) auf, die oft verheerende Ausmaße annehmen können. Besonders davon bedroht sind flachwurzelnde Holzarten, wie die Fichte. Solche mit tiefgreifendem Wurzelwerk wie Tanne, Kiefer und Lärche oder Eiche, Buche und Ahorn sind weniger gefährdet (Bilder 13, 14).
Bei der Beurteilung der einzelnen Faktoren, die auf die Entwicklung des Waldes einwirken,

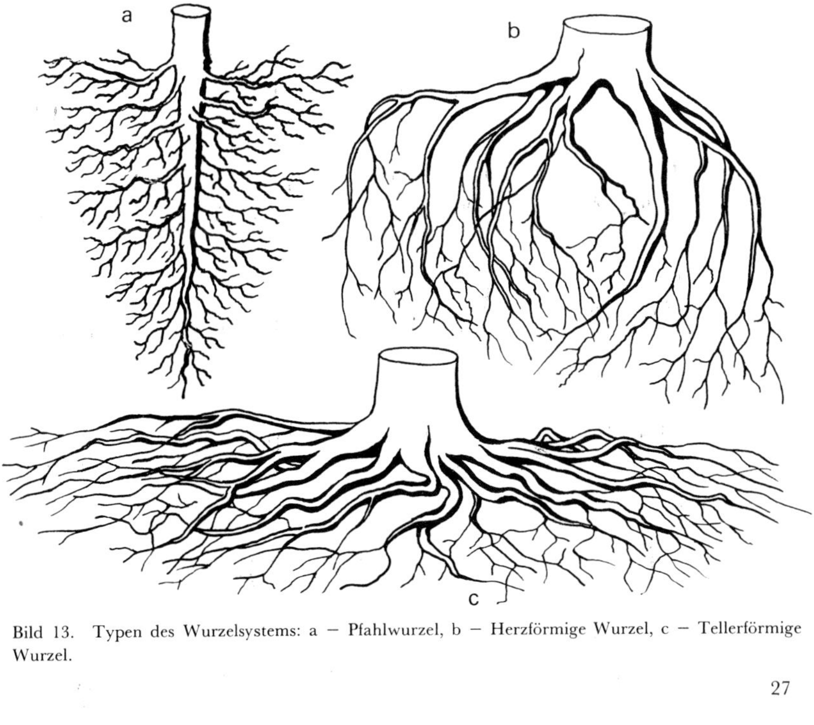

Bild 13. Typen des Wurzelsystems: a – Pfahlwurzel, b – Herzförmige Wurzel, c – Tellerförmige Wurzel.

Bild 14. Auf ungeeigneten Standorten wo die Fichte nur flach wurzelt, kommt es bei stärkeren Stürmen nester- und flächenweise zu Windbruch.

darf man die Luft nicht vergessen. Sie ist ein Volumengemisch von 78,03 % Stickstoff, 21 % Sauerstoff sowie 0,94 % sogenannte inerte Gase wie Argon, Krypton und Xenon und 0,03 % Kohlendioxyd. Es geht jedoch nicht nur um die chemische Zusammensetzung der Luft, sondern auch um ihre physikalischen Eigenschaften, ihre Licht- und Wärmedurchlässigkeit.

Die Pflanze braucht den Sauerstoff der Luft zum Atmen, das Kohlendioxyd zur Assimilation. Manche Pflanzen können auch den Stickstoff der Luft mit Hilfe von Bakterien verwerten. Auch Wasserstoff, Wasserdampf, Ammoniak und andere Gase sind in unterschiedlichen Mengen in der Luft enthalten. Sogar feste Stoffe wie Staub, Ruß und sonstige kleine Partikel befinden sich als Schwebeteilchen in der Luft.

Rauchgase sind ein großes Problem unserer heutigen Zeit. Durch Industrie und Verkehr gelangen sie in zunehmendem Maße als Abgase in die Luft. Ihr Anteil ist bereits so groß, daß man von Umweltverschmutzung spricht. Am gefährlichsten für die Pflanzen ist Schwefeldioxid. Es dringt einerseits mit der Luft in das pflanzliche Gewebe ein und wird hier zu einem Assimilationsgift. Andererseits wirkt es in Verbindung mit Wasser an der Oberfläche von Blättern und Nadeln ätzend und verursacht Schäden, die je nach Konzentration und Dauer der Einwirkung sehr stark sein können. Eine akute Schädigung entsteht bei kurzfristiger Einwirkung höherer Konzentrationen (ca. 0,2 Volumen % Schwefeldioxid).

Chronisch wird der Schaden bei langfristiger Einwirkung schwächerer Konzentrationen. Die Schadensgrenze wird bei 0,001 % Schwefeldioxid angegeben.

Nicht alle Holzarten reagieren gleich empfindlich auf Rauchschäden. Allgemein sind Laubbäume widerstandsfähiger als Nadelbäume. Vor allem deshalb, weil sie im Winter das

Laub abwerfen. Auf diese Weise wird das vergiftete Gewebe abgestoßen. Das gilt auch für die Lärche. Am empfindlichsten sind Tanne, Esche, Fichte und Linde. Auch Flechten sind gegen Rauchgase sehr empfindlich; in verseuchten Gebieten trifft man sie praktisch nicht an. Die Rauchgase beeinträchtigen auch die Samenproduktion. Hinzu kommt, daß diese Gase sich im Regen lösen, in den Boden geschwemmt werden und dort störend wirken.

Betrachten wir nun den Wald als Ganzes. Jede Pflanze stellt gewisse Standortansprüche, um existieren zu können. Da viele Arten ähnliche Bedürfnisse haben, kommt es zum Konkurrenzkampf. Doch auch unter den Individuen der gleichen Art gibt es einen Kampf ums Dasein. Es genügt zu wissen, daß im Jungwuchs, der natürlichen Ansamung pro Hektar bis zu 1 Million Pflanzen stehen. In 100 Jahren verringert sich diese Anzahl auf ca. 600 Bäume. Je besser die Standortverhältnisse sind, desto eher verringert sich die Anzahl der Individuen zu Gunsten der stärkeren, die sich durchsetzen.

Auch im Boden gibt es einen Konkurrenzkampf zwischen den Wurzeln der Gehölze – oft noch bevor sich die oberirdischen Pflanzenteile gegenseitig behindern.

Die Lebensgemeinschaften der Pflanzen sind jedoch nicht nur auf gegenseitigem Kampf aufgebaut. Es gibt auch umgekehrte Beziehungen, die Pflanzen helfen sich oder bieten einander verschiedene Vorteile. So gibt es zum Beispiel Symbiosen, wo Pilze mit Wurzeln verschiedener Pflanzenarten zusammenleben: die Mykorrhiza. Die Wurzeln, an denen Pilze gedeihen, sind kurz verästelt und oft korallenförmig verdickt. Der Pilz wächst entweder dicht an der Oberfläche der Wurzeln oder er dringt in ihre Oberflächengewebe ein. An der Mykorrhiza können sich die unterschiedlichen Pilzgruppen beteiligen. Manche sind auf gewisse Holzarten spezialisiert, andere wachsen auf den Wurzeln verschiedener Holzarten. Diese Pilze können solche Nährstoffe im Humus ausnutzen, die den Wurzeln normalerweise unzugänglich sind, vor allem komplizierte Stickstoffverbindungen. Bei Nadelbäumen ergänzt die Mykorrhiza das wenig entwickelte Haarwurzelsystem. Solche Beziehungen sind besonders wichtig auf Böden mit Rohhumus; bei Böden mit gut zersetztem Humus sinkt ihre Bedeutung, hier können die Pilze dann an der Wirtspflanze zu Schmarotzern (Parasiten) werden.

Im Wald gibt es noch andere Beziehungen zwischen den Pflanzen. Man weiß, daß grüne Pflanzen assimilieren, d. h. sie sind autotroph und können bis auf wenige Ausnahmen selbständig leben. Nichtgrüne Pflanzen dagegen besitzen kein Chlorophyll und sind auf die organischen Stoffe anderer Organismen angewiesen. Sie sind heterotroph. Diese Organismen holen ihre Nahrung entweder aus abgestorbenen Pflanzen, dann nennt man sie Saprophyten, oder sie schmarotzen an lebenden Organismen, dann bezeichnet man sie als Parasiten. Heterotrophe Organismen scheiden Enzyme aus, die das Substrat abbauen und die Aufnahme von Stoffen ermöglichen, die autotrophen Pflanzen sonst unzugänglich sind. Die saprophyte Ernährung ist für den Umlauf der Stoffe in der Natur sehr wichtig, denn sie führt Substanzen, die aus dem lebenden Kreislauf ausgeschieden wurden, in einen neuen Stoffwechsel ein. Die Saprophyten sorgen für Humusbildung und für die Selbstreinigung des Wassers. In vielen Fällen ist dieser Vorgang sehr kompliziert, denn eine Pflanzenart baut die Stoffe chemisch ab und eine andere beendet die ganze Umwandlung. Von den Samenpflanzen lebt nur eine unbedeutende Anzahl der Arten saphrophytisch. Die bekanntesten sind Vogelnestwurz *(Neottia nidus-avis)* und Fichtenspargel *(Monotropa hypopitys)*.

Unter den Saprophyten gibt es viele Übergänge zu Schmarotzern, die ihre Nährstoffe lebenden Organismen entnehmen. Sie scheiden besondere Verbindungen aus, mit denen sie in den Stoffwechsel der Wirtspflanze eingreifen.

Sie schmarotzen entweder im Inneren des Wirts oder an seiner Oberfläche, dann senken sie sogenannte Haustorien ins Wirtsgewebe, mit denen sie die Nahrung aufnehmen. Die Pflanze wehrt sich gegen Schmarotzer durch Ausscheiden von Gegenstoffen oder durch

Bildung spezieller Gewebe, durch die sie den Parasiten auf eine bestimmte Stelle lokalisieren möchte. Dadurch kann es zu kropf- oder krebsartigen Wucherungen kommen.
Unter den Schmarotzern auf europäischen Gehölzen bilden Mistel *(Viscum album)* und Eichenmistel *(Loranthus europaeus)* eine Ausnahme. Sie gehören zu den autotrophen Pflanzen, da sie grün sind. Der Wirtspflanze entnehmen sie nicht etwa Assimilate, sondern Wasser, in dem die Nährstoffe gelöst sind. Solche Pflanzen bezeichnet man als Hemiparasiten.
Eine besondere Pflanzengruppe sind die Epiphyten. Sie leben von der Samenkeimung bis zur Fruchtreife auf einer anderen Pflanze, ohne je den Boden zu berühren, parasitieren aber nicht an der Wirtspflanze. Im allgemeinen besiedeln sie Baumstämme oder Äste. Bildlich könnte man sie als „Raumparasiten" bezeichnen, denn sie nehmen dem Wirt lediglich einen Teil des Lichtes weg. Epiphyten findet man auf allen Stufen der pflanzlichen Entwicklung. Von den niederen Pflanzen sind hier Algen, Flechten und Moose vertreten, die man in unseren Breiten auf der Borke von Bäumen und Sträuchern findet. Wasser nehmen sie mit der ganzen Oberfläche auf. Ihre Nährstoffe beziehen sie aus dem Staub der Luft und aus Stoffen, die bei der Zersetzung der Borke entstehen. In unseren Wäldern überwiegen die Flechten. In tropischen Urwäldern gibt es zahlreiche epiphytische Pflanzenarten aus der Reihe der Farne und Samenpflanzen. Sie haben oft zweierlei Wurzeln: Mit den einen halten sie sich am Baumstamm fest, mit den anderen, den Luftwurzeln, nehmen sie Wasser auf. Sie besitzen oft auch Blattgrün, so daß sie auch Kohlendioxid aus der Luft aufnehmen und assimilieren können. Epiphytische Pflanzen besitzen häufig zweierlei Laubblätter: trichterförmige, in denen sich faulende Stoffe, die zur Ernährung benötigt werden, sammeln und eigentliche Assimilationsblätter, meist von ganz anderer Form. Die epiphytische Vegetation ist besonders ausgeprägt in tropischen Urwäldern. Ungenügender Lichteinfall unter den Baumkronen, überschüssige Luftfeuchtigkeit und leichte Humusbildung durch raschen Abbau fördern die Entstehung von zahlreichen Arten.
Aus dem bisher Gesagten geht hervor, daß das Leben einer Waldgemeinschaft sehr kompliziert und in ständiger Wandlung begriffen ist. In jedem Augenblick vollziehen sich zwei Prozesse: der Kampf ums Dasein und die gegenseitige Anpassung. Beide führen zu einem komplizierten Aufbau der ganzen Gemeinschaft, die ihrerseits wieder ihre Umgebung beeinflußt.

Die Tiere des Waldes

Eine wichtige Rolle in der gesamten Waldgemeinschaft spielt die Tierwelt. Ungefähr 40 000, also etwa die Hälfte aller in Mitteleuropa vorkommenden Tierarten beleben den Wald. Davon entfallen etwa 70 % auf Insekten. Im Wald finden die verschiedensten Lebewesen günstige Bedingungen für Aufenthalt, Ernährung und Vermehrung. Zahlreiche Arten sind geradezu auf den Wald angewiesen. An erster Stelle steht die Nahrungssuche. Die Waldpflanzen dienen den Pflanzenfressern wie dem Wild oder manchen Insektenarten direkt als Nahrung. Auch Insektenfresser wie manche Vögel (Meise, Specht) oder Allesfresser wie das Wildschwein (Bild 15) sind an den Wald gebunden, von den Waldpflanzen allerdings nur indirekt abhängig. Von den europäischen Holzarten liefert vor allem die Eiche zahlreichen Tierarten Nahrung. Ihr folgen Ulme, Weide und Kiefer. Am wenigsten werden Eibe und Akazie von Tieren aufgesucht.
Der Wald hat eine gewisse Schutzfunktion für die Tiere. Die Waldbäume bieten viele Nistmöglichkeiten, im Waldboden lassen sich Nestmulden und unterirdische Verstecke anlegen. Spechtartige Vögel bauen ihre Nester bevorzugt in Baumhöhlen, unter der

Baumrinde finden zahlreiche Insekten- und Spinnenarten ein Versteck. Dichtes, heckenartiges Unterholz bietet vielen Arten von Vögeln und Säugetieren ein sicheres Versteck, besonders im Winter, wenn sie in der freien Landschaft keinen geeigneten Zufluchtsort finden. Der Wald erfüllt also von allen pflanzlichen Gemeinschaften am besten den Anspruch der Tiere auf Nahrung, Versteck und Vermehrung.

Die Beziehungen zwischen den Lebewesen sind sehr interessant und kompliziert. Sie können sehr eng, gelockert oder nur zufällig sein. Manche Tiere sind ihr Leben lang auf den Wald angewiesen, z. B. der Auerhahn oder der Borkenkäfer (*Ips typographus,* Bild 16), andere nur vorübergehend, besonders während der Brutzeit, z. B. die Krähe oder der Dachs. Und manche ziehen den Wald einfach anderen pflanzlichen Gesellschaften vor, so z. B. der Specht und das Rehwild. Natürlich kann sich ein Tier auch nur zufällig im Wald verirren, wie etwa die Feldmaus. Je enger und dauerhafter jedoch eine solche Beziehung ist, umso ausgeprägter erscheint ein Tier selbst als Teil der Waldgemeinschaft.

Manche Tierarten sind nur an bestimmte Waldgemeinschaften gebunden oder sind nur auf gewisse Holzarten spezialisiert (z. B. die Nonne auf Fichte). Die Befruchtung mancher Pflanzen hängt von Insekten ab. Die Insekten übertragen den Blütenstaub von den männlichen auf die weiblichen Organe, jedoch nicht zielbewußt, sondern rein zufällig, weil ihnen die Blüten Nahrung, Versteck oder Vermehrungsmöglichkeiten bieten. Trotzdem sind die Insekten für die Bestäubung ungeheuer wichtig. Allein eine Biene besucht pro Tag ca. 10 000 Blüten. Die Blüten verbreiten meist einen besonderen Duft, der für den Menschen oft angenehm, manchmal aber auch unangenehm sein kann. Der Duft lockt Insekten an und verheißt entweder Nahrung oder einen Platz mit günstigen Bedingungen für die Entwicklung der Nachkommenschaft. So verströmen zum Beispiel manche Pflanzen einen Aasgeruch, der Insekten anlockt, die ihre Eier sonst in verwesendes Fleisch legen. Selbst wenn die Insekten nur irregeleitet werden, bestäuben sie dabei die Blüte, so daß der Blütenduft seinen Zweck erfüllt hat.

Tiere sorgen auch für die Verbreitung der Samen. Meist sind es Vögel. Sie fressen die Samen und scheiden sie mit dem Kot in weiter Entfernung wieder aus. So hängt z. B. bei

Bild 15. Wildschweine und andere Tiere sind untrennbar mit der Waldgemeinschaft verbunden.

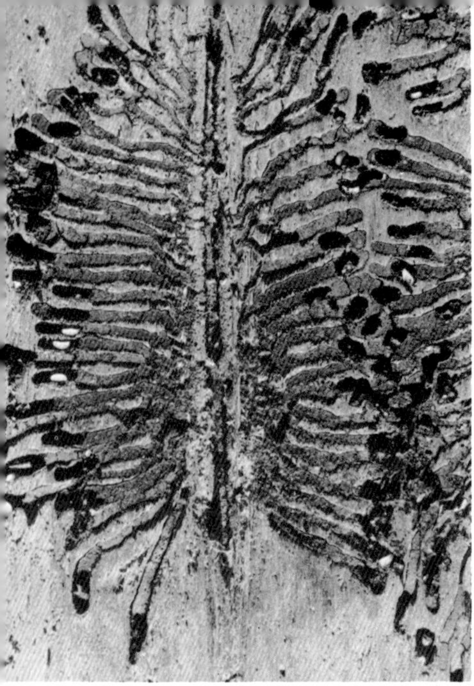

Bild 16. Das Fraßbild des gefährlichsten Fichtenschädlings – des Buchdruckers *(Ips typographus)*. Am Ende der Larvengänge sind die Puppenwiegen sichtbar.

der Eberesche die Verbreitung der Samen von den drosselartigen Vögeln ab: Der Samen keimt erst, wenn er den Verdauungstrakt eines Vogels durchwandert hat. Die von Vögeln verbreiteten Früchte haben im allgemeinen eine auffallende Farbe, z. B. die roten Früchte des Spindelbaumes (Pfaffenhütchen). Während der Reifezeit sind die Samen von einem auffälligen orangefarbenen Fruchtfleisch umhüllt und hängen an einem Faden aus der geplatzten Kapsel heraus. Es gibt noch andere Möglichkeiten der Samenverbreitung. Viele Samen oder Früchte sind mit Häkchen versehen und bleiben am Fell vorübergehender Tiere hängen (Klette, Labkraut). Manche Samen (Schneeglöckchen, Schöllkraut) werden von Ameisen verbreitet.

Im Wald lebt eine Vielfalt von Tieren. Viele sind so klein, daß man sie erst gewahr wird, wenn sie sich übermäßig vermehren. Andere fallen durch ihre Stimme auf oder durch ihre Größe bzw. Farbe. Viele Tiere sind nützlich, andere dagegen sehr schädlich, weil sie das Holz beschädigen oder gar Bäume zum Absterben bringen. Manche Waldtiere plant man sogar in die Waldwirtschaft ein, z. B. das Jagdwild. Trotz seiner Kompliziertheit steht der Wald in einem biologischen Gleichgewicht, in dem die Vermehrung der Arten in Grenzen gehalten wird. Kommt es im natürlichen Wald manchmal zu einer Übervermehrung bestimmter Arten, vermehren sich gleichzeitig auch ihre Feinde, und das Gleichgewicht bleibt erhalten. In unseren bewirtschafteten Wäldern hat der Mensch durch unbedachte Planung häufig die natürliche Entwicklung der Pflanzengemeinschaft gestört durch einseitige Holzartenzusammensetzung der Bestände (Monokulturen). Er veränderte aber auch die Zusammensetzung der Fauna durch starken Abschuß gewisser Raubtiere. Der Forstmann von heute hat die Aufgabe, das biologische Gleichgewicht soweit als möglich wieder herzustellen. Er sucht nach geeigneten Methoden der Schädlingsbekämpfung, um ein Überhandnehmen mancher Tiere zu verhindern, oder er setzt natürliche Feinde gegen die

Schädlinge ein. Diese biologische Schädlingsbekämpfung ist äußerst kompliziert und nur erfolgreich bei enger Anlehnung an das Vorbild der Natur.
Ein wichtiger Bestandteil der biologischen Schädlingsbekämpfung sind die Vögel. Je vielfältiger eine pflanzliche Gemeinschaft ist, desto mannigfaltiger ist auch die Zahl der Vogelarten, die hier Nahrung findet (Bild 17). Für den Forstmann ist es daher wichtig, nützliche Vogelarten zu schützen, um sie im Kampf gegen Insektenschädlinge erfolgreich einzusetzen. Da der Mensch den Vögeln immer mehr ihre natürlichen Nistplätze nimmt, geht ihr Bestand stetig zurück. Man fällt hohle Bäume, brennt Hecken ab, legt Sümpfe trocken und reguliert Flüsse. Auch die elektrischen Leitungen unserer modernen Landschaft fordern viele Opfer unter den Vögeln beim Flug in der Dämmerung und im Nebel. Auf den Straßen und Autobahnen finden viele Vögel den Tod. Allein in der BRD wird die Anzahl der auf diese Weise getöteten Vögel im Jahr auf eine Million Individuen geschätzt. Noch vor hundert Jahren war es in Europa keine Seltenheit, einem Adler, Falken, Wiedehopf, einer Nachtigall oder einem Eisvogel zu begegnen. Heute werden solche Vögel selten. Deshalb hat die Internationale Vereinigung für Naturschutz ein Verzeichnis von 383 Vogelarten herausgegeben, die bedroht sind, und denen jeder mögliche Schutz gewährt werden soll. Beklemmend ist die Tatsache, daß in Südeuropa noch heute laufend Singvögel auf dem Zug erschossen werden. Ja sogar in Netzen fängt man sie mit Hilfe der neuesten Technik. So endet das Leben von Millionen Schwalben, Drosseln, Staren, Lerchen und Wachteln auf den südeuropäischen Märkten.
In mitteleuropäischen Waldgebieten kommen etwa 200 Vogelarten vor. Ihre Anzahl pro Hektar ist verschieden. Am artenärmsten sind künstlich angelegte Fichtenwälder (ca. 6 Vogelarten pro Hektar), die größte Artenzahl lebt in Mischwäldern mit Unterholz (40 und mehr pro Hektar). Der Mensch hat es in der Hand, schon mit einfachen Mitteln den Vogelbestand um ein Vielfaches zu erhöhen. Schon ein hohler Baum genügt. Man kann ihn stehenlassen, Nistkästen verschiedener Größen für einzelne Vogelarten aufhängen, das Roden und Abbrennen von Hecken verhindern oder an geeigneten Stellen neue Sträucher pflanzen. Im Winter sollte man die Vögel mit Sonnenblumenkernen füttern, im Sommer Tränken einrichten und während der Brutzeit für notwendige Ruhe sorgen, denn die Vögel verlassen bei häufigen Störungen nicht nur die Eier, sondern oft auch ihre Jungen.
Über die Nützlichkeit der insektenfressenden Vögel belehren wieder Zahlen. Manche Meisenarten verbrauchen täglich so viel Nahrung, wie der Vogel selbst wiegt. Die Kohlmeise wiegt 17 Gramm und nimmt täglich 17 Gramm Insekten zu sich. Der Zaunkönig wiegt nur 5 Gramm, verbraucht aber 7,5 Gramm Nahrung. Man muß bedenken, daß 2000 Schmetterlingseier 1 Gramm, oder 400 Raupen des bekannten Waldschädlings *Bupalus piniarius* 12 Gramm wiegen. Weiß man, daß ein Meisenpärchen manchmal zweimal pro Jahr 6 bis 10 Eier ausbrütet, dann erst wird man sich bewußt, was die Vögel für die Gesunderhaltung des Waldes tun. Auch die körperliche Leistung kleiner Vögel ist beachtenswert. So brachte eine Kohlmeise ihren 9 Jungen in 19 Tagen 6786 mal Futter. In dieser Zeit verbrauchten die Jungen 0,75 kg Nahrung. Kein Wunder, daß ein Pärchen Meisen mit ihren Jungen in einem Jahr insgesamt 75 kg schädliche Insekten vernichtet. Noch eine weitere interessante Tatsache hat man bei Meisen beobachtet. Jede Art frißt andere Nahrung oder sucht sie an verschiedenen Stellen der gleichen Pflanze. Auf diese Weise kommen die Meisen über den Winter. So können in dieser Zeit auch 6 Arten nebeneinander leben, ohne sich gegenseitig das Futter wegzunehmen. In der Waldfauna sind die Insekten am artenreichsten vertreten – einige davon sind gefährliche Schädlinge, andere ernähren sich von diesen Schädlingen, halten damit deren Zahl in Grenzen und bilden so eine Grundlage der biologischen Schädlingsbekämpfung im Wald.
Eine wichtige Aufgabe haben räuberische Insekten, vor allem die Ameisen. Sie vertilgen

Bild 17a. Charakteristische Profile einiger Vogelgruppen, die im Wald leben: 1 – Spechte, 2 – Baumläufer, 3 – Kleiber, 4 – Fliegenschnäpper, 5 – Stelzen und Lerchen, 6 – Finken, 7 – Grasmücken und Schilfrohrsänger (Rohrsänger – Rohrspatzen), 8 – Drosseln, 9 – Meisen, 10 – Zaunkönige und Stare.

unter anderem auch große Mengen von Schadinsekten. Ihre Nester bauen sie in hohlen Bäumen, unter Wurzeln, auch in Erdlöchern. Am bekanntesten ist die Rote Waldameise, die aus Koniferennadeln und Steinchen Haufen von oft beträchtlichen Ausmaßen baut. Die Anzahl der Individuen pro Nest schwankt. Bei manchen Arten bestehen die Völker aus einigen Hundert, bei anderen aus einigen Zehntausend Einzeltieren. Das Zusammenleben einer so großen Zahl von Individuen erfordert eine gewisse Arbeitsteilung, die durch Instinkte gelenkt wird. In einem Ameisenvolk gibt es Geschlechtstiere (Königinnen und Männchen) und solche mit verkümmerten Geschlechtsorganen (Arbeiterinnen). Bei der Roten Waldameise besitzt das Volk eine Königin. Am Hochzeitsflug nehmen die meisten Weibchen und zahlreiche, sehr kurzlebige Männchen teil. Die Männchen haben nur die eine Aufgabe, die Weibchen zu begatten. Bald danach sterben sie. Jedes begattete Weibchen gründet ein neues Volk und kümmert sich selbst um die erste Nachkommenschaft. Es füttert die geschlüpften Larven mit eiweißreichen Säften der Munddrüsen und sichert so die Ernährung. Aus diesen Larven entwickeln sich die ersten Arbeiterinnen. Die Arbeiterinnen bilden den größten Teil des Ameisenvolkes. Sie bauen das Nest, halten es in Ordnung und ziehen die Brut auf. Die Königin legt ihre Eier und überläßt sie dann der Obhut der Arbeiterinnen. Die sich entwickelnden Larven werden laufend gesäubert und mit Kropfinhalt von den Arbeiterinnen direkt in den Mund gefüttert bis zur Verpuppung.

Außer den Ameisen gehören auch Heuschrecken, Libellen, Wasserjungfern und Marienkäfer zu den räuberischen Insekten. Besonders Marienkäfer sind sehr nützlich, denn sie verfolgen als Käfer und als Larven vor allem Blattläuse. Ferner sind Wespen und besonders Hornissen brutale Räuber. Sie greifen im Flug andere Insekten an und schlagen sie zu Boden, wo sie ihnen Beine und Flügel abreißen und sie so an der Flucht hindern. Ebenso rechnet man die Laufkäfer und Puppenräuber zu den Raubinsekten. Die Laufkäfer jagen ihre Beute auf der Erde, die Puppenräuber meistens auf Bäumen. Auch hier ernähren sich Larven und Erwachsene räuberisch. Trotz ihrer verhältnismäßig kurzen Entwicklungszeit – nur ca. 2 Wochen – vertilgen die Larven in dieser Zeit ungefähr 40 Raupen.

Beim Nahrungserwerb gehen die Raubinsekten verschieden vor. Manche fressen ihre Beute

Bild 17b. Flugbilder: 1 – Steinadler (jung), 2 – Rauhfußbussard, 3 – Wanderfalke, 4 – Turmfalke, 5 – Habicht, 6 – Sperber, 7 – Waldbussard.

einfach auf. Andere parasitieren im Körper eines lebenden Wirtstieres, wo sie ihre Entwicklung vom Ei bis zum fertigen Insekt durchmachen. Der Parasitismus ist bei Tieren wesentlich komplizierter als bei Pflanzen. Am weitesten verbreitet sind die Schlupfwespen als Schmarotzer. Sie legen ihre Eier in den Körper verschiedener, auch schädlicher Insekten und werden dadurch zu Nützlingen. Man staunt nur, wenn man beobachtet, wie eine Schlupfwespe auf der Stammrinde ganz instinktiv weiß, wo sie ihren nadelscharfen Legestachel einstechen soll, um eine Insektenlarve zu treffen. Es mutet wie ein Wunder an, daß das Ei in dem dünnen Legestachel durch das Holz hindurch bis zur Larve gelangt. Das Ei ist elastisch und wird wie durch einen sich verengenden Lauf in das Opfer eingeschossen. Erst wenn es sein Ziel erreicht hat, nimmt es seine eigentliche Form an. Im Körper des Wirtstieres entwickelt sich nun die Larve der Schlupfwespe. Sie ist dort geborgen, ernährt sich von ihrem Wirt und frißt nach und nach das Innere des Gastgebers auf. Das Wirtstier stirbt erst, wenn die Entwicklung der Larve beendet ist. Manche Schlupfwespenarten spezialisieren sich auf bestimmte Insekten, andere parasitieren an mehreren Arten, in deren Larven und Eiern sie sich entwickeln. Sandwespen befallen Raupen verschiedener Arten, lähmen sie durch einen Stich ins Nervensystem, graben sie im Sandboden leicht ein und legen ihre Eier daneben ab. Die Larven finden dann stets frische Nahrung vor.

Eine weniger zahlreiche Gruppe schmarotzender Insekten sind die Raupenfliegen, von denen sich einige Arten ebenfalls auf schädliche Waldinsekten spezialisieren. Sie ähneln den Fleischfliegen und werden oft mit diesen verwechselt. Sie fallen ihren Gastgeber in sehr unterschiedlicher Form an. Manche Arten legen die Eier, andere die mit Sinnesorganen ausgestatteten Larven direkt auf den Körper des Wirtstiers (Raupe), unter seine Haut oder auf seine Nahrung, so daß sie mit der Nahrung in den Körper gelangen. Die fremde Larve ernährt sich zunächst von Körperflüssigkeit und Fettkörperchen und erst gegen Ende ihrer Entwicklung auch von anderen Organen des Wirtstiers, das dann stirbt. Die Larve der Raupenfliege besitzt zwar einen Bohrzahn, das Wirtsgewebe aber zersetzt sie durch ihren Speichel. Die Verpuppung findet im Inneren oder an der Oberfläche des Wirtstieres statt, manchmal auch im Boden. So wie alle Fliegen, verpuppt sich auch die Raupenfliege in faßähnlichen Kapseln, den sogenannten Tönnchenpuppen.

Ein Idealzustand wäre erreicht, wenn Tiere, die gegen die schädlichen Insekten vorgehen, keine Feinde hätten. Die Raupenfliegen haben als Feind den Trauerschweber, *Hemipenthes moria,* den man leicht an den gebräunten oder geschwärzten Flügelenden erkennt. Seine Larven entwickeln sich im Innern der Raupenfliegenlarven und oft werden bis zu 80 % der Raupenfliegenlarven von diesen Fliegen befallen. Jeder Parasit hat somit auch seinen eigenen Parasiten. Diese Erscheinung nennt man Hyperparasitismus.

Noch eine andere interessante Erscheinung kann man im Wald beobachten. Es gibt eine „Gesundheitspolizei", die in kürzester Zeit die Spuren abgestorbener Lebewesen beseitigt. Es handelt sich um Mikroorganismen bis hin zu höheren Tieren wie Fuchs oder Schwarzwild. Von den Insekten sind es besonders die Raubkäfer, die von Verwesungsüberresten leben, den Hauptanteil an der Beseitigung toter Tiere haben jedoch die Totengräber und Aaskäfer. Sie besitzen ein besonderes Riechorgan, mit dem sie ihre Beute auch auf große Entfernung riechen, so daß sie innerhalb kurzer Zeit ihren Fund erreichen. Sie verkriechen sich unter der Leiche, lockern den Boden darunter auf und vergraben sie so buchstäblich unter der Erde. Wenn sie nun ihre Eier daran ablegen, haben sie die Ernährung für ihre Nachkommenschaft gesichert, und die bald schlüpfenden Larven finden ausreichend Nahrung vor.

Eine besondere Stellung unter der Waldfauna nimmt das Jagdwild ein, dem seit uralten Zeiten der Mensch nachstellt. Dem Jäger der Urzeit diente das Fleisch als Nahrung, das Fell als Kleidung. Der Mensch jagte damals nur für seinen eigenen Bedarf und griff lediglich in den naturgemäßen Bestand des Wildes ein. Heute jagt man das Wild gezielter und beeinflußt dadurch weit mehr seine natürliche Entwicklung. Ein solcher Eingriff in die Lebensgemeinschaft blieb natürlich nicht ohne Folgen, so daß man sich heute fragen muß: Wald oder Wild? Betrachtet man die Sache genauer, so schälen sich zwei Probleme heraus, die schicksalhaft werden: das Verhältnis Mensch/Wild und das Verhältnis Wild/Wald. Der Mensch rottete Bären, Luchse, Wölfe und Wildkatzen so ziemlich aus. Diese großen Raubtiere waren aber die natürlichen Feinde des Wildes und hielten seine Population in Grenzen. Zugleich sorgten sie für eine qualitative Auslese, da sie hauptsächlich kranke und schwache Stücke anfielen. Eine zweite, nicht weniger wichtige Tatsache war in den letzten 150 Jahren die Anlage von reinen Fichten- und Kiefernbeständen. Mischwälder mit einer reichen Unterholzschicht boten dem Wild auch im Winter genügend verschiedenartige Nahrung, reine Fichten- oder Kiefernbestände dagegen nur wenig und einseitige. Die spärliche Nahrungsmenge versuchte man durch Fütterung zu ergänzen, was oberflächlich betrachtet auch sehr einfach zu sein schien. Denn man kennt die notwendigen Tagesrationen und kann sie so dem Wild verabreichen. Dabei hat man nicht an die natürliche Auslese gedacht. Durch Fütterung wird das Wild im Winter weniger dezimiert, so daß auch schwache Stücke überleben, die sonst nicht durchkommen würden. Im Sommer oder Herbst beteiligen sich dann auch die schwachen Individuen an der Brunft, was auf die Dauer zur Degenerierung des Wildes führt. Theoretisch soll der Jäger deshalb die natürliche Auslese durch den sogenannten Wahlabschuß ersetzen.

Da ein Wald eine geschlossene Lebensgemeinschaft darstellt, hat jeder Eingriff Folgen. Dies wirkt sich auch heute noch beim Wild aus, wenn seine Umwelt verändert wird. Am deutlichsten zeigt sich das beim Rotwild. Die ursprünglichen Mischwälder boten genügend Äsung und waren vom Wild überhaupt nicht bedroht. Allerdings war auch der Wildbestand durch natürliche Feinde bedeutend kleiner als heute. Jetzt findet das Wild außer den Kulturen in reinen Fichtenbeständen fast keine Äsung mehr. Das Rotwild sucht daher den Mangel an notwendigen Stoffen durch Benagen und Schälen der Rinde von stehenden Bäumen auszugleichen (Bild 18). Das hat katastrophale Folgen. Die Wundstellen werden durch Pilze infiziert, die sich im Stammesinneren nach oben und unten ausbreiten und den

Bild 18. Das Fressen und Schälen der Fichtenrinde durch das Rotwild verursacht der Waldwirtschaft enormen Schaden.

wertvollsten Teil des Stammes zerstören. Dazu kommen noch Wind und Schnee: Dort, wo die Stabilität des Holzes gestört ist, kommt es zum Bruch. Diese Schälschäden können heute riesige Ausmaße erreichen. Man versucht daher in den letzten Jahren, dieses Problem mit besonderem Interesse anzugehen. Selbstverständlich bilden Wald und Wild ein unteilbares Ganzes. Deshalb ist es unsere Pflicht, das Wild und alle Tiere des Waldes den nachfolgenden Generationen zu erhalten; dies kann aber nur erreicht werden, wenn sich die Lebensgemeinschaft Wald auch unter veränderten Umweltbedingungen in einem gewissen biologischen Gleichgewicht befindet.

Die Geschichte des Waldes

Die heutigen Wälder sind das Ergebnis einer langen Entwicklung. Seit es baumartige Pflanzen gibt, drängte der Wald andere Pflanzengesellschaften zurück und breitete sich auf geeigneten Standorten aus. Die Spuren des Waldes kann man viele Millionen Jahre zurückverfolgen, Versteinerungen und insbesondere mächtige Kohlenflöze zeugen davon. Die heutigen Pflanzen stammen von der Flora des Tertiärs ab. Zu jener Zeit war das Klima bei uns wärmer, so daß auch in Europa tropische Wälder wuchsen. Während des Tertiärs nahm die Temperatur ständig ab und gleichzeitig verschwanden aus der europäischen Flora tropische und subtropische Arten. Die Abkühlung schuf dagegen günstige Bedingungen für die Verbreitung der meisten Laubhölzer, die heute einen wichtigen Bestandteil der europäischen Wälder bilden. Ungefähr vor einer Million Jahre war die Zusammensetzung der Wälder ähnlich wie bei den heutigen Naturwäldern. Das Klima war zu der Zeit noch verhältnismäßig warm.
Entscheidenden Einfluß auf die Entwicklung und Gestaltung unserer Wälder hatte die

Entwicklung der Wälder in Mitteleuropa

Epoche	Hauptholzarten	Beiholzarten
Präboreal (vor 10 000 Jahren)	Kiefer, Birke	Espe, Weide, in wärmeren Gegenden Haselstrauch und Eiche
Boreal (vor 8500 bis 7000 Jahren)	Kiefer, Haselstrauch	Eiche, Ulme, Esche, im Gebirge auch die Fichte
Atlantikum (vor 7000 bis 4500 Jahren)	Eiche, Tanne, Fichte	Erle, Haselstrauch, auf Sandboden die Kiefer
Subboreal (vor 4500 bis 2800 Jahren)	Buche, Tanne, Fichte	Eiche, Linde, Ulme, Esche, Weißbuche
Subatlantikum (vor 2800 Jahren bis zum heutigen Tag)	Anfangs Tanne und Buche, in den letzten Jahrhunderten Fichte und Kiefer	In warmen Gegenden Eiche, Birke, Espe, Haselstrauch, an feuchten Stellen die Erle

Eiszeit, bei der es zu Beginn des Quartärs zu einer grundlegenden Klimaverschlechterung kam. In Skandinavien bildeten sich zusammenhängende Gletscher, die nach Süden bis Mitteleuropa vordrangen. Gleichzeitig schoben sich vom Südwesten her die Alpengletscher vor. Man darf sich jedoch die „Eiszeit" nicht als eine Zeit mit ununterbrochen kaltem Klima vorstellen, denn man kann mehrere Kaltzeiten (Glazialzeiten) im Wechsel mit Warmzeiten (Interglazialzeiten) unterscheiden. Die Gletscher stießen mehrmals vor und wichen dann wieder weitgehend zurück. Während der Glazialzeiten gingen die meisten Holzgewächse an der Kälte zugrunde. In Mitteleuropa breitete sich eine Tundra aus. Nur in einzelnen Wärmeinseln konnten einige frostharte Holzarten die Eiszeiten überstehen.
Auch einige Arten der arktischen und alpinen Flora hielten sich in Mitteleuropa bis in die heutigen Tage. Sie zogen sich nach dem Abschmelzen des Eises mit zunehmender Erwärmung an geeignete Zufluchtsorte zurück und werden daher als eiszeitliche (glaziale) Relikte bezeichnet. Der Leser wird sie bei der Beschreibung der einzelnen Pflanzenarten kennenlernen.
Mit dem Rückzug der Gletscher am Ende der Eiszeit drangen in die europäische Tundra Waldhölzer ein, vor allem die Birke und mit ihr auch Kiefer, Espe und Weide, also anspruchlose Holzarten, die deshalb die Eiszeit im eisfreien Gebiet überstanden haben. Diese Zeit liegt ungefähr 10 000 Jahre zurück. Schließlich überwog in ganz Europa die Kiefer zusammen mit der Birke. Man nennt diesen Zeitabschnitt Präboreal; er entspricht der älteren Steinzeit. Natürlich wanderten jetzt auch schon andere Holzarten ein, doch spielten sie vorerst keine bedeutende Rolle.
Darauf erfolgte eine längere Wärmeperiode, in der sich der Haselstrauch verbreitete und die Vorherrschaft errang. Die Wälder besaßen zu dieser Zeit Steppencharakter. Das Klima war trocken, der Sommer lang und warm. Diesen Zeitabschnitt nennt man Boreal. Er fällt

in die mittlere Steinzeit und liegt etwa 8500–7000 Jahre zurück. Zu Beginn der jüngeren Steinzeit kam ein Zeitabschnitt, den man als Atlantikum bezeichnet. Das war vor etwa 7000–4500 Jahren. Hier überwog der Eichenmischwald. Die Eiche breitete sich aus und verdrängte Hasel und Kiefer. In den Bergen überwogen Tanne und Fichte. In dieser Ära herrschte anfangs ein warmes und feuchtes Klima, das nach und nach trockener und etwas kühler wurde. Dann erschien die Buche, die Tanne nahm zu, die Kiefer wurde auf trockene, sandige Standorte zurückgedrängt.
Im Subboreal, am Ende der jüngeren Steinzeit und zu Beginn der Bronzezeit (vor etwa 4500–2800 Jahren) nahmen die Temperaturen ab und die Niederschläge etwas zu. Buche, Fichte und Tanne breiteten sich aus und beherrschten vollständig die Berglandschaft. Die Eichenmischwälder gingen zurück, und öfters erschien nun die Weißbuche. So ungefähr sahen die Wälder am Anfang der historischen Zeit aus.
Der Zeitabschnitt reicht bis zur Jetztzeit; man nennt ihn Subatlantikum. Hier herrschen zunächst Tanne und Buche vor, in warmen Regionen Eiche, Birke und Espe.
Auf dieser Szenerie erscheint schließlich der Mensch, der dann grundlegend in die gesamte Entwicklung der europäischen Wälder eingegriffen hat. Er hat nicht nur den ursprünglichen Umfang der Wälder verringert, sondern in den letzten Jahrhunderten auch die Zusammensetzung der Wälder zu Gunsten der Nadelbäume verändert: Die heutige Zeit kann man daher als die Kiefern-Fichtenzeit bezeichnen.
Schon zu Beginn der jüngeren Steinzeit, also vor ca. 7000 Jahren, wird das Verhältnis des Menschen zum Wald sichtbar. Die Bevölkerungsdichte war zu dieser Zeit sehr gering, grundlegende Änderungen gab es daher für den Waldbestand zunächst nicht. Der Mensch nutzte eigentlich nur die Geschenke des Waldes als Jäger und Sammler und suchte Zuflucht in ihm. Mit zunehmender Bevölkerung reichte die waldfreie Fläche für die Ernährung nicht mehr aus; man griff auf den Wald zurück durch Roden und Umwandlung des Waldbodens in Ackerland sowie durch Eintrieb von Weidevieh in den Wald. Mit dem Entstehen neuer Siedlungen begann sich in Mitteleuropa vom 11. Jahrhundert an, der Bestand des Waldes in größerem Umfang zu verändern. Der Mensch benötigte nicht nur neue Siedlungsflächen mit der dazu gehörigen Feldflur, auch der Holzbedarf stieg an. Man brauchte Bauholz, Brennholz und für Geräte Werkholz. Der Verbrauch steigerte sich mehr und mehr durch die Anlage von Städten im Mittelalter und die Entwicklung des Handwerks in ihren Mauern. Gewerbebetriebe mit hohem Brennholzbedarf (z. B. Bierbrauereien) kamen hinzu. Der Bergbau verschlang viel Holz in seiner Umgebung, ebenso die Erzverhüttung und die Glashütten. Köhler errichteten ihre Meiler in abgelegenen Waldungen, wo das Nutzholz nicht wegtransportiert werden konnte und holzten große Flächen ab. Dieser fortlaufende Raubbau am Wald führte bis zum Ende des 18. Jahrhunderts vielfach zu einem heruntergekommenen Waldzustand. In der Nähe menschlicher Siedlungen waren die Wälder weitgehend verwüstet, und in Laubwäldern kam dazu kein Jungwuchs mehr auf durch Weidegang und hohen Wildstand.
Diese Zeit kann man als eine grundlegende Wende in der Entwicklung der Waldwirtschaft bezeichnen. Hierher fällt der Beginn der Forstschulen, Versuche und Museentätigkeit. Der Mensch überlegte sich, wie er den Wald vor schädlichen Einwirkungen schützen konnte.
Waldordnungen entstanden, die alle Grundsätze der Waldwirtschaft und den Schutz des Waldes einschließlich den Schutz vor Diebstahl verankerten. Diese Entwicklung hat man schon früh erkannt, und das Gespenst der drohenden Holznot veranlaßte die Landesherren zu Gegenmaßnahmen. So entstanden Forstordnungen, in denen die Nutzung im Walde geregelt und Forstfrevel unter Strafe gestellt wurden. Nur vereinzelt sorgte man für eine Wiederbestockung der verlichteten Wälder durch Freisaaten oder Pflanzung von Wildlingen. Im allgemeinen begnügte man sich in den Laubwäldern mit Stockausschlägen und

Naturbesamung, in den Nadelwäldern mit dem Samenflug von einzelnen Samenbäumen, die man bei Kahlhieben stehen ließ, oder von Randbäumen. Auch Zapfensaaten führte man aus. Das änderte sich in der 1. Hälfte des 19. Jahrhunderts, als man daranging, die verwüsteten Wälder wieder in volle Bestockung zu bringen. Man regelte nun planmäßig die Holznutzung und bestockte nach dem Abtrieb von Altholz die freie Fläche erneut durch Pflanzung. Auch Ödland forstete man auf. Dazu zog man in Saatschulen junge Pflanzen heran zum Versetzen ins Freie. Gleichzeitig gründete man Forstschulen und machte Versuche mit verschiedenen, auch ausländischen Holzarten.

Zur Pflanzung eigneten sich am besten Fichte und Kiefer, die anspruchsloser sind und früher hiebsreif werden als das Laubholz. Dadurch erfuhren beide Holzarten eine große Verbreitung und drängten das Laubholz zurück. Zudem hatte die Buche als vorwiegender Brennholzlieferant nur örtliche Bedeutung, wogegen Fichte und Kiefer, auch die Tanne, vielseitig verwendbar und durch Flößen auf den Flüssen leichter zu transportieren waren.

Durch die ausgedehnten Pflanzungen entstanden jedoch gleichaltrige Reinbestände, sogenannte Monokulturen, mit all ihren biologischen Mängeln. Ganz gewiß bemühte man sich so um eine zielgerichtete und rationelle Verbesserung der verwüsteten Waldungen. Doch der Erfolg war, daß der Mensch innerhalb von 150 Jahren das Gesicht der europäischen Wälder vollständig verändert hat, ohne sich bewußt zu sein, wie sehr er durch seine Maßnahmen das biologische Gleichgewicht in der Natur gestört hat.

Bestimmungsteil

Die Haupttypen des europäischen Waldes werden in den sechs nachfolgenden Kapiteln beschrieben. Der Leser lernt hier jeweils die häufigsten charakteristischen Vertreter der Flora und Fauna kennen. Die meisten Arten sind jedoch weit verbreitet und treten in mehreren oder gar allen Waldtypen gleichzeitig auf. Innerhalb der Kapitel sind im botanischen Teil die typischen Vertreter der Sporen- und Samenpflanzen von Kraut-, Strauch- und Baumschicht zusammengefaßt. Der zoologische Teil umfaßt Insekten, Reptilien und Lurche sowie Vögel und Säugetiere. 113 Farbtafeln mit je 2–4 Bildern verschiedener Arten veranschaulichen die Beschreibungen. Da die Auswahl der Arten dem Lebensraum entspricht, in dem sie am häufigsten auftreten, war eine systematische Einteilung nicht möglich; die Familien-, evtl. Klassen- und Ordnungszugehörigkeit wird aber angegeben.

Auwälder

Die Auen erstrecken sich im Talgrund an Bächen und Flüssen entlang, wo alljährlich im Frühjahr das Wasser über die Ufer tritt. In den regelmäßig oder auch nur zeitweise überschwemmten Gebieten reichern sich im Boden Nährstoffe an. Der Aueboden ist daher reich an Mineralsalzen, und sein Grundwasserspiegel steht nahe an der Erdoberfläche.
Auf Flächen, die regelmäßig überschwemmt werden, stockt die sogenannte „weiche Au" mit Pappeln, Weiden und Erlen als Grundbestand. Solche Wälder gibt es in Niederungen mit strömendem Wasser. Hier sind die Bäume in der Umgebung der Wasserläufe durch Eisschollen beschädigt. In der vielfältigen Kräuterschicht überwiegt die Nessel.
In höheren Lagen (bis 300 m über dem Meeresspiegel) findet man entlang der Wasserläufe die „harte Au", wo es nur unregelmäßig zu Überschwemmungen kommt. Hier ist der Boden reich an Nährstoffen, die durch gelegentliche Überschwemmungen immer wieder ersetzt werden. Als Hauptholzarten treten Eiche, Esche, Linde und Spitzahorn auf. Die Auwälder der harten Au besitzen den besten Boden. Hier entsteht eine Vielschichtigkeit, die sich um so mehr ausprägt, je günstiger die Standortbedingungen sind. Zahlreiche Arten von Bäumen und Sträuchern können auf derselben Fläche ihre Kronen, ohne sich gegenseitig zu bedrängen, in verschiedenen Etagen ausbreiten und den Luftraum am besten ausnützen. Das Aussehen solch üppiger Pflanzengesellschaften ändert sich im Verlauf des Jahres: Wohl am schönsten ist es im Frühjahr, wenn die blattlosen Baumkronen die Sonnenstrahlen zum Boden durchlassen. Die Erde erwärmt sich auf diese Weise schnell, und die Umgebung verhindert eine Abkühlung durch den Wind. So können sich schon zeitig, noch vor dem Laubausbruch, lichtliebende Pflanzen voll entfalten. Später, nach dem Austrieb der Blätter, machen sie den Arten Platz, die Schatten vertragen. Als Holzart überwiegt hier die Sommereiche, eine Lichtholzart, die ihre Krone so ausbreitet, daß sie möglichst viel Licht empfängt. Sie bildet daher keine dichte Krone, sondern läßt auch den Nachbargehölzen noch genügend Licht. Das sind am häufigsten Silberpappel, Schwarzpappel, Esche und Ulme. All diese Gehölze sind dank ihrem Wurzelwerk, widerstandsfähig gegen Überschwemmungen.
Dort, wo das Grundwasser an die Erdoberfläche kommt, wachsen Weidenbäume oder Weidensträucher, Erlen und eine reiche Sumpfvegetation. Hier geht langsam die harte in die weiche Au über. Auf erhöhten und trockenen Stellen dagegen erscheinen schon Weißbuche und Birke. In der Strauchschicht sind Traubenkirsche, Faulbaum, Schneeball, Vogelkirsche, Roter Hartriegel und Haselstrauch häufig vertreten.
Trotz der Überschwemmungen ist auch die Fauna der Auen sehr vielfältig. Hier lebt viel Wild, auch Damwild und Schwarzwild, das ungünstige Zeiten auf erhöhten Plätzen, die wie Inseln aus dem Wasser ragen, überdauert.
Typische Vertreter der zahlreichen Vogelwelt sind Grasmücken, Beutelmeisen, Wasseramseln in der Nähe von Flüssen, dann Wasservögel und Weihen. Unter den Insekten findet man Schädlinge, die durch die Ernährung an Bäume gebunden sind, z. B. Fichtenspinner, Weidenspinner, einige Holzbockarten und in den Baumstümpfen die Larven des Hirschkäfers.

Auwälder

Lebermoos *Pellia epyphylla* ❶
Klasse *Hepaticae* – Lebermoose
Lebermoose bilden eine umfangreiche Gruppe der Moospflanzen: in Europa gibt es etwa 300 Arten. Man kann sie als die primitivsten höheren Pflanzen bezeichnen. Ihr Körper ist nicht gegliedert, sondern bildet einen blattförmigen Thallus, der sich mit Rhizoiden (wurzelähnlichen Gebilden) am Untergrund festheftet. Mit wenigen Ausnahmen gedeihen sie nur auf ständig feuchten Unterlagen. Das Lebermoos *Pellia epyphylla* ist meist dunkelgrün mit einer deutlichen Mittelrippe. Besonders im Frühjahr fällt diese Pflanze auf durch glasige, einige Zentimeter lange Pinsel mit dunklen, kugelförmigen Kapseln, die aus dem Thallus herauswachsen. Das Lebermoos ist sehr häufig. Es wächst in Niederungen an Bachufern, in Gräben, an Waldwegen und bildet an diesen Stellen auffällige, dunkelgrüne Überzüge.

Punktiertes Sternmoos *Mnium punctatum* ❷
Klasse *Musci* – Laubmoose
Die Laubmoose bilden eine zweite, grundlegende Gruppe der Moospflanzen. Sie besitzen einen beblätterten Stengel und Rhizoide. Typisch sind ihre Kapseln, die am Stengelende sitzen und Sporen enthalten. Die Kapseln öffnen sich gewöhnlich durch Deckel unterschiedlicher Form. In europäischen Wäldern bilden sich unter günstigen Bedingungen oft großflächige Moosteppiche. Da die Moose keine echten Wurzeln haben, entnehmen sie dem Boden nur sehr wenig Wasser, ja sie schützen ihn sogar vor übermäßiger Verdunstung. Das Punktierte Sternmoos gehört zu den schönsten Moosen. Es ist ca. 5 cm hoch. Die Stengel sind dunkelbraun mit einem typischen rötlichen Wurzelfilz zwischen den Blättern. Die Blätter sind rundlich, sattgrün und am unteren Teil des Stengels stets etwas kleiner. Sie haben eine deutliche Mittelrippe und eine kurze, dornige Spitze. Der Kapselstiel ist 2–4 cm hoch, purpurfarben. Die Kapseln stehen waagrecht ab oder hängen über. Der Kapseldeckel ist langschnäbelig. Das Punktierte Sternmoos wächst vor allem an feuchten Standorten mit strömendem Wasser, verträgt auch stehendes Wasser, meidet jedoch kalkigen Untergrund.
Blatt (2a links), Kapseln (2a rechts).

Lohblüte *Fuligo septica* ❸
Klasse *Myxomycetes* – Schleimpilze
Das sind primitive, chlorophyllfreie Formen aus vielkernigen Protoplasmamassen, sogenannten Plasmodien, ohne Zellwände, die sich wie Amöben kriechend fortbewegen. Die Plasmodien gehen in ein zweites Stadium über und bilden behäutete, ungeschlechtliche Sporen. Ihr Entwicklungszyklus erinnert eher an Tiere als an Pflanzen. Lohblüte bildet im ersten Entwicklungsstadium chromgelbe Plasmodien auf faulendem Holz.

Zitterpilz *Tremella foliacea* ❹
Ordnung *Tremellales* – Zitterpilze
Die Vertreter dieser Ordnung haben gallertartige Fruchtkörper, die bei Trockenheit hart werden. In feuchter Umgebung schwellen sie schnell an. Der Zitterpilz hat einen gehirnförmig gewundenen Fruchtkörper von zimtbrauner Farbe mit fleischrotem Stich. Von Juni bis Oktober kommt er auf Baumstämmen, Ästen und Baumstöcken von Laubbäumen, besonders von Eichen, Buchen und Birken vor.

1
2
2a
4
3

Auwälder

Gefleckter Aronstab *Arum maculatum* ❶
Familie *Araceae* – Aronstabgewächse
Der Aronstab kommt vor an feuchten Stellen unter Laubbäumen in den Auwäldern der Ebene und in unteren bis mittleren Höhenlagen. Die Blüten erscheinen von April bis Juni. Sie sind getrenntgeschlechtig, aber an einer langen, fleischigen Säule zu einem zwittrigen Blütenstand vereint: unten die weiblichen, darüber die männlichen und oben sterile, zu Borsten umgewandelte Blüten. Ein hellgrünes, unten ausgebuchtetes Hochblatt umhüllt den Blütenstand wie eine Tüte, aus der das keulenförmige, dunkelviolette Ende der Säule herausragt und einen unangenehm aasartigen Duft verbreitet. Dieser Geruch lockt vor allem kleine Fliegen an. Sie gleiten am Hüllblatt und an der Säule in die kesselartige Erweiterung des Hochblatts hinab und bleiben zunächst dort gefangen, weil ihnen die Borsten am Eingang zu dieser Falle den Weg in die Freiheit versperren. Durch intensives Bemühen, die Falle zu verlassen, gelangt der am Insektenkörper haftende Blütenstaub auf die Narben, die daraufhin einschrumpfen. Abends öffnen sich die Staubbeutel und verstäuben den Pollen auf die inzwischen am Boden ruhenden Insekten. Dann erst erschlaffen die Borstenblüten, und die Insekten klettern an der Säule empor ins Freie. Mit dem Blütenstaub am Körper besuchen sie nun andere Aronstabblüten und sichern so eine Fremdbestäubung dieser Pflanze.

Sumpfkalla, Drachenwurz *Calla palustris* ❷
Familie *Araceae* – Aronstabgewächse
Die Sumpfkalla ist nahe verwandt mit dem Aronstab und wächst an Sümpfen, wo ihr Vorkommen typisch ist. Der Blütenstand besteht aus einem weißen Hüllblatt und einem Kolben, der zunächst darin eingehüllt ist. Erst später entfaltet sich das Hüllblatt flächig und gibt den ganzen Kolben frei. Da die Blüte keinen Nektar besitzt und einen widerlichen Geruch hat, wird sie hauptsächlich von Aasfliegen besucht und bestäubt. Die Früchte sind ähnlich wie beim Aronstab rote Beeren, die meist im Wasser schwimmend verbreitet werden.

Sumpfdotterblume *Caltha palustris* ❸
Familie *Ranunculaceae* – Hahnenfußgewächse
Von April bis Juni und oft ein zweites Mal im September schmücken die Blüten der Sumpfdotterblume die Ufer der Waldbäche und Wassertümpel. Damit ihre Blätter genügend Licht erhalten, sind die unteren langgestielt, die oberen sitzend. Die Bestäubung erfolgt durch Insekten. Die Frucht ist eine vielsamige Balgfrucht. Die Pflanze schmeckt wegen ihres Gehaltes an Protoanemonin scharf, ist schwach giftig und wird von keinem Tier als Nahrungsquelle gesucht.

Gemeiner Wasserhahnenfuß *Batrachium aquatile* ❹
Familie *Ranunculaceae* – Hahnenfußgewächse
Seine weißen Blüten entfalten sich von Juni bis August auf der Wasserfläche geschützter Waldtümpel oder langsam fließender Gewässer. In dieser Zeit ist die Wasseroberfläche ganz bedeckt davon. Der Gemeine Wasserhahnenfuß besitzt nierenförmige, stumpf fünflappige Schwimmblätter und zarte, fadenförmige, untergetauchte Blätter.

1a
1
♂
♀
3
2
4

Auwälder

Wasserschwertlilie *Iris pseudacorus* ❶

Familie *Iridaceae* – Schwertliliengewächse

Die Wasserschwertlilie wächst auf nassen Auen, im Schilf und auf feuchten Wiesen. Die ausdauernde, 0,5 bis 1 m hohe Pflanze blüht gelb in den Monaten Mai bis Juli. Sie braucht nassen, nährstoffreichen, am liebsten überschwemmten Boden und kommt verhältnismäßig häufig in niedrigen Lagen vor. Im Boden bildet sie ein kriechendes Rhizom. Die Blüten der Schwertlilie sind schön. Die äußeren nach außen gebogenen Blütenblätter besitzen einen Haarkamm in der Mitte, die inneren sind kleiner, nach innen gerollt und bilden eine Art Halm. Der Griffel hat drei blütenblattartige Äste, die die Staubbeutel schützend umgeben. Darunter liegt die eigentliche Blütennarbe. Nektar ist in der Blüte unten gelagert und nur unter dem Blütennarbenträger zugänglich. Die Insekten landen auf den äußeren Blütenblättern und halten sich am Haarkamm fest, auf dem sie in die Blüte kriechen. Dabei kommen sie unter die Blütennarbenträger, an die sich die sogenannte Blütennarbenzunge anschmiegt. Diese beugt sich wie eine Messerschneide heraus und versperrt den Insekten mit ihren Papillen den Weg. Hier streichen die Insekten ihren Blütenstaub (von früher besuchten Blüten) ab. Da sich die Papillen nur auf der vorderen Fläche der Blütennarbe befinden, kann das Insekt, wenn es rückwärts die Blüte verläßt, die Blütennarbe nicht mit eigenem Pollen bestäuben. Die Frucht der Schwertlilie ist eine 3-fächerige braune Kapsel.

Frühlingsknotenblume, Märzenbecher *Leucojum vernum* ❷

Familie *Amaryllidaceae* – Amaryllisgewächse

Aus einer runden kleinen Zwiebel treibt ein Büschel linealischer Blätter mit je einer Blüte. Die Pflanze erscheint im März und April und blüht weiß mit einem grünlichen Fleck in den Blütenblattzipfeln. Sie liebt feuchte Wälder, Auen und nasse Wiesen. Bei trüber Witterung schließt sich die Blüte und Knospen entwickeln sich nicht weiter. Da die Blüte nach unten hängt, wird der Blütenstaub durch Regen nicht beeinträchtigt. Insekten, die die Blüte von unten anfliegen, um Nektar zu saugen, berühren zunächst die Blütennarbe und streifen dabei den mitgebrachten Blütenstaub ab. Bei dieser Bewegung erschüttern sie gleichzeitig die Staubgefäße, so daß neuer Blütenstaub auf sie herniederrieselt. Bei schlechtem Wetter, wenn keine Insekten fliegen, werden sie vom Wind bestäubt; der Wind bringt den Blütenstaub aus der Blüte auf die Narbe. Als Frucht hat der Märzenbecher eine Kapsel.

Scharbockskraut, Feigwurz *Ficaria verna* ❸

Familie *Ranunculaceae* – Hahnenfußgewächse

Scharbockskraut findet man am häufigsten in Auwäldern und frischen Laubwäldern. Es ist ein Anzeiger für gute Böden und blüht von März bis Mai. Die Blüten sind gelb, sternförmig, einzeln an langen Stengeln, die Blätter herz-nierenförmig, gekerbt, glänzend. Wie bei vielen Frühlingsblühern ist auch beim Scharbockskraut die Befruchtung durch Insekten nicht gesichert. Deshalb vermehrt sich das Scharbockskraut nicht nur durch Samen, sondern auch durch Brutknöllchen in den Blattachseln. Im Juni fallen diese Brutknöllchen vor allem nach Regen ab, und aus ihnen gehen neue Pflanzen hervor.

Waldgoldstern *Gagea lutea* ❹

Familie *Liliaceae* – Liliengewächse

Die Pflanze ist 10 bis 20 cm hoch. Aus ihrer Zwiebel wachsen linealische Blätter hervor. Die Blüten sind innen gelb, außen grünlich-streifig; sie blühen von März bis Mai. Nachts schließen sich die Blüten, dann kommt es zur Selbstbefruchtung, weil die Blütenblätter die Staubgefäße an die Narben drücken. Der Waldgoldstern liebt lockeren, kalkhaltigen, humusreichen, feuchten Lehmboden. Er ist ein Anzeiger für gute tiefgründige und feuchte Böden.

3
4
1
2

Auwälder

Gemeiner Huflattich *Tussilago farfara* ❶
Familie *Asteraceae* – Korbblütengewächse
Der Gemeine Huflattich hat, wie alle Vertreter dieser Familie, nicht nur eine, sondern viele Blüten, die zu einem Blütenstand, dem Blütenkorb, vereinigt sind. Darunter geben eine Reihe Hüllblätter dem Körbchen Halt. Das Blütenkörbchen besteht aus zweierlei Blüten: Zungenblüten und Röhrenblüten. Meistens bilden die Röhrenblüten die gelbe Scheibe in der Mitte, zum Beispiel bei der Wucherblume, der äußere weiße Stern besteht dann aus Zungenblüten. Die Röhrenblüten sind entweder zweigeschlechtlich oder nur männlich, die Zungenblüten vorwiegend weiblich. Beim Gemeinen Huflattich wachsen im zeitigen Frühjahr (oft schon Ende Februar) aus dem kriechenden Wurzelstock feinhaarige gewellte Blütenstengel mit einzelnen goldgelben Blütenköpfchen. Die Scheibe besteht aus ca. 30–40 Röhrenblüten die im Gegensatz zu den zwittrigen Röhrenblüten verkümmerte Griffel haben. Etwa 200 bis 300 Zungenblüten umgeben die Scheibe. Mit ihren großen, nach auswärts gebogenen Zungen locken sie die Insekten an. Nektar gibt es jedoch nur in den männlichen Röhrenblüten. Wie bei allen Korbblütengewächsen reifen die Scheibenblüten später als die weiblichen Randblüten. Die Früchte sind behaarte Schließfrüchte. Erst nach dem Verblühen entwickeln sich die herzförmig-rundlichen, unterseits weißfilzigen Blätter. Der Huflattich erscheint als eine der ersten Pflanzen auf ödem Boden und Geröllhalden. Er ist ein Anzeiger für schwere, schlecht durchlüftete Böden (Lehm). Man findet ihn häufig von den Niederungen bis in die Berge.
Blütenstengel (1a), Blätter (1b).

Rote Pestwurz, Gemeine Pestwurz *Petasites officinalis* ❷
Familie *Asteraceae* – Korbblütengewächse
Die Rote Pestwurz ist mit dem Gemeinen Huflattich verwandt und wächst am Ufer der Gewässer, in feuchten Wäldern und auf überschwemmten Wiesen. Schon Anfang März treibt sie aus dem Wurzelstock dicke, schuppige, fleischrote, spinnwebig behaarte Kolben, mit traubig angeordneten Blütenkörbchen. Nach dem Verblühen entwickeln sich die auffallend großen, dreieckig-herzförmigen, flach gezähnten und unterseits dünnwellig behaarten Blätter. Ihr Durchmesser kann bis 50 cm groß werden. Keine andere Pflanze in Mitteleuropa erreicht Blätter von solchem Ausmaß.

Wechselblättriges Milzkraut *Chrysosplenium alternifolium* ❸
Familie *Saxifragaceae* – Steinbrechgewächse
Es blüht von April bis Juni an gleichmäßig feuchten Stellen. Die eigentliche Blüte ist unauffällig und sitzt auf gelblich gefärbten, tragenden Hochblättern, die auch die Insekten anlocken. Die Blätter sind langgestielt, rund-nierenförmig, tiefgekerbt, die unteren wie der Stengel borstig behaart, die oberen gelb überlaufen. Der Stengel ist dreikantig.

Gemeiner Hopfen *Humulus lupulus* ❹
Familie *Cannabaceae* – Hanfgewächse
Der Gemeine Hopfen wächst an Sträuchern und Ufergebüschen empor. Er ist eine Kletterpflanze, eine Liane, die vom Boden aus mit dünnen Sprossen an lebenden oder toten Stützen rasch hochrankt. Aus dem kriechenden Wurzelstock treibt ein kantiger, rechts drehender, steifhaariger Stengel, bis 10 cm lang, der sich an seiner Stütze mit Hilfe von Klimmhaken festhält. Die Blätter sind langgestielt, handförmig drei- bis fünflappig, unterseits rauhhaarig und am Rand grob gesägt. Der Hopfen ist zweihäusig, d. h. männliche und weibliche Blüten entwickeln sich jeweils auf getrennten Pflanzen. Er wächst in Auwäldern, Erlenbrüchen und feuchten Gebüschen.

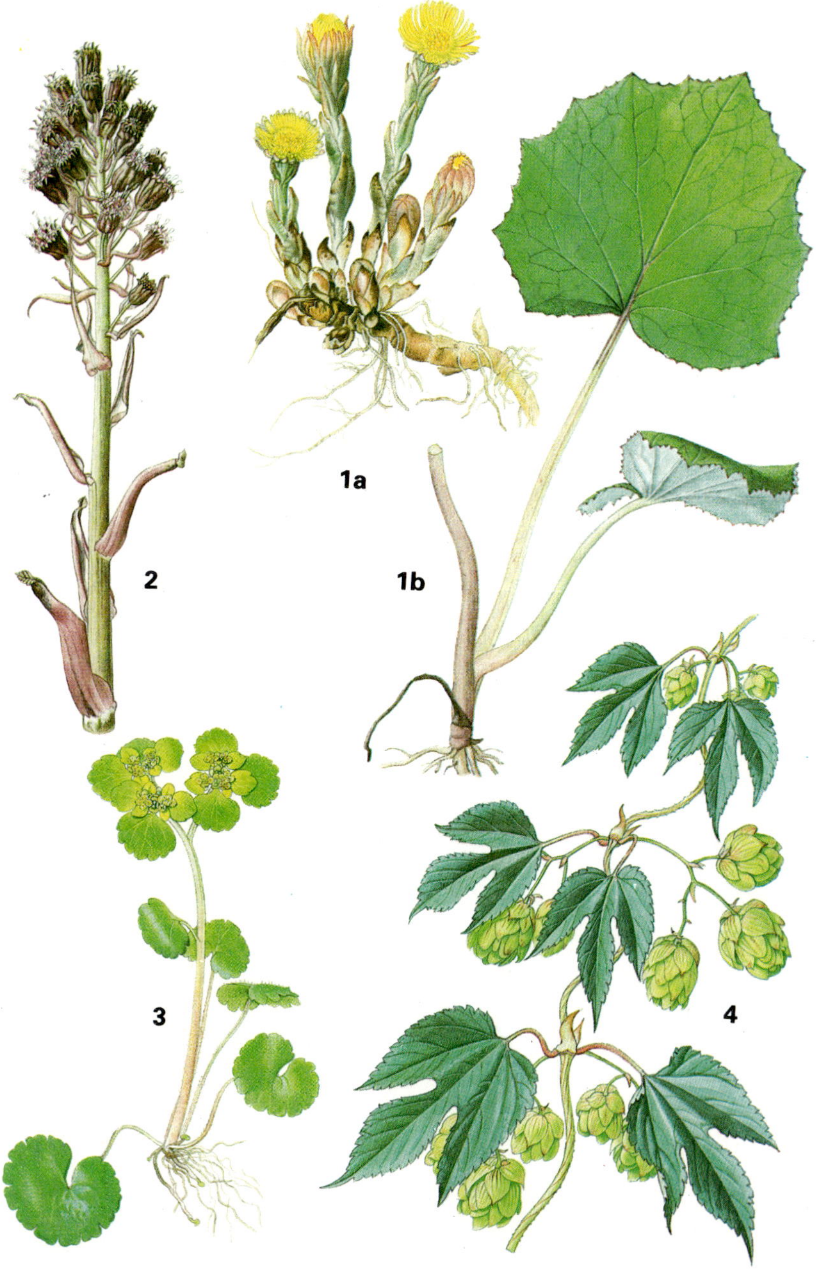
1a
2
1b
3
4

Auwälder

Stieleiche, Sommereiche *Quercus robur* ❶
Familie *Fagaceae* – Buchengewächse
Die Stieleiche ist das Hauptgehölz der europäischen Auwälder. Ihr Verbreitungsgebiet reicht von Spanien bis England und Südschweden und östlich bis zum Ural. Sie ist ein stattlicher Baum, 30 bis 40 m hoch, mit einem Durchmesser bis 2 m und erreicht ein Alter von 600 bis 1000 Jahren. Den Stamm bedeckt eine schwarzgraue, tief eingefurchte Borke. Die Blätter sind verkehrt eiförmig, gelappt, ca. 12 cm lang mit einem kurzen Blattstiel. An der Basis läuft der Blattrand in zwei kleine Öhrchen aus. Die Sommereiche fruchtet erst im Alter von 40 bis 50 Jahren. Die männlichen Blüten bilden überhängende Kätzchen, die kleinen weiblichen Blüten stehen auf 1 bis 2 cm langen Stielen und fallen durch ihre roten Narben auf. Ihre Frucht ist eine 2 cm lange Eichel, die in einer flachen Schale auf einem 1 bis 3 cm langen Stiel sitzt. Durch diese Stiele unterscheiden sich die Früchte der Stieleiche von denen der Wintereiche, die ungestielt am Trieb sitzen. Die Eicheln reifen und fallen Anfang Oktober ab. Die Blätter der Eiche werden im Herbst braun und trocken. Sie bleiben länger als andere Laubblätter am Baum, oft bis zum Frühjahr. Die Stieleiche hat eine Pfahlwurzel und treibt viele Wasserreiser aus dem Stamm. Sie wächst am besten auf tiefem, schwerem, angeschwemmtem Boden von Flüssen. Die Stieleiche liefert hartes Qualitätsholz zur Herstellung von Möbeln, Fässern, Schiffen, Parkett u. a. Unsere Vorfahren haben sie wegen ihrer Mächtigkeit und Langlebigkeit als heiligen Baum verehrt. Die Eicheln waren früher ein geschätztes Viehfutter: Man hat die Schweine zur Mast in die Eichenwälder getrieben. Auch heute sind Eicheln ein gesuchter Leckerbissen für Rehe, Hirsche, Schwarzwild, Fasanen, Eichelhäher und andere Tiere.
Männliche Blüten (1a oben und unten), weibliche Blüten (1a oben und in der Mitte).

Feldulme *Ulmus carpinifolia* ❷
Familie *Ulmaceae* – Ulmengewächse
Die Feldulme ist ein weiteres wichtiges Gehölz der Auwälder und wächst in West- Süd- und Mitteleuropa, ihre nördliche Verbreitungsgrenze liegt an der Ostsee. Die Feldulme bildet nie reine Bestände, kommt vermischt mit anderen Laubbäumen, vor allem Eiche, Ahorn und Linde vor. Sie kann 30 m hoch werden. Der Stamm ist stark und hat eine schwarzbraune, rissige Borke. Die unauffälligen Blüten entwickeln sich zeitig im Frühjahr, Ende März, noch vor dem Laubausbruch an den kahlen Zweigen. Aus ihnen entstehen flache, breit geflügelte, ca. 1,5 cm lange Schließfrüchte. Sie reifen Ende Mai und fallen dann ab. Die Blätter sind 5 bis 10 cm lang, eiförmig, an der Basis asymmetrisch und am Rand grob gezähnt. Die Feldulme hat mächtige Wurzeln und wird deshalb oft zur Befestigung von Bachufern verwendet. Sie gedeiht gut nur auf feuchten, nährstoffreichen Böden.
Auf trockenen Hängen wächst dagegen eine Abart der Feldulme *Ulmus carpinifolia* var. *suberosa* mit Korkleisten auf den Ästen. Seit einigen Jahrzehnten sind die Ulmen in Niederungen und Hügelländern von dem sogenannten Ulmensterben bedroht. Es handelt sich um eine Pilzkrankheit, die Wipfeldürre verursacht und schließlich zum Absterben führt.
Die Flatterulme, *Ulmus laevis,* kommt in den Auwäldern Mittel- und Osteuropas seltener vor. Sie ist nahe verwandt mit der Feldulme, unterscheidet sich aber von ihr durch viele Wasserreiser sowie kleinere gestielte Blüten und Früchte. Die Ulmen liefern ein hochwertiges bräunliches Holz, das man in der Möbelindustrie sowie zur Herstellung von Wagen und Gewehrschäften verwendet.
Blüten (2a rechts), Früchte (2a links), Blüten und Früchte der Flatterulme (3, 3a).

1
1a
2
2a
3
3a

Auwälder

Gemeine Esche *Fraxinus excelsior* ❶
Familie *Oleaceae* – Ölbaumgewächse
Die Esche findet man besonders häufig in Auwäldern. Ihr Verbreitungsgebiet erstreckt sich von England über Südschweden bis Leningrad und zur Wolga, im Süden bis Südeuropa und zur Ukraine. Der Baum erreicht eine Höhe von 30 bis 35 m und besitzt einen geraden Stamm mit hoch angesetzter Krone. Im Winter erkennt man die Esche an den schwarzen, kugelförmigen Knospen, im Sommer an den unpaarig gefiederten 30 bis 35 cm langen Blättern, die sich aus 9–13 eilänglichen gesägten Teilblättchen zusammensetzen. Die männlichen und weiblichen hüllenlosen Blüten treiben aus den Knospen, bevor sich die Blätter entfalten und werden vom Wind bestäubt. Die etwa 3 cm langen, schmalen, geflügelten Nüßchen hängen bis in den Winter hinein in Rispen am Baum. Die Esche hat ein reichverzweigtes Wurzelsystem, das gut die Bachufer festigt und vor Erosion schützt. An Bächen entlang steigt sie bis hoch in die Berge und ist auch auf Geröllfeldern zahlreich vertreten. In der Jugend gedeiht sie besser im Schatten. Der zahlreiche Eschenjungwuchs erscheint deshalb auch unter anderen Holzarten. Im Alter verlangt sie volles Licht und stellt verhältnismäßig hohe Ansprüche an Nährstoffgehalt und Feuchtigkeit im Boden. Die Esche eignet sich auch als Alleenbaum, vor allem am Fuß der Berge. Ihr helles, elastisches Holz verwendet man zur Herstellung von Sportgeräten, Waggons und Möbeln.
Weibliche Blüten (la).

Schwarzpappel *Populus nigra* ❷
Familie *Salicaceae* – Weidengewächse
Eine weitere Holzart, die häufig in Auwäldern nahe von Flüssen vorkommt, ist die Pappel. Vor allem die Schwarzpappel wächst gut auf sandigem und schotterhaltigem Schwemmland. Sie wird über 30 m hoch und besitzt eine weitästige Krone. Schwach herzförmige 4 bis 10 cm lange, gestielte Blätter stehen wechselständig an den Zweigen. Die Schwarzpappel ist zweihäusig. Die männlichen und weiblichen Blüten erscheinen vor den Blättern. Die kleinen behaarten Samen reifen im Juni und wirbeln wie Schneeflocken bei Wind durch die Luft. Die Pappeln brauchen zu gutem Gedeihen feuchten Boden mit erreichbarem Grundwasserspiegel und ausreichend Licht.
In Wirtschaftswäldern pflanzt man heute statt der Schwarzpappel wüchsigere Züchtungen plantagenmäßig an – Kanadische Pappeln, die durch Kreuzung unserer Schwarzpappel mit der amerikanischen Schwarzpappel *(Populus deltoides)* entstanden ist. Ihr weiches Holz verwendet man hauptsächlich zur Herstellung von Sperrholzplatten und Zellulose. An Straßen findet man oft die Säulenform der Schwarzpappel – die Pyramidenpappel *(Populus nigra* var. *pyramidalis)*. Sie ist frostempfindlicher als die normale Schwarzpappel.
Männliche Blüten (2a), weibliche Blüten (2b).

Silberpappel *Populus alba* ❸
Familie *Salicaceae* – Weidengewächse
In Tälern großer Flüsse vom Rhein bis zum Jenissei kommt verhältnismäßig häufig die Silberpappel vor, ein mächtiger Baum mit starken, grauen Zweigen und einer breit ausladenden Krone. Die Blätter sind handförmig gelappt, 6 bis 12 cm lang und unterseits weißfilzig behaart. Die Silberpappel bildet ein mächtiges Wurzelsystem, aus dem oft 15 bis 20 m vom Stamm entfernt noch Wurzelschößlinge treiben. Sie gehört zu den Lichtholzarten mit hohen Feuchtigkeitsansprüchen. Überschwemmungen im Frühjahr machen ihr daher nichts aus. Oft steht sie als Einzelbaum auf Talwiesen. In Wirtschaftswäldern pflanzt man sie seltener.
Männliche Blüten (3a), weibliche Blüten (3b).

1
1a
3
2
3a
3b
2b
2a

Auwälder

Silberweide *Salix alba* ❶
Familie *Salicaceae* – Weidengewächse
Typische Begleiter von Wasserläufen und Auwäldern sind Weiden. Die größten Ausmaße erreicht die Silberweide: Sie wird bis 25 m hoch und hat einen starken Stamm mit längsrissiger Borke. Die Weiden sind zweihäusig. Die Samenkapseln entwickeln sich daher nur auf weiblichen Bäumen. Sie reifen im Juni und geben dann den weißflaumigen Samen frei. Die Blätter sind 7 bis 10 cm lang, lanzettlich, am Rand fein gesägt, auf der Unterseite seidigfilzig. Die Silberweide wächst in Flußtälern. Frühjahrsüberschwemmungen und saure Böden verträgt sie besser als die Pappel. Auch sie ist eine Lichtholzart, die sich vegetativ gut vermehren läßt: Man steckt abgeschnittene Zweige einfach in den Boden, wo sie sich leicht bewurzeln. In der Nähe von Dörfern sieht man an Fluß- und Bachufern oft sogenannte Kopfweiden, die durch Stützen des Baumstammes entstanden sind. Sie liefern immer wieder neue Ruten für den Korbmacher. Das weiche und elastische Holz der Silberweide dient zur Herstellung von Booten, Holzpantoffeln, Kricketstöcken und zur Gewinnung von Zellulose. Eine Kreuzung mit der Babylonischen Weide *(Salix babylonica)* gibt die bekannte Trauerweide *(Salix sepulcralis)*, eine sehr dekorative Weide mit breiter Baumkrone und langen, dünnen, überhängenden Zweigen. Man pflanzt sie gern an Teichen und Flußufern.

Bruchweide, Knackweide *Salix fragilis* ❷
Familie *Salicaceae* – Weidengewächse
Die Bruchweide wird nur 10 bis 15 m hoch und bildet größtenteils krumme Stämme. Sie braucht zu gutem Gedeihen eine ähnliche Umgebung wie die Silberweide, kommt aber in Höhenlagen zwischen 500 und 600 m vor. Ihren Namen bekam sie von den an der Basis leicht abbrechenden Seitentrieben. Ihre Blätter sind etwas breiter als bei der Silberweide und auf der Unterseite kahl, blaugrün. Sie dient zur Befestigung der Bach- und Flußufer. Der Stamm wird meist als Brennholz verwendet, die Ruten zum Körbeflechten.

Korbweide, Hanfweide *Salix viminalis* ❸
Familie *Salicaceae* – Weidengewächse
In Fluß- und Bachniederungen sieht man oft eine Strauchweide, die Korbweide, stehen. Der 2 bis 6 m hohe Strauch besitzt sehr biegsame Ruten. Die männlichen Blüten enthalten je zwei Staubgefäße. Die Blätter sind linealisch-lanzettlich, 11 bis 20 cm lang, 1 bis 2 cm breit, mit welligem, nach unten gekräuseltem Rand. Unterseits sind sie silbergrau behaart. Die Korbweide braucht genügend Licht, im Schatten stirbt sie ab. Ihre langen, elastischen Ruten eignen sich sehr gut zum Körbeflechten.

Purpurweide *Salix purpurea* ❹
Familie *Salicaceae* – Weidengewächse
Sie ist ebenfalls eine öfters vorkommende Strauchweide, wächst in Niederungen und im Hügelland, ja steigt sogar bis in die Berge hoch, wo sie auf schotterreichen Anschwemmungen oft ganze Dickichte bildet. Der spärlich verzweigte, rutenförmige Strauch wird 2 bis 5 m hoch. Die Knospen sitzen gekreuzt-gegenständig an den Zweigen. Die männlichen Blüten enthalten 1 Staubgefäß mit roten Staubbeuteln. Die Blätter der Purpurweide sind lanzettlich, 4 bis 9 cm lang, am breitesten über der Mitte, unterseits blaugrün. Die Purpurweide ist begehrt wegen ihrer biegsamen Ruten zum Körbeflechten, ihre veredelten Formen baut man in Plantagen an.

1
2
3
4

Auwälder

Schwarzerle *Alnus glutinosa* ❶
Familie *Betulaceae* – Birkengewächse
Auf feuchten Plätzen in Auwäldern, in Sümpfen und an Teichen kommt die Schwarzerle häufig vor. Sie ist fast über ganz Europa verbreitet, von Spanien bis Skandinavien und Sibirien. Sie wird 20 bis 30 m hoch, hat einen gerade durchgehenden Stamm und eine seicht-rissige Borke. Im Winter erkennt man sie an den eiförmigen, gestielten Knospen. Die Blätter sind verkehrt-eiförmig bis rundlich, 5 bis 9 cm lang, an der Spitze etwas eingebuchtet. Im März blühen die Kätzchen noch vor dem Laubausbruch. Bis zum Herbst entwickeln sich dann holzige zapfenartige Fruchtstände mit feinen Schließfrüchten. Der Samen hat Luftpolster, geht im Wasser daher nicht unter und kann so schwimmend über große Entfernungen befördert werden. Die ältere Erle bildet viele Stockausschläge, vermag sich also vegetativ zu vermehren. Man braucht daher keine Jungpflanzen heranzuziehen. Sie lebt in Symbiose mit Bakterien, die den Stickstoff der Luft binden, und verbessert dadurch den Boden. Darum gedeihen unter ihr vor allem Stickstoff liebende Pflanzen wie z. B. Nesseln. Die Schwarzerle ist eine schnellwüchsige Lichtholzart. Sie hat ein weiches, leicht spaltbares Holz mit hohem Gerbsäuregehalt, das man zu Wasserbauten sowie zur Herstellung von Sperrholz und Bleistiften verwendet.
Männliche hängende und weibliche aufrechte Blüten (1a), zapfenförmiger Fruchtstand (1b).

Faulbaum, Pulverholz *Rhamnus frangula* ❷
Familie *Rhamnaceae* – Kreuzdorngewächse
Der Faulbaum begleitet oft die Erle auf feuchtem und sumpfigem Boden. Der baumähnliche Strauch wird 3 bis 7 m hoch. In seiner Jugend erkennt man ihn im Winter an der violett-braunen Rinde mit den weißen Lentizellen (zum Luftaustausch) und an den nackten, rostig behaarten Knospen. Die Blätter sind breit-elliptisch, 4 bis 7 cm lang, ganzrandig.
Kleine, weißliche Blüten erscheinen nacheinander von Mai bis September und ebenso die Früchte, deren Farbe sich je nach Reifegrad ändert, so daß im späten Sommer die Sträucher mit Blüten sowie grünen, roten und schwarzen Früchten bedeckt sind. Der Faulbaum liebt Halbschatten, ist gegen Frost widerstandsfähig und stellt an den Boden nur wenig Ansprüche. Faulbaumrinde wird in der pharmazeutischen Industrie verwendet.

Traubenkirsche *Prunus padus* ❸
Familie *Rosaceae* – Rosengewächse
Die Traubenkirsche wächst als Strauch oder Baum auf feuchten bis sumpfigen Böden. Sie steigt entlang der Bäche bis in die Berge hinauf, wird 5 bis 8 m hoch und hat überhängende Zweige. Die Rinde ist grauschwarz und verbreitet beim Abschälen einen unangenehmen Bittermandelgeruch. Die Blätter sind 6 bis 12 cm lang und feiner, auch schärfer gesägt als Kirschblätter. Weiße wohlriechende Blüten in überhängenden Trauben blühen im Mai und Juni. Die Steinfrüchte reifen im August. Sie sind schwarz und haben einen Durchmesser von ca. 8 mm. Sie schmecken herb, sind aber nicht giftig. Vögel ernähren sich von ihnen und verbreiten die unverdauten Samen im Wald. Wegen ihrer wohlriechenden Blüten pflanzt man die Traubenkirsche auch in Gärten und Parks an.

3
2
1
1a
1b

Auwälder

Grüner Eichenwickler *Tortrix viridana*
Familie *Tortricidae* – Wickler
Ein kleiner Schmetterling (Flügelspannweite 18 bis 23 mm) mit charakteristischen, ausgesprochen grünen, rechteckigen Vorderflügeln und hellgrauen Hinterflügeln. Die erwachsenen Schmetterlinge (Imagines) schwärmen in der Regel Ende Mai und Juni, abends. Das Weibchen legt je zwei Eier auf dünne Zweige ab. Die Eier überwintern, und die Raupen schlüpfen gegen Ende April des folgenden Jahres. Sie sind graugrün mit schwarzem Kopf, und nähren sich in den ersten Lebensphasen von sprießenden Eichenblättern, in die sie sich einspinnen. Nur zur Nahrungsaufnahme strecken sie den vorderen Körperteil heraus. In Gespinsten zwischen zwei Blättern verwandeln sie sich in dunkelbraune bis schwarze Puppen. Der Schmetterling ist in ganz Europa verbreitet und schädigt vor allem die Eichen der Auwälder.

Osterluzeifalter *Zerynthia polyxena*
Familie *Papilionidae* – Ritterfalter
Der bunt und auffällig gefärbte Falter gehört zu den mittelgroßen Schmetterlingen (Flügelspannweite 44 bis 60 mm). Er lebt in Südeuropa auf buschigen Lehnen oder in lichten Wäldern. Seine nördliche Verbreitungsgrenze verläuft durch Österreich und den Südosten der Tschechoslowakei. Auf dem Balkan trifft man ihn häufiger. Von Ende April bis Mai fliegt er. Typisch ist sein flatternder Flug. Schon ab Mai leben seine Raupen auf verschiedenen Arten der Osterluzei. Sie entwickeln sich innerhalb eines Monats. Die Raupen sind gelb und besitzen sechs Reihen rotbrauner Auswüchse mit schwarzen Enden. Reizt man sie, stülpen sie hinter dem Kopf eine fleischige, gegabelte Drüse aus, das sogenannte Osmaterium, das einen typischen Geruch verbreitet. Die Raupen verpuppen sich auf trockenen Pflanzenresten oder Sträuchern in Bodennähe. Die braungrauen Puppen tragen eine feine dunkle Zeichnung. Sie gehen bei dem Abbrennen von Rainen und Waldrändern zugrunde.

Großes Nachtpfauenauge *Saturnia pyri*
Familie *Saturniidae* – Pfauenspinner
Größter Schmetterling Europas (Flügelspannweite von 120–140 mm), der vor allem in Tieflandwäldern des europäischen Südens lebt. Das Große Nachtpfauenauge ist einer der schönsten und auffallendsten Falter. Er schlüpft im April und Mai aus Puppen, die ein- oder zweimal überwintert haben. Die Weibchen legen verhältnismäßig große Eier in Gruppen auf Ulmen, Nußbäumen, Schlehen, auch auf Obstbäume. Die erwachsene Raupe wird 120 mm lang und wiegt rund 15 g. Sie ist hellgrün, trägt viele blaue Warzen, mit hellblauen Spitzen, hat seitlich einen gelben Streifen. Sie verpuppt sich in einem sehr festen, braunen Kokon auf Bäumen, manchmal auch zu ebener Erde am Fuß eines Baumes.

Kleiner Frostspanner *Operophtera brumata*
Familie *Geometridae* – Spanner
Dieser kleine Schmetterling (Flügelspannweite 23–25 mm) ist bekannt für seinen Geschlechtsdimorphismus: Nur das Männchen hat Flügel, beim Weibchen sind sie verkümmert, so daß es nicht fliegen kann. Die Männchen fliegen ab Mitte Oktober bis Dezember. Die begatteten Weibchen kriechen am Baumstamm in die Krone, wo sie kleine Eigruppen an der Knospenbasis ablegen. Die Eier überwintern. Im nächsten Frühjahr schlüpfen grüne Raupen, die 25–30 mm lang werden. Als Nährpflanzen dienen außer Obstbäumen auch Eichen, Buchen, Hainbuchen, Ahorne und andere Laubbäume. Die Raupen verpuppen sich in der Regel in lockeren Gespinsten in oder frei auf der Erde. Bei einer Massenvermehrung können sie in Laubwäldern und Parken Kahlfraß verursachen.

Abendpfauenauge *Smerinthus ocellata*
Familie *Sphingidae* – Schwärmer
Dieser mittelgroße Schwärmer (Flügelspannweite 65–90 mm) fliegt von Mai bis Juli nachts und in der Morgendämmerung. In südeuropäischen Ländern gibt es noch eine 2. Generation von Mitte Juli bis Oktober. Seine Vorderflügel sind grünlichgrau, oft violett angehaucht. Die Hinterflügel spreizt er bei Gefahr. Sie sollen abschreckend wirken: Sie sind rosarot mit großen blauen, schwarzgeränderten Augen. Die grüne Raupe ist weiß gekörnt, trägt seitlich weißliche Schrägstreifen und ein blaues Hörnchen am Hinterleib. Sie lebt im Sommer auf Weiden, Pappeln, Apfelbäumen und anderen Laubbäumen. Ihre Entwicklung dauert 4–7 Wochen. Im Boden verpuppt sie sich. Die Puppe überwintert. Das Abendpfauenauge bevorzugt zwar Wälder der Niederungen, man begegnet ihm aber auch im Vorgebirge. Verbreitung: Europa, Türkei und Transkaukasien.

Streckfuß, Rotschwanz *Dasychira pudibunda*
Familie *Lymantriidae – Nonnen*
Ein mittelgroßer Nachtschmetterling (Flügelspannweite 45–55 mm) mit gedrungenem, grauem oder bräunlichem Körper und dunkleren, mäßig gewellten Querstreifen, besonders in der Körpermitte. Er fliegt von April bis Juli und erscheint stellenweise in beträchtlichen Mengen. Die Weibchen legen graue Eier in flachen Häufchen auf die Rinde von Laubbäumen (bis 50 und mehr Eier). Die haarigen Raupen nähren sich von den Blättern fast aller wichtigen Bäume des Laubwaldes und können bei einer Massenvermehrung Kahlfraß verursachen. Sie entwickeln sich 2–3 Monate, und man sieht sie noch Ende Oktober. Ihre Färbung ist sehr variabel und reicht von Gelb, Braun, Rosa bis Grau. Im Herbst verpuppen sie sich in gelblichen Gespinsten zwischen trockenem Laub. Die Puppen überwintern. Verbreitung: Europa, Transkaukasien, Mittelasien, Westsibirien.

Raupeneule *Eupsilia transversa*
Familie *Noctuidae* – Eulen
Diese Eule (Flügelspannweite 34–40 mm) besitzt rotbraune, manchmal angegraute Vorderflügel und braungraue Hinterflügel. Charakteristisch sind 3 weiße, gelbliche, oft fast orangegelbe Flecken auf dem Vorderflügel; der dem Flügelgelenk am nächsten liegende Fleck ist am größten. Der Schmetterling kommt vom Herbst bis zum Frühjahr vor. Wenn die winterliche Kälte nicht allzu streng ist, wird er bei Tauwetter aktiv und fliegt nicht selten auch im Winter dem Lichte nach. Die Raupe lebt vom Laub der Eiche und anderer Laubbäume. Ende Juni bildet sie in der Erde ein lockeres Gespinst, in dem sie sich in eine gelbbraune Puppe verwandelt.

Karminrotes Ordensband *Catocala electa*
Familie *Noctuidae* – Eulen
Die stattliche Eule (Flügelspannweite rund 70 mm) gehört zu den Ordensbändern mit karminroten Hinterflügeln und ist eine der selteneren Arten. Ihre Verbreitung reicht vom Süden der Skandinavischen Halbinsel über Europa und Sibirien bis nach Japan. In wärmeren Gegenden tritt sie häufiger auf. Die Schmetterlinge fliegen vom Juli bis in den September auf Wiesen zwischen Auwäldern und an deren Rändern, in der Regel an feuchteren Stellen (Teich- und Bachufer). Im Herbst legen die Weibchen unten abgeflachte, häufchenartige, radial gefurchte Eier auf die Weidenrinde. Die Eier überwintern, und im Frühjahr schlüpfen junge Raupen, die sich im Mai und Juni entwickeln. Als Grundfarbe überwiegt Gelbbraun oder Gelbgrau. Wenn die Raupen eine Größe von 80–90 mm erreicht haben, suchen sie geeignete Stellen, um sich in braune, bläulich bereifte Puppen zu verwandeln.

Auwälder

Großer Eichenbock, Holzbock *Cerambyx cerdo*
Familie *Cerambycidae* – Bockkäfer
Ein stattlicher 24–53 mm langer Käfer. Die Männchen sind kleiner als die Weibchen. Der Große Eichenbock ist fast schwarz, die Farbe der Flügeldecken geht hinten in Rotbraun über. Die Fühler der Männchen überragen den Körper beträchtlich. Die Imagines (Vollkerfe) fliegen im Juni und Juli, meist abends und nachts. Sie entwickeln sich in der Regel 3 Jahre in lebenden Bäumen. Wird der Baum gefällt, verlängert sich die Entwicklungszeit bis auf 5 Jahre. Die Weibchen legen ihre Eier in die Rindenrisse lebender Bäume, vor allem vereinzelter Eichen; aber auch von Kastanien, Nußbäumen, Hainbuchen, Ulmen und Eschen. Die Larven ernähren sich im ersten Jahr von der Rinde; im zweiten Jahr vom Bast, erkennbar an den ausfließenden Baumsäften. Nach dem zweiten Winter ist die Larve ausgewachsen und mißt 70–90 mm Länge. Nun bohrt sie sich tief in das Holz ein, wo sie fingerbreite Gänge mit ovalem Querschnitt nagt und sich schließlich in einer geräumigen Kammer oder Puppenwiege verpuppt. Das Puppenstadium dauert etwa 5–6 Wochen. Der Käfer überwintert in der Kammer und verläßt sie erst im folgenden Jahr. Der Larvenfraß mindert den Wert des Holzes und schädigt lebende Bäume. Der Große Eichenbock ist in manchen Gebieten selten. Verbreitung: Europa, im Osten bis in die Westukraine.

Balkenschröter, Zwerghirschkäfer *Dorcus parallelopipedus*
Familie *Lucanidae* – Hirschkäfer
Der mittelgroße Käfer ist 19–32 mm lang und besitzt einen flach gewölbten, mattschwarzen Körper. Die Weibchen sind nicht ganz so matt. Der Käfer ist tagsüber sehr träge. Meist ruht er in den Zweigen, manchmal auch unter der Rinde. Gegen Abend wird er aktiver und fliegt. Die Larven entwickeln sich im Moder verschiedener Laubbäume, besonders der Eichen und Buchen. Die Imago erscheint von Mai bis Juni. Der Zwerghirschkäfer ist über Europa und Kleinasien verbreitet.

Hirschkäfer *Lucanus cervus*
Familie *Lucanidae* – Hirschkäfer
Der Hirschkäfer, auch Hirsch- oder Feuerschröter, gehört zu den auffallendsten und bekanntesten Käfern. Die Männchen erreichen Körperlängen von 75 mm, manche Weibchen werden nur 25 mm lang. Außerdem besitzen die Männchen mächtige, geweihartig verlängerte Oberkiefer, die sie beim Kampf um die Weibchen als Waffen benutzen. Die Hirschkäfer lecken mit Vorliebe süße Säfte und austretendes Baumharz. Sie schwärmen im Juni und Juli in Eichengehölzen und entwickeln in den Abendstunden eine hohe Aktivität, wenn die Männchen im Tiefflug unbegattete Weibchen suchen. Die Eier legt das Weibchen in alte Eichenstümpfe und -stämme. Hier entwickeln sich auch die Larven. Sie sind weiß, besitzen kräftige Mundwerkzeuge und wachsen bis zu einer Länge von 10 cm heran. Nach mehrjähriger Entwicklung verpuppen sie sich in einer Puppenwiege am Fuß eines Baumes. Die Imago schlüpft schon im Herbst, überwintert aber noch in der Wiege, die sie erst Ende Juni/Anfang Juli verläßt. Der Hirschkäfer trägt zur Zersetzung alter Baumstümpfe bei, verbessert den Waldboden durch Humusstoffe und verdient strengen Schutz. Verbreitung: vorwiegend in den Ebenen und wärmeren Gebieten Europas. In der BRD und ČSSR steht er unter Naturschutz.

Eremit *Osmoderma eremita*
Familie *Scarabaeidae* – Blatthornkäfer
Der Eremit oder Juchtenkäfer ist selten in Europa. Die Imagines glänzen und sind oben etwas abgeflacht. Typisch ist ihr Juchtengeruch. Sie schwärmen im Juni und Juli und leben verborgen in Baumrissen. Die Larven entwickeln sich in Höhlen alter Laubbäume, besonders im zersetzten Holz vermoderter Weiden, mehrere Jahre. Verbreitung: in den Laubwäldern Europas.

Feuersalamander *Salamandra salamandra*
Familie *Salamandridae* – Salamander
Der Feuersalamander ist ein Schwanzlurch mit auffallender Warnfärbung. Sein Körper ist schwarz und trägt gelbe bis orangefarbene Flecke an Kopf und Rücken sowie an den Seiten und Gliedmaßen, manchmal auch am Bauch. Die Haut enthält Giftdrüsen. In Mitteleuropa lebt die farbige Leitform, in den übrigen Teilen Europas gibt es mehrere geographische Rassen. Interessant ist die westeuropäische Rasse mit zwei gelben Rückenstreifen. Der Feuersalamander wird 150–230 mm lang, ein Drittel davon entfällt auf den Schwanz. Meist bewohnt er feuchte, umfangreiche Wälder, die von mäßig strömenden Bächen auf schlammigem Grund durchzogen werden. Hier findet er Verstecke und Nahrung unter Steinen, vor allem Weichkerfe, Würmer und Schnecken. Der Feuersalamander ist lebendgebärend, das Weibchen setzt seine Larven in reines Quell- oder Bachwasser ab. Die Larven besitzen vier Beine und paarige Federkiemen. Die typische Fleckenfärbung nehmen die Salamander beim Übergang auf das Festland an.

Laubfrosch *Hyla arborea*
Familie *Hylidae* – Laubfrösche
Einer der bekanntesten Frösche ist der Laubfrosch. Er ist auch der kleinste, denn seine Körperlänge übersteigt nur selten 45 mm. Die grüne Färbung des Rückens und der Seiten wird von der gelblichweißen Unterseite des Körpers durch eine Hautnaht scharf abgegrenzt. Charakteristisch sind die zu kleinen Haftscheiben erweiterten Enden der Finger und Zehen, wodurch sich der Frosch selbst an glatten, senkrechten Flächen ausgezeichnet halten kann. Die Männchen haben eine ockerfarbige faltige Kehle. Zwischen den Fingern der hinteren Gliedmaßen spannt sich eine schwach ausgebildete Schwimmhaut, die an der längsten Zehe etwas über die Hälfte hinausreicht. Der Laubfrosch kann seine Körperfarbe ändern. Die Frösche lassen ein durchdringendes Quaken ertönen. Erwachsene Tiere leben auf Bäumen und versammeln sich auf dem Boden nur zur Fortpflanzungszeit oder bei ungünstigem Wetter. Das Weibchen legt seine Eier von Ende März bis in den Juni hinein am und im Wasser in kleinen walnußgroßen Klumpen ab. Daraus schlüpfen 5 mm große Kaulquappen, die das Wasser noch im selben Jahr als kleine Frösche verlassen. Der Laubfrosch ernährt sich von Insekten, die er im Sprung erbeutet.

Grüne Kröte *Bufo viridis*
Familie *Bufonidae* – Echte Kröten
Die etwa 70 mm große Grüne Kröte ist nach der Erdkröte der häufigste Vertreter der Gattung *Bufo*. Ihr Verbreitungsgebiet umfaßt Mittel- und Südeuropa und reicht bis nach Nordafrika und in Teile Asiens. Die Grüne Kröte lebt eher in der offenen Landschaft, auch ziemlich weit vom Wasser entfernt. In den Wäldern zieht sie die Randpartien vor und besiedelt häufig Erdlöcher verschiedener Nagetiere. Ihre hellgraue bis olivfarbene Oberseite weist grüne, inselförmige Flecken auf, bei jüngeren Individuen oft mit rötlichen Hautwarzen. Die Grüne Kröte nährt sich hauptsächlich von Insekten und Würmern.

Grasfrosch *Rana temporaria*
Familie *Ranidae* – Echte Frösche
Der Grasfrosch trägt eine typisch braune Färbung, seine Haut ist glatt und ständig feucht, oberseits oft mit kleinen Wärzchen besetzt. Zwischen den Fingern der langen Hinterbeine spannen sich gut ausgebildete Schwimmhäute. An jeder Rückenseite befindet sich eine leicht vorspringende, etwas bogenförmig gekrümmte Drüsenleiste, die in der Schläfengegend beginnt. Der Grasfrosch sucht im Wald feuchtere Stellen auf, man findet ihn aber auch weit vom Wasser entfernt. Selbst in die Berge dringt er vor. Als Nahrung dienen ihm überwiegend Insekten und Weichtiere. Er vermehrt sich in stehenden Gewässern, wo das Weibchen die Eier in großen Klumpen ablegt. Die Körperlänge beträgt 80–100 mm.

Erdkröte *Bufo bufo*
Familie *Bufonidae* – Echte Kröten
Die Erdkröte ist eine der häufigsten und größten Kröten Europas, die nicht nur im offenen Gelände lebt, sondern auch in die Wälder der Ebenen und Vorgebirge eindringt. Das Weibchen wird 120 mm lang. Die Erdkröte ist braun, oberseits grau-, rot- oder schwarzbraun, unterseits schmutzig weiß, meist graubraun gefleckt. Ihre Haut ist höckerig, trocken und warzig. Jüngere Exemplare sind lebhafter gefärbt und haben manchmal rötliche Warzen. Die Regenbogenhaut des Auges ist rot. Im Frühling (meist März und April) kommt es im Wasser zur Paarung. Der Laich besteht aus 3–5 m langen Gallertschnüren, in denen die kleinen schwarzen Eier in 2 bis 4 Reihen eingebettet liegen. Die Kaulquappen sind fast schwarz und verwandeln sich gegen Sommerende in kleine Kröten, die besonders nach Niederschlägen in die ganze Umgebung auseinanderkriechen. Die Erdkröte nährt sich von Regenwürmern, Schnecken, Spinnen, Weberknechten und größeren Insekten aller Art. Sie ist deshalb ein wichtiges, das biologische Gleichgewicht ihrer Umwelt erhaltendes Element und verdient vollen Schutz.

Zauneidechse *Lacerta agilis*
Familie *Lacertidae* – Halsbandeidechsen
Eine der häufigsten Eidechsen, die gerne trockene Stellen aufsucht, aber nicht einmal wasserreichen Gebieten ausweicht. In die Wälder dringt die Zauneidechse an den Wegen entlang vor, hält sich aber auch am Waldrand und in Lichtungen auf, wo sie sich sonnen kann. Sie lebt im Tiefland, man trifft sie jedoch nicht selten in Höhen bis 700 m, in Südeuropa sogar noch höher. Die Körperlänge dieses Tiers liegt zwischsen 160 und 200 mm, der Körper wirkt gedrungener als der von anderen europäischen Eidechsenarten. Die im Frühsommer lebhaft grünen Männchen haben einen braunen Streifen auf dem Rücken, die braunen Weibchen weisen seitlich und am Rücken Reihen heller Flecken auf. Das Weibchen legt im Sommer 3–15 Eier versteckt in seichten Bodenmulden. Im Süden Europas leben Unterarten, die grasgrün gefärbt sind und an die Grüne Eidechse *Lacerta viridis* erinnern; diese kommt in Südeuropa häufig vor und erscheint nur in den wärmsten Landstrichen Mitteleuropas.

Blindschleiche *Anguis fragilis*
Familie *Anguidae* – Schleichen
Charakteristisch für die Schleichen ist ihr schlangenähnlicher Körper und das Fehlen von Gliedmaßen. Die Blindschleiche hat glatte, glänzende, große Schuppen, die auf der Rücken- und Bauchmitte am größten sind. Vor allem ihre südlichen Formen erreichen Körperlängen bis 50 cm. In der Jugend ist die Blindschleiche auf der Bauchseite ausgesprochen dunkel, der Rücken ist hellbronzebraun. Im Alter verwischt sich dieser Unterschied und bei sehr alten Exemplaren sind manche Schuppen sogar leuchtend blau. So entsteht eine unregelmäßige, bunte Färbung. Die bis zu 25 Jungen verlassen gleich bei der Geburt ihre zarten Eihüllen und verbergen sich unter Baumstämmen und Laub. Die Blindschleiche lebt von Regenwürmern und Nacktschnecken.

Würfelnatter *Natrix tessellata*
Familie *Colubridae* – Nattern
Die Würfelnatter ist mit ihren Lebensansprüchen an größere Wasserläufe oder Teiche gebunden. Sie lebt deshalb vorwiegend in Niederungen, nährt sich vor allem von Fischen, erbeutet aber auch Frösche, Kaulquappen und Molche. Nur selten wird sie länger als 1 m, doch sind auch bis 2 m lange Exemplare bekannt. Die Würfelnatter ist bräunlichgrün, mit dunkleren Flecken am Rücken, ohne markante Zeichnung am Kopf. Die Körperschuppen sind gekielt. In Deutschland fehlt sie, sonst kommt sie vor in Südwesteuropa, in der Südschweiz, im nordwestlichen und mittleren Italien, auf Korsika und Sardinien.

Auwälder

Krickente *Anas crecca*
Familie *Anatidae* – Enten
Die kleine, in Europa, mit Ausnahme der südlichsten Gebiete, brütende Schwimmente erkennt man auf dem Wasser an der geringen Größe – sie ist etwa ein Drittel kleiner als die meisten übrigen Enten, den Erpel an seiner bunten Flügelfärbung. Anfang April kehrt sie aus ihren west- und südeuropäischen Winterstandplätzen an unsere Wasserläufe zurück. Hier baut das Weibchen auf dem Boden ein mit trockenem Gras ausgekleidetes Nest, legt 8–10 hellgrünliche Eier hinein und brütet über 3 Wochen lang. Wenn die Jungen das Nest verlassen haben, führt sie die Mutter noch 6–7 Wochen, dann beginnen sie zu fliegen und Schwärme zu bilden. Als Nahrung dienen der Krickente Insekten, im Herbst Samen und Pflanzenteile.

Tafelente *Aythya ferina*
Familie *Anatidae* – Enten
Die Tafelente erkennt man an dem knapp über dem Wasserspiegel getragenen Schwanz und den schwarz-weißen Flügelspiegeln. Sie taucht ausgezeichnet und sucht ihre Nahrung am Grund. Sie ist in Ost-, Mittel- und Nordwesteuropa verbreitet und zieht über den Winter in das Mittelmeergebiet, allerdings nicht regelmäßig. Ihr Nest baut sie auf festem Boden in der Nähe des Wassers im Ufergürtel versteckt und kleidet es mit Pflanzenteilen und Flaumfedern aus. Ende April bis Anfang Mai bebrütet das Weibchen 4 Wochen lang 6–11 grüngraue Eier. Die ausgebrüteten Jungen schwimmen schon nach wenigen Stunden.

Stockente *Anas platyrhynchos*.
Familie *Anatidae* – Enten
Die bekannteste und häufigste Schwimmente erkennt man auf dem Wasser am gehobenen Schwanz und den bunten, blauen oder grünen Flügelspiegeln. Sie taucht nur selten und sucht Nahrung an seichten Stellen oder knapp unter der Wasseroberfläche. Das Verbreitungsgebiet der Stockente umfaßt ganz Europa, Asien und Nordamerika. Obwohl Standvogel, zieht sie in strengen Wintern von nördlichen Gebieten nach Süd- und Westeuropa oder Nordafrika. Der Erpel ist vom Herbst bis zum Frühjahr bunt, das Weibchen bleibt unverändert braun. Es hat einen blauen Flügelspiegel. An den Brutplätzen treffen die Stockenten Ende Februar bis Anfang März ein, wo das Weibchen, meist am dichtbewachsenen Ufer oder auch weit entfernt vom Wasser auf niedrigen Bäumen ein Nest baut. Im April beginnt die Eiablage. Aus den 8–10, manchmal auch mehr hellgrünen Eiern schlüpfen nach 22–25 Tagen die Entenküken. Die Mutter führt sie sofort aufs Wasser und betreut sie mehrere Wochen. Die Stockente lebt von Wasserinsekten, Würmern, Samen, Pflanzentrieben und verzehrt in Städten, wo sie auf nicht zufrierenden Wasserflächen überwintert, auch Abfälle. Wegen des ausgezeichneten Wildbrets wird die Stockente in allen Ländern bejagt.

Gänsesäger *Mergus merganser*
Familie *Anatidae* – Enten
Die Säger sind die dritte wichtige Hauptgruppe der Enten und unterscheiden sich von den Schwimm- und Tauchenten vor allem durch den schlankeren Körperbau, den größeren Kopf mit der Haube und den langgezogenen Hakenschnabel. Die Säger sind ausgezeichnete Taucher. Das eigentliche Verbreitungsgebiet des Gänsesägers ist Nordeuropa. Er nistet in Höhlen von Bäumen und Erdwällen, oft weit entfernt vom Wasser. Das Weibchen brütet ihre 6–12 cremefarbene Eier in etwa 5 Wochen aus. Im Herbst ziehen diese Vögel nach Mittel- und Westeuropa, wo sie auf nicht zufrierenden Gewässern überwintern. Der Gänsesäger ist bis über 60 cm groß, hat schwarzgrünen Glanz an Kopf und Hals sowie langen roten Schnabel.

Auwälder

Haubentaucher *Podiceps cristatus* ■□
Familie *Podicipidae* – Lappentaucher □□

Der Haubentaucher fällt auf dem Wasser durch sein Aussehen, aber auch durch die Art zu schwimmen und zu tauchen auf. Über dem Wasser sieht man nur einen Teil des Rückens, den langen Hals und den schlanken Kopf mit dem auffallenden Kragen und der Federhaube. Der Haubentaucher kommt auf Teichflächen und stehenden Gewässern mit Schilfbeständen vor. Das Nest bauen Männchen und Weibchen gemeinsam. Das Weibchen legt von April bis Juni 3–4 weiße Eier, die nachdunkeln; beide Eltern bebrüten sie. Nach etwa 4 Wochen schlüpfen die Jungen und übersiedeln sogleich unter die Flügel der Eltern, um mit ihnen auf dem Wasser zu schwimmen; nach etwa 6 Wochen tauchen sie. Die Haubentaucher verzehren kleinere Fische, auch Insekten, Krebstiere, Spinnen, Frösche. Zur besseren Verdauung verschlucken sie stets kleine Federn. Sie leben in ganz Europa, außer Nordskandinavien, aber auch in Asien und Afrika.

Bläßhuhn *Fulica atra* □■
Familie *Rallidae* – Rallen □□

Das Bläßhuhn erscheint in ganz Europa. Meist zieht es im Herbst nach Süden und Nordafrika. Auf Teichen und Altwasserarmen baut es im Uferschilf aus Binsen ein großes Schwimmnest. Oft ist das Nest an Pflanzenstengeln befestigt, die sich dachartig darüber wölben. Das Weibchen legt von März bis Mai 6–9 graugelbe, gefleckte Eier, die es mit dem Männchen abwechselnd etwa 3 Wochen lang bebrütet. Die geschlüpften Jungen sind lebhaft, tauchen bei Gefahr und werden von den Eltern mit Pflanzen gefüttert. Manchmal gibt es im Juni eine Zweitbrut. Die Jungen sind mit ihrer schwarzen Färbung den Altvögeln ähnlich, die helle Blesse über dem Schnabel zeigt sich bei ihnen erst im Herbst.

Teichhuhn *Gallinula chloropus* □□
Familie *Rallidae* – Rallen ■□

Ein fast in ganz Europa, Asien, Afrika und Amerika wohlbekannter Wasservogel, der gerne im Dickicht von Teich- und Flußufern nistet. Beide Partner bauen ein aus Halmen geflochtenes Nest. Das Weibchen legt im April, zum zweiten Mal im Juni, ab und zu auch noch Mal im August, jeweils 6–10 Eier, die beide Eltern abwechselnd etwa 3 Wochen bebrüten. Die Küken verlassen bald das Nest und sammeln auf dem Wasser Wasserpflanzensamen und Wasserinsekten. Das Teichhuhn ist grauschwarz wie das Bläßhuhn, besitzt aber einen rot-gelben Schnabel und wippt beim Schwimmen mit dem Schwanz. Es ernährt sich von wilden Früchten, Samen und Pflanzen, auch von Würmern, Schnecken und Insekten. Im Oktober ziehen die Teichhühner nach Südeuropa.

Waldschnepfe *Scolopax rusticola* □□
Familie *Scolopacidae* – Schnepfen □■

Der etwa taubengroße Vogel lebt in den Laub- und Mischwäldern der Ebene. Er brütet in ganz Europa, außer Nordskandinavien. Aus Mittel- und Osteuropa ziehen die Waldschnepfen Ende September bis Oktober nach Südwesteuropa, wo sie überwintern. Auf dem Zug durch bewaldete Täler verläuft in der Abenddämmerung die interessante Schnepfenbalz: Das auf der Erde sitzende Weibchen lockt mit seinem Ruf das niedrig über die Baumkronen streichende Männchen, das sogleich zum Weibchen hinunterfliegt und es umhüpft. Ab Ende März legt das Weibchen 4 kugelförmige, hellbraun gesprenkelte Eier und bebrütet sie 3 Wochen lang. In der Nacht schlüpfen die Jungen gleichzeitig, und am nächsten Morgen führt sie die Mutter sogleich vom Nest fort und betreut sie noch 5–6 Wochen. Die Schnepfen leben von verschiedenen Insekten und Würmern; Nahrung suchen sie am Boden, wobei sie den langen, mit empfindlichen Tastkörperchen versehenen Schnabel häufig in den weichen Boden stechen. Fast in ganz Europa gilt die Schnepfe als Jagdwild, besitzt aber für den Jagdbetrieb keine besondere Bedeutung.

Auwälder

Beutelmeise *Remiz pendulinus* ■□
Familie *Remizidae* – Beutelmeisen □□
Die Beutelmeisen sind kleine, meisenähnliche Vögel, die Süd-, Südost-, teilweise auch Mitteleuropa besiedeln. Sie sind vorwiegend Standvögel; allerdings übersiedeln die Beutelmeisen im Winter vom Nordrand ihres Verbreitungsgebiets in südlichere Gegenden. Die Beutelmeise liebt dichte Auwälder, buschreiche Fluß- und Teichufer. Hier baut das Männchen zunächst allein, dann gemeinsam mit dem Weibchen meist im Gezweig über dem Wasserspiegel aus Grashalmen und Pflanzenflaum ein hängendes, birnenförmiges, bis 15 cm hohes und 10 cm breites Nest, das oben ein mit kurzem Tunnel versehenes Flugloch besitzt. Das Weibchen legt höchstens 8 weiße, länglichovale Eier, die es 2 Wochen bebrütet. Das Männchen beginnt zu dieser Zeit ein neues Nest zu bauen und gründet eine neue Familie, wenn es ihm gelingt, ein anderes Weibchen anzulocken. Die Brutpflege übernimmt das Weibchen, das die Jungen 18–20 Tage mit Insekten füttert.

Blauracke *Coracias garrulus* □■
Familie *Coraciidae* – Racken □□
Ein typischer Vogel der Auwälder, Laubwälder und Alleen an Fluß- und Bachufern Mittel- und Südosteuropas sowie der Mittelmeerländer. Man begegnet der Blauracke aber auch in Westeuropa mit Ausnahme Englands, an der Ostsee und in Südskandinavien. Ihre bunte, bei Männchen und Weibchen gleiche Färbung, ihr rascher, fast akrobatischer Flug, ihr ausdauerndes Sitzen auf erhöhten Stellen macht sie ziemlich auffällig. Nach Europa kommt die Blauracke erst Ende April, häufig bis aus Südafrika, und das Weibchen legt jeden zweiten Tag ein Ei, insgesamt 4–5 weißglänzende Eier in eine Baumhöhle. Nach 18–20 Tagen schlüpfen die Jungen nacheinander und werden von beiden Eltern mit Insekten, manchmal auch mit Eidechsen, Fröschen und Kleinsäugern gefüttert. Schon Ende August ziehen die Racken wieder nach Süden.

Drosselrohrsänger *Acrocephalus arundinaceus* □□
Familie *Sylviidae* – Grasmücken ■□
Dichte Schilf- und Strauchbestände an Fluß- und Teichufern ganz Europas, mit Ausnahme der skandinavischen Länder und Englands, bewohnt der Drosselrohrsänger. Den Rohrsängern ist die unauffällige Färbung und die verborgene Lebensweise gemeinsam. Nur der laute Gesang, der sich eher wie ein unangenehmes Geschrei anhört, verrät oft ihre Anwesenheit. Tagsüber klettert der Drosselrohrsänger ausdauernd an den dünnen Rohrhalmen auf und ab und sammelt Kleininsekten, Raupen und Wasserschnecken. Im Schilf flicht er zwischen drei bis sechs Halmen aus Schilfblättern und verschiedenen Pflanzenstengeln, die er aus dem Wasser fischt, ein napfförmiges Nest. Es ist bis 20 cm hoch und hängt meist etwa 70 cm über dem Wasserspiegel. Da der Drosselrohrsänger erst im Spätfrühling (manchmal sogar erst Ende Juni) zurückkehrt, gibt es bei ihm nur eine Brut im Jahr mit etwa 5 Jungen. Beide Eltern bebrüten die Eier abwechselnd 2 Wochen lang und füttern dann die Jungen noch 14 Tage mit Insekten, zuweilen auch mit Beeren.

Teichrohrsänger *Acrocephalus scirpaceus* □□
Familie *Sylviidae* – Grasmücken □■
Der Teichrohrsänger unterscheidet sich von seinem Verwandten, dem Drosselrohrsänger, durch die geringere Größe (er wird etwa 12 cm lang), ferner durch die Verbreitung und Lebensweise. Er bewohnt Mitteleuropa, den Balkan und Südskandinavien, lebt aber nicht in Süd- und Südosteuropa. Sein Nest ist kleiner als das Nest des Drosselrohrsängers und liegt nicht selten in der Strauchschicht eines Auwaldes. Das Weibchen legt meist von Mai bis Juli 5 weiße, olivenfarbig gefleckte Eier, die beide Eltern etwa 12 Tage lang bebrüten. Beide Eltern füttern auch die Jungen bis sie flügge sind. Sie ernähren sich von Insekten, später auch von Beeren.

Auwälder

Sperbergrasmücke *Sylvia nisoria*
Familie *Sylviidae* – Grasmücken
Die Sperbergrasmücke, die größte Grasmücke Mitteleuropas, ist unterseits wie ein Sperber quergebändert. Sie besiedelt gestrüppreiche Waldränder, auch Dornendickichte, wo sie oft neben dem Neuntöter vorkommt. Ihr Verbreitungsgebiet erstreckt sich über das östliche Mitteleuropa. Beide Eltern bauen ein flaches, napfförmiges Nest aus Wurzeln, Stengeln, Halmen und Tierhaaren, das sie im Dorngestrüpp versteckt anlegen. Ab Ende Mai legt das Weibchen 5–6 gelblichgraue Eier, die von beiden Eltern etwa 2 Wochen lang bebrütet werden. Es gibt nur eine Jahresbrut. Bei Gefahr verlassen die Eltern die Eier, manchmal auch die Jungen, leichter als andere Singvögel. Sie ernähren sich in der Hauptsache von Insekten, aber auch von kleinen Beeren.

Mönchsgrasmücke *Sylvia atricapilla*
Familie *Sylviidae* – Grasmücken
Überall in den Laubwäldern der Ebene, aber auch in den Nadelwäldern der Berge von ganz Europa, Nordafrika und Westsibirien brüten umfangreiche Populationen der Mönchsgrasmücke. Im April kehren diese Zugvögel aus ihren Winterstandplätzen in Äquatorialafrika zurück. Das Weibchen baut dann ziemlich niedrig über dem Boden ins Gebüsch ein kleines, napfförmiges, lockeres Nest aus Halmen und dünnen Zweigen. Von Mai bis Juni legt es 4–6 weißliche, braun gesprenkelte Eier, die beide Eltern in etwa 2 Wochen ausbrüten. Die Jungen werden von beiden Eltern 12–14 Tage mit Insekten, vor allem aber kleinen Raupen ernährt. Im Juli brütet die Mönchsgrasmücke ein zweites Mal. Die Hauptnahrung der Altvögel besteht aus Insekten, Raupen, Larven und Spinnen, im Herbst aus Waldfrüchten. Im September sieht man kleinere Schwärme der Mönchsgrasmücke nach Süden ziehen.

Pirol *Oriolus oriolus*
Familie *Oriolidae* – Pirole
Wenn man im Mai in einem Laubwald oder ausgedehnten Park einen etwa amselgroßen gelben Vogel mit schwarzen Flügeln erblickt, kann man von Glück sagen. Es ist der stellenweise noch immer recht häufig vorkommende Pirol, der, abgesehen von den Nordgebieten, ganz Europa bewohnt. Allerdings lebt er so geschickt in den Baumkronen verborgen, daß man ihn kaum zu Gesicht bekommt. In einer Astgabel hoch in der Baumkrone hängt sein aus Bast und Halmen von beiden Partnern kunstvoll gebautes Nest. Von Mai bis Juli legt das Weibchen 3–5 weiße, fein gesprenkelte Eier hinein. Beide Eltern brüten abwechselnd. Nach 14 Tagen schlüpfen die Jungen. Sie werden von beiden Eltern etwa 14 Tage mit Insekten gefüttert. Die Pirole leben hauptsächlich von Raupen, Käfern und ihren Larven, aber auch Beeren und Kirschen nehmen sie auf. Im Lauf des Augusts ziehen sie nach dem tropischen Afrika in ihre Winterstandplätze.

Schwarzmilan *Milvus migrans*
Familie *Accipitridae* – Adler-, Geier- und Weihenartige
Der Schwarzmilan ist in Europa stellenweise noch häufig zu sehen, kommt aber in manchen Gegenden schon selten vor. Er erscheint meist über der Ebene oder dem Hügelland, doch stets in der Nähe von Wasser, wo er in elegantem Sturzflug Beute greift – kleine, oft tote oder kranke Fische, Frösche, junge Vögel oder kleinere Raubvögel. Beide Eltern bauen auf Bäumen, vor allem in Wassernähe, einen Horst aus Treibholz, Lumpen und Papier, nicht selten richten sie auch alte Nester anderer Greifvögel wieder her. Von Ende April bis Mai legt das Weibchen 2–3 braungefleckte Eier, die beide Eltern in etwa einem Monat abwechselnd bebrüten. Nach weiteren 40–50 Tagen verlassen die Jungen den Horst, bleiben aber noch eine Zeitlang in der Obhut der Eltern. Die Schwarzmilane überwintern in der Südhälfte Afrikas, wohin sie schon Ende August ziehen.

Kiefernwälder

Der ursprüngliche Kiefernwald nimmt unter den anderen Waldgesellschaften eine Sonderstellung ein, weil die Kiefer auf Grund ihrer bescheidenen Ansprüche an den Boden auf Stellen zurückgedrängt wurde, wo sich andere Holzarten nicht halten konnten. Kiefern wachsen hauptsächlich auf Sand und Torf, aber auch auf Felsen vom Flachland bis hinauf in die Berge. Diese Wälder stammen aus der Nacheiszeit und sind Reste einer ursprünglich zusammenhängenden Waldfläche. Auch heute nehmen Kiefernwälder in Europa noch eine bedeutende Fläche ein, doch geht es dabei meist um künstlich angelegte Bestände auf armen Standorten. Oft fehlt deshalb eine Strauchschicht und am Boden wachsen meist nur Flechten und verschiedene trockenheitliebende (xerophyte) Pflanzenarten. Nur auf steinigem Boden mit Kalksteinuntergrund wird die Kiefer noch durch andere Holzarten ergänzt, besonders durch Felsmispel und Mehlbeere.

Die ursprünglichen Kiefernwälder schützen nicht nur den Boden, sondern bieten den verschiedensten Pflanzen und Tieren Lebensraum. An senkrechten felsigen Stellen kann sich nur die Kiefer in Felsspalten festsetzen. Die Bäume sind hier dem Wind und großen Temperaturschwankungen ausgesetzt. Sie können nur das Wasser von Niederschlägen nutzen, das sich in den Spalten hält. Bei diesen Lokalitäten hat der Forstmann die Aufgabe, den Wald zu erhalten, denn durch die Entwaldung käme es zur Verwüstung der gesamten Umgebung. Übrig bliebe nur der nackte Fels oder ein kahles Steinmeer. Auch auf moorigem Boden mit schlechtem Wasserabfluß, wo das Grundwasser fast die Bodenoberfläche erreicht, dienen Kiefern zur Erhaltung des Waldes. In beiden Fällen zeigt die Kiefer ein anderes Aussehen, als man sonst gewohnt ist: Die Baumstämme haben nur wenig Zuwachs, sind krummschäftig und kurz.

Am meisten sind Kiefernwälder auf Sandboden verbreitet. Er ist sauer, lehmigsandig und hat eine Rohhumusauflage. Im Unterholz findet man oft Wacholder, Heidekraut, Heidelbeere und Flechten. Wo die Bodenverschlechterung noch nicht so weit fortgeschritten ist, treten vereinzelt auch Begleithölzer auf wie Eiche, Birke, manchmal auch Linde und Espe.

Kiefernwälder, die in Mitteleuropa bis zur Ostsee auf sandigem Boden ausgedehnte Flächen einnehmen, sind verhältnismäßig arm an größeren Waldtieren. Nur unter den Insekten treten die typischen Kiefernschädlinge auf, vor allem die Gemeine Kiefernbuschhornblattwespe *(Diprion pini)*, die in wärmeren Gebieten oft vorkommt, dann der Kiefernspanner *(Bupalus piniarius)*, der manchmal den Kiefernwald schädigt, und als schlimmste Schädlinge der Kiefernschwärmer *(Hyloicus pinastri)*, dessen Raupen die Nadeln abfressen sowie die Forl- oder Kieferneule *(Panolis flammea)*, die bei starker Vermehrung auch eine Kalamität im Kiefernwald hervorrufen kann. Unter den Käfern findet man oft Schädlinge wie den Kiefernrüssler, der manchmal eine direkte Katastrophe für Kiefernsetzlinge in den Kulturen darstellt, oder den Kiefernbastkäfer, dessen Larven unter der Rinde leben. Die Vogelwelt ist in Kiefernwäldern zwar häufig vertreten, jedoch ohne typische Arten: Oft sieht man die verschiedensten Arten von Meisen, besonders Tannen- und Haubenmeise, größere spechtartige Vögel und am Waldrand Wald- und Wiesenlerchen. Kiefernwälder im Felsenbereich werden immer häufiger der Zufluchtsort für die größte europäische Eule – den Uhu. In zerklüfteten Felsen oder am Sandboden legen Fuchs und Dachs ihren Bau an, im Sandboden auch das Kaninchen. Insgesamt ist die Tierwelt in Kiefernwäldern verhältnismäßig artenarm.

Kiefernwälder

Weißmoos, Ordenskissen *Leucobryum glaucum* ❶
Familie *Leucobryaceae* – Laubmoose
Die Pflanze bildet dichte halbkugelige Polster mit einem Durchmesser bis 50 cm und einer Höhe bis 15 cm. Bei Trockenheit ist sie fast weiß. Weißmoos kommt vor allem im Halbschatten der Nadelhölzer vor und ist ein typischer Säureanzeiger auf nährstoffarmen, wenig durchlüfteten Böden oder Flächen mit trockenem Rohhumus. Anfangs kommt das Moos nur verstreut vor. Die Polster wachsen aber schnell, werden größer und dichter und saugen sich voll Wasser. In diesem Zustand sind sie hellblau-grün und überstehen auch anhaltende Trockenheit. Das Weißmoos beeinträchtigt das Wachstum aller anderen Moose und Pflanzen. Selbst die widerstandsfähige Heidelbeere stirbt ab, wenn sie von ihm umwachsen wird. Sowie das Moos eine durchgehende Polsterdecke bildet, verhindert es die natürliche Verjüngung des Waldes, denn herunterfallende Samen ersticken regelrecht in seinen Polstern.

Rotstengelmoos *Entodon schreberi* ❷
Familie *Hypnaceae* – Laubmoose
Ein sehr verbreitetes Moos, das freie, nicht zusammenhängende, dunkel- bis hellgrüne Polster bildet. Die rotrindigen Stengel sind bis 15 cm lang, locker fiedrig beastet, die Äste in der Spitze zurückgebogen. Die glänzenden Blätter liegen dachziegelig an, sind hohl, breit eiförmig und haben eine verkümmerte Rippe. Die Astblättchen sind ähnlich den Stengelblättern, doch kleiner. Die rotgestielten Kapseln erscheinen im Herbst. Sie sind meist länglich eiförmig und gebogen, der Deckel ist spitz. Das Rotstengelmoos braucht Licht bis schwachen Halbschatten. Es ist ein typisches Moos des Nadelwaldes, besonders der Kiefernwälder, auf sauren, zuweilen recht trockenen Böden, auf denen bereits das Heidekraut vorkommt. Auf günstigen Standorten wird es hoch und bildet freie, hohle Polster, in denen sich das Wasser lange hält. Es wächst in Niederungen und auch in Bergen.

Hornzahnmoos, Purpurmoos *Ceratodon purpureus* ❸
Familie *Ditrichaceae* – Laubmoose
Seine üppigen Polster sind grün, braun bis schwarz und 1 bis 4 cm hoch. Die aufrechten Stengel sind schütter mit gabelartig geteilten Blättern besetzt. Die Blättchen stehen ab, sind eiförmig-lanzettlich, vorne zugespitzt, fast am ganzen Rand gebogen. Sie haben eine starke, in der Spitze verschwindende Rippe. Die Kapsel ist geneigt bis waagrecht, rotbraun mit einem kugelförmigen kurzen Deckel. Es ist eine ausgesprochen lichtliebende Moosart, die nicht einmal leichten Schatten und ebensowenig größere Boden- oder Luftfeuchtigkeit verträgt. Am häufigsten kommt das Hornzahnmoos auf trockenen Wiesen und Heiden vor, wo es weite Flächen bedeckt, die durch große Mengen glänzender, roter Pinsel auffallen. Es zeigt trockene bis sehr trockene, nährstoffarme Böden ohne Humus an.

Adlerfarn *Pteridium aquilinum* ❹
Familie *Polypodiaceae* – Tüpfelfarngewächse
Bei diesem Farn wächst jedes Jahr aus einem starken, kriechenden Wurzelstock ein nicht überwinterndes Blatt, das oft bis 1,50 m Höhe erreicht. Es hat eine dreieckige Form, ist 2 bis 3 fach gefiedert und fest. Die Teilblättchen sind breit, meist gesägt und am Grund oft miteinander verwachsen. Der Adlerfarn gehört zu den verbreitetsten Farnen der Welt. Er liebt Halbschatten bis sonnige Lagen. Am häufigsten findet man ihn in Kiefernwäldern auf nährstoffarmen Böden mit Grundwasser in mindestens 2 m Tiefe. Auf sandigem oder humusarmem Boden kümmert er, wird hell und erreicht eine Höhe von ca. 15 cm. Dem natürlichen Jungwuchs schadet er nur dann, wenn er sich flächenmäßig ausbreitet. Auf Waldlichtungen ist er jedoch nützlich, denn oft schützt er andere Pflanzen vor Frost und Austrocknung. Vor allem jedoch lockern seine Wurzelstöcke den Boden auf, und reichern ihn mit Humus an.

1
2
3
4
4a

Kiefernwälder

Gelbflechte, Wanderflechte *Xanthoria parietina* ❶
Familie *Theloschistaceae* – Schüsselflechten
Flechten entstehen aus der Lebensgemeinschaft (Symbiose) eines Pilzes mit einer Alge, die sich zu einem neuen Organismus (mit neuen Eigenschaften) vereinigen. Je nach Algenart werden Farbe und Gestalt der Flechte beeinflußt. Der Pilz umwächst die Alge mit seinen Pilzfäden, gibt ihr Feuchtigkeit und Nährstoffe und schützt sie so vor dem Austrocknen, dafür nimmt er die Assimilationsprodukte der Alge auf. Durch diese Symbiose vermag die Flechte auch an extremen Stellen zu wachsen, wo die beiden Partner für sich allein nicht bestehen könnten (z. B. auf kahlen Felsen). Flechten scheiden verschiedenartige Säuren aus, die das Substrat angreifen. Im Grund sind sie die Pioniere des Lebens, weil sie überall dort auftreten, wo andere Pflanzen noch nicht gedeihen. Sie bauen die Unterlage (z. B. Felsgestein) chemisch ab und verbreiten damit günstige Voraussetzungen für andere Pflanzen. Die Gelbflechte bildet einen gelb bis orangefarbenen Thallus (Gewebekörper ohne bestimmte Form), der einen Durchmesser bis zu 10 cm erreichen kann. Sie ist eine der häufigsten und sehr veränderlichen Flechten, die auf verschiedenem Untergrund wächst – auf Felsen, an Wänden, auch auf Holz und auf der Rinde alter Bäume. Sie ist praktisch über den ganzen Erdball verbreitet.

Rentierflechte *Cladonia rangiferina* ❷
Familie *Cladoniaceae* – Becherflechten
Im Unterschied zur Schüsselflechte bildet sie zwei verschiedene Thallusformen aus: eine untere baumrindenartige, flache und eine obere strauchartige Form. Sie wird manchmal bis 15 cm hoch, ist weißgrau und ihre einseitig gebogenen Zweige haben gebräunte Spitzen. Sie wächst oft in großen Mengen auf stark bis mittelsauren Böden, von der Ebene bis in die Berge. Die Rentierflechte ist eine ausgesprochen trockenheitsliebende Art, die viel Sonne verträgt. Darum trifft man sie in trockenen Kiefernwäldern sehr häufig. Oft trocknet sie so aus, daß sie zerfällt, wenn man sie berührt. Bei Regen nimmt sie sehr schnell Wasser auf, verträgt jedoch keine dauernde Feuchtigkeit. Sie ist ein typischer Anzeiger für trockene und nährstoffarme Böden. In den nördlichen Tundren bildet sie ganze Rasen und ist dort die wichtigste Nahrung der Rentiere.

Isländisches Moos, Moosflechte *Cetraria islandica* ❸
Familie *Parmeliaceae* – Schildflechten
Diese Flechte hat einen blättrigen oder blättrig-strauchigen Thallus und wird bis 12 cm hoch. Durch ihre breitlappigen, aber doch verzweigten, aufsteigenden Thalli leitet sie zu den Strauchflechten über. Am Außenrand sind sie glänzend, olivgrün bis dunkelbraun, unterseits heller, fast weiß und vorne etwas eingerollt. Das Isländische Moos wächst auf sandigem und auf Heideboden. Es kommt am häufigsten einzeln, gelegentlich in kleinen Gruppen, aber nie massenhaft vor, meist in Gemeinschaft mit der Rentierflechte. Es zeigt trockene, sandige Standorte an.

Schüsselflechte, Rindenflechte *Parmelia physodes* ❹
Familie *Parmeliaceae* – Schildflechten
Sie gehört zu den häufigsten europäischen Flechten und schmiegt sich mit ihrem krustenartigen, gelappten Thallus flach an die Rinde der Waldbäume. Von oben betrachtet sieht sie grau oder graugrün, am Rand weiß aus. Ihre Vertiefungen sind durch Staub und Rindenabrieb oft dunkler. Die Rindenflechte kommt meistens im Tiefland an Bäumen vor, hauptsächlich an windgeschützten Stellen mit hoher Luftfeuchtigkeit. Sie umwächst Baumstamm und Äste ringsum. Außerdem wächst sie auf abgestorbenem Holz, Steinen, Felsen oder sogar auch auf kahlem, trockenem Boden.

1

4

2

3

Kiefernwälder

Heidelbeere *Vaccinium myrtillus* ❶
Familie *Ericaceae* – Heidekrautgewächse
Die Vertreter dieser Familie kommen meistens auf sauren Waldböden bodendeckend vor, aber auch in Mooren und auf alpinen Matten. Die ungünstigen Bedingungen des Standorts überwindet die Heidelbeere mit Hilfe von Pilzen, die symbiontisch an ihren Wurzeln leben. Die Heidelbeere ist ein kleiner Strauch, der unter günstigen Bedingungen eine Höhe von 50 cm erreicht. Die hellgrünen Blätter sind eiförmig, fein gesägt und fallen im Herbst ab. Die Blüten erscheinen von Mai bis Juni und sitzen einzeln auf gebogenen Stielchen; ihre zunächst grünliche Farbe geht in Rot über. Als Früchte entwickeln sich die dunkelblauen, bereiften Beeren. Die Heidelbeere braucht Licht, aber wenig Wärme und gedeiht daher in der Ebene wie im Gebirge. Mehr Ansprüche stellt sie an die Bodenfeuchtigkeit. Die Heidelbeere zeigt sauren, meist nährstoffarmen Boden an. Sie bildet Rohhumus und behindert daher die Naturverjüngung und beeinträchtigt das Wachstum der Kulturen.

Preiselbeere, Kronsbeere *Vaccinium vitis-idaea* ❷
Familie *Ericaceae* – Heidekrautgewächse
Die Preiselbeere ist ein Zwergstrauch, der bis 30 cm hoch wird. Die lederigen, immergrünen Blätter haben eine dunkelgrüne, glänzende Oberseite. Unterseitig sind sie hellgrün und braun getupft. Die glockenförmigen, hellrosa Blüten stehen in einer endständigen Traube. Die Früchte entwickeln sich zu leuchtendroten Beeren. Unter günstigen klimatischen Bedingungen blüht sie zweimal im Jahr. Preiselbeeren brauchen viel Licht und wachsen nur auf sauren Lehmböden, vor allem in Misch- und Nadelwäldern, aber auch im Hochmoor. Auf besserem Boden würden sie verkümmern, da der Pilz, der symbiontisch an ihrem Wurzelwerk lebt, nur in saurem Boden gedeiht; in anderer Umgebung verkümmert er und kann der Preiselbeere die notwendigen Nährstoffe nicht mehr zuführen. Wie die Heidelbeeren unterdrücken auch Preiselbeeren durch Rohhumusbildung die Samenkeimung, verhindern so eine Naturverjüngung und lassen die Pflanzungen kümmern.

Gemeines Heidekraut *Calluna vulgaris* ❸
Familie *Ericaceae* – Heidekrautgewächse
Der rutenförmig verzweigte Zwergstrauch hat gegenständige nadelförmige, im Querschnitt dreieckige, immergrüne Blätter. Seine rosafarbenen Blüten sind klein, kurzgestielt und in einer fast einseitswendigen Traube angeordnet. Sie blühen von August bis September. An den Blüten sieht man nur den rosafarbenen, vierteiligen Kelch; die eigentliche Blütenkrone wird von dem Kelch verdeckt. Besondere Auswüchse an den Staubgefäßen wirken wie ein Hebel, den die nektarsuchenden Insekten bewegen und dadurch den Blütenstaub aus den Staubgefäßen schütteln. Der Griffel mit der Blütennarbe überragt die Staubgefäße und reift erst nach den Staubgefäßen. Nach der Befruchtung trocknet die Blütennarbe ein, die bisher gebogenen Staubfäden richten sich auf und überragen die Blüten, so daß der restliche Blütenstaub vom Wind noch auf andere Narben verweht werden kann. Das Heidekraut ist also eine Pflanze, die zunächst von Insekten und später durch den Wind bestäubt wird. Es braucht viel Licht und ist ein typischer Anzeiger für saure, nährstoffarme Böden. Die Nadeln und Zweige des Heidekrauts verrotten schlecht und tragen so zu weiterer Versauerung und Verarmung des Bodens bei.

Zypressenwolfsmilch *Euphorbia cyparissias* ❹
Familie *Euphorbiaceae* – Wolfsmilchgewächse
Die Pflanze enthält einen giftigen Milchsaft (im Volksmund „Schlangenmilch"), der bei Verletzung austritt. Ihr Stengel ist mit zahlreichen schmal-linealischen, kahlen Blättern besetzt. Die Zypressenwolfsmilch stellt hohe Ansprüche an Licht und Boden. Sie liebt verhältnismäßig trockenen, warmen und dadurch mit Mineralien genügend angereicherten Boden. Ihre Wurzeln dringen tief in den Boden hinein.

3
4
1
2
2a
1a

Kiefernwälder

Gemeine Kiefer, Föhre *Pinus sylvestris* ❶
Familie *Pinaceae* – Kieferngewächse
Die Gemeine Kiefer ist die dominierende Holzart im Kiefernwald. In fast ganz Europa ist sie sehr verbreitet. Sie kommt vor von Spanien und Griechenland bis hinter den Polarkreis im hohen Norden. In Südeuropa wächst sie vor allem im Gebirge, im Norden steigt sie herab bis ins Flachland. Sie erreicht Höhen von 30–40 m und bildet anfangs eine schmal kegelförmige, später eine breitausladende Krone, die hoch über dem astreinen Stamm ansetzt. Die Rinde ist an den jungen benadelten Zweigen glatt, matt graugelb, an den älteren Ästen und jüngeren (oberen) Stammteilen rotgelb und in papierdünnen Fetzen sich abschilfernd. Die älteren (unteren) Stammteile haben eine dicke, weiche, innen rotbraune, außen graubraune Tafelborke. Die Nadeln sind 4 bis 7 cm lang und stehen jeweils zu zweien schütter am Kurztrieb. Die Gemeine Kiefer blüht im Mai und wird vom Wind bestäubt, der ganze Blütenstaubwolken fortträgt. Die Zapfen reifen im Herbst des nächsten Jahres, und geben im darauffolgenden Frühling ihre geflügelten Samen frei. Die Zapfen können bis 7 cm lang werden. Die Gemeine Kiefer ist recht anspruchslos und anpassungsfähig. Sie wächst auf trockenem, sandigem, wie auch auf feuchtem Boden. Man findet sie daher in warmen Weinbaugebieten wie auch im rauhen Norden (fast immer auf Sand). Eine tiefreichende Pfahlwurzel verankert sie gut im Boden und ermöglicht ihr auch ein Wachstum auf trockenem Standort. Die Gemeine Kiefer liefert leichtes Holz mit gelbrotem Kern zur Herstellung von Türen, Fensterläden und Möbeln. Stellenweise wird ihr Harz für die Chemieindustrie gewonnen. Männliche Blüten (1), weibliche Blüten (1a), Zapfen (1b).

Schwarzkiefer *Pinus nigra* ❷
Familie *Pinaceae* – Kieferngewächse
Die Schwarzkiefer fällt auf durch ihre dunkelgrünen Nadeln. Ihre Heimat liegt in den Ländern um das Mittelmeer. Sie kommt vor von Spanien, über Korsika bis in die Türkei. Heute baut man sie auch in West- und Mitteleuropa an, vor allem in trockenen und warmen Hanglagen, im Karstgebiet und auf den Sanddünen der Küstengebiete. Sie erreicht Höhen um 30 m. Die Krone, beim jüngeren Baum rundlich eiförmig, wölbt sich im Alter oft schirmartig ab. Die Nadeln sind beiderseits dunkelgrün, werden 8–15 cm lang und stehen jeweils zu zweien am Kurztrieb. Auch die Zapfen sind größer als bei der Gemeinen Kiefer (5–8 cm) und haben glänzende, braungelbe Schuppen. Die Schwarzkiefer stellt kaum Ansprüche an Bodenfeuchtigkeit und Nährstoffgehalt des Bodens. Verbessert jedoch den Boden durch reichen Nadelabfall. Die stets aus einer Richtung wehenden Seewinde beeinträchtigen die Form ihrer Krone nicht. Deshalb pflanzt man sie häufig auch auf Seedünen an. Ihre Rinde bildet im höheren Alter eine tiefrissige, dunkelschwarzgraue Schuppenborke vom Stammfuß bis in den Wipfel.

Gemeiner Wacholder *Juniperus communis* ❸
Familie *Cupressaceae* – Zypressengewächse
Der 1–3 m (selten 10 m) hohe, säulenförmige Strauch hat bräunlichgrüne, stechende Nadeln von 10–15 mm Länge, die in Dreierquirlen am Zweig stehen. Er ist zweihäusig, bringt also Pflanzen mit nur männlichen oder nur weiblichen Blüten hervor. An den weiblichen Exemplaren reifen am Ende des zweiten Jahres blau bereifte, kugelförmige Beerenzapfen, die sogenannten Wacholderbeeren, mit einem Durchmesser von 5–8 mm. Man verwendet sie als Gewürz oder bereitet aus ihnen alkoholische Getränke, wie Gin und Steinhäger. Wacholder ist eine ganz anspruchslose Lichtholzart, die vom Flachland bis hoch in die Berge am Waldrand, auf Lichtungen, auf Heideland oder im Unterholz schütterer Kiefernwälder vorkommt. Wo Wacholderbüsche wachsen, deuten sie darauf hin, daß der Wald als Viehweide genutzt wurde.

2
3a
3
1
1a
3b
1b

Kiefernwälder

Mehlbeere *Sorbus aria* ❶
Familie *Rosaceae* – Rosengewächse
Die Mehlbeere taucht als Beimischung in Kiefernwäldern und wärmeliebenden Eichenwäldern auf warmen, flachgründigen, trockenen Kalksteinhängen auf. Je nach Standort, Bodenbeschaffenheit und Höhenlage wächst sie zu stattlichen oder 6–12 m hohen Bäumen heran. Ihre kurzgestielten, breiten, eiförmigen bis zu 12 cm langen Blätter sind am Rand kleingelappt oder doppelt gesägt und auf der Unterseite weißfilzig. Die weißlichen Blüten entwickeln sich Mitte Mai. Im Herbst bringen sie kugelige, scharlachrote, beerenartige Früchte von etwa 15 mm Durchmesser hervor. Ihr Fruchtfleisch schmeckt mehlig, Fruchtstiele und Kelchblattreste auf der Frucht sind ebenfalls filzig. Die Mehlbeere ist ein sonnen- und wärmeliebendes Gehölz, das häufig in warmen Weinbaugebieten vorkommt; auf kalkigem Untergrund steigt sie hoch in die Berge, bis über 1000 m. Ihre wirtschaftliche Bedeutung ist gering: als Pionierholzart verwendet man sie zum Aufforsten von Karstgebieten. In Südskandinavien kommt eine nahe Verwandte, die Axelbeere *(S. intermedia)* vor, ein stattlicher, bis 15 m hoher Baum, doch mit breiteren, schwach gelappten, unterseits graugrün filzigen Blättern. In Mitteleuropa pflanzt man diese Art oft als Zierbaum in Parks an.

Echte Zwergmispel, Gemeine Zwergmispel *Cotoneaster integerrima* ❷
Familie *Rosaceae* – Rosengewächse
Die Zwergmispel ist ein kleiner, etwa 1 m hoher, dicht verzweigter Strauch mit überhängenden Ästen. Die kleinen Blätter sind eiförmig, 2 bis 3 cm lang ganzrandig, dunkelgrün, oberseits kahl, unterseits gelbgraufilzig. Im Mai entwickeln sich unscheinbare rosafarbene Blüten, aus denen bis August rote, kugelige, beerenartige erbsengroße Früchte hervorgehen. Die Zwergmispel trifft man meistens auf trockenen und felsigen Hängen der Karpaten und in südlichen und mittleren Lagen der BRD und DDR. In den Kalkalpen steigt sie bis in über 1500 m Höhe. Sie braucht viel Licht, übersteht jedoch Trockenheit gut.

Gemeiner Besenginster *Sarothamnus scoparius* ❸
Familie *Fabaceae* – Schmetterlingsblütler
Der besenartig wachsende Strauch wird 1–2 m hoch. Seine kantig-gefurchten Äste sind grün, die unteren Blätter dreizählig, die endständigen einfach und ungeteilt. In trockenen Sommern fallen die 1,5 cm langen Blätter schon im August ab. Ende Mai und Anfang Juni erscheinen zahlreiche gelbe Blüten. Aus ihnen entwickeln sich 4–6 cm lange schwarzbraune Hülsen mit vielen gelbbraunen Samen. Der Besenginster hat eine tiefreichende Pfahlwurzel mit symbiontisch daran lebenden Knöllchenbakterien, die den Luftstickstoff binden, so daß der Boden mit Stickstoff angereichert wird. Der Besenginster wächst im Hügelland in trockenen und lichten Wäldern oder am Waldrand, in der Heide und auf sandigem Boden. Er braucht viel Licht, stellt aber an den Boden und an die Bodenfeuchtigkeit wenig Ansprüche. Auf kalkhaltigem Untergrund wächst er nicht, ebensowenig in höheren Lagen, wegen seiner Frostempfindlichkeit. Im Winter äsen Hasen und Kaninchen gern die jungen Triebe und auch die Rinde ab.

1
2
2a
3

Kiefernwälder

Kleines Nachtpfauenauge *Saturnia pavonia*
Familie *Saturniidae* – Augenspinner
Die Weibchen dieser über ganz Europa verbreiteten Art sind robuster (Flügelspannweite etwa 80 mm), ihre Vorder- und Hinterflügel sind grau. Die kleinen Männchen (Flügelspannweite etwa 45 mm) besitzen ähnlich gefärbte Vorderflügel wie die Weibchen, doch lebhaft ockergelbe Hinterflügel. Alle vier Flügel tragen bei beiden Geschlechtern auffallende Augenflecke. Die Männchen erkennt man wie alle männlichen Vertreter dieser Familie an den gezähnten Kammfühlern. Die Imagines beider Geschlechter nehmen keine Nahrung zu sich, dementsprechend sind auch ihre Mundwerkzeuge verkümmert. Je nach Meereshöhe schwärmt das Kleine Nachtpfauenauge von April bis Juni. Die Weibchen legen ihre Eier auf den verschiedensten Pflanzenarten des Unterstandes und der Strauchschicht ab. Die Raupen ernähren sich an Schlehe, Weide, Birke, Kreuzdorn und Eiche; im Unterholz findet man sie häufig auf Heidelbeeren und Heidekräutern. Anfangs sind die Raupen schwarz und besiedeln ihre Nährpflanzen gemeinsam. Später schlägt ihre Färbung immer mehr nach Grün um, und sie werden selbständig. Wenn sie ganz grün sind, haben sie orangefarbene Warzen. Die ausgewachsenen Raupen messen etwa 6 cm. Sie verpuppen sich im Spätsommer am Boden, wo sie birnenförmige, bräunliche Gespinste weben. Nach ein- oder mehrjähriger Überwinterung schlüpfen die Schmetterlinge. Es sind typische Begleiter offener lichter Kiefernwälder, aber auch höherer Lagen.

Aschgrauer Baumspanner *Boarmia punctinalis*
Familie *Geometridae* – Spanner
Diese Art kommt in Europa sehr häufig vor und ist nicht an die Kiefer gebunden. Ihre Flügelspannweite beträgt 30–40 mm, die Weibchen sind etwas größer als die Männchen. Kleine braune Punkte und dunkelbraune Querstreifen unterbrechen die weißlichgraue Grundfarbe. Es gibt aber auch dunkle bis schwarze Formen. Die grünlichen oder rotbraunen, ebenfalls vielfältig gefärbten Raupen sieht man von Juni bis August auf Birken und Erlen. In der Erde verwandeln sie sich in braunrote Puppen, die überwintern. Die Schmetterlinge fliegen von April bis August.

Blaugrauer Kiefernspanner *Semiothisa liturata*
Familie *Geometridae* – Spanner
Im Unterschied zu den beiden vorigen Arten ist diese Schmetterlingsart an Kiefern, weniger an Fichten, gebunden. Die Raupe ernährt sich von den Nadeln der Kiefer, Fichte und Tanne, Weymouthskiefer und des Wacholders. Der erwachsene Schmetterling hat sich der Kiefernrinde farblich gut angepaßt, so daß man ihn kaum entdeckt, wenn er sich an einer Kiefer niederläßt. Häufiger verrät er sich durch seinen Zickzackflug, mit dem er sich vor einem Störenfried zu retten versucht. Der Schmetterling besitzt eine Flügelspannweite von etwa 25–28 mm und fliegt im Mai bis August in den Nadelwäldern Europas.

Gemeiner Kiefernspanner *Bupalus piniarius*
Familie *Geometridae* – Spanner
Das Männchen des mittelgroßen Schmetterlings hat gelbweiße, dunkelbraun geränderte Flügel mit einer Spannweite von 30–40 mm. Das Weibchen hat rostgelbe Flügel mit helleren Rändern. Der Gemeine Kiefernspanner ist deshalb interessant, weil er beim Sitzen die Flügel nach Art der Tagfalter zusammenklappt und nicht dachförmig anlegt wie die übrigen Spanner. Er schwärmt von Mai bis Juli. In manchen Jahren ist er an besonnten Kiefernwaldrändern besonders reich vertreten, wo in den Mittagsstunden oft Hunderte, ja Tausende dieser Schmetterlinge umherflattern. Das Weibchen legt die Eier in Zeilen auf Kiefernnadeln ab. Die Raupen sind grün, mit drei weißen Längsstreifen. Sie verpuppen sich im Boden. Gelegentlich kommt es zu einer Massenvermehrung dieses Schmetterlings, wobei dann die Raupen in den Kiefernbeständen beträchtliche Schäden anrichten.

Kiefernwälder

Kiefernschwärmer *Hyloicus pinastri*
Familie *Sphingidae* – Schwärmer
Eine sehr häufige, an Nadelwälder, vor allem Kiefernbestände, gebundene Art. Der erwachsene Kiefernschwärmer ist ein kräftiger Schmetterling mit einer Flügelspannweite von 60–80 mm. Die graue Grundfärbung geht bei manchen Populationen fast in Schwarz über. Tagsüber sitzen die Schmetterlinge an Baumstämmen, meist etwa 1 m über dem Boden auf der Nordseite. In manchen Jahren vermehrt sich der Kiefernschwärmer ganz beträchtlich. Er fliegt von Mai bis in den Juli hinein. Man findet den Kiefernschwärmer nicht nur im Flachland, sondern auch in höheren Lagen, bis in die Knieholzzone (Latschen). Die Weibchen legen ihre grünen Eier einzeln oder in kleinen Gruppen an die Nadeln. Nach etwa 14 Tagen schlüpfen grüne Raupen mit einem schwarzen Hörnchen am Hinterleib. Sie sind im letzten Entwicklungsstadium bunt gefärbt: der Kopf ist braun mit schwarzen Seitenstreifen, die Grundfarbe des Körpers ist grün, aber auch braungefärbte Raupen kommen vor, bei denen die grünen Merkmale in den Hintergrund treten. Doch stets verläuft über den Rücken der Raupe ein brauner Streifen, von zwei weißlichen Parallelstreifen beiderseitig begleitet. Die orangefarbenen Stigmen sind schwarz gerändert. Die Raupen ernähren sich von den Nadeln verschiedener Kiefern- und Fichtenarten. Manchmal findet man sie auch auf Tannen und Lärchen. Ihre Entwicklung dauert 4–8 Wochen. Meist verpuppen sie sich in der Nadelstreu am Fuß des Baums, auf dem sie sich entwickelt haben. Die braunglänzenden Puppen überwintern.

Kieferneule *Panolis flammea*
Familie *Noctuidae* – Eulen
Die Kieferneule hat eine Flügelspannweite von 30–35 mm. Die Grundfarbe von Brust und Vorderflügeln variiert von rotbraun bis graubraun. Hinterleib und Hinterflügel sind gelbbraun. Tagsüber sitzt der Schmetterling an Kiefernzweigen oder -nadeln, nach dem Schlüpfen auch am Stamm. Die Flügel sind in der Ruhestellung eng aneinander geschmiegt. Ihr scheckiges Farbmuster macht sie fast unsichtbar. Bei günstigem Wetter schwärmen die Schmetterlinge schon Ende März, sonst vorwiegend im April, manchmal auch noch Anfang Mai. Die dämmerungsaktiven Tiere fliegen in den Baumkronen, wo die Weibchen ihre Eier in Zeilen auf Kiefernnadeln ablegen. Die grünen Raupen haben dunklere Längsstreifen und bräunliche Seitenstreifen. Sie entwickeln sich im Juli, vergraben sich in der Nadelstreu und verwandeln sich dort in schwarzbraun glänzende Puppen, die am hinteren Körperende zwei feine, leicht abbrechende Dorne tragen. Der Schmetterling erscheint hauptsächlich in den Kiefernwäldern des europäischen Flachlandes.

Sandlaufkäfer *Cicindela hybrida*
Familie *Cicindelidae* – Sandkäfer
Dieser Käfer ist ein Räuber, der kleine Insekten unbarmherzig verfolgt. Der Forstmann schätzt ihn daher im Wald, weil er hilft, das biologische Gleichgewicht zu erhalten. Seine Körperlänge beträgt 12–16 mm. In der Mittagssonne wird er besonders aktiv, bewegt sich lebhaft und sucht ununterbrochen nach Nahrung. Ein charakteristisches Merkmal der Vertreter dieser Familie: Sie können sofort ohne jede Vorbereitung auffliegen. Die Larven graben sich ein im Sand am Rand von Kiefernwäldern. Auch sie leben räuberisch. Der Sandlaufkäfer ist in Europa und Asien verbreitet.

Ameisenbuntkäfer *Thanasimus formicarius*
Familie *Cleridae* – Buntkäfer
Ein kleiner, 7–10 mm langer Käfer, der zu den nützlichen Arten der europäischen Wälder zählt, weil er als Larve und als Vollkerf Borkenkäferlarven vertilgt. Er vernichtet Kiefernborkenkäfer, aber auch Schädlinge anderer Nadel- und Laubbäume. Der Ameisenbuntkäfer kommt das ganze Jahr über vor, ist aber Ende Mai und Anfang Juni seltener, wenn seine Larven häufiger erscheinen.

Kiefernwälder

Blauer Kiefernprachtkäfer *Phaenops cyanea*
Familie *Buprestidae* – Prachtkäfer

Dieser Käfer ist 8–11 mm lang und fällt durch seine blaue oder blaugrüne Farbe auf. Im Juni und Juli schwärmt er, umfliegt besonders bei sonnigem Wetter Kiefernbäume und geht mit Vorliebe an besonnte, durch Raupenfraß geschwächte Stämme. Die Larven fressen im Bast der Kiefern zickzackförmige Gänge, überwintern und verpuppen sich dann in einer aus der starken Rinde genagten Wiege. Der Kiefernprachtkäfer kommt in Europa und Nordafrika, im Kaukasus und in Sibirien vor.

Waldbock *Spondylis buprestoides*
Familie *Cerambycidae* – Bockkäfer

Der Waldbock wird 12–22 mm lang, ist schwarz und besitzt im Vergleich zu den übrigen Bockkäfern verhältnismäßig kurze Fühler. Er schwärmt von Juni bis September, wird am Abend aktiv, wobei er eifrig fliegt und sich paart. Tagsüber ruht er unbeweglich unter Blochholz (=Sägholz). Deshalb findet man ihn oft in der Umgebung von Holzlagern und Sägewerken, aber auch im Wald. Das Weibchen legt die Eier in Kiefernstämme, ausnahmsweise auch in Fichtenstämme, wo die Larven Gänge bohren. Diese Art zählt zu den sekundären Schädlingen, weil sie abgestorbene Bäume, Baumstümpfe oder gefällte Stämme befällt. Gesunde Bäume schädigt sie dagegen nicht. Das Verbreitungsgebiet umfaßt ganz Europa und Asien bis in den Fernen Osten.

Großer Brauner Rüsselkäfer *Hylobius abietis*
Familie *Curculionidae* – Rüsselkäfer

Der 10–13 mm lange, schwarzbraune Käfer besitzt einen rüsselartig ausgezogenen Kopf. Er paart sich wiederholt. Die Weibchen legen von Mai bis in den September hinein rund 120 Eier in die Wurzeln von Kiefern- und Fichtenstümpfen. Nach zwei bis drei Wochen schlüpfen kleine Larven, die in den Bast der Wurzeln typische Längsgänge fressen. Der überwiegende Teil dieser Larven übewintert und verpuppt sich dann in der Rinde. Nur etwa ein Fünftel verpuppt sich im Holz, in sogenannten Puppenwiegen. Der Eingang wird mit Holzspänen verstopft. Das Puppenstadium dauert 1–4 Wochen, die Entwicklung einer Generation meist zwei Jahre. Im ersten Jahr entwickelt sich die Larve, im zweiten überwintert der Käfer in der Bodenstreu. Der eigentliche Waldschädling ist aber nicht die Larve, die nur Baumstümpfe befällt und ihren Zerfall beschleunigt, sondern der Käfer selbst, der im Juli und August Nadelholzpflanzen abfrißt. Die schlimmsten Schäden entstehen im folgenden Frühjahr, wenn die Käfer in den Kulturen Rinde und Bast frisch gesetzter Pflanzen von Kiefern, Weymouthskiefer, Fichte, Lärche und Tanne plätzweise anfressen. Im Juni und Juli gehen sie auch an Zweige erwachsener Bäume, wo sie ebenfalls Fraßschäden verursachen, die aber im Vergleich zu denen in den Kulturen nicht ins Gewicht fallen. Der Große Braune Rüsselkäfer ist in Europa verbreitet und reicht über Sibirien bis nach Japan.

Großer Kiefernborkenkäfer *Ips sexdentatus*
Familie *Scolytidae* – Borkenkäfer

Der Große oder Zwölfzähnige Kiefernborkenkäfer ist mit einer Länge von 6–8 mm einer der größten Borkenkäfer. Seine Larven fressen unter der Rinde kurze Gänge, die jeweils in einer schüsselförmigen Wiege enden. Die Muttergänge sind meist dreiarmig und 50–80 cm lang. Die Käfer befallen vor allem die unteren dick berindeten Baumpartien der Kiefer. Auch sie sind Sekundärschädlinge, weil sie gesunde Bäume in Ruhe lassen. Gegenwärtig ist dieser Käfer seltener. Im Laufe des Jahres hat er zwei Generationen. Deshalb findet man ihn das ganze Jahr über, außer von Ende Mai bis Anfang Juni, weil um diese Zeit vor allem die Larven vorkommen. Der Große Kiefernborkenkäfer ist in den Ebenen ganz Europas verbreitet und kommt bis nach Kleinasien und Sibirien vor.

Kiefernwälder

Heidelerche *Lullula arborea*
Familie *Alaudidae* – Lerchen
Wenn vor uns auf einer Kiefernwaldlichtung oder in der Heide ein grauer unscheinbarer Vogel auffliegt, kaum größer als ein Sperling, haben wir höchstwahrscheinlich ein Weibchen der Heidelerche aufgescheucht. Das Nest pflegt sie geschickt unter niedrigen Bäumchen, Sträuchern oder im Heidekraut zu verstecken. Die Heidelerche brütet meist zweimal im Jahr, zeitig im Frühjahr und im Juni bis Juli. Die 4–5 weißen, fein gesprenkelten Eier bebrütet das Weibchen rund 14 Tage. Die Jungvögel machen sich bald selbständig und verlassen nach 10–12 Tagen das Nest, werden aber von den Eltern noch mehrere Tage gefüttert. Im Herbst besteht die Nahrung dieses Vogels vorwiegend aus Samen verschiedener Wald- und Feldpflanzen. Nach Europa kehren die Heidelerchen schon im März aus ihren Winterstandorten in Nordafrika zurück. Ihr schöner Gesang ertönt dann vor allem nachts und frühmorgens bis in den Spätsommer.

Baumpieper *Anthus trivialis*
Familie *Motacillidae* – Erdläufer
Der Baumpieper ist in ganz Europa mit Ausnahme der Iberischen Halbinsel verbreitet. Man trifft ihn auf Waldlichtungen und an Rändern von Misch- und Nadelwäldern, vor allem von Kiefernwäldern mittlerer und höherer Lagen von Mitte April bis Ende September. Das Männchen erkennt man im Frühjahr an seinem typischen Flug: Von einem hohen Baum fliegt es einige Meter auf und geht dann mit ausgebreiteten Flügeln unter ständigem Trällern in Spiralen nieder. Der Baumpieper baut sein Nest auf dem Boden im dichten Gras. Die 5–6 bläulichen Eier bebrütet das Weibchen 12–13 Tage lang. Nach 2 Wochen verlassen die Jungen das Nest, bleiben aber noch in der Obhut der Eltern. Gegen Sommerende fliegen die Pieper in die Felder, wo sie große Mengen schädlicher Insekten vertilgen. Ende September ziehen sie nach Nordafrika zum Überwintern.

Ziegenmelker *Caprimulgus europaeus*
Familie *Caprimulgidae* – Nachtschwalben
Der Ziegenmelker ist der einzige Vertreter aus der Familie der Nachtschwalben, der in Europa vorkommt. Sonst leben diese Vögel vorwiegend in den Tropen. Er ist ausschließlich Insektenfresser und verschafft sich seine Nahrung in der Dämmerung oder nachts. Im Flug erbeutet er am liebsten Maikäfer, Schwärmer und andere Nachtinsekten, mit denen er auch über 2 Wochen lang seine Jungen füttert. Sie schlüpfen nach etwa 17 Tagen aus grau gefleckten Eiern, meist sind es zwei. Das Nest des Ziegenmelkers besteht aus einer Vertiefung in einem Baumstumpf oder im trockenen Gras. Mit seiner graubraunen Färbung paßt sich dieser Vogel vollkommen seiner Umgebung an. Er ist über ganz Europa bis Nordskandinavien verbreitet und zieht schon Ende August nach Nordafrika.

Uhu *Bubo bubo*
Familie *Strigidae* – Eulen
Der Uhu ist die größte Eule Europas. Er hat eine Flügelspannweite von 160 cm und eine Körperlänge von 70 cm. Von den Britischen Inseln und Nordskandinavien abgesehen, lebt er in ganz Europa und Mittelasien, vor allem in tiefen Misch- und Nadelwäldern der Ebenen und Berge. Er brütet in Nischen auf dem nackten Fels, in Ruinen, Baumhöhlen und alten Raubvogelnestern. Dort legt das Weibchen 2–4 weiße Eier und bebrütet sie etwa 5 Wochen lang. Die Jungen schlüpfen Mitte Mai. Das Männchen jagt Häher, Wasservögel, Fasane, Hasen, manchmal sogar Turmfalken und übergibt die Beute dem Weibchen, das die Jungen etwa zwei Monate auch noch in der Umgebung des Horstes füttert. Der Uhu überfällt sein Opfer in der Nacht. Infolge des systematischen Schutzes haben sich die geringen Bestände dieser Eule in Mittel- und Westeuropa in den letzten Jahren wieder erhöht.

Kiefernwälder

Wildkaninchen *Oryctolagus cuniculus*
Familie *Leporidae* – Hasen
Das Wildkaninchen bewohnt lichte Kiefern- und Mischwälder in ebenen und hügeligen Lagen. In leichten, sandigen Böden legt es oft weitverzweigte Baue an. In der Dämmerung und bei Nacht äst es an verschiedenen Pflanzen und benagt die Rinde schwächerer Bäume. Im Wald ist das Wildkaninchen schädlich, weil es in Kolonien lebt, wodurch sich die Schäden vervielfachen. Das Weibchen wirft nach etwa 30 Tagen Trächtigkeit in einem besonderen Erdbau drei- bis fünfmal jährlich 4–10 Junge, die 10 Tage lang blind sind und etwa einen Monat im Bau bleiben. Das Weibchen säugt sie zweimal täglich und verscharrt den Eingang zum Bau, wenn es ihn verläßt. Nach etwa einem halben Jahr werden die Jungen geschlechtsreif. In den letzten Jahrzehnten ist der Bestand an Wildkaninchen wegen der vielen Feinde und infolge ansteckender Krankheiten geringer geworden. Vor rund 700 Jahren hat es sich aus seiner ursprünglichen Heimat Nordafrika und Spanien in ganz Europa verbreitet. Das Wildkaninchen wiegt rund 1,5 kg, liefert ein schmackhaftes Wildbret und wird auch deshalb gerne bejagt.

Rotfuchs *Vulpes vulpes*
Familie *Canidae* – Hunde
Das bekannteste, auch in Asien und Nordamerika lebende größere Raubtier Europas ist der Rotfuchs. Er ist in Wäldern, auf buschigen Hängen und in Feldrevieren vom Tiefland bis in die Berge in großen Beständen verbreitet. Seinen Bau legt er tief im Boden an, wo das Weibchen im April nach 50–52 Tagen Trächtigkeit 3–8 Junge wirft. In den ersten 14 Tagen sind die Jungfüchse blind, und die Mutter säugt sie etwa einen Monat lang. Bald bringen ihnen beide Eltern Fleischnahrung. Gegen Ende des Sommers gehen die Welpen bereits auf Jagd. Der Forst- und Landwirtschaft nützen sie, weil sie mäuseartige Nager (die bis 60 % ihrer Nahrung ausmachen) vertilgen und eine Art Gesundheitspolizei ausüben: sie verzehren auch Kadaver und erbeuten hauptsächlich krankes und geschwächtes Wild.

Dachs *Meles meles*
Familie *Mustelidae* – Marder
Das größte marderartige Raubtier der europäischen Wälder ist der Dachs. Er wird im Herbst bis 20 kg schwer. Er kommt in allen Höhenlagen vor, stellenweise häufig. Im Wald gräbt er tiefe unterirdische Baue mit mehreren Röhren und zahlreichen Ausgängen. Oft besetzt er verlassene Fuchsbaue. Die Dachsfamilie lebt von der Geburt der 3–5 Jungen im März oder April bis in den Dezember zusammen. Die Jungen sind 4–5 Wochen blind und werden von der Mutter 2 Monate gesäugt. Erst nach einem halben Jahr machen sie sich selbständig. Der Dachs ernährt sich von Früchten und Samen verschiedener Holzarten, von Obst und Pilzen, von Insekten, verschiedenen Mäusearten und Kadavern, erbeutet aber auch Vogeljunge, junge Fasane und Hasen. Im allgemeinen schätzt man ihn als Vertilger schädlicher Insekten und Wühlmäuse, doch kann er in Fasanengehegen und intensiven Kleinwildzuchten beträchtliche Schäden anrichten.

Waldmaus *Apodemus sylvaticus*
Familie *Muridae* – Mäuse
Fast in ganz Europa und Asien lebt die Waldmaus am Rand trockener Kiefernwälder, an buschigen Rainen und in Feldschuppen. Von der Hausmaus unterscheidet sie sich durch den längeren Schwanz und die größeren Ohrmuscheln. Sie lebt meist in Gängen, die sie im weichen Boden ausgräbt. Oft wirft sie dreimal jährlich 6–8 Junge, die rund 2 Wochen lang blind sind. Ihre Nahrung: Samen der Waldgehölze und Körner aller Art, manchmal auch Insekten und Schnecken. Im Winter zieht sie in die Nähe menschlicher Behausungen, wo sie oft ernste Schäden an Getreide und Nahrungsmitteln verursacht. Trotz zahlreicher Feinde ist sie recht häufig.

Laubwälder der Niederungen und Hügelländer

Diese Wälder findet man vom Eichengürtel der unteren Lagen bis zur Grenze des Buchengürtels im Mittelgebirge, soweit es sich um klimatisch warme Landstriche mit milden Wintern und durchschnittlichen Niederschlägen (bis 700 mm) handelt. Als häufigste Holzart kommt hier die Wintereiche *(Quercus petraea)* vor, manchmal auch Sommereiche *(Quercus robur)* und Weißbuche mit noch anderen Laubbäumen. Im Hügelland überwiegt dann die Rotbuche. Die Strauchschicht ist meistens vielfältig.

In trockenen und warmen Niederungen, wo der Boden stark austrocknet und arm an Mineralstoffen ist, finden sich reine Eichenbestände. Die Eiche kann hier mit der tiefreichenden Pfahlwurzel noch das Grundwasser erreichen. Andere Holzarten mit flacherem Wurzelsystem, denen dies nicht möglich ist, können sich hier nicht halten. In der Krautschicht überwiegt das Gras. Dieser Waldtyp kann in einen Eichen-Birkenwald übergehen mit einer Heidelbeerdecke auf dem Boden, die auf sauren Boden hinweist.

Im Hügelland trifft man in den unteren Lagen auf nährstoffreichem, tiefgründigem, mäßig feuchtem Boden den Eichen-Hainbuchwald. Den Bestand bilden hier Eiche mit Linde und darunter auch Weißbuche im Unterstand. Die Strauchschicht setzt sich zusammen meist aus Rotem Hartriegel, Weißdorn, Haselstrauch, Schlehe, Schwarzem Holunder *(Sambucus nigra)* und Liguster *(Ligustrum vulgare)*. In höheren Lagen tritt dann die Buche hinzu, deren Anteil mit steigender Meereshöhe immer mehr wächst. In diesem Eichen-Buchenwald schwankt das Mischungsverhältnis von fast reiner Eiche in den wärmeren Lagen bis zu überwiegender Buche in höheren Lagen. Im Naturzustand vor der Bewirtschaftung war übrigens auch die Tanne beigemischt.

Diese beiden Waldtypen wurden in ihrem ursprünglichen Zustand vom Menschen der Jungsteinzeit (Neolithiker) bevorzugt genutzt. Denn die Eichel- und Buchelmast bot auf natürliche Weise reichlich Nahrung für die Viehweide. In geschichtlicher Zeit kam die Entnahme von Bau- und Werkholz hinzu, bis diese Waldungen, trotz späterer Kulturmaßnahmen gegen Ende des 18. Jahrhunderts, so heruntergekommen waren, daß sie Anfang des 19. Jahrhunderts nach dem Übergang zur Stallfütterung weitgehend in Nadelholz umgewandelt werden mußten, in Mittel- und Süddeutschland zumeist in reine Fichtenbestände.

Einen Sonderfall bilden die vor allem in Südeuropa vorkommenden Eichenkrüppelwälder auf steinigen oder felsigen Berglehnen und an steilen Hängen in Südlagen. Sie haben einen strauchartigen Wuchs in schütterem Bestand mit Birke als Beiholz. Im Unterholz gedeihen wärme- und trockenliebende Pflanzen. Auf solchen Flächen dient die Bestockung vorwiegend als Schutzwald gegen Erosion.

Die Eichenwälder bieten mit ihrem Artenreichtum an Gehölzen und Kräutern zahlreichen Insekten, Vögeln und Säugetieren Lebensmöglichkeiten. Die meisten Schadinsekten kommen auf Eichen vor, das sind neben Fichtenspinner, Gallwespe und Eichenspinner auch Maikäfer, Holzbock und Hirschkäfer. Die Laubwaldungen bieten insektenfressenden Vögeln eine reichhaltige Nahrung und gute Nistgelegenheit. Deshalb begegnet man hier vielen Arten von Meisen wie Kohlmeise, Blaumeise und Schwarzmeise und zahlreichen Vögeln, die in hohlen Bäumen nisten, wie Buntspecht, Taube und Baumläufer. Im Gestrüpp des Unterholzes und in der Krautschicht suchen vielerlei Säugetiere Unterschlupf: Haselmaus, Zwergmaus und Siebenschläfer. Vom Waldrand wechseln in die Feldflur Reh und Hase. Das Schwarzwild nimmt im Wald die Mast auf und bricht nach Engerlingen im Boden. Diese Tiere kommen auch in anderen Waldtypen vor, z. B. in Auwaldungen oder Buchenmischwäldern – doch im Eichenbestand finden sie den Tisch am reichsten gedeckt.

Laubwälder der Niederungen und Hügelländer

Eichenporling *Daedalea quercina* ❶
Familie *Polyporaceae* – Porlinge
Pilze *(Mycophyta)* können sich nicht selbständig ernähren, da sie kein Blattgrün besitzen. Sie sind daher auf andere Organismen angewiesen. Etwa 60 % (annähernd 42 000 Arten) ernähren sich parasitisch von lebenden Organismen, vorwiegend Pflanzen, davon parasitieren nur ungefähr 500 Arten an Tieren. Die übrigen 40 % (ungefähr 28 000 Arten) ernähren sich saprophytisch von faulenden und verwesenden Organismen. Die Pilze, die wir am Boden und an Bäumen finden, sind nur die Fruchtkörper, der Hauptteil des eigentlichen Pilzkörpers besteht aus einem Geflecht feiner, weißlicher Fäden (Myzel), die sich im Boden oder Holz ausbreiten. Die Fruchtkörper dienen der Vermehrung und erzeugen eine Vielzahl von Sporen in der sogenannten Fruchtschicht (Hymenium), die sich je nach Art an unterschiedlichen Stellen ausbildet. Vielfach hat diese Schicht eine stark vergrößerte Oberfläche: z. B. feine Röhren, die bei Fruchtkörpern mit Hut und Stiel auf der Hutunterseite münden und als winzige Poren in Erscheinung treten (Röhrenpilze), oder frei nach unten hängende dünne Blättchen sogenannte Lamellen (Blätterpilze) oder dickliche Leisten u. a. Manche Pilze sind an bestimmte Pflanzen gebunden, denen sie Nährstoffe zuführen, die den Pflanzen nur über Pilze zugänglich sind. Die Pilze dagegen erhalten von der Pflanze bereits fertige Nährstoffe, die sie sich ohne Blattgrün selbst nicht beschaffen können. Sie leben also in Symbiose mit den Pflanzen. Gemeinsam mit Bakterien beteiligen sich Pilze am Abbau toter Organismen und sichern damit den Kreislauf der Nährstoffe in der Natur. Der Eichenporling, ein Holzzerstörer, legt seine Fruchtkörper konsolenförmig mit einem Halbkreis von etwa 40 cm Durchmesser an. Er ist hellbraun bis grau, korkartig und an der Oberseite höckerig. An der unteren Seite fallen zahlreiche Poren auf, die in labyrinthähnliche Röhren übergehen. Er ist häufig auf Holz und Stöcken von Eichen zu finden, meist auf abgestorbenem Holz, selten an lebenden Baumstämmen, und dort nur an verletzten Stellen. Verhältnismäßig selten kommt er an Linden, Weißbuchen und Rotbuchen vor. Für die Eiche ist er einer der stärksten Holzzerstörer; da er Eichenholz zerstört.

Netzstieliger Hexenpilz, Hexenröhrling *Boletus luridus* ❷
Familie *Boletaceae* – Röhrlinge
Er hat einen gelblichen bis dunkelbraunen, samtartigen Hut, die Röhren sind gelb, die Schnittfläche verfärbt sich grünblau. Die zunächst gelben Poren werden später orange und beim ausgereiften Pilz sattrot. Druckstellen verfärben sich ebenfalls blau. Der etwas bauchige Stiel hat einen gelben Untergrund mit rotem Adernetz. Das Fleisch ist hellgelb, die Schnittfläche läuft schnell blaugrün an. Der Pilz wächst von Juli bis Oktober in Laub- und Nadelwäldern. Er ist eßbar, muß jedoch gut gekocht werden.

Harter Zinnobertäubling *Russula lepida* ❸
Familie *Russulaceae* – Sprödblättler
In die Gattung *Russula* gehören eßbare und ungenießbare Pilze. Man unterscheidet sie einfach. Alle Arten von Täublingen mit schmackhaftem, süßem, nicht brennendem Fleisch sind eßbar; und Arten mit bitterem, brennendem Fleisch sind ungenießbar. Das gilt jedoch bei keinem anderen Pilz! Die Täublinge sind Pilze, deren Hut in allen Farben leuchtet. Der harte Zinnobertäubling hat einen harten zinnoberroten Hut ohne Glanz. Er ist eßbar und hat sehr guten Geschmack.

Grasgrüner Täubling *Russula aeruginea* ❹
Familie *Russulaceae* – Sprödblättler
Er hat einen schlüpfrigen, grasgrünen Hut mit einem Durchmesser von 5 bis 12 cm. Beim jungen Pilz ist er halbkugelig, später verflachend mit vertiefter Mitte. Das Fleisch ist mild brennend. Der Pilz ist eßbar, hat jedoch keinen guten Geschmack und wächst von Juni bis Oktober, sehr oft in der Nähe von Birken.

1
2
3
4

Laubwälder der Niederungen und Hügelländer

Gemeine Stinkmorchel *Phallus impudicus* ❶
Familie *Phallaceae* – Rutenpilze
Die Gemeine Stinkmorchel wächst in Laubwäldern, Parks oder auch zwischen Sträuchern. Schon von weitem macht sich ihr übler Geruch bemerkbar. Der junge Pilz als „Hexenei" bekannt, ist zunächst weißlich und etwa hühnereigroß. Im Längsschnitt erkennt man schon die Grundform des künftigen Pilzes. Eine lederige Hülle umgibt die festfleischige Stielknospe innerhalb einer gallertigen Schicht. Nach warmem Regen fängt der Stiel an zu wachsen und das Hütchen stößt die Umhüllung des „Hexeneis" durch. Die restliche Hülle bildet zunächst eine Scheide um den Stiel, der sie aber durchbricht und schließlich nur noch an der Basis in der lappigen Eihülle sitzt. Der Stiel ist weiß, löchrig-zellig, der Hut kegelförmig, olivgrün. In der Reifezeit ist die Hutoberfläche mit einer übelriechenden, musartigen, schließlich schleimig herabtropfenden Sporenmasse bedeckt. Der Aasgeruch lockt Fliegen und andere kleine Insekten an, die auf diese Weise die Sporen verbreiten. Wenn die Sporenmasse herabfließt, fängt der Stiel an, weich zu werden und zerfällt. In dieser Zeit hat der Pilz einen angenehmen Honiggeruch. Hexenei (1a).

Gemeiner Wurmfarn *Dryopteris filix-mas* ❷
Familie *Polypodiaceae* – Tüpfelfarngewächse
Bei der Bestimmung von Farnen ist auch die Blattunterseite wichtig. Hier entstehen nämlich die „Sporenhäufchen" (Sori), die für jede Art eine charakteristische Form und Stellung haben. Sie bestehen aus mehreren winzigen Sporenbehältern (Sporangien), in denen sich die Sporen bilden. Die „Sporenhäufchen" sind entweder nackt, oder von einer feinen Haut, dem Schleier, überdeckt. Der Gemeine Wurmfarn ist ein häufiger Farn der europäischen Laub- und Mischwälder. Seine Blätter wachsen aus einem kurzen, behaarten, rostfarbenen Wurzelstock, sind zunächst eingerollt und entfalten sich dann bis zu einer Länge von etwa 1 m. Jedes Jahr etwickeln sich neue Blätter. So befindet sich der jüngste Sproß stets im Inneren der Rolle und bleibt auf diese Weise vor eventuellen Frösten geschützt. Die Blattfläche verschmälert sich allmählich nach vorn, am Grund nur wenig, sie ist oberseits dunkler, unterseits heller grün. Bei diesem Farn gibt es keinen Unterschied zwischen den Fiederchen mit Sporen und denen, die der Assimilation dienen, wie es bei manchen Farnarten der Fall ist. Sporangienhäufchen auf der Blattunterseite liegen bei jedem Fiederblatt beidseitig des Mittelnervs. Sie sind rund und werden von nierenförmigen, zuletzt rotbraunen Schleiern bedeckt. In Mitteleuropa ist der Gemeine Wurmfarn vom Hügelland bis in die Berge verbreitet. Er liebt Halbschatten, verträgt jedoch auch starken Schatten und findet sich besonders in Beständen von Buchen oder auch anderen Holzarten mit Buchenbeimischung. Er ist ein Anzeiger für guten, frischen und feuchten Boden mit guter Humusbildung. Er fehlt deshalb auf armen und trockenen Böden. Sori (2a).

Ackerschachtelhalm, Zinnkraut *Equisetum arvense* ❸
Familie *Equisetaceae* – Schachtelhalmgewächse
Er ist eine ausdauernde Pflanze, hat ein langes, unterirdisches braunschwarzes Rhizom mit Verästelungen, die teils als Ausläufer horizontal weiterwachsen, teils rundliche, reihenweise angeordnete Reserveknollen bilden, teils senkrecht hochwachsen und erst dicht unter der Bodenoberfläche zahlreiche Stengel treiben. Im Frühjahr dringen die unverzweigten Sprosse an die Oberfläche. Die ährentragenden Stengel (3a) sind bleich und fallen auf durch die langen, glockigen Scheiden. Danach kommen die dunkelgrünen, rauhen Sommerstengel mit meist unverzweigten Quirlästen (3b). Diese sind unfruchtbar und dienen nur der Assimilation. Sie erreichen eine Höhe von 10–50 cm. Der Ackerschachtelhalm ist von den Ebenen bis in die Berge verbreitet und wegen seines drahtartigen, tiefliegenden Wurzelstockes ein unangenehmes Unkraut in Baumschulen. Er wächst häufig auf schwerem Boden. Da er lichtliebend ist, kann man ihn nur am Waldrand und in Gräben, die an landwirtschaftliche Kulturen grenzen, finden.

3a
3b
1
2a
1a
2

Laubwälder der Niederungen und Hügelländer

Hohler Lerchensporn *Corydalis cava* ❶
Familie *Papaveraceae* – Mohngewächse
Zeitig im Frühjahr, manchmal bereits im März, wachsen aus der überwinternden hohlen Knolle doppelt-dreizählige Blätter (einfache Blattfläche, verschieden tief gespalten) mit einer endständigen Traube von violetten oder rötlichen Blüten. Die Frucht ist eine Schote, Der Hohle Lerchensporn ist ein wichtiger Anzeiger für humushaltige, frische und nährstoffreiche Böden. Er findet sich in gemischten Laubwäldern der Ebene. Im Frühjahr bildet er noch vor dem Laubaustrieb ausgedehnte Teppiche. Obwohl er sich flächenhaft ausbreitet, schädigt er die Naturverjüngung im Wald nicht, weil seine oberirdischen Pflanzenteile im Sommer absterben und sich sehr bald zersetzen. Damit trägt er zur Bereicherung des Waldhumus bei. Hohle Knolle (1a).

Nesselblättrige Glockenblume *Campanula trachelium* ❷
Familie *Campanulaceae* – Glockenblumengewächse
Die 30–100 cm hohe Pflanze blüht von Juli bis September mit leuchtend blauvioletten Blüten. Die Blätter sind brennesselartig und steif behaart, die unteren langgestielt und breit herzförmig, die oberen sitzend und eiförmig-lanzettlich. Die Frucht ist eine Kapsel. Die Nesselblättrige Glockenblume wächst vom Flachland bis in die Berge und begleitet verschiedene Typen von Mischwäldern. Sie ist ein Anzeiger für guten, feuchten, humusreichen Boden. In den hängenden, glockenförmigen Blüten sind Blütenstaub und Nektar vor Witterungsunbilden geschützt. Diese Stellung erlaubt den Besuch der Blüte nur solchen Insekten, die von unten in die Blüte eindringen: vorwiegend Hummeln und Bienen. Manche Glockenblumenarten, die in der Jugend aufrechte Blüten tragen, drehen bei der Reife ihre Stengel so, daß die Blüten nach unten hängen.

Waldmeister *Asperula odorata* ❸
Familie *Rubiaceae* – Rötegewächse
Aus einem langen, kriechenden Wurzelstock wachsen einfache, gerade, vierkantige, 10–20 cm hohe Stengel mit einem Quirl von 6–8 hohlen, länglichlanzettlichen, hellgrünen „Blättern". Botanisch gesehen sind nur zwei davon eigentliche Blätter; die anderen sind vergrößerte Nebenblätter, die sich in Form, Größe und Funktion von den eigentlichen Blättern aber nicht unterscheiden. Der Stengel endet mit langgestielten Trugdolden aus kleinen weißen Blüten, die im April und Mai blühen. Sie reifen zu kugeligen, zweispaltigen Schließfrüchten, die mit hakigen Borsten besetzt sind. Diese Borsten tragen zur Verbreitung der Samen bei, denn sie bleiben leicht im Fell vorbeistreifender Tiere hängen. Welkende Pflanzen duften angenehm nach Cumarin. Der Waldmeister ist vor allem in Buchenwäldern verbreitet. Er ist sehr anspruchsvoll und braucht feuchten, lockeren, durchlüfteten und nährstoffreichen Boden mit guter Humusbildung. Er kommt vor von den Ebenen bis in die Berge.

Gundermann, Gundelrebe *Glechoma hederacea* ❹
Familie *Lamiaceae* – Lippenblütengewächse
Der Gundermann ist eine ausdauernde Pflanze mit kriechendem Stengel, 10–40 cm lang. Die unteren Blätter sind nierenförmig, die oberen herzförmig, stumpf gekerbt. Die Blattstiele sind kürzer als die Zwischenknotenstücke (Internodien) des Sprosses. Von April bis Mai entwickeln sich in den Blattachseln 1–3 blauviolette Blüten. Die ganze Pflanze riecht angenehm beim Zerreiben. Sie braucht nährstoffreichen, vor allem stickstoffreichen, feuchten Boden mit guter Humusauflage. Auf diesem Boden ist der Gundermann in verschiedenen Waldtypen verbreitet, wächst aber auch auf Wiesen, an Wegen und mit Unkräutern zusammen von der Ebene bis ins Hügelland. Er verträgt sonnige Lagen sehr gut.

1
2
1a
3
4

Laubwälder der Niederungen und Hügelländer

Buschwindröschen *Anemone nemorosa* ❶
Familie *Ranunculaceae* – Hahnenfußgewächse
Das Buschwindröschen blüht zeitig im Frühling, oft schon im März. Nach der Belaubung der Bäume stirbt es ab. Als Frucht entwickelt es eine Schließfrucht. Das Buschwindröschen ist nicht an bestimmte Waldgemeinschaften gebunden, doch kommt es häufiger in Laubwäldern als in Nadelwäldern vor. Man findet es auch auf Wiesen, was von einer großen Anpassungsfähigkeit an die gegebenen Lichtverhältnisse zeugt. Es braucht frischen, lockeren, mittelmäßig reichen Boden. Das Buschwindröschen gehört zu den Pflanzen, die „reisen". Wie kommt es dazu? Unter der Erde verbleibt der ca. 30 cm lange Wurzelstock, an dessen einem Ende eine Knospe entsteht, mit der er weiterwächst, das andere Ende stirbt ab. Auf diese Weise verschiebt sich das Buschwindröschen und gelangt immer wieder in frischen, noch nicht erschöpften Boden. Außerdem bildet der Wurzelstock auch Seitenknospen, aus denen neue Ausläufer treiben, die sich ebenso verbreiten. Nach einer gewissen Zeit stirbt das Verbindungsstück ab, und die neue Pflanze macht sich selbständig.

Märzveilchen, Wohlriechendes Veilchen *Viola odorata* ❷
Familie *Violaceae* – Veilchengewächse
Im März oder im April blühen die stark duftenden, dunkelvioletten Blüten. Auf langen Stielen wachsen sie direkt aus dem Wurzelstock, gleichzeitig mit den ei- bis nierenförmigen, gekerbten Blättern. Die ersten Blüten bringen nur selten Früchte hervor. Erst die gegen Ende des Sommers erscheinenden kleinen, überhängenden, nicht aufgehenden Blüten sorgen für die Vermehrung. Bei ihnen kommt es zur Selbstbestäubung. Die Frucht ist eine vielsamige Kapsel, die mit drei Fruchtklappen aufspringt. Das Märzveilchen wächst meist in niederen Lagen, in der Zone der Eichen-Hainbuchenwälder. Es braucht frischen, lockeren, mäßig nährstoffreichen Boden und meidet reichlichen Humus.

Haselwurz *Asarum europaeum* ❸
Familie *Aristolochiaceae* – Osterluzeigewächse
Sie ist eine ausdauernde Pflanze, aus deren Wurzelstock der Pflanzenstengel hervorwächst, mit langen, gestielten, nierenförmigen, dunkelgrün glänzenden und lederartigen Blättern. Der Stengel hat am Grund vier helle Schuppenblätter. Die diesjährigen Blätter sind während der Blütezeit noch klein; sie wachsen erst nach der Blüte. Zwischen den Blättern sitzt eine Knospe, aus der im folgenden Jahr ein neuer Sproß wächst. Er verdrängt den vorjährigen Stengel und wächst in der Richtung des Mutterstengels weiter. Wieder besteht der Neuzuwachs aus vier hellen Schuppenblättern, einem dunkelgrünen Blattpaar und der Spitzenblüte. Die Haselwurz blüht von März bis Mai. Die Blüte hat eine krugförmige, dreizipfelige, außen braungrüne und innen schmutzig-purpurne Hülle und riecht beim Zerreiben scharf nach Pfeffer. Der unterständige Fruchtknoten reift Ende Mai oder im Juni zu einer sechsfächrigen Kapsel, die zahlreiche Samen mit gelbem, fleischigem Anhängsel entläßt. Der Samen wird von Ameisen verzehrt und verbreitet. Die Haselwurz ist eine ausgesprochen schattenliebende Art; direkte Sonnenbestrahlung verträgt sie nicht. Sie gedeiht von der Ebene bis in die Berge als Begleiter von Laubwäldern an Hängen mit mäßigem Mineraliengehalt. Sie ist ein Anzeiger für gute Humusbildung.

Leberblümchen *Hepatica nobilis* ❹
Familie *Ranunculaceae* – Hahnenfußgewächse
Zeitig im Frühjahr bringt es seine blauen Blüten hervor. Die auffallenden lederartigen, dreilappigen Blätter sind grundständig. Unterseits sind sie violett durch den Farbstoff Anthocyan, der die Eigenschaft hat, Licht in Wärme umzuwandeln. Auf diese Weise schützt sich das Leberblümchen vor Frost. Es ist verbreitet von der Ebene bis an den Fuß der Gebirge und ein typischer Frühlingsblüher in den später schattigen Laubwäldern. Es wächst auf frischem, mittelmäßig reichem Boden mit günstiger Humuszersetzung.

3
3a
1
4a
2
4

Laubwälder der Niederungen und Hügelländer

Schuppenwurz *Lathraea squamaria* ❶
Familie *Scrophulariaceae* – Braunwurzgewächse
In der Strauchschicht der Laubwälder erscheinen zeitig im Frühjahr hellrosafarbene, 10–25 cm hohe Pflanzenstengel ohne Blattgrün mit hellrosa Blüten. Bei niederen Pflanzen, vor allem Pilzen, ist dies eine bekannte Erscheinung. Sie können nicht assimilieren und leben daher parasitisch oder saprophytisch von anderen Organismen. So schmarotzt auch die Schuppenwurz, eine höhere Pflanze, an anderen Pflanzen, gehört also zu den Parasiten. Ein bedeutender Teil der ganzen Pflanze lebt unterirdisch und bildet in etwa 1 m Tiefe zwischen den Wurzeln verschiedener Sträucher einen mächtigen Wurzelstock aus, der einige Kilogramm wiegen kann. Aus ihm sprießen nach allen Seiten ganz feine Wurzeln, die sich mit einer Saugwarze an den Wurzeln der Sträucher und Bäume festsaugen. Von der Warzenmitte aus dringt dann feines Sauggeflecht in die Wurzeln der Wirtspflanze ein, um dort Nährstoffe aufzunehmen. Der eigentliche Wurzelstock der Schuppenwurz ist mit zahlreichen Schuppen bedeckt, ein geeigneter Unterschlupf für Insekten, die sich hier oft verkriechen und hier auch sterben. Die Abbauprodukte der toten Insekten dienen der Schuppenwurz ebenfalls als Nahrung. Aus diesem Grund hat man früher angenommen, daß die Schuppenwurz ein Insektenfresser sei. Sie braucht lockeren, feuchten, nährstoffreichen Boden. Am häufigsten parasitiert sie an den Wurzeln von Erle und Hasel.

Lungenkraut *Pulmonaria officinalis* ❷
Familie *Boraginaceae* – Boretschgewächse
Das Lungenkraut ist eine ausdauernde Pflanze mit einem Stengel von 15–40 cm Höhe. Die Blätter sind sitzend, die Blüten gestielt, endständig in einer Trugdolde. Die zunächst roten Blüten verfärben sich nach der Befruchtung violett und werden schließlich blau. Die Ursache dafür ist in der veränderten Zusammensetzung des Zellsafts zu suchen, der anfangs saure, später basische Reaktion zeigt: Vermutlich sind diese Farbänderungen gleichzeitig ein Signal für Insekten, denn die Farbe zeigt an, in welchen Blüten noch Nektar zu finden ist (nämlich in den roten). Später gehen aus dem Wurzelstock noch grundständige, herzförmige, langgestielte Blätter hervor. Das Lungenkraut ist schattenliebend, es stellt an den Nährstoffgehalt des Bodens sowie an die Boden- und Luftfeuchtigkeit hohe Ansprüche. Es wächst in Laub- oder Mischwäldern von der Ebene bis ins Hügelland.

Frühlingsplatterbse *Lathyrus vernus* ❸
Familie *Fabaceae* – Schmetterlingsblütler
Die ausdauernde Pflanze hat einen aufrechten, vierkantigen Stengel mit unpaarig gefiederten Blättern. Die Fiederblättchen sind eiförmig, 2–4 Paare bilden ein Blatt, statt des Endblättchens entwickelt sich nur ein kurzes Spitzchen. 2–5 rote, später bläuliche Blüten stehen in einer Traube. Die Fruchtknoten reifen zu Schoten. Die Frühlingsplatterbse wächst von der Ebene bis ins untere Bergland, vorwiegend in Laubwäldern, auf trockenem, mäßig nährstoffreichem Boden.

Türkenbundlilie *Lilium martagon* ❹
Familie *Liliaceae* – Liliengewächse
Die Türkenbundlilie wächst in lichten, unterholzreichen Laubwäldern sowie in Schluchtwäldern. Aus einer schuppigen Zwiebel entwickelt sich ein aufrechter bis 1 m hoher Stengel mit elliptisch-lanzettlichen, fast anliegenden Blättern. Sie stehen in Quirlen zusammen, am höheren Teil des Stengels gehen sie in Deckblätter über. Die nickenden, aus 6 turbanartig zurückgebogenen, rosafarbenen Blüten sind purpurrot gefleckt und bilden lockere Trauben. Die herausragenden Staubgefäße mit roten Staubbeuteln und dem langen Griffel in der Mitte lassen die Pflanze noch mehr auffallen. Der Fruchtknoten reift zu einer Kapsel, die durch drei Fruchtklappen aufspringt. Die Türkenbundlilie kommt in der Ebene wie in den Bergen vor und wächst auf gut durchlüfteten, nährstoff- und humusreichen Böden.

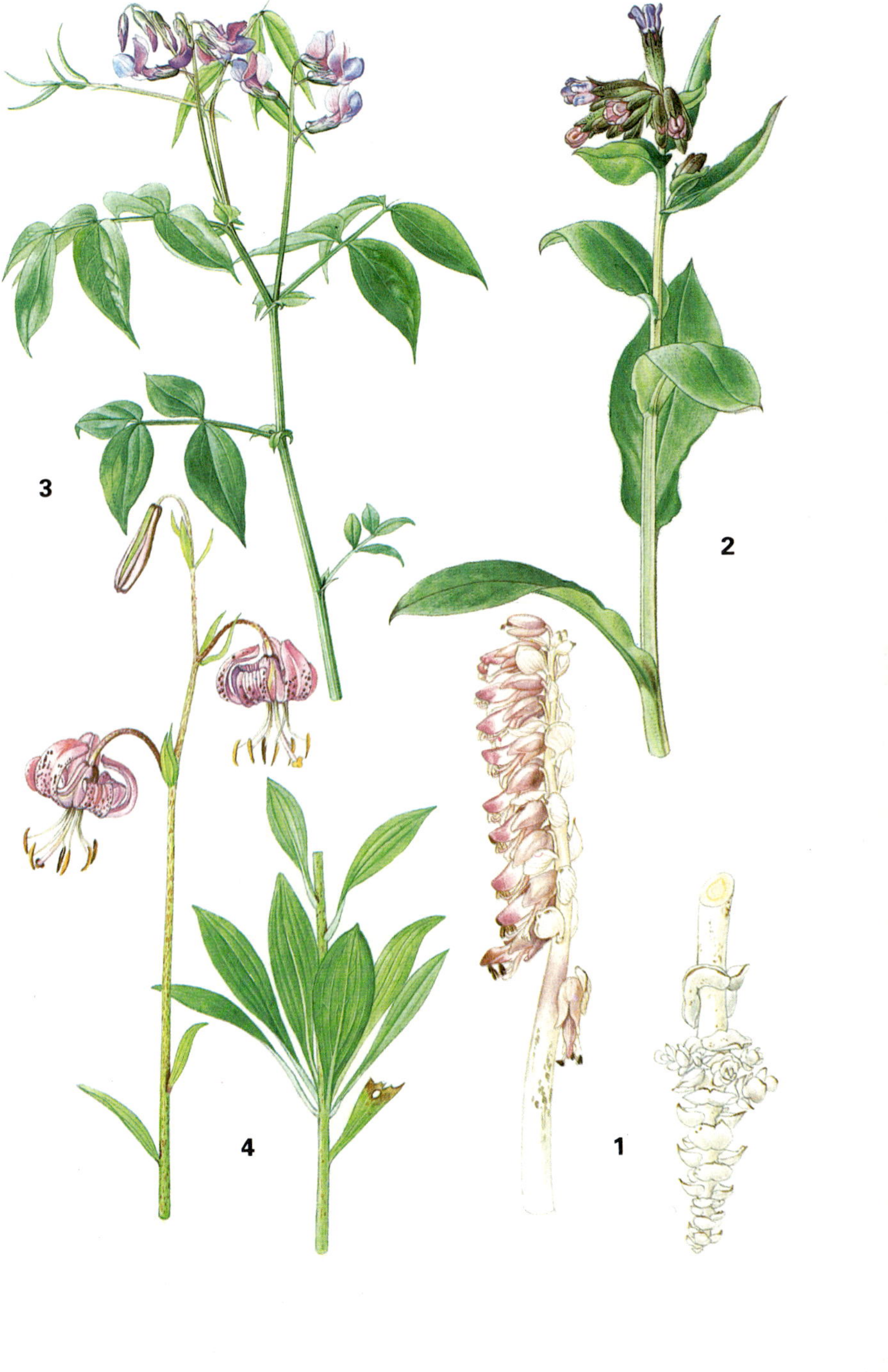
3
2
4
1

Laubwälder der Niederungen und Hügelländer

Walderdbeere *Fragaria vesca* ❶
Familie *Rosaceae* – Rosengewächse
Die Walderdbeere ist eine bekannte Pflanze mit dreizähligen Blättern, die ab April weiß blüht. Ihre Frucht ist die rote Erdbeere, eine morphologisch interessante Scheinfrucht, bei der die eigentlichen Samen an der Oberfläche des fleischigen Blütenbodens sitzen. Die Walderdbeere kommt von der Ebene bis ins Hochgebirge vor. Sie stellt keine ausgeprägten Ansprüche an den Boden und gedeiht daher auf fast allen Bodentypen, soweit es sich nicht um ausgesprochen arme oder saure Standorte handelt. Sehr oft findet man sie auf Waldlichtungen oder frischen Kahlschlägen. Später kommt es zu einer verzögerten Streuzersetzung und die Walderdbeere verschwindet nach und nach aus diesen Gebieten.

Ausdauerndes Bingelkraut, Waldbingelkraut *Mercurialis perennis* ❷
Familie *Euphorbiaceae* – Wolfsmilchgewächse
Aus einem langen Wurzelstock wächst ein 10–40 cm hoher, einfacher Stengel mit eiförmigen bis lanzettlichen, gesägten, dunkelgrünen Blättern. Das Waldbingelkraut ist zweihäusig und blüht von April bis Juni. Die Pflanzen haben entweder nur männliche oder nur weibliche Blüten. Die männlichen Blüten bilden Ähren, die weiblichen stehen zu zweit oder dritt in den Blattachseln. Alle Blüten sind zierlich, grün und unscheinbar. Das Waldbingelkraut enthält eine Reihe von Giftstoffen, die eine tödliche Vergiftung hervorrufen können. Es ist hauptsächlich in wüchsigen Buchenwäldern verbreitet und in Wäldern, die auf Schutt wachsen. Auf gutem Boden steigt es bis in die Berge hinauf. Doch findet man es auch in Auwäldern häufig, sofern sie nicht im Überschwemmungsgebiet liegen. Es wächst also überall dort, wo sich Streu und guter Humus bilden. Sowie sich die Humusverhältnisse verschlechtern, verschwindet es schnell. Oft bildet es flächige Teppiche, die auch die Naturverjüngung verhindern.

Goldnessel *Lamium galeobdolon* ❸
Familie *Lamiaceae* – Lippenblütengewächse
Die Goldnessel ist eine ausdauernde 15–30 cm hohe Pflanze mit einem vierkantigen Stengel und kreuzgegenständigen, kurzgestielten Blättern mit drüsigen Haaren. In der Blattachsel entwickeln sich von April bis Juli gelbe Blüten mit einer typisch lippenförmigen Krone. Diese Krone ist am Grund zu einer Röhre verwachsen und öffnet sich mit einer oberen und einer unteren Lippe. Die obere Lippe bildet eine Art Dach über den Fortpflanzungsorganen, die untere Lippe mit zwei Seitenzipfeln dient den Insekten als Landebahn. Innerhalb der Röhre befindet sich ein leicht gebogener Griffel und vier Staubgefäße, zwei kürzere und zwei längere. Die Narbe des Griffels liegt direkt unter den kurzen Staubgefäßen. Die Narbe bildet zwei Zipfel, einen aufwärts- und einen abwärtsgerichteten. Insekten, die die Blüte anfliegen, landen auf der Unterlippe und schieben den Kopf in die Röhre. Dabei richten sie den hinteren Körperteil senkrecht nach oben und füllen so den Raum zwischen beiden Lippen. Sie berühren dabei entweder die Staubgefäße und werden mit Blütenstaub berieselt, oder sie drücken später gegen den inneren Bogen des Griffels, der sich abwärts biegt, den Insektenkörper abwischt und mit dem Blütenstaub einer anderen Blüte bestäubt wird. Die Goldnessel ist eine Pflanze der schattigen Wälder von den Niederungen bis in die Berge. Sie verlangt nährstoffreichen, feuchten Boden.

Maiglöckchen *Convallaria majalis* ❹
Familie *Liliaceae* – Liliengewächse
Aus dem gegliederten Wurzelstock wachsen elliptische, grundständige, in der Jugend faltig, zusammengelegte Blätter, zwischen denen im Mai einseitige Trauben duftender Glockenblüten erscheinen. Ihre Früchte sind rote, runde Beeren. Die ganze Pflanze enthält giftige Glykoside. Sie ist ein typischer Frühlingsblüher in lichten Laubwäldern und gilt als Anzeiger für gute Böden in Laubwäldern. Sie braucht nährstoffreichen Boden. Bei ungünstigen Standortbedingungen treibt sie nur Blätter und blüht nicht.

4
3
1
1a
2
2a

Laubwälder der Niederungen und Hügelländer

Roter Fingerhut *Digitalis purpurea* ❶
Familie *Scrophulariaceae* – Braunwurzgewächse
Aus einer grundständigen Rosette, die von großen lanzettlichen Blättern gebildet wird, wächst ein bis 1 m hoher Stengel mit anliegenden, eiförmigen bis lanzettlichen Blättern, die im oberen Teil des Stengels in Deckblätter übergehen. In den Blattachseln wachsen ab Juni auffällige, einzelne, überhängende, rote, innen dunkel gefleckte Blüten. Da der Fingerhut auf sonnigen Plätzen wächst, hauptsächlich auf Lichtungen, sind Blätter und Stengel behaart zum Schutz vor allzu großer Wasserverdunstung. Auch die Blattrosette am Boden hat ihren Sinn, denn sie leitet alles Wasser, das an der Pflanze herabfließt, an die Wurzeln. Der Fingerhut wächst auf stickstoff- und humusreichen Böden. Die ganze Pflanze enthält eine Reihe giftiger Glykoside, die in der Medizin Verwendung finden.

Vielblütige Weißwurz, Salomonsiegel *Polygonatum multiflorum* ❷
Familie *Liliaceae* – Liliengewächse
Aus einem starken Wurzelstock wachsen einzelne, leicht gekrümmte Blütenstengel, bis zu 1 m Länge. Die wechselständigen, glattrandigen Blätter stehen zweizeilig am Stengel. Aus den Blattachseln hängen 3–5 langtrichterige weiße Blüten. Sie erscheinen von Mai bis Juni und bilden dann dunkelblaue Beeren. Das Salomonsiegel kommt in schattigen Mischwäldern vor und braucht feuchten, nährstoffreichen Boden. Es wächst von der Ebene bis zum Bergfuß.

Echtes Springkraut *Impatiens noli-tangere* ❸
Familie *Balsaminaceae* – Springkrautgewächse
Die einjährige blaugrüne Pflanze ist mit Wachs bereift. Ihr durchscheinender Stengel wird bis 1 m hoch und trägt wechselständige, gestielte, eiförmige, grob gesägte Blätter. Aus den Blattachseln hängen von Juni bis September, langstielige, große, goldgelbe, innen rot gepunktete, gespornte Blüten. Das zugehörige Blatt schützt sie gegen Regen. Das Echte Springkraut verdankt seinen Namen den interessanten Früchten. Zur Reifezeit springt die grüne, saftige Kapsel bei der geringsten Berührung mit 5 sich blitzschnell einrollenden Klappen auf und schleudert die zahlreichen schwärzlichen Samen aus. Man hat festgestellt, daß der Druck der Zuckerlösung im Zellgewebe das Herausschleudern der Samen verursacht. Das Echte Springkraut wächst vom Flachland bis in die Berge auf feuchten, nährstoffreichen Böden, die sich für den Anbau von Laubhölzern eignen. Es verträgt weder vollen Sonnenschein noch Wind.

Echte Kuhschelle, Küchenschelle *Pulsatilla vulgaris* ❹
Familie *Ranunculaceae* – Hahnenfußgewächse
Sie ist eine Pflanze sonniger Hänge und Haine, wo sie von März bis Mai mit hell- bis dunkelvioletten, außen behaarten Glocken blüht. An der Blüte fällt der Kelch am meisten auf, nicht nur wegen seiner Größe, sondern auch wegen der Farbe: Er lockt die Insekten, was sonst Aufgabe der Kronblätter ist. Die Kelchblätter, sonst meist klein und grün unter der eigentlichen Blütenkrone haben hier Größe und Farbe von Kronblättern und die eigentlichen Blütenblätter sind umgewandelt in kleine, gelbe Röhren mit Nektar. Sie sitzen innerhalb des Kelches. Auch die Früchte der Kuhschelle sind sehr auffallend: Die in kugeligen Köpfchen zusammenstehenden, geschwänzten Nußfrüchte lassen sich durch den bleibenden, sehr langen, abstehend behaarten Griffel leicht durch den Wind verbreiten. Die seltene Kuhschelle ist trockenen Standorten gut angepaßt, denn ihre bis zu einem halben Meter lange Wurzel läßt sie tiefere Schichten mit genügend Bodenfeuchtigkeit erreichen, außerdem schützt die feine Behaarung die ganze Pflanze vor zu großem Wasserverlust. Die ganze Pflanze ist giftig.

2
4
3
3a
1

Laubwälder der Niederungen und Hügelländer

Traubeneiche, Wintereiche *Quercus petraea* ❶
Familie *Fagaceae* – Buchengewächse
Ihr Verbreitungsgebiet entspricht etwa dem der Stieleiche. Sie kommt aber im Osten der Ukraine, wo die Winter sehr streng sind, nicht mehr vor. Die Traubeneiche gedeiht im Hügelland und in den unteren Lagen der Gebirge, im Norden geht sie tiefer. Sie steigt bis in Höhen von 600 und 700 m. Sie ist ein stattlicher Baum von 30–35 m Höhe mit einem langen, geraden, bis zum Wipfel durchgehenden Stamm. Von der Stieleiche unterscheidet sie sich durch die gestielten Blätter, die an der Basis keilförmig sind. Ihre Früchte, die Eicheln, sitzen dicht am Trieb. In geschlossenen Beständen fruchtet sie nach ca. 50 Jahren; samenreichere Jahre kommen in Perioden von 3–4 Jahren vor. Die Traubeneiche bildet Mischwälder, am häufigsten mit der Weißbuche, in höheren Lagen auch mit der Rotbuche und auf ärmerem und saurem Boden auch mit Birke und Kiefer. Sie ist eine Lichtholzart, stellt aber an den Nährstoffgehalt des Bodens weniger Ansprüche und verträgt auch sauren Boden. Sie bildet eine lange Pfahlwurzel und hat ein hohes Ausschlagvermögen, so daß früher der Wald als Niederwald bewirtschaftet wurde. (Der Wald wurde trotzdem durch Pflanzung erneuert). Sie liefert ein Qualitätsholz mit braunem Kern, das man zur Herstellung von Furnieren, Fässern, Schiffen, Möbeln, Parkett u. a. verwendet. Früher hat man die Eiche im Wald noch höher geschätzt, denn sie erfüllte eine ganze Reihe von Funktionen. Die Eicheln waren ein willkommenes Futter für Schweine, aus der Rinde junger Eichen gewann man Gerberlohe, das Holz war gesucht zur Herstellung der verschiedensten Erzeugnisse und obendrein auch ein sehr heizkräftiges Brenngut.

Hainbuche, Weißbuche, Hagebuche *Carpinus betulus* ❷
Familie *Betulaceae* – Birkengewächse
Sie ist die wichtigste Begleitholzart der Eiche, mit der sie sich sehr gut verträgt. Die sonnenliebende Eiche nimmt die herrschende Schicht ein, die Halbschattholzart Weißbuche findet genügend Licht im Unterstand. Ihre Blätter schlagen aus, bevor die Eiche sich belaubt. Die Weißbuche beschattet den Boden im Eichenwald, ihr leicht vermoderndes Laub bildet einen guten Humus. Auch die Wurzelsysteme beider Holzarten können sich sehr gut ergänzen: in flacherem oder stark tonhaltigem Boden entwickelt die Weißbuche weitstreichende Seiten- und Herzwurzeln sowie einen knolligen Wurzelstock. Die Eiche aber geht in die Tiefe. Die Weißbuche ist ein Gehölz zweiter Größenordnung und wird nur 10 bis 20 m hoch. Der Stamm ist oft krumm, drehwüchsig und spannrückig. Seine Rinde bleibt bis ins Alter glatt, graubraun und reißt erst in höherem Alter längsrissig auf, bildet aber keine eigentliche Borke. Die länglich-eiförmigen Blätter sind 5–11 cm lang und am Rand gesägt. Unterseits sind sie hellgrün. Sie haben einen kurzen Blattstiel (ca. 15 mm lang). Im Herbst färben sie sich gelb. Die Kätzchen der männlichen (2a) und der weiblichen Blüten erscheinen Anfang Mai. Die Frucht, eine flache Nuß, sitzt in einem dreizipfligen Deckblatt (2b). Die Weißbuche ist in West-, Mittel- und Südeuropa verbreitet, im Norden dringt sie bis nach Schweden und Finnland vor. In Mitteleuropa ist sie in den Wäldern des Hügellandes weit verbreitet, vereinzelt steigt sie bis über 800 m Höhe. Die Weißbuche stellt mittlere Ansprüche an Nährstoffgehalt und Feuchtigkeit des Bodens. Sie hat ein gutes Ausschlagvermögen. Deshalb verträgt sie auch den Schnitt gut und wird zum Aufbau von Hecken gern verwendet. Das harte Holz dient für den Werkzeug- und Modellbau und als Brennmaterial.

2a
1
2
2b

Laubwälder der Niederungen und Hügelländer

Winterlinde *Tilia cordata* ❶
Familie *Tiliaceae* – Lindengewächse
Die Winterlinde ist in Europa weit verbreitet von England und Frankreich über Schweden und Finnland bis zum Ural, von der Balkanhalbinsel bis Kleinasien. In West- und Mitteleuropa findet man sie in Mischwäldern des Hügellandes und besonders häufig auf Gesteinsschutt und an Geröllhalden. Im Bestand bildet sie einen langen, glatten Stamm mit hoch angesetzter Krone, im Freien bleibt der Stamm kurz und stark, die Krone wird breit und eiförmig. Die Linde erreicht ein hohes Alter, bis über 1000 Jahre. Solche Bäume haben oft einen Stammdurchmesser von über 2 m. Die Winterlinde hat herzförmige, aschgrau-grüne Blätter, 5–9 cm lang, unterseits rostrot gebartet im Winkel der Blattnerven. Die duftenden Blüten stehen zu 4–6 in überhängender Trugdolde und blühen erst Anfang Juli. Die kleinen kugelförmigen Schließfrüchte sind durch einen Stiel mit einem bleich-grünen „Flügelblatt" verbunden, das die Verbreitung durch den Wind ermöglicht. Die Linde gehört zu den Schattholzarten mit mittleren Ansprüchen an Nährstoffgehalt und Feuchtigkeit des Bodens. Sie hat tiefgehende Wurzeln und einen treibfreudigen Wurzelstock. Wegen ihrer langen Lebensdauer und dem mächtigen Umfang haben unsere Vorfahren sie verehrt und in heiligen Hainen, an Gedenkstätten, bei Denkmälern und in Alleen gepflanzt. Sie bietet den Insekten reiche Honigbeute, gibt sehr festen Bast für geflochtene Gegenstände, und ihr weiches Holz ist das beste Material für Holzschnitzarbeiten.

Spitzahorn *Acer platanoides* ❷
Familie *Aceraceae* – Ahorngewächse
Die natürliche Verbreitung des Spitzahorns erstreckt sich von Norwegen und Frankreich, östlich bis zur Wolga. Der Spitzahorn kommt in Eichenmischwäldern vor, oft in Tälern entlang der Bäche, aber auch auf Steinfeldern. Er wird 25–30 m hoch und bildet einen geraden Stamm mit längsrissiger Borke aus, die sich aber nicht schuppenweise abschält wie beim Bergahorn. Die 15–20 cm langen, gestielten Blätter sind handförmig fünflappig mit fein ausgezogenen Spitzen. Beim Abreißen quillt ein Milchsaft aus dem Stiel. Die grüngelben Blüten stehen im April in aufrechten Doldentrauben. Die Früchte, zwei plattgedrückte geflügelte Nüßchen, stehen im stumpfen Winkel zueinander. Der Spitzahorn liebt Halbschatten und einen nährstoffreichen, feuchten Boden. Er hat hartes, weißes Holz (Ersatz für Esche), das etwas geringer geschätzt wird als das Holz des Bergahorns.

Feldahorn *Acer campestre* ❸
Familie *Aceraceae* – Ahorngewächse
Der Feldahorn ist in West-, Mittel- und Osteuropa verbreitet, vor allem im niedrigen und warmen Hügelland bis in 500 m Höhe. Häufig findet man ihn in wärmeliebenden Eichenwaldtypen an trockenen, warmen Hängen. Er wird 7–15 m hoch. Auf trockenen Plätzen wächst er oft strauchartig. Hier tritt dann auch eine Abart von ihm auf: var. *suberosa* mit Korkleisten an den Zweigen. Die fünflappigen Blätter des Feldahorns sind nur 6–9 cm lang und fallen auf durch abgerundete Lappen. Im Herbst färben sich seine Blätter goldgelb. Die Blüten bilden im Mai nach dem Laubaustrieb aufrechte Doldentrauben. Im Herbst reifen Doppelnüßchen mit fast waagrechten Flügeln. Der Feldahorn wächst verhältnismäßig langsam, hat oft einen krummen Stamm, und sein hartes Holz wird hauptsächlich zu Drechslerarbeiten verwendet.
Doldentrauben (3), Doppelnüßchen (3a), *A.* var. *suberosa* – Korkleisten (3b).

2
3
3a
3b
1
1a

Laubwälder der Niederungen und Hügelländer

Flaumeiche *Quercus pubescens* ❶
Familie *Fagaceae* – Buchengewächse
Die Flaumeiche ist eine wärmeliebende Holzart, die ihre größte Verbreitung in Südeuropa hat. Im Norden sowie in Thüringen, Baden und Böhmen kommt sie in warmen Kalksteingebieten in Begleitung von anderen wärmeliebenden Gehölzen wie Elsbeere, Mehlbeere und Roter Hartriegel vor. Sie wird nur 10–15 m hoch und hat meist einen gekrümmten Stamm mit schwarzer, rissiger Borke. Zweige, Knospen, Blattunterseite und Kelch der Eichel sind flaumig behaart, sonst ähneln Blatt- und Fruchtformen denen der Stieleiche. In Mitteleuropa ist die Flaumeiche ein Relikt aus der postglazialen Wärmezeit. Wo die Flaumeiche vorkommt, gedeihen auch andere seltene wärmeliebende Pflanzen, die im Mittelmeergebiet beheimatet sind.

Elsbeere *Sorbus torminalis* ❷
Familie *Rosaceae* – Rosengewächse
Die Elsbeere ist ein kleiner Baum von 10–15 m Höhe. Sie bildet eine eiförmige Krone. Ihr Stamm hat eine schwarze schuppenartige Borke. Die Elsbeere hat 8–12 cm lange Blätter, mit 5–7 zugespitzten Lappen, wobei das letzte Lappenpaar fast rechtwinklig steht. Die Blattoberseite glänzt dunkelgrün, die untere Seite ist hellgrün. Weiße Blüten stehen Ende Mai in senkrechten, breiten Rispen. Die Früchte sind 1–1,5 cm lange, braune eiförmige Beeren mit gelben Punkten. Nach dem ersten Frost kann man sie essen. Die Blätter färben sich im Herbst karminrot. Die Elsbeere hat ein Wurzelsystem mit weitreichenden Nebenwurzeln, aus denen oft Wurzelsprosse treiben. Sie kommt am häufigsten an sonnigen Hängen in wärmeliebenden Eichenwäldern vor und bevorzugt kalkigen Boden. Man findet sie in Süd-, West- und Mitteleuropa, im Norden dringt sie bis nach Dänemark und Nordpolen vor. Im Mittelgebirge steigt sie bis in 600 m Höhe. Sie wird über 100 Jahre alt und liefert eines der härtesten Hölzer, das früher für Hackklötze der Fleischer und von Werkzeugmachern verwendet wurde.

Kornelkirsche, Gelber Hartriegel *Cornus mas* ❸
Familie *Cornaceae* – Hartriegelgewächse
Der Gelbe Hartriegel ist ein baumartiger Strauch von 3–7 m Höhe. Er hat eine besenartige Krone, der Stamm eine schuppenartig gelbbraune Borke. Im Winter erkennt man an den Ästen zweierlei Knospen: lanzettliche Blattknospen und kugelige Blütenknospen. Der Gelbe Hartriegel blüht zeitig im Frühjahr, oft schon im März noch vor dem Blattaustrieb in gelben, vielblütigen Trugdolden. Seine 4–9 cm langen Blätter sind eiförmig, lang zugespitzt, ganzrandig und mit 4 paarigen Blattadern. Im Herbst erscheinen an dem Strauch 1,5–2 cm lange, länglich-elliptische rote Steinfrüchte, die nach dem ersten Frost süß und dann eßbar sind. Der Gelbe Hartriegel ist ein Vertreter der Pontischen Flora. Sein Verbreitungsgebiet beschränkt sich auf Südeuropa. In Mitteleuropa blieb er als Relikt aus der postglazialen Wärmezeit in warmen Kalksteingebieten erhalten. Er liebt Sonne, verträgt Trockenheit, verlangt jedoch leichten, humosen Boden. Er liefert sehr hartes Holz, das zur Herstellung von Meßwerkzeugen und Drechselerzeugnissen verwendet wird.

3a
1
3
2
2a

Laubwälder der Niederungen und Hügelländer

Zitterpappel, Espe *Populus tremula* ❶
Familie *Salicaceae* – Weidengewächse
Die Zitterpappel ist in ganz Europa verbreitet, im Norden dringt sie bis hinter den Polarkreis, im Osten bis tief nach Sibirien vor. In Mittel- und Westeuropa wächst sie von der Ebene bis in über 1000 m Höhe, am häufigsten tritt sie in Eichenwaldgebieten auf, in alten Niederwäldern, wo der Bestand mit etwa 30–40 Jahren geschlagen wurde. Die Zitterpappel wird 20–25 m hoch und bildet eine schüttere, hoch angesetzte Baumkrone. Den Stamm bedeckt eine glatte, graugrüne Rinde, die sich erst im Alter an der Basis des Baumes in eine schwarze, rissige Borke verwandelt. Die Blätter sind rundlich, 3–7 cm lang, am Rand gewellt. Sie haben einen langen, flachen Stiel, der auch bei leisem Wind schon die Blätter erzittern läßt. Die Zitterpappel ist zweihäusig, männliche und weibliche Blüten also auf verschiedenen Bäumen. Sie blühen im März vor dem Blattaustrieb. Den weißlichen, flaumigen Samen entläßt die aufspringende Kapsel bereits Ende Mai. Die Espe ist eine Lichtholzart, die kaum Ansprüche an den Nährstoffgehalt des Bodens stellt. Im Wald gilt sie als Pionierholzart. Die kleinen, flaumigen Samen trägt der Wind einige Kilometer weit weg. Auf Kahlschlägen findet sich so ihr Anflug auf natürliche Weise gern ein. Die Zitterpappel hat ein flachstreichendes Wurzelsystem, das sich bis in eine Entfernung von 10–15 m vom Stamm ausdehnt. Nach dem Räumen der Nachbarfläche oder nach dem Fällen eines Baumes treibt sie reichliche Wurzelbrut, die sehr bald erneut die ganze Fläche besiedelt: Die Zitterpappel ist eine kurzlebige Holzart: Selten wird sie über 100 Jahre alt. Das Espenholz ist leicht und gut spaltbar und wird deshalb zur Zündholzherstellung verwendet. Männliche Blüten (1b), weibliche Blüten (1a).

Salweide *Salix caprea* ❷
Familie *Salicaceae* – Weidengewächse
Die Salweide ist die einzige Weide, die nicht nur am Flußlauf, sondern auch auf Waldlichtungen und im Waldbestand wächst. Sie ist in ganz Europa verbreitet, von Norwegen bis zur Balkanhalbinsel, im Osten reicht sie weit nach Sibirien. Am häufigsten begegnet man ihr auf Waldlichtungen und Kahlschlägen, die die Salweide als Pioniergehölz besiedelt. In West- und Mitteleuropa wächst sie von der Ebene bis hoch in die Berge in Höhen über 1000 m. Die Salweide erreicht eine Höhe von 5–13 m. Sie bildet eine breite, gerundete Krone und erreicht ein Alter von 30–60 Jahren. Ihre Blätter sind breit-eiförmig, 6–10 cm lang, am Rand wellig und auf der Unterseite graufilzig. Ihre kätzchenartigen Blüten, männliche gelb und weibliche graugrün, blühen im März als erste Vorboten des Fühlings. Die männlichen Kätzchen fallen bald nach dem Verblühen ab, aus den weiblichen entwickeln sich grüne, eiförmige Kapseln. Der reife, flaumige Samen fliegt im Mai, vom Wind getragen, in weite Entfernungen. Die Salweide ist eine Lichtholzart mit geringen Ansprüchen an den Nährstoffgehalt und die Feuchtigkeit des Bodens. In der Waldwirtschaft schätzt man sie als Pionierholzart bei der Wiederbestockung von Kahlschlägen und Katastrophenflächen, wo sie günstige Bedingungen für anspruchsvollere Holzarten schafft. Ihre Blüten sind die erste Frühjahrsweide der Bienen, und deshalb sollte man die Salweide schützen und verhindern, daß die schönen Weidenkätzchen im Unverstand abgerissen werden. Rinde und Zweige werden im Winter vom Wild benagt und abgeäst.
Männliche Blüten (2b), weibliche Blüten (2a), ausgereifte Samen (2c).

1
1b
2
2c
1a
2a
2b

Laubwälder der Niederungen und Hügelländer

Hängebirke, Gemeine Birke *Betula pendula* ❶
Familie *Betulaceae* – Birkengewächse
Die Hängebirke ist fast über ganz Europa verbreitet: Im Norden reicht sie bis hinter den Polarkreis, im Süden dringt sie in den Höhenlagen bis nach Italien und auf die Balkanhalbinsel vor, im Osten findet man sie bis Sibirien. In West- und Mitteleuropa wächst sie von der Ebene bis ins Gebirge, in Höhen über 1500 m. Örtlich bildet sie auch reine Bestände, besonders im Norden Europas. Sie wird 20–25 m hoch, hat einen schlanken Stamm und eine Baumkrone aus dünnen, überhängenden Zweigen. Der Stamm fällt auf durch seine attraktive weiße Rinde, die erst im Alter und nur an der Stammbasis rissig und borkig wird. Die Hängebirke hat rautenförmige bis dreieckige Blätter, 3–6 cm lang, am Rand doppelt gesägt. Die Blüten erscheinen während des Laubausbruchs im April. Kleine Nüßchen mit 2 Flügelchen, zusammengefügt in Zapfen, reifen im August und werden durch den Wind weit fortgetragen. Dieser Umstand und auch ihre Anspruchslosigkeit machen die Hängebirke zu einem wichtigen Pionierholz, das Kahlschläge, Waldlichtungen und auch Brachland besiedelt. Sie ist eine Lichtholzart und verträgt Frost wie auch große Wärme gut. In Wäldern wirkt sie durch den weißen Baumstamm, ihr frisches Frühlingsgrün und im Herbst durch die Goldfärbung der Blätter sehr dekorativ. Aus angebohrten Baumstämmen gewinnt man Birkenwasser, das in der Kosmetik Verwendung findet. Birkenreisig von jungen Bäumen bindet man zu Besen. Das harte und doch biegsame Birkenholz wird vom Stellmacher und zu Tischlerarbeiten gesucht. Männliche Kätzchen (1a).

Gemeine Hasel *Corylus avellana* ❷
Familie *Betulaceae* – Birkengewächse
Die Gemeine Hasel ist fast über ganz Europa verbreitet, von Spanien und Griechenland im Süden, bis Norwegen und Schweden im Norden. In Mitteleuropa wächst sie von der Ebene bis hoch in die Berge, besonders häufig am Waldrand, auf Lichtungen, an Rainen und auf Weiden. Sie bevorzugt warme Kalksteinhänge und sonnige Lagen. Die Gemeine Hasel ist ein stattlicher, weit verzweigter Strauch, der 3–6 m hoch wird. Sie hat eiförmige Blätter, 7 bis 12 cm lang, mit herzförmiger Basis und doppelt gesägtem Rand. Sie blüht im zeitigen Frühjahr, im Februar oder März. Männliche Blüten stehen in überhängenden, walzenförmigen Kätzchen (Würstchen), die weiblichen haben Knospenform, aus denen mehrere fädige, rote Narben hervorragen. Der Blütenstaub der Gemeinen Hasel ist die erste Frühlingsweide der Bienen. Ihre Früchte sind die bekannten Nüsse, die in einem grünen Nebenblatt sitzen: Sie reifen im September und werden durch Vögel und kleine Nagetiere verbreitet. Die Gemeine Hasel sprießt reichlich an der Strauchbasis, und nach dem Absägen wachsen gerade, elastische Ruten nach, aus denen man Spazierstöcke herstellt. Die wohlschmeckenden und nährstoffreichen Nüsse werden als Nahrungsmittel verwendet.
Weibliche knospenförmige Blüte (2a), männliche walzenförmige Kätzchen (2b), reife Frucht (2c).

2b
2c
2
1
2a
1a

Laubwälder der Niederungen und Hügelländer

Roter Hartriegel *Cornus sanguinea* ❶
Familie *Cornaceae* – Hartriegelgewächse
Der Rote Hartriegel ist ein in ganz Europa verbreiteter Strauch: von England über Schweden bis in die UdSSR und die Balkanhalbinsel. Er verträgt sehr gut Schatten und bildet die Strauchschicht in Auwäldern wie in Mischwäldern im Hügelland. Meist wächst er auf frischem bis feuchtem Boden, kommt aber auch auf trockenen Kalkhängen vor. Der Rote Hartriegel ist ein breitwachsender bis baumähnlicher Strauch, wird 3–5 m hoch und hat rote oder grüne Triebe. Seine Blätter sind breit-eiförmig, 4–8 cm lang, ganzrandig und fallen auf durch drei bis vier Paar bogenförmig verlaufende Adern. Im Herbst färbt sich das Laub blutrot. Weiße, zwittrige Blüten mit vier Blütenblättern sitzen Ende Mai in üppigen Trugdolden. Die Früchte sind kugelförmige, blauschwarze Steinfrüchte mit 6 mm Durchmesser, sie reifen Ende September. Der Rote Hartriegel treibt reichlich Stockausschläge, auch von der Wurzel. Daher verwendet man ihn gerne zum Befestigen von Rutschungen und steilen Hängen. Er liefert sehr hartes, rötliches Holz.

Gemeiner Schneeball *Viburnum opulus* ❷
Familie *Caprifoliaceae* – Geißblattgewächse
Er ist von England über ganz Europa, östlich bis Sibirien verbreitet. In Mittel- und Westeuropa wächst er an feuchten Stellen entlang der Bäche und Flüsse von Auwäldern bis in die Wälder am Bergfuß. Da er mäßigen Schatten verträgt, kommt er auch im Unterholz lichter Laubwälder vor. Der Gemeine Schneeball ist ein schütter verzweigter Strauch, wird 2–4 m hoch und besitzt eine gelbliche, längs zerfurchte Rinde. Er hat breit-eiförmige, in der Regel dreilappige, 6–9 cm lange Blätter. Am oberen Ende des Blattstiels sitzen rundliche Drüsen. Die weißlichen Blüten erscheinen im Mai und Juni in einer rundlichen Trugdolde. Die äußeren Blüten sind groß aber unfruchtbar, die inneren klein. Aus ihnen entwickeln sich die Früchte: rote, eiförmige Steinfrüchte von 8 mm Durchmesser mit einem flachen, rosafarbenen Kern. Während der Reife riechen sie unangenehm. In Parks und Gärten pflanzt man die gefüllt blühende Form, die einen kugeligen Blütenstand aus großen, unfruchtbaren Blüten besitzt.

Schwarzer Holunder *Sambucus nigra* ❸
Familie *Caprifoliaceae* – Geißblattgewächse
Der Schwarze Holunder ist fast in ganz Europa verbreitet, im Norden bis Schottland, Norwegen und Schweden. In West- und Mitteleuropa wächst er in Tallagen und im Hügelland bis in Höhen von 600–700 m. Er bevorzugt humusreiche Standorte, daher findet man ihn häufig an Misthaufen, auf Weideplätzen und in der Umgebung menschlicher Siedlungen. Da er mehr Schatten verträgt, kommt er auch im Unterholz humusreicher Wälder vor, wo er zu einer lästigen Plage wird. Der Schwarze Holunder ist ein großer Strauch, wächst aber auch als Baum, bis 10 m hoch mit ausladender Krone. Er kann Stämme bis über 20 cm im Durchmesser bilden. Die Blätter sind unpaarig gefiedert; 5–7 eiförmige, gesägte Fiedern bilden ein Blatt. Kleine gelblichweiße Blüten stehen in flachen Trugdolden und blühen im Juni. Im September reifen die schwarzen, kugeligen Beeren mit 5 mm Durchmesser. Der Schwarze Holunder bringt sehr viele Samen hervor, die von Vögeln verbreitet werden. Seine Blüten, Früchte und Blätter schätzt man in der Naturheilkunde.

1
1a
2
2a
3

Laubwälder der Niederungen und Hügelländer

Schwarzdorn, Schlehe *Prunus spinosa* ❶
Familie *Rosaceae* – Rosengewächse
Die Schlehe ist fast über ganz Europa verbreitet, im Norden geht sie bis zum 68. Breitengrad, südöstlich bis Kleinasien. In Mitteleuropa findet man sie am häufigsten in warmen, weinreichen Gegenden, wo sie an felsigen Südhängen dichtes Gebüsch bildet. Sonst begegnet man ihr auch an Feldrainen, Waldrändern und auf Steinfeldern. Sie steigt bis in Höhen von 500 bzw. 600 m. Die Schlehe ist ein breit verzweigter Dornenstrauch, der eine Höhe von 1–5 m erreicht. Sie hat länglich-elliptische Blätter, 2–5 cm lang, an der Basis keilförmig, am Rand gesägt. Die weißlichen Blüten stehen dicht gedrängt auf verkürzten, dornigen Ästchen und blühen vor dem Blattaustrieb im April. Die Blütezeit ist nur kurz, weil die Kronblätter bald abfallen. Die schwarzblaue, bereifte Steinfrucht von ca. 12 mm Durchmesser schmeckt herb-sauer und ist nach dem ersten Frost eßbar. Die Schlehe hat ein dichtverzweigtes Wurzelsystem, bildet auch Wurzelsprosse, und deshalb verwendet man sie mit Erfolg zum Befestigen von steinigen Hängen und zum Bewalden von Karstgebieten. In ihrem dichten, dornigen Geäst gewährt sie kleinen Vögeln Zuflucht. Blüten, Blätter und Rinde benutzt man in der Naturheilkunde zur Behandlung verschiedener Krankheiten. Aus den Früchten bereitet man Wein und Liköre.

Gemeiner Liguster, Rainweide *Ligustrum vulgare* ❷
Familie *Oleaceae* – Ölbaumgewächse
Der Gemeine Liguster ist in ganz Europa verbreitet, nördlich bis zur Nord- und Ostsee. Er wächst von der Ebene bis in Höhenlagen von 600–700 m, liebt nährstoffreichen, vor allem kalkreichen Boden und verträgt trockene wie auch feuchtere Standorte. Der Gemeine Liguster wächst als Strauch 2–4 m hoch. Seine überhängenden Zweige bewurzeln sich leicht, wenn sie mit Erde in Berührung kommen. Die lederartigen, ganzrandigen Blätter sind lanzettlich, 3–6 cm lang und kreuzweise gegenständig. Der Gemeine Liguster hat weiße vierzählige Blüten, die in aufrechten Trauben stehen. Sie blühen Ende Juni. Die Früchte sind schwarze Beeren von der Größe einer Erbse. Sie reifen im September und bleiben am Strauch bis in den Winter hinein. Der Gemeine Liguster verträgt sehr gut den Schnitt und wird deshalb für mittelgroße Hecken verwendet.

Berberitze, Sauerdorn *Berberis vulgaris* ❸
Familie *Berberidaceae* – Berberitzengewächse
Die Berberitze ist ein wärmeliebender Strauch, der in Süd-, West- und Mitteleuropa verbreitet ist. Am häufigsten kommt sie an sonnigen, steinigen Hängen, an Waldrändern und vor allem auf Kalkboden vor. Sie ist ein lichtliebender Strauch, der widerstandsfähig gegen Trockenheit ist. Sie dient dem Getreiderost *Puccinia graminis,* einem gefährlichen Getreideschädling, als Zwischenwirt und muß daher an Rainen in der Nähe von Feldern entfernt werden. Die Berberitze bildet dichte, sehr stachelige 1–2 m hohe Büsche. An den rutenförmigen Langtrieben sind die Blätter zu dreiteiligen Dornen umgewandelt. In ihren Achseln stehen die belaubten Kurztriebe mit den herabhängenden Blütentrauben. Die zahlreichen gelben Blüten erscheinen im Mai. Die Früchte sind längliche, hellrote Beeren von 8–13 mm Länge. Sie reifen im September. Holz und Wurzeln der Berberitze sind zitronengelb.

2a
2
1
1a
3

Großer Schillerfalter *Apatura iris* ■□ □□
Familie *Nymphalidae* – Fleckenfalter

Ein gewandter Flieger mit einer Flügelspannweite von 35–40 mm. Er kommt von Juni bis August in den Wäldern vor. In den Morgenstunden sonnt er sich gerne am Waldrand auf Baumrinde. Die Männchen fliegen mit Vorliebe über Waldwege, wo sie sich nach einem Regen zu mehreren niederlassen, um Wasser zu saugen. Die Weibchen halten sich meist in den Baumkronen auf und flattern nur zum Eierlegen herunter. Die Schmetterlinge sind sehr scheu und verschwinden bei der geringsten Störung in die Baumkronen. Die Männchen unterscheiden sich von den Weibchen durch ihre oberseits bläulich schillernden Flügel. Im Juli legt das Weibchen auf Salweidenblätter olivgrüne bis gelbliche Eier, aus denen im August ockerbraune Raupen schlüpfen. Sie wachsen langsam und häuten sich bis zum Herbst nur einmal. Auf Salweidenzweigen überwintern sie und entwickeln sich im nächsten Frühjahr weiter. Nach der zweiten Häutung sind sie grün mit zwei auffallenden Hörnchen auf dem blauen Kopf. Im letzten Entwicklungsstadium erreichen sie eine Länge von etwa 6 cm. Sie verpuppen sich Mitte Juni. Die hängende Puppe fällt durch ihren scharfen Rückenkiel auf. Verbreitungsinseln des Schillerfalters gibt es in Spanien, sein Vorkommen reicht über die Pyrenäen und Mitteleuropa nach Osten. In Großbritannien kennt man ihn nur im Süden. Auch fehlt er in Skandinavien und Südeuropa (Italien, Balkan). In den Karpaten erscheint er in Höhen von 1200 m ü. d. M.

Kaisermantel *Argynnis paphia* □■ □□
Familie *Nymphalidae* – Fleckenfalter

Dieser Falter bewohnt den Wald und ist stellenweise recht häufig. Der auffallende Schmetterling hat eine Flügelspannweite von 33–39 mm und fliegt blitzschnell über Lichtungen, Wege und Kahlflächen. Das Weibchen legt seine Eier in die Rinde von Fichten- und Kiefernstämmen. Die Raupen leben an verschiedenen Veilchenarten und ernähren sich von deren Blättern. Hier überwintern sie auch und verpuppen sich dann im nächsten Frühjahr. Der Kaisermantel ist von Westeuropa bis Japan verbreitet.

Großer Frostspanner *Erannis defoliaria* □□ ■□
Familie *Geometridae* – Spanner

Der Große Frostspanner ist einer der häufigsten Schmetterlinge im herbstlichen Wald des Flachlandes (rund 40 mm Flügelspannweite). Die weißlichgrauen, schwarz gesprenkelten Weibchen sind ungeflügelt und erinnern eher an Spinnen. Sie legen kleine Gruppen orangeroter Eier an Zweigen in Knospennähe ab, die überwintern. Die Raupen ernähren sich im Frühjahr vor allem von Eichenblättern und können hier erheblichen Schaden anrichten. Die Puppe liegt in einem lockeren Gespinst in der Erde. Sein Verbreitungsgebiet reicht von Norditalien bis Südskandinavien; er kommt auch in Transkaukasien vor.

Lindenschwärmer *Mimas tiliae* □□ □■
Familie *Sphingidae* – Schwärmer

Ein mittelgroßer Schmetterling mit einer Flügelspannweite von 50–75 mm, grünlichen bis ockerfarbenen, leicht ausgeschnittenen Vorderflügeln und gelblichen Hinterflügeln. In Mitteleuropa fliegt er nur einmal von Ende April bis Ende Juni, im Süden noch ein zweites Mal von August bis Oktober. Er fliegt abends in Lindenalleen und am Waldrand und kommt vor bis hinauf ins Gebirge. Tagsüber sieht man ihn im Unterholz oder auf Baumrinden. In den Baumkronen heftet das Weibchen zahlreiche grünliche Eier einzeln an die Blattunterseiten neben Linden auch an Ulme, Erle, Birke, Ahorn, Esche, Eiche u. a. Zwei Wochen später schlüpfen die Raupen. Sie sind grün, weiß gekörnt, mit weißlichen Schrägstreifen und einem bläulichen Hörnchen am Hinterleib. Sie ernähren sich von Linden-, seltener Kirschenblättern und verwandeln sich in der Erde in mattschwarzbraune Puppen. Der Schmetterling ist über ganz Europa verbreitet.

Mondvogel *Phalera bucephala*
Familie *Notodontidae* – Zahnspinner
Der Mondvogel ist ein mittelgroßer, auffallender und ziemlich häufiger Schmetterling mit einer Flügelspannweite bis 60 mm. Die Vorderflügel glänzen silbergrau, sind am Vorderrand bräunlich getönt und haben einen charakteristischen rundlichen, hellgelben Fleck in der Ecke. Der Schmetterling lebt verborgen und ist durch die Färbung gut getarnt. Er fliegt von Mai bis Juli/August. Die Weibchen legen zierliche, halbkugelige Eier in Gruppen an die Blattunterseiten, wo sie mit der flacheren schwarzen Seite festhaften, die weiße Seite trägt einen schwarzen Fleck. Aus den Eiern schlüpfen Raupen, die bis zum vorletzten Entwicklungsstadium zusammenbleiben. Sie ernähren sich meist von Blättern der Linde, Weide, Pappel, Eiche, Birke, manchmal auch der Erle. Die schwarzgelb längsgestreiften, fein behaarten Raupen haben auf dem schwarzen Kopf einen gelben Fleck (umgekehrtes „Y"). Nach der letzten Häutung sind die Raupen etwa 60–70 mm lang und bohren sich nach kurzer Wanderung in die Erde zum Verpuppen und Überwintern. Der Schmetterling ist in einem großen Teil Europas, in Kleinasien, Sibirien und Nordostafrika verbreitet.

Schwammspinner *Lymantria dispar*
Familie *Lymantriidae* – Trägspinner
Dieser Schmetterling ist als Schädling in Wäldern und Obstgärten bekannt. Die Weibchen sind größer (Flügelspannweite bis 70 mm), gelblichweiß, mit etwas dunkleren, welligen Querbändern und schwarzen Flecken auf den Vorderflügeln. Die Männchen sind wesentlich kleiner (Flügelspannweite 18–36 mm) und braun. Außerdem haben sie kammförmig gezähnte Fühler und einen schlankeren Körper. Im Gegensatz zu den Weibchen sind sie ausgezeichnete Flieger. Die Weibchen ruhen meist an Baumstämmen. Die Tagesaktivität erreicht um 14^{00}Uhr ihren Höhepunkt. Zu dieser Zeit produzieren die Weibchen am meisten Feromon, einen Sexualduftstoff, der die Männchen anlockt. Nach der Begattung legen die Weibchen Hunderte von Eiern an der Baumrinde ab, meist am unteren Stammteil und decken sie mit gelblichbrauner Afterwolle schwammartig zu. Die Eier überwintern. Im nächsten Frühjahr schlüpfen die Raupen. Sie befallen im Wald am liebsten Eichen, Linden, Weiden und Pappeln. Sie verpuppen sich in einem lockeren Gespinst zwischen den Blättern. Der Schmetterling schlüpft nach etwa 10–14 Tagen. Sein Verbreitungsgebiet umfaßt einen Großteil Europas, Asiens und Nordafrika.

Waldbrettspiel, Waldgrasfleckfalter *Pararge aegeria*
Familie *Satyridae* – Augenfalter
Ein in der Färbung und Lebensweise unauffälliger Schmetterling, den man auch im dunklen Wald mit nur schwacher Sonneneinstrahlung und Graswuchs antreffen kann. Seine Raupen ernähren sich von Gräsern. Der Schmetterling überwintert als Raupe und als Puppe, die Puppen häufig unter Baumstämmen. Er hat jährlich zwei Generationen (April–Juni; Juli–September) und steigt oft bis 1200 m im Vorgebirge hoch. Er ist in ganz Europa verbreitet, kommt aber auch in Asien und Nordafrika vor.

Eichengallwespe *Cynips quercus-folii*
Familie *Cynipidae* – Gallwespen
Das Insekt ist eine kleine bis 3,5 mm lange, schwarzbraune Wespe. Sie bohrt auf der Unterseite junger Eichenblätter die Rippen an und erzeugt dadurch die bekannten Galläpfel, in denen sich nur Weibchen entwickeln, die Ende November bis Februar aus den abgefallenen Gallen schlüpfen und bald unbefruchtete Eier in noch unentwickelte Triebknospen legen. Daraus bilden sich Knospengallen, die einer Eichenknospe gleichen. In ihnen entwickeln sich Männchen und Weibchen, die von Mai bis Juni schlüpfen. Die Eichengallwespe ist vor allem in Europa verbreitet und erzeugt Gallen an Blättern, Knospen, Zweigrinde und Wurzeln der Eiche.

Laubwälder der Niedrungen und Hügelländer

Gerunzelter Laufkäfer, Blauer Laufkäfer *Carabus intricatus*
Familie *Carabidae* – Laufkäfer
Der 23–35 mm lange Blaue Laufkäfer kann, wie die anderen Vertreter der Gattung *Carabus*, zwar nicht fliegen, aber sehr schnell laufen. Man findet ihn in feuchten Wäldern unter Moderholz, Baumrinde, Moos und Steinen vom Tiefland bis ins Gebirge. Er ist ein Nachtkäfer und ernährt sich von kleinen Insekten. Auch seine Larve lebt räuberisch. Damit tragen Käfer und Larve zur Erhaltung des biologischen Gleichgewichts im Walde bei und sind sehr nützlich. Der Blaue Laufkäfer ist vor allem in Mittel- und Nordeuropa verbreitet. Man unterscheidet bei ihm mehrere geographische Formen, weil er sich innerhalb seines Verbreitungsgebietes auf relativ abgeschlossene Gebiete beschränkt.

Eichenwidderbock *Plagionotus arcuatus*
Familie *Cerambycidae* – Bockkäfer
Farbmuster und Verhalten dieses Käfers erinnern an eine Wespe. Der Eichenwidderbock wird 15–20 mm lang. Seine schwarzen Flügeldecken weisen gelbe, gebogene Querstreifen auf. Die Fühler sind nur wenig länger als die Hälfte der Flügeldecken. Von Mitte Mai – Mitte Juni fliegt der Käfer. An sonnigen Tagen fliegt er sehr lebhaft umher oder läuft ruckweise über gefälltes Holz. Das begattete Weibchen legt seine Eier mit Vorliebe auf nicht entrindetes Blochholz, aber auch auf besonntes Beig- und Stammholz der Eiche. Die jungen Larven nagen breite, zickzackförmige Gänge in den Bast. Nach der letzten Häutung erreichen sie eine Länge von etwa 40 mm. Gegen Ende des Sommers bohren sie sich auch ins Holz ein, wo sie ihre 10–15 cm langen, geraden Gänge mit einer hakenförmig gekrümmten Höhlung, der sogenannten Puppenwiege, abschließen. Hier verpuppen sie sich. Die Generation ist einjährig, und der Käfer verläßt die Puppenwiege im Frühjahr durch ein ovales Flugloch. Der Eichenwidderbock gehört zu den technischen Waldschädlingen. Er ist in Europa verbreitet, kommt aber auch im Kaukasus, in Kleinasien und Nordafrika vor.

Feldmaikäfer *Melolontha melolontha*
Familie *Lamellicornia* – Blatthornkäfer
Der verhältnismäßig große Käfer (Länge 25–30 mm) ist schwarz, Fühler, Beine, Flügeldecken und das letzte Hinterleibsglied sind hellbraun. In der zweiten Aprilhälfte und im Mai schwärmen die Käfer abends am Rand von Laubwäldern. Hier paaren sie sich während der Fraßzeit. Die begatteten Weibchen fliegen auf offene Flächen mit schütterer Pflanzendecke und durchwärmtem, leichtem Boden. Hier graben sie sich 10–40 cm tief ein, legen 10–30 Eier und kehren dann zum Fraßort zurück. Die Eiablage wiederholt sich dreimal. Die Larven (Engerlinge) leben im Boden und ernähren sich anfangs von humosen Erdteilchen, später von Würzelchen. Ihre Entwicklung dauert in Mitteleuropa etwa vier, im wärmeren Süden nur drei Jahre. Die Larve häutet sich zweimal und verpuppt sich nach der dritten Häutung im Boden. Im Laufe der Zeit wird sie kipfelförmig und weiß, nur der Kopf ist braun. Gegen Ende des Sommers schlüpfen die fertigen Käfer und überwintern im Boden bis April/Mai des nächsten Jahres. Die Maikäfer sind der Schrecken des Forstmannes, weil sie nicht nur Wurzeln anfressen, sondern als Imago auch ganze Bäume kahlfressen können. Sie sind mit Ausnahme der nördlichen Gebiete fast in ganz Europa vertreten, durch intensive Bekämpfung in den letzten Jahren jedoch sehr zurückgegangen.

Kupfriger Rosenkäfer *Potosia cuprea*
Familie *Lamellicornia* – Blatthornkäfer
Die erwachsenen 14–23 mm langen Käfer sind interessant, weil sich ihre Larven in Nestern der Ameise *Formica rufa* entwickeln. Sie schwärmen im Mai und Juni und fliegen Blüten und Bäume mit verletzter Rinde an. Ihre Verbreitung umfaßt Europa und Asien.

Laubwälder der Niederungen und Hügelländer

Ringeltaube *Columba palumbus* ■□ □□
Familie *Columbidae* – Tauben
Fast in allen Laub-, Nadel- und Mischwäldern Europas lebt die Ringeltaube. Sie brütet auf Bäumen oder wenigstens in hochgewachsenen Büschen. Dort baut sie im Gezweig recht nachlässig ein lockeres Nest. Zwei- bis dreimal jährlich legt sie von April bis Juli in der Regel 2 Eier, die beide Eltern in etwa 16 Tagen ausbrüten. Die Jungen lassen sich 3–4 Wochen im Nest, dann noch eine Woche in der Umgebung von den Eltern füttern. Die Ringeltaube ernährt sich von Samen, Getreidekörnern, manchmal auch von Regenwürmern und Insekten. Im Flug erkennt man sie leicht an den weißen Flecken der Flügelbeuge.

Hohltaube *Columba oenas* □■ □□
Familie *Columbidae* – Tauben
Von der Ringeltaube unterscheidet sich die Hohltaube durch ihre kleinere Gestalt, das Fehlen der weißen Flecken an Hals und Flügeln und durch die Lebensweise. Sie brütet nämlich vorwiegend in vorhandenen Baumhöhlen oder großen Nistkästen. Das Weibchen legt Ende März zwei weiße Eier, die beide Eltern abwechselnd etwa 18 Tage lang bebrüten. Die Jungen werden anfangs mit einer breiartigen Masse aus dem Kropf gefüttert, später mit halbverdauten Samen und Beeren. Etwa nach 1 Monat sind die Jungen flügge. Dann brüten die Hohltauben gewöhnlich ein zweites Mal. Wie die Ringeltaube ist auch die Hohltaube über ganz Europa verbreitet; in den wärmeren Gebieten ist sie Standvogel, Mittel- und Nordeuropa verläßt sie im September, um in den Mittelmeerländern zu überwintern. Auch die Hohltaube ist Jagdwild, das in manchen Gegenden aus Mangel an geeigneten Brutbäumen bereits selten geworden ist.

Turteltaube *Streptopelia turtur* □□ ■□
Familie *Columbidae* – Tauben
Die Turteltaube ist über ganz Europa, außer Nordskandinavien, verbreitet. Ihr Körper ist kleiner und zierlicher als der der Haustaube. Nach der Rückkehr aus ihren Winterquartieren in Nordafrika und den Mittelmeerländern trifft man sie Ende April in jedem Laub- und Mischwald der Ebene und des Hügellandes, wo das Weibchen in etwa 2 m Höhe aus einigen Zweigen ein nachlässig geflochtenes Nest baut. Dann legt es zwei weiße Eier, die beide Eltern etwa 14 Tage lang bebrüten. Wenn die Jungen flügge sind, kommt es zu einer Zweitbrut. Die Nahrung der Turteltaube besteht in erster Linie aus Samen, Körnern und Beeren. In den letzten Jahrzehnten hat sich vom Balkan aus die Türkentaube *S. decaocto,* in ganz Europa verbreitet. Sie unterscheidet sich von der Turteltaube durch einen dunklen Streifen im Genick und ihre Lebensweise. Die Türkentaube bleibt ihren Standorten auch im Winter treu und besiedelt Parkanlagen, Gärten und den Rand kleiner Wälder.

Fasan *Phasianus colchicus* □□ □■
Familie *Phasianidae* – Feldhühner
Aus seiner ursprünglichen Heimat in Mittel- und Ostasien hat man den Fasan in Europa eingeführt – erst im Süden, dann im Westen, im 14. Jahrhundert auch in Mitteleuropa. Anfangs hielt man ihn in Fasanerien, hier wurde er bald heimisch und verbreitete sich von da in der freien Natur. Die dunkle Urform des Fasans wurde mit anderen importierten Arten gekreuzt, so daß man in der Natur heute meist Mischlinge vorfindet. Das Fasanenmännchen ist bunt, das Weibchen graubraun gefleckt. Die Balz verläuft im März, dabei versammelt der Hahn 3–5 Hennen um sich und paart sich mit ihnen. Die Henne legt in ein Bodennest 10–15 graubraune Eier und bebrütet sie etwa 25 Tage lang. Die Jungen schlüpfen im Mai, laufen gleich munter umher und ernähren sich von Insekten und Würmern, später von Samen und Beeren. Der Fasan bevorzugt Waldränder, Feldgehölze, bewachsene Teichufer, bewaldete Anhöhen und Hecken. Da er unter anderem auch schädliche Insekten verzehrt, ist er ein nützliches Tier.

Laubwälder der Niederungen und Hügelländer

Grünspecht *Picus viridis*
Familie *Picidae* – Spechte
Wenn man im Laub- oder Mischwald einen grünen Vogel mit rotem Käppchen von der Größe eines Stars zum Fuß eines Baumes hinfliegen und rasch dort hochklettern sieht, ist es zweifellos ein Grünspecht. Von den nördlichen Gebieten Skandinaviens, Schottlands und Irlands abgesehen, bewohnt er ganz Europa. Es handelt sich um einen Standvogel, der seine Hauptnahrung, unter der Borke lebende Insekten, auch im Winter findet. Der Grünspecht brütet im Mai in Höhlen, die Männchen und Weibchen meist gemeinsam aus kernfaulen Bäumen herausmeißeln. Auf die Sohle des birnenförmigen Nestes legt das Weibchen 5–7 weiße Eier, die beide Eltern etwa 17 Tage lang bebrüten. Nach 3 Wochen verlassen die Jungen das Nest, übernachten dort aber noch mehrere Tage.

Mittelspecht *Dendrocopos medius*
Familie *Picidae* – Spechte
In Europa ein typischer Bewohner der Laubwälder in Ebenen und Hügelländern, außer Nordskandinavien und England. Weil er einen dünneren und schwächeren Schnabel besitzt als die übrigen Spechte, brütet er in hohlen Bäumen oder alten Spechtnestern. Das Weibchen legt Anfang Mai 5–6 weiße Eier, aus denen nach etwa 15 Tagen die Jungen schlüpfen und von den Eltern mit Borkenkäferlarven gefüttert werden. Als Standvogel zieht dieser Specht im Winter nicht weg, sondern streift durch die Landschaft, um unter der Baumrinde Eier und überwinternde Insekten zu suchen. Sein naher Verwandter, der Kleinspecht, *D. minor,* bewohnt Laub- und Mischwälder der Ebenen in Europa und Algerien. Häufig erscheint er in Parkanlagen, Gärten und kleinen Feldgehölzen.

Wendehals *Jynx torquilla*
Familie *Picidae* – Spechte
Dem graubraunen unauffälligen Vogel, kaum größer als ein Sperling, sieht man eigentlich nicht an, daß er in die Familie der Spechte gehört. Bäume erklettert er nur ausnahmsweise, obwohl er wie die anderen Spechte Kletterfüße besitzt mit je zwei nach vorne und rückwärts gestellten Zehen. Der Wendehals nährt sich von Insekten, die er auf Baumrinden und Zweigen sammelt. Niemals meißelt er Löcher in Bäume, zerscharrt dafür aber häufig Ameisenhaufen und fängt mit seiner langen, vorschnellenden Zunge Ameisen und ihre Puppen. Das Weibchen legt höchstens 10 weiße, bis kugelige Eier, aus denen nach 14 Tagen die Jungen schlüpfen, sie werden fast vier Wochen lang von den Alten gefüttert. Oft brütet der Wendehals in Nistkästen, aus denen er die ursprünglichen Bewohner verjagt hat. Er bewohnt lichte Laub- und Mischwälder, Gärten und Parkanlagen ganz Europas mit Ausnahme der nördlichen Gebiete, und überwintert von September bis Mitte April in Nordafrika.

Trauerschnäpper *Ficedula hypoleuca*
Familie *Muscicapidae* – Fliegenschnäpper
Im April erscheint in Laubwäldern, Parks und Gärten von ganz Europa und Westasien ein auffallendes, schwarz-weißes Vögelchen, etwas kleiner als ein Sperling. Es ist das Männchen des Trauerschnäppers, das von seinen Winterstandorten in Nordafrika zurückgekehrt ist. Der Trauerschnäpper brütet in Baumhöhlen oder Nistkästen, wo das bräunliche Weibchen 6–8 blaugrüne Eier legt und sie bebrütet. Nach 14 Tagen schlüpfen die Jungen, die sich von den Eltern noch etwa 14 Tage im Nest und weitere 2 Wochen in der Umgebung füttern lassen. Als Nahrung dienen kleine Insekten, die der Vogel gewandt in der Luft schnappt, auch kleinere Raupen und Spinnen. Ende September verlassen die Trauerschnäpper Europa. In Färbung und Lebensweise ist ihm der Halsbandschnäpper, *F. albicollis,* sehr ähnlich. Er unterscheidet sich nur durch den weißen Halsstreifen vom Trauerschnäpper.

Laubwälder der Niederungen und Hügelländer

Gelbspötter *Hippolais icterina*
Familie *Sylviidae* – Grasmücken
Wenn man von Mitte Mai bis Ende August im Laubwald, in dichtbewachsenen Gärten oder Parks einen oberseits gelbgrünen, unterseits gelblichen Vogel erblickt, der lustig vor sich hinträllert und die Stimmen der verschiedensten Vögel nachahmt, ist es bestimmt ein Gelbspötter. Sein Verbreitungsgebiet erstreckt sich über Mittel- und Osteuropa, im Westen findet man ihn in Ostfrankreich und Norwegen, nicht aber in England, Schweden und Finnland. Sein tiefes Nest baut der Gelbspötter in der Astgabel eines Laubbaumes etwa 3 m über dem Boden aus Halmen; außen tarnt er es gern mit Birkenrindenschuppen. Die 5–6 auf rosa Grund schwarz getupften Eier bebrütet das Weibchen etwa 13 Tage meist allein. Die Jungen werden von beiden Eltern mit Raupen, Fliegen, Blattläusen und anderen Kleininsekten gefüttert, die auch die Hauptnahrung der Altvögel bilden. Der Gelbspötter überwintert in Mittelafrika, manchmal führt ihn sein Zug bis nach Südafrika.

Waldlaubsänger *Phylloscopus sibilatrix*
Familie *Sylviidae* – Grasmücken
Laubwälder der Ebenen und Mischwälder der Hügelländer in ganz Europa mit Ausnahme der Iberischen Halbinsel und Nordskandinaviens besiedelt der kleine, an der Oberseite graugrün gefärbte Waldlaubsänger. Er brütet stets am Boden im dichten Gras, wo das Weibchen ein relativ großes Nest aus Grashalmen mit einem seitlichen Ausgang baut. Dort legt es im Mai ungefähr 7 weiße Eier mit zahlreichen bräunlichen Flecken. Nur das Weibchen bebrütet sie. Nach 12–13 Tagen schlüpfen die Jungen. Sie werden von beiden Eltern etwa 2 Wochen mit kleinen Insekten und Larven gefüttert. Der Waldlaubsänger brütet nur einmal im Jahr und zieht schon Ende August aus Europa fort in das tropische Afrika, wo er bis Ende April bleibt. In Lebensweise und Färbung ähneln ihm der Weidenlaubsänger, *P. collybita,* und der Fitislaubsänger, *P. trochilus,* die ganz Europa bewohnen. In West- und Südeuropa ist der Berglaubsänger, *P. bonelli,* stark verbreitet, vor allem in Gebirgswäldern.

Nachtigall *Luscinia megarhynchos*
Familie *Turdidae* – Drosseln
In unterholzreichen Auwäldern und Dickichten in der Nähe von Wasserläufen ertönt ab Mitte April der sprichwörtliche schöne Nachtigallenschlag. Es sind die Männchen, die aus dem tropischen Afrika gekommen sind und mit ihrem Gesang die später ziehenden Weibchen locken. Meist hört man sie nachts, während der Paarungszeit auch tagsüber. Die Nachtigall brütet in ganz Europa, mit Ausnahme von Skandinavien, Irland und Nordengland. Aus Gräsern und dürrem Laub baut sie ihr Nest niedrig am Boden oder unter dichtem Gesträuch. Das Weibchen bebrütet die 6 oliv- bis kaffeebraunen Eier etwa 2 Wochen, und beide Eltern füttern dann die Jungen 11–12 Tage mit kleinen Insekten, Larven, Spinnen und Raupen. Dann verlassen die Jungen das Nest und werden von den Altvögeln noch eine Zeitlang in der Umgebung weitergefüttert. Schon Ende August verläßt die Nachtigall Europa und zieht nach dem Süden.

Gartenbaumläufer *Certhia brachydactyla*
Familie *Certhiidae* – Baumläufer
Der kleine, sehr nützliche Vogel brütet in Misch- und Laubwäldern Mittel-, West- und Südeuropas und in Nordafrika. Man sieht ihn oft gewandt an Baumstämmen hochklettern und mit seinem langen, leicht gebogenen Schnabel Rindenrisse durchstöbern nach Schmetterlingseiern, Larven und Insekten. Das Nest baut er in Höhlen aller Art. Ab April legt das Weibchen 6–7 auf weißem Grund rot gesprenkelte Eier und brütet sie in etwa 14 Tagen aus. Beide Eltern füttern die Jungen 15–16 Tage lang mit Insekten. Im Juni findet oft eine Zweitbrut statt. Der Gartenbaumläufer ist ein Standvogel.

Laubwälder der Niederungen und Hügelländer

Kohlmeise *Parus major*
Familie *Paridae* – Meisen
Die Kohlmeise ist wohl eine der bekanntesten Arten aus der großen Familie der Meisen. Sie ist verbreitet in ganz Europa und Asien bis weit nach Norden. Sie ist ein Standvogel, dem man fast überall begegnet, am häufigsten in der Ebene, aber auch hoch im Gebirge und zwar in Laub- und Mischwäldern, sogar in reinen Fichtenbeständen, in Parkanlagen und Gärten. Im Winter bildet sie mit anderen Meisen, auch mit Ammern und Baumläufern kleine Schwärme, die durch die Landschaft ziehen. Die Kohlmeise brütet zweimal im Jahr in Baumhöhlen, Nistkästen oder Mauerlöchern. Sie baut ihr Nest aus Moos und kleidet es mit Tierhaaren oder Flaum weich aus. Von April bis Juni legt das Weibchen 8–12 (Erstgelege) bzw. 4–6 (Zweitgelege) weiße, braun gesprenkelte Eier. Nur das Weibchen brütet. Nach 14 Tagen schlüpfen die Jungen, die beide Eltern etwa 3 Wochen mit Insekten füttern. Während der Nestlingspflege und im Winter sammeln die Kohlmeisen unter der Baumrinde zahlreiche Insekten, auch Raupen, Spinnen und Blattläuse.

Blaumeise *Parus coeruleus*
Familie *Paridae* – Meisen
Die Blaumeise ist ihrer größeren Verwandten, der Kohlmeise, in vieler Hinsicht ähnlich. Ihr Verbreitungsgebiet umfaßt ganz Europa mit Ausnahme von Nordskandinavien, und reicht im Osten bis zum Ural. In lichten Laub- und Mischwäldern, Gärten und Parkanlagen der Ebene ist sie in Gesellschaft der Kohlmeise häufig zu sehen, erscheint aber auch in den Bergen. Die Blaumeise brütet wie die Kohlmeise in verschiedenartigen Höhlen und in Nistkästen. Im Mai legt sie bis zu 14 Eier, das Zweitgelege im Juni ist kleiner. Das Weibchen bebrütet die Eier 14 Tage. Beide Eltern betreuen die Jungen sorgsam 2–3 Wochen und füttern sie mit Raupen, Spinnen, Blattläusen und Käferlarven.

Sumpfmeise *Parus palustris*
Familie *Paridae* – Meisen
Die Sumpfmeise mit dem charakteristischen schwarzen Köpfchen und dem schwarzen Fleck unter dem Schnabel belebt das ganze Jahr die Laub- und Mischwälder Europas von Südskandinavien bis zum Mittelmeer. Oft erblickt man sie auch in Gärten und Parks. Sie brütet nur einmal jährlich in Baumhöhlen, Baumstümpfen oder Nistkästen. Dort baut das Weibchen ein napfförmiges Nest aus Moos, Flechten, Wurzeln und Tierhaaren, legt ab April 7–10 weiße, am stumpfen Ende rotgefleckte Eier hinein und bebrütet sie etwa 14 Tage lang. Es dauert kaum 3 Wochen, und die Jungvögel, von beiden Eltern mit Insekten gefüttert, verlassen das Nest. Im Winter scharen sich die Sumpfmeisen zu kleineren Schwärmen, die gemeinsam nach Samen suchen.

Schwanzmeise *Aegithalos caudatus*
Familie *Aegithalidae* – Schwanzmeisen
Von den nördlichsten Teilen Skandinaviens abgesehen, ist Europa die Heimat der kleinen Schwanzmeise. Sie unterscheidet sich von den anderen durch schwarz-weiß-rote Färbung, den langen Schwanz und die Lebensweise. Die Schwanzmeise brütet in lichten Laub- und Mischwäldern, Parks und Gärten, doch nie in Höhlen. Sie baut auf Zweigen oder am Baumstamm, manchmal auch in Sträuchern ein oft 20 cm hohes, ovales, geschlossenes Nest, mit einem Seiteneingang. Als Nistmaterial dienen ihr Moose, Flechten, Spinnweben, aber auch Rinden- und Zweigstückchen, mit denen sie das ganze Nest von außen tarnt. Anfang April legt das Weibchen höchstens 12 weiße, rot gesprenkelte Eier, die es kaum 2 Wochen bebrütet. Beide Eltern füttern dann die Nachkommenschaft 15–18 Tage, oft unterstützt von einem Nachbarpärchen, das kein Gelege zustandegebracht hat. In der Nahrung der Schwanzmeise überwiegen kleine Insekten, Blattläuse und Insektenlarven, von denen sie auch im Winter lebt. Auch Samenkörner und Knospen nehmen sie auf.

Laubwälder der Niederungen und Hügelländer

Kernbeißer *Coccothraustes coccothraustes* ■□
Familie *Fringillidae* – Finken □□
Nur selten erblickt man in Laubwäldern, Gärten und Parkanlagen, auch in Kirschengärten, diese etwa starengroßen Vögel mit dem wuchtigen Kopf und dem starken Schnabel. Seine Hauptnahrung besteht aus Obstkernen und großen Samenkörnen, gelegentlich auch Mehlbeeren und Bucheckern. Er brütet Anfang Mai, meist hoch auf Bäumen, wo das Weibchen in das aus Zweigen locker geflochtene, mit Wurzeln und Haaren ausgekleidete Nest 4–6 bläuliche, grau und schwarz gesprenkelte Eier legt. Beide Eltern brüten. Nach 14 Tagen schlüpfen die flaumigen Jungen und werden in den ersten 10 Tagen von den Eltern mit Insekten gefüttert. Das Brutgebiet umfaßt weite Gebiete von Europa, Asien und Nordwestafrika. Aus Mittel- und Osteuropa ziehen die Kernbeißer im September nach Westen, und Vögel aus nördlicheren Gebieten nehmen ihre Stelle ein.

Goldammer *Emberiza citrinella* □■
Familie *Emberizidae* – Ammern □□
Die Goldammer bewohnt buschige Raine und den Rand von Laub- und Mischwäldern; im Winter zieht sie scharenweise in die Nähe der Menschen. In ganz Europa, mit Ausnahme der südlichsten Landstriche am Mittelmeer, ist sie verbreitet. Der gelbgrüne Singvogel ist kaum größer als ein Sperling. Man begegnet ihm recht häufig das ganze Jahr über. Das Nest wird vom Weibchen meist am Boden unter Grasbüscheln oder wenig darüber, im Gebüsch, gut versteckt, aus Gras, dünnen Zweigen und Laub zusammengeflochten und mit Haaren und zarten Grashalmen ausgekleidet. Schon Ende April findet man dort 3–5 grünliche Eier mit brauner schnörkeliger Zeichnung. Beide Eltern brüten etwa 14 Tage und füttern dann die Jungen etwa 2 Wochen lang mit Insekten, Spinnen und Würmern. Anfang Juni brütet die Goldammer zum zweiten Mal, hat jetzt aber weniger Junge. Die Nahrung der Altvögel besteht aber vor allem aus verschiedenen Unkrautsamen und Körnern.

Star *Sturnus vulgaris* □□
Familie *Sturnidae* – Stare ■□
Der Star brütet nicht nur in Laub- und Mischwäldern, wo er sein Nest in Baumhöhlen baut, sondern auch mit Vorliebe in den Starennistkästen, die der Mensch aushängt. Die Stare kehren oft schon Ende Februar aus dem Mittelmeergebiet und von Nordafrika zurück und suchen geeignete Brutplätze. Das Weibchen legt im April in das mit Zweigen, Wurzeln und trockenem Gras ausgekleidete Nest 5–6 zartblaue Eier, die es abwechselnd mit dem Männchen etwa 2 Wochen bebrütet. Die Nestlingspflege der Eltern dauert rund 3 Wochen und wird noch einige Tage in der Umgebung des Nestes fortgesetzt. Im Juni findet meist eine Zweitbrut statt. Die Nahrung der Stare besteht während der Brutzeit aus Insekten, Larven und Würmern, später aus Samen, Wurzeln, Beeren. Der Star ist im Norden ein Zugvogel, der bei uns und in Südeuropa überwintert (Teilzieher).

Dohle *Corvus monedula* □□
Familie *Corvidae* – Rabenvögel □■
Dohlen nisten gern gesellig auf Kirchtürmen, in Burgruinen und einsamen Steinbrüchen. Sie brüten aber auch in Baumhöhlen, Felsspalten, Mauerlöchern und auf Dachböden. Im April bauen Männchen und Weibchen ein unordentliches Nest aus Reisig, Stroh, Heu und kleiden es mit Haaren und Federn weich aus. Im April oder Mai legt das Weibchen 4–6 grünblaue, dunkel gesprenkelte Eier, die es in schwach 3 Wochen ausbrütet. Die Jungen werden von beiden Eltern fast 1 Monat mit Insekten, Würmern, manchmal auch Fröschen gefüttert. Die Nahrung der Altvögel besteht neben Insekten und kleinen Wirbeltieren aus Samen, Körnern und verschiedenen Beeren. Manchmal erbeuten die Dohlen auch Eier und Junge anderer, kleinerer Vogelarten. Es sind Teilzieher, die im Winter aus Norden und Osten nach Mittel- und Westeuropa zuziehen.

Laubwälder der Niederungen und Hügelländer

Waldspitzmaus *Sorex araneus*
Familie *Soricidae* – Spitzmäuse
Ihr Verbreitungsgebiet umfaßt Europa und Asien. Sie lebt in allen Höhenlagen vom Tiefland bis in das Gebirge, am Wasser und auf Wiesen, am liebsten an feuchten Stellen in Laub- und Mischwäldern. Die Waldspitzmaus ist nützlich, weil sie sich vorwiegend von Insekten, Schnecken und Spinnen ernährt. Von den Mäusen unterscheidet man sie leicht durch die vorgezogene Schnauze und die kurzen Beine. Sie besitzt viele natürliche Feinde unter den Eulen, anderen Raubvögeln und kleinen Raubtieren. Die Waldspitzmaus bewohnt Erdlöcher, die sie mit Moos, Gras und Laub zu einem warmen Nest ausbaut. Das Weibchen wirft durchschnittlich 5–8 Junge, die fast 3 Wochen blind sind. Erst dann beginnen sie Fleischnahrung aufzunehmen. Das nützliche Tier verdient vollen Schutz.

Wasserspitzmaus *Neomys fodiens*
Familie *Soricidae* – Spitzmäuse
Die Wasserspitzmaus ist ein typischer Bewohner der nahen Umgebung des Wassers in Laub- und Mischwäldern von ganz Europa und Nordasien. Von der bräunlichen Waldspitzmaus unterscheidet sie sich durch die schwarze Färbung ihres Haarkleids, den größeren Körper (sie erreicht 10 cm Länge) und die Lebensweise. Sie lebt ausschließlich am Ufer von Bächen, kleineren Flüssen und stehenden Gewässern. Ihre Nahrung findet sie teils im Wasser – Insekten, Molche, Würmer, kleine Fische, teils am Land – Jungvögel und Kleinsäuger. Eigentlich ist sie ein Allesfresser, vor dem kein Lebewesen des Wassers sicher ist. Die Wasserspitzmaus lebt in Löchern, die sie in der weichen Ufererde ausgräbt. Sie wirft 5–8 Junge, die noch 3 Wochen lang blind sind. Sobald sie das Nest verlassen, schwimmen sie ausgezeichnet und tauchen geschickt.

Bisamratte *Ondatra zibethica*
Familie *Cricetidae* – Wühler
Die Bisamratte wurde 1905 aus Nordamerika wegen ihres wertvollen Pelzes eingeführt und in Mittelböhmen, später auch an anderen Stellen, ausgesetzt. Da hier ihre natürlichen Feinde fehlten, hat sie sich sehr rasch vermehrt und im Verlauf weniger Jahrzehnte praktisch über ganz Europa und Nordasien verbreitet. Die Bisamratte hält sich an stehenden und fließenden Gewässern mit dichtem Schilfbestand und anderen Wassergewächsen auf, denn ihre Hauptnahrung besteht aus Wurzeln und Stengeln dieser Pflanzen. Aus Schilfrohr baut sie im Wasser hohe Nester, die sie meist im Winter bewohnt. Im Sommer bevorzugt sie die oft mehrere Meter langen Gänge, die sie am Ufer ausgräbt. Jeder Gang hat ein Brutkämmerchen, wo sie drei- bis viermal im Jahr 5–10 Junge wirft. Obwohl man die Bisamratte jetzt intensiv bejagt, konnte man ihrer noch nicht Herr werden, weil sie sich überaus stark vermehrt. Sie beschädigt Dammbauten und vernichtet auch die Nester mancher Wasservögel, denn hin und wieder nimmt sie auch tierische Nahrung zu sich. Trotzdem verdient sie Schutz, wenigstens während der Fortpflanzungszeit.

Fischotter *Lutra lutra*
Familie *Mustelidae* – Marder
Kaum jemand kann sich rühmen, an Fluß- und Bachufern eines der größten marderartigen Raubtiere Europas, den Fischotter, gesehen zu haben. Dafür gibt es zwei Gründe: Einmal ist das Tier sehr scheu und wachsam, zum anderen stellenweise schon recht selten geworden. Dem Fischotter haben besonders Fischer nachgestellt, weil er sich in der Hauptsache von Fischen ernährt; außerdem erbeutet er Frösche, kleine Säugetiere und Vögel. Seine Höhle baut er am Ufer so, daß der Ausgang unter dem Wasserspiegel mündet. Die 2–4 Jungen bleiben über einen Monat blind und sind erst nach 2 Jahren geschlechtsreif. Der Fischotter ist ein gewandter Schwimmer und guter Taucher. Er erbeutet vor allem geschwächte und kranke Fische, und sollte vollen Schutz genießen.

Laubwälder der Niederungen und Hügelländer

Igel *Erinaceus europaeus*
Familie *Erinaceidae* – Igel

Abgesehen vom Hochgebirge und dem Norden Skandinaviens, trifft man den Igel fast überall in Europa. Am liebsten hat er dichte Laubwälder, Parkanlagen und Gärten, aber auch buschige Hänge. An solchen Stellen baut er im dichten Gesträuch auf einer Schicht alten Laubs sein Nest, das er mit Moos und trockenem Gras auskleidet. Nach 5–6wöchiger Tragzeit wirft das Weibchen im Juni meist 5–10 Junge. Sie sind blind und haben feine weiße Stacheln, die bald braun werden. Der Igel ist ein Allesfresser, der Würmern, Insekten, Larven, aber auch Mäusen, Eidechsen und Schlangen nachstellt. Ab und zu erbeutet er die giftige Kreuzotter. Als Insektenvertilger ist er ausgesprochen nützlich, kann aber in Fasanerien empfindliche Schäden unter den Gelegen und Küken anrichten. Ende Oktober zieht sich der Igel auf sein Lager zurück, seine Körpertemperatur sinkt beträchtlich und er verschläft die Ungunst der Winterzeit ohne Nahrungsaufnahme. Außerhalb von Fasanerien verdient er vollen Schutz.

Feldhase *Lepus europaeus*
Familie *Leporidae* – Hasen

Der Hase, das wichtigste Jagdwild Europas (Körpergewicht 3,5–4 kg), ist über den ganzen Kontinent bis nach Südskandinavien und Westsibirien verbreitet. Am häufigsten trifft man ihn in Mitteleuropa. In Revieren der Ebene erreicht er eine hohe Besatzdichte, die aber mit steigender Meereshöhe abnimmt. Der Hase lebt meist in der Feldflur und an Waldrändern, er ernährt sich von Gräsern, Klee und Luzerne, im Wald von Knospen und Trieben der Pappel, Salweide und Akazie. Seine Feinde sind Raubtiere und Raubvögel. Er beginnt daher erst im Schutz der Dunkelheit auf dem Feld zu äsen, und in der Morgendämmerung rückt er wieder zu Holze. Selbst größere Hasenbestände schädigen die Wald- und Feldkulturen nur unerheblich. Die Hasen paaren sich das ganze Jahr über, mit Ausnahme der Monate Oktober und November. Deshalb sieht man in der Natur Junghasen vom März bis in den September. Nach sechswöchiger Tragzeit wirft das Weibchen drei- bis viermal jährlich auf dem nackten Boden. Wenn der Feldhase im Winter keine Nahrung findet, muß man ihm durch Wildfütterung helfen, damit er nicht die Rinde von Laubhölzern benagt.

Eichhörnchen *Sciurus vulgaris*
Familie *Sciuridae* – Hörnchen

Das Eichhörnchen ist durch seine Lebensweise an Wald und größere Parkanlagen gebunden, wo es die meiste Zeit in den Baumkronen verbringt. Hier sucht es seine Nahrung – Früchte und Samen verschiedener Holzarten, vor allem Fichtenzapfen, Insekten, auch Jungvögel. Nach 5wöchiger Trächtigkeit wirft es ein- bis dreimal im Jahr 4–5 Junge. Sie sind 4 Wochen lang blind und werden vom Weibchen gesäugt. Sein Nest baut das Eichhörnchen aus Zweigen in Baumkronen, manchmal aber besetzt es auch alte Nester von Hähern und Raubvögeln. Sein Verbreitungsgebiet reicht über ganz Europa und Nordasien, wo es vom Tiefland bis hoch in die Berge vorkommt. Die Färbung dieser Tiere variiert; sie schwankt von Rostgelbrot bis Dunkelbraunschwarz. Gegen Osten zu sind die Eichhörnchen heller, ihre Färbung spielt ins Graue.

Siebenschläfer *Glis glis*
Familie *Gliridae* – Schläfer

Den Siebenschläfer findet man in Laubwäldern, größeren Parks und Gärten des süd- und mitteleuropäischen Hügellandes. Er ist ein Nachttier, das von den verschiedensten Früchten, Vogeleiern und Insekten, im Frühjahr von Knospen und Trieben lebt. Im August wirft der Siebenschläfer durchschnittlich 4 Junge. Sein Nest baut er in Höhlen oder auf Baumzweigen und zieht sich dorthin zurück, um tief in Laub und Moos versunken, seinen Winterschlaf zu halten, ohne dabei Nahrung aufzunehmen.

Laubwälder der Niederungen und Hügelländer

Haselmaus *Muscardinus avellanarius*
Familie *Gliridae* – Schläfer
Die relativ häufige, semmelfarbene, etwa mausgroße Haselmaus bewohnt ganz Europa, mit Ausnahme der nördlichsten und südlichsten Gebiete. Sie ist ein Nachttier, das abends munter wird und Nahrung sucht – Samen, besonders Eicheln und Bucheln, Erdbeeren, Heidelbeeren und andere Waldfrüchte. Den Winter verschläft sie im Nest, das sie unter trockenem Laub anlegt. Ein anderes Nest für die Jungenpflege baut die Haselmaus knapp über der Erde im Gesträuch. Das Weibchen wirft zweimal jährlich (im Juni und August) meist je 4 Junge, die erst nach über 2 Wochen die Augen öffnen. Die Haselmaus lebt in der Strauchschicht der Laub- und Mischwälder aller Höhenlagen, Gärten und Parken.

Gelbhalsmaus *Apodemus flavicollis*
Familie *Muridae* – Echte Mäuse
Als Bewohner größerer, schattiger Laub- und Mischwälder in Europa und Asien, liebt die Gelbhalsmaus besonders Wälder mit dichtem Unterholz, wo sie zwischen Baumwurzeln, in Löchern, Steinhaufen, manchmal aber auch hoch in einer Baumkrone ihr Nest baut. Sie vermehrt sich mehrmals jährlich, oft schon im Vorfrühling, und wirft 4–8 Junge. Das Tier lebt vorwiegend von Samen verschiedener Waldpflanzen, von Eicheln, Bucheln, Nadelholzsamen, am Waldrand auch von Körnern. Sie gilt deshalb als Schädling, denn die Verluste an Waldpflanzensamen können bei einer Massenvermehrung der Gelbhalsmaus ganz beträchtlich sein. Von der Maus unterscheidet sie sich durch den größeren Körper, einen körperlangen Schwanz und große schwarze Augen. Obwohl die Gelbhalsmaus viele Feinde hat, ist sie fast in allen Wäldern zahlreich vertreten, denn sie vermehrt sich rasch und findet überall hinreichend Nahrung.

Rötelmaus *Clethrionomys glareolus*
Familie *Cricetidae* – Wühler
Die Rötelmaus lebt in allen Wäldern, vom Tiefland bis in die Berge. Am häufigsten entdeckt man sie in den Laubwäldern des Hügellandes, wo sie reiche Nahrung findet. Sie frißt hauptsächlich Samen und Insekten. Im Winter benagt sie die Zweigrinde junger Bäume. Das Nest baut sie in Erdlöchern dicht unter dem Boden und wirft bis fünfmal im Jahr 4–6 Junge. Die jungen Rötelmäuse sind etwa 14 Tage blind. Nach 3 Wochen verlassen sie das Nest und ernähren sich selbständig. Die Rötelmaus gehört zur Unterfamilie der Wühlmäuse, unterscheidet sich aber von den übrigen Wühlmäusen durch das rostbraune Haarkleid und den längeren Schwanz. Auch in der Lebensweise sticht sie beispielsweise von der Feldmaus ab, die fast durchweg auf Feldern lebt und dort Körner und Unkrautsamen verzehrt. Alle Wühlmäuse zählen zu den schlimmsten Schädlingen.

Riesenfledermaus, Großes Mausohr *Myotis myotis*
Familie *Vespertilionidae* – Fledermäuse
Sieht man am Abendhimmel einen rasch, fast geradlinig und lautlos dahingleitenden Schatten, handelt es sich höchstwahrscheinlich um eine Riesenfledermaus. In Mitteleuropa gehört sie zu den häufigsten Fledermäusen. Ihre Familie besitzt in der ganzen Welt rund 270 Arten. Die Fledermäuse sind eine Sondergruppe unserer Säugetiere, weil sie fliegen können. Sie besitzen dünne, zwischen dem Körper und den Gliedmaßen gespannte Flughäute – eine Art nackter Flügel ohne Gefieder. Die Fledermäuse sind Nachttiere und leben von Insekten, die sie ausschließlich im Flug erbeuten. Bei Tag schlafen sie kopfabwärts hängend in Höhlen, auf Dachböden oder in Türmen, manchmal in Kellern oder Baumhöhlen. An solchen Stellen überwintern sie auch in Schlafstellung – an den Krallen der Hintergliedmaßen hängend. Oft findet man in Höhlen oder Stollen Kolonien, mit Hunderten von Fledermäusen. Die Riesenfledermaus wohnt in Mittel- und Osteuropa, in Westeuropa kommt sie selten vor. Sie ist nützlich, da sie schädlichen Insekten nachstellt.

Mischwälder der Mittelgebirge

Andere Waldgemeinschaften findet man vom Hügelland bis in die unteren Lagen der Gebirge, also in 550–700 m Meereshöhe mit durchschnittlich 900 mm Niederschlag. Die Hauptholzarten sind Buche und Tanne, in höheren Lagen Fichte.

Der Buchenwald ist zwar typisch für die unteren Berglagen, kommt aber innerhalb seines Verbreitungsgebietes in verschiedenen Meereshöhen vor: im Mittelmeergebiet nur in hohen Lagen, an der Nordgrenze des Verbreitungsgebietes, in Südskandinavien, bis herab in die Niederungen. Allgemein verlangen Buchenwälder ein feuchteres Klima mit gleichmäßig verteilten Niederschlägen, jedoch einen frischen und nährstoffreichen, vor allem kalkreichen Boden. Von allen europäischen Waldgemeinschaften zeigt sich im Buchenwald die Periodizität am deutlichsten. Vor dem Laubausbruch dringen die Sonnenstrahlen bis auf den Boden und erwärmen rasch das dürre Laub an der Oberfläche. Dies läßt eine ganze Frühlingsvegetation aufblühen mit Schlüsselblumen, Mondviolen, Knoblauchsrauken und anderen, was dem Buchenwald ein ganz charakteristisches Aussehen verleiht. Nach dem Austreiben bilden dann die Bäume ein geschlossenes Kronendach, unter dem gedämpftes Zwielicht herrscht. Dementsprechend ändert sich auch die Bodenflora. Wenn noch genügend Licht durchdringt, erscheinen jetzt viele Arten, die fast nur in Buchenwäldern vorkommen. In unteren Lagen überwiegen zwar Gräser auf trockenen Hängen, in Nordlagen aber gedeihen kleine Kräuter wie der Waldmeister und in höheren Lagen Farne und größere Kräuter wie Buchenfarn und Kreuzkraut. Auf schlechteren Böden dagegen breitet sich die Heidelbeere aus. Unter dichtem Kronenschluß fehlt eine Bodenflora ganz.

Durch den starken Laubfall bildet sich im Buchenwald in der Regel ein guter, humusreicher Boden, und nicht umsonst sagt man, die Buche sei die „Mutter des Waldes". Sie bevorzugt mäßig feuchte Böden und meidet stauende Nässe sowie sehr trockene Standorte. Manche ursprünglichen Buchenwälder entwickelten sich zu Reinbeständen. Häufig ist die Buche aber gemischt mit Bergahorn und anderen Laubhölzern sowie mit Tanne und Fichte. Die Tanne war stets ein Begleiter der Buche, da sie die gleichen Standortansprüche stellt. Sie trat jedoch nur als Beimischung der Buche auf und dominierte in ihrem Gebiet nur an kleineren Stellen. Erst als der Mensch begann, die Tanne wegen ihrer höheren Holzproduktion bevorzugt anzubauen, wurde die Buche zugunsten der Tanne zurückgedrängt.

Das Unterholz im Buchenwald ist recht artenarm. Meist besteht es aus Jungwuchs der alten Bäume sowie aus Sträuchern, zum Beispiel Berg- oder Traubenholunder und Geißblatt am Waldrand, gelegentlich die seltene Eibe und in Westeuropa auch die Stechhülse (Stechpalme).

Die Tierwelt der Mischwälder im Hügelland ist meistens sehr vielfältig. Sie umfaßt typische Arten der Laubwälder und auch der Fichtenwälder des Berglandes. Zu den häufigsten Schmetterlingen gehören der Weidenbohrer *(Cossus cossus)*, der Pappelblatt-Wollspinner *(Poecilocampa populi)* und der Spanner. Ihre Raupen treten als Schädlinge im Laubwald auf. Von den Käfern sind Holzbock und Blattkäfer am häufigsten. Die Nadelbäume werden hier wie im Gebirge von ähnlichen Schädlingen befallen, die Fichte z. B. von Borkenkäfer, Nonne und Blattläusen, die Tanne von Borkenkäfern und Tannenläusen. Sehr artenreich sind in diesen Wäldern auch Vögel und Säugetiere, die man jedoch auch in Eichen- oder Fichtenwäldern trifft. Es sind vor allem einige Raubvögel und Eulen, von den kleineren Vögeln Finken, Rotkehlchen, Laubsänger, Kleiber und die meisten Meisen. Hier finden auch viele Säugetiere genügend Nahrung: meist das Schwarzwild, am Waldrand auch das Reh und in Mitteleuropa ausgesetzte Mufflons.

Mischwälder der Mittelgebirge

Waldschachtelhalm *Equisetum sylvaticum* ❶
Familie *Equisetaceae* – Schachtelhalmgewächse
Von dem unterirdischen Wurzelstock wachsen im Frühjahr fruchtbare, bleiche unverzweigte Stengel hoch, die am Ende je eine Sporenähre (1a) tragen. Nach der Reife und dem Ausstäuben der Sporen fallen die Sporenähren ab, die Stengel ergrünen und beasten sich quirlig wie beim Ackerschachtelhalm *(E. arvense)*. Die vier bis fünfkantigen Seitenästchen hängen bogig herab. Die Rippen der Stengel sind rauh (1b). Der Waldschachtelhalm liebt Halbschatten bis vollen Schatten, direktes Sonnenlicht verträgt er nicht. An geeigneten Standorten bedeckt er oft weite Flächen. Er ist ein Anzeiger für feuchte und humose Standorte. Vorübergehende Nässe verträgt er, stehendes Wasser jedoch nicht. Er wächst von der Ebene bis in die Berge. Besondere Wärmeansprüche stellt er nicht. Auch ist er nicht an bestimmte Waldgemeinschaften eng gebunden. Bei Schachtelhalmen dient die Sporenähre zur Vermehrung. Sie setzt sich aus sechskantigen Schildchen zusammen mit sackartigen Sporenfrüchten auf der Rückseite. Nach der Reife entlassen sie eigenartig gefaltete Sporen: Die Sporenoberfläche ist mit einer Haut bedeckt, die an vier Stellen spiralig gedrehte Ausläufer bildet. Bei Trockenheit strecken sie sich, bei Feuchtigkeit ziehen sie sich zusammen. Durch diese Bewegungen verflechten sich die Ausläufer mehrerer Sporen ineinander, so daß sie sich in Knäueln verbreiten und dadurch die Wahrscheinlichkeit einer Befruchtung erhöhen. Beim Schachtelhalm keimen aus den Sporen sogenannte Vorkeime: aus den einen Sporen männliche, aus den anderen weibliche. Die Vorkeime sind grün, laubartig und am Rand gelappt. Je näher sich die verschieden geschlechtlichen Vorkeime sind, desto eher gelangen männliche Geschlechtszellen (Spermatozoiden) auf die weiblichen Geschlechtszellen (Eizellen). Die Spermatozoiden drängen, wie bei den meisten Sporenpflanzen, im Wasser, also bei Regenwetter zu den Eizellen hin. Erst aus der befruchteten weiblichen Zelle geht dann die eigentliche Pflanze hervor.

Gefranste Flechte *Cladonia fimbriata* ❷
Familie *Cladoniaceae* – Becherflechten
Der erdnahe Teil des Lagers setzt sich aus kleinen, rundlichen, festen graugrünen Schuppen zusammen, die 1,5–3 cm hohe, bemehlte Kelche tragen. Der Rand des Kelches ist gezähnt und braun gepunktet. Die Gefranste Flechte wächst auf Waldlichtungen und Steinblöcken, sehr oft auch auf Baumstöcken und auf altem Holz. Am besten sagt ihr ein trockener Standort zu. Die Flechte kommt in ganz Europa häufig vor. Man findet sie von der Ebene bis in die Berge.

Buchenfarn *Phegopteris polypodioides* ❸
Familie *Polypodiaceae* – Tüpfelfarngewächse
Buchenfarn ist zierlich, 15–30 cm hoch, mit einfach gefiederten gelbgrünen Blättern von länglich-dreieckigem Umriß. Ein wichtiges Erkennungsmerkmal: das letzte Fiederpaar ist deutlich zurückgebogen. Die Sporenhäufchen liegen an den seitlichen Adern. Er ist ein Anzeiger für feuchte, mäßig nährstoffreiche Böden und gleichzeitig ein Merkmal für günstige Humuszersetzung. Der Buchenfarn verlangt Halbschatten, wird aber in Quellgebieten, wo er gerne wächst, zu einer lichtliebenden Pflanze. In feuchten Gebieten kommt er nur auf sauerstoffreichem Boden vor, saure Böden verträgt er nicht. Er ist hauptsächlich in Buchenwäldern am Bergfuß oder in den Bergen verbreitet.

1b
2
1a
3

Mischwälder der Mittelgebirge

Schmetterlings-Tramete *Trametes versicolor* ❶
Familie *Polyporaceae* – Porlinge
Von den holzzerstörenden Pilzen an Waldbäumen entfallen etwa 75 % auf Porlinge. Es ist daher für den Forstmann sehr wichtig, die Pilze dieser umfangreichen Familie zu kennen. Allein in Mitteleuropa findet man ca. 260 Arten. Die meisten leben auf totem Holz, das sie nach und nach zersetzen und damit unbrauchbar machen. Viele Arten befallen auch lebende Bäume, die sie dann ernsthaft schädigen und sogar abtöten können. Die Holzzerstörer entnehmen den größten Teil ihrer Nährstoffe dem Holz, das sie mit Hilfe von Enzymen, die sie ausscheiden, zersetzen. Dabei ändert sich auch die Farbe des befallenen Holzes. Im Grunde unterscheidet man zwei Fäulnisarten: Bei der Kern- oder Rotfäule greift der Pilz nur die Zellulose des Holzes an, bei der Weißfäule werden außer Zellulose auch noch andere Stoffe im Holz abgebaut. Durch die fortschreitende Zersetzung des Holzes verringert sich seine Festigkeit, der Baum bricht. *Trametes versicolor* ist ein Konsolenpilz. Seine halbkreisförmigen Fruchtkörper bilden dachartige Büschel. Seine Oberfläche glänzt seidig und weist konzentrische Ringe im Schwarz, Olivgrün und Gelb auf. Unterseits hat er weiße bis gelbliche Poren. Er ist einer der häufigsten Pilze an Laubbäumen, deren Holz er durch Weißfäule zersetzt. Durch verletzte Stellen in der Rinde dringt er oft auch in lebende Bäume ein.

Birkenschwamm *Piptoporus betulinus* ❷
Familie *Polyporaceae* – Porlinge
Er hat einen weichen, halbrunden oder nierenförmigen, oberseits ockerfarbenen oder grauen Fruchtkörper. Die Röhrchen unterseits sind weiß, in lamellenartigen Reihen angeordnet, so daß sie auf den ersten Blick an Blätter erinnern. Der Pilz wächst parasitisch an lebenden Laubbäumen, oder saprophytisch am toten Holz. Sehr oft kommt er am Stamm vor und bringt den Baum schnell zum Absterben. Am häufigsten befällt er Birken, aber auch Eichen und Buchen. Er verursacht Weißfäule. Im zersetzten Holz fallen schwarze wie mit Tusche gemalte Streifen auf.

Zunderschwamm *Fomes fomentarius* ❸
Familie *Polyporaceae* – Porlinge
Er fällt durch große, konsolenförmige, durch den Zuwachs bedingte, schichtartig gestreifte Fruchtkörper auf. Sie sind außen hellgrau, innen braun. Die Röhren auf der Unterseite sind zunächst ockerfarben, später nehmen die Poren Rostfärbung an. Er ist der größte Schädling an Buchen, befällt jedoch auch andere Laubbäume, lebende wie abgestorbene. Er verursacht Weißfäule, deren erstes Anzeichen schwarze Striche sind. Im Endstadium der Zersetzung wird das Holz bröckelig und weiß. Die Infektion erfolgt über Wunden an lebenden Bäumen.

Rotrandiger Schichtporling *Fomes marginatus* ❹
Familie *Polyporaceae* – Porlinge
Die konsolenförmigen Fruchtkörper dieser Art variieren in der Farbe sehr. Von oben sind sie glänzend orange bis rotbraun, im älteren mittleren Teil schwarz, am Rand hellockerbraun mit einem schmalen weißen Zuwachsstreifen. Typisch für den frischen Fruchtkörper: Auf seiner Oberfläche stehen oft Wassertröpfchen. Er gehört zu den schädlichsten Pilzen, da er fast jede Holzart befällt, selbst Obstbäume und weder lebende noch abgestorbene verschont. Am häufigsten findet man ihn in Gebirgswäldern. Das befallene Holz verfärbt sich braun und zerfällt würfelartig. In den Rissen sieht man dann das weiße Pilzgeflecht. Dieser Pilz bringt Fichten und auch andere Bäume vorzeitig zum Absterben. Der Pilz macht das Holz brüchig, so daß der Baum einem starken Wind oder größerer Schneelast nicht mehr standhalten kann und zusammenbricht.

2
3
4
1

Mischwälder der Mittelgebirge

Wiesenschlüsselblume *Primula veris* ❶
Familie *Primulaceae* – Primelgewächse
Die Wiesenschlüsselblume ist eine ausdauernde Pflanze mit rosettigen, länglicheiförmigen, gekerbten, runzeligen Blättern. Die wohlriechenden, goldgelben Blüten erscheinen im April. Sie stehen in einfacher Dolde endständig an einem 10–20 cm langen Blütenstengel. Bei manchen Blüten überragt der Griffel mit seiner Narbe die Staubgefäße, etwa dort, wo die Kronblätter röhrig verwachsen. Die Staubgefäße reichen dann nur bis zur Mitte dieser Röhre. Bei anderen Blüten ist es umgekehrt. Vergleicht man beide Blütenarten miteinander, so entspricht die Lage der Staubgefäße in der einen Blüte der Lage der Narbe in der anderen. Diesen Unterschied hat schon der berühmte Darwin beobachtet, und noch mehr: Er stellte fest, daß sich die Samen am besten entwickeln, wenn der Pollen hoher Staubgefäße auf die hohen Blütennarben kommt und umgekehrt. Diese Einrichtung schützt die Pflanze vor einer Selbstbefruchtung. Die Wiesenschlüsselblume wächst vom Hügelland bis in die Berge auf nährstoffreichen, humosen, feuchten Böden.

Kriechender Hahnenfuß *Ranunculus repens* ❷
Familie *Ranunculaceae* – Hahnenfußgewächse
Der Kriechende Hahnenfuß hat kriechende Sprosse, bis 50 cm lang, mit glänzenden dreizähligen Blättern. Er blüht von Mai bis September mit goldgelben, glänzenden Blüten. Er stellt keine besonderen Ansprüche an den Boden, auch nicht an die Wärmeverhältnisse und wächst deshalb von der Ebene bis ins Hochgebirge. Auch wenn er sich sonst auf frischen humosen Böden zeigt, findet man ihn ebenso auf festgetretenen Waldwegen. Er ist sehr widerstandsfähig, verträgt Niedertreten und auch mechanische Beschädigung und ist deshalb ein sehr lästiges Unkraut, besonders in Kulturen. Er vermehrt sich stark durch Wurzelausläufer.

Silberblatt, Mondviole *Lunaria rediviva* ❸
Familie *Brassicaceae* – Kreuzblütengewächse
Die auffällige Pflanze ist ausdauernd. Aus ihrem dicken, kriechenden Wurzelstock wächst ein bis 140 cm hoher Stengel mit großen herzförmigen Blättern. Sie blüht von Mai bis Juli mit blaßvioletten Blüten. Später fallen auch die Früchte auf: große, flache, elliptische, bis 5 cm lange Schoten. In der Reifezeit fallen beide Klappen der Schote ab, zurück bleibt die elliptische, silberglänzende Fruchtscheidewand, auf der die Samen an langen Stielen sitzen. Diese trockenen Fruchtscheidewände verwendet man im Winter für dekorative Sträuße und Gestecke. Das Silberblatt kommt meistens in Buchenwäldern, auf nährstoffreichen, humosen Böden vor, in niedrigen Lagen stets auf schattigen Nordhängen. Es braucht hohe Luftfeuchtigkeit und kommt daher gern in der Nähe von Wasserfällen oder in Schluchtwäldern vor. Das Silberblatt produziert sehr viel organische Substanz und beeinträchtigt daher bei flächenhafter Verbreitung die Naturverjüngung des Waldes. Es vermehrt sich durch Samen, wie auch durch den Wurzelstock, ist aber sehr selten.

Knoblauchsrauke *Alliaria officinalis* ❹
Familie *Brassicaceae* – Kreuzblütengewächse
Die stattliche Pflanze wird bis 1 m hoch und hat einen unverzweigten Stengel mit nierenförmigen, langgestielten, grobgesägten Blättern: Sie blüht von Mai bis Juni mit weißen Blüten. Beim Zerreiben riecht sie stark nach Knoblauch. Die Frucht ist eine kantige Schote, deren Lappen beide abfallen, so daß auf einem Stiel die hautartige Fruchtscheidewand mit den Samen übrig bleibt. Bei Windstößen fallen die Samen ab. Die Knoblauchsrauke wächst in schattigen Laub- oder Mischwäldern, von der Ebene bis ins Gebirge. Da sie nährstoffreichen Boden braucht, ist sie ein Anzeiger für gute Böden, auf denen anspruchsvolle Laubbäume (Esche, Ahorn, Ulme u. a.) gedeihen.

4
2
1
3

Mischwälder der Mittelgebirge

Stinkender Storchschnabel *Geranium robertianum* ❶
Familie *Geraniaceae* – Storchschnabelgewächse
Die einjährige Pflanze wird 20–40 cm hoch. Ihre Blätter sind aus drei völlig getrennten fiederschnittigen Teilblättchen zusammengesetzt. Die ganze Pflanze ist mit Drüsenhaaren besetzt und riecht beim Zerreiben unangenehm. Der Stinkende Storchschnabel blüht karminrosa von Juni bis Oktober. Die Blüten stehen zu zweien am Ende langer Ästchen. Er hat wie andere Storchschnabelgewächse typische schnabelartige Früchte, die sich zur Reifezeit in fünf einsamige Teile spalten. Jeder der fünf Samen besitzt elastische Grannen, die sich krümmen und so nach und nach den Samen von der mittleren Stütze lösen. Sie fallen zu Boden und werden durch Drehbewegungen der Grannen (verursacht durch Spannungsänderungen innerhalb der Zellen) in den Boden gebohrt. Der Stinkende Storchschnabel wächst von der Ebene bis in die Berge. Hauptsächlich ist er in schattigen Wäldern auf mäßig nährstoffreichen bis feuchten Böden verbreitet. Er ist ein Anzeiger für gut zersetzte Waldstreu und damit für Böden, auf denen wertvolle Laubholzarten gut wachsen.

Rote Lichtnelke *Melandrium rubrum* ❷
Familie *Caryophyllaceae* – Nelkengewächse
Die ausdauernde Pflanze besitzt einen bis 60 cm hohen Stengel, der mit einer lockeren Trugdolde aus herrlich roten Blüten abschließt. Die Rote Lichtnelke blüht von April bis August. Wie alle Lichtnelken hat sie einen bauchigen Kelch. Er schützt die Pflanze vor ungebetenen Gästen. Viele Insektenarten versuchen nämlich den Nektar so zu erreichen, daß sie die Krone unten von außen her durchbeißen. Und eben das macht der Kelch hier unmöglich. Die Insekten müssen den üblichen Weg durch die offene Blüte nehmen, um an den Nektar zu gelangen, und sorgen so für die Bestäubung. Die Frucht ist eine Kapsel. Die Rote Lichtnelke ist von der Ebene bis in die Berge verbreitet. Sie braucht humosen, nährstoffreichen, etwas feuchten Boden. In niederen Lagen verträgt sie einen schattigen Standort, in höheren Lagen dagegen verlangt sie Licht.

Waldsauerklee *Oxalis acetosella* ❸
Familie *Oxalidaceae* – Sauerkleegewächse
Er hat einen langen, schuppenhaften, dünnen Wurzelstock, aus dem die langgestielten Blätter wachsen. Sie setzen sich aus drei verkehrt-herzförmigen Blättchen zusammen. Er blüht von April bis Mai mit weißen Blüten, die rot geadert sind. Seine kleeähnlichen Blätter enthalten sehr viel Oxalsäure und haben deshalb einen angenehm säuerlichen Geschmack. Die ersten Blüten des Waldsauerklees werden meistens nicht befruchtet: Erst bei Sommerblüten kommt es zur Selbstbestäubung, ähnlich wie bei den Veilchen. Die Frucht ist eine Kapsel, die den Samen herausschnellt. Der Waldsauerklee kommt von der Ebene bis in die Berge auf gleichmäßig feuchten, nährstoffreichen Böden vor. Er ist eine ausgesprochene Schattenpflanze, die bei starker Sonneneinstrahlung ihre sonst ausgebreiteten Teilblättchen absenkt und damit die Assimilationsfläche verkleinert.

Schmalblättriges Weidenröschen *Chamaenerion angustifolium* ❹
Familie *Onagraceae* – Nachtkerzengewächse
Die ausdauernde Pflanze besitzt einen stattlichen bis 120 cm hohen, purpurfarbenen Stengel mit lanzettlichen Blättern. Vom Juli bis August trägt er eine endständige Traube aus purpurvioletten Blüten. Zur Reifezeit bilden sich lange, walzenförmige Kapseln mit einer großen Zahl flaumiger Samen, die der Wind verbreitet. Im Licht keimen die Samen sehr schnell, halten jedoch im Schatten auch einige Jahre im Boden aus, ohne ihre Keimfähigkeit zu verlieren. Das Schmalblättrige Weidenröschen wächst von der Ebene bis in die Berge auf Waldlichtungen. Es kommt überall dort vor, wo genügend Licht ist und die Zersetzung organischer Substanzen schnell vor sich geht.

1
2
1a
4
3

Mischwälder der Mittelgebirge

Weißtanne *Abies alba* ❶
Familie *Pinaceae* – Kieferngewächse
Die Weißtanne kommt in Mittel- und Südeuropa vor, im Westen reicht sie bis Frankreich und in die Pyrenäen. Sie dringt im Norden nicht einmal in die skandinavischen Länder und im Osten in die UdSSR vor, denn gegen harte Winterfröste ist sie sehr empfindlich. In Mitteleuropa wächst sie von den Hügelländern bis in die Bergwälder, von 300–1200 m Meereshöhe. In Frankreich ist sie besonders in den Vogesen, in Westdeutschland im Frankenwald und im Schwarzwald sehr häufig. Sie erreicht Höhen bis über 50 m und ist der höchste europäische Baum. In urwaldähnlichen Beständen wird sie 500 bis 600 Jahre alt und erreicht bis 2 m Durchmesser. Den Stamm der Weißtanne erkennt man an der weißgrauen Borke, die Krone hat Zylinderform und reicht, bei genügend Lichtgenuß, z. B. in Mischwäldern, bis tief zum Boden. Die Nadeln sind flach, 2–3 cm lang, am Ende gekerbt und unverkennbar durch die zwei weißlichen Längsstreifen auf der Unterseite. An den Trieben stehen sie in zwei Zeilen mit kreisförmiger Anwachsstelle. Die Blüten der Weißtanne erscheinen Ende Mai: männliche gelbliche Zäpfchen an der Unterseite vorjähriger Triebe, weibliche grüne Zäpfchen über ihnen im oberen Teil der Baumkrone. Bis zum Herbst entwickeln sich aus den grünen Zäpfchen zylinderförmige Zapfen von 10–20 cm Länge. Im Unterschied zur Fichte stehen sie senkrecht auf dem Zweig. Ende Oktober zerfallen sie und der geflügelte Samen fällt zur Erde. Die Weißtanne wird verhältnismäßig spät fruchtbar, meist erst ab ca. 40 Jahren, im Bestandesschluß gar erst nach 50 Jahren. Sie verträgt in der Jugend verhältnismäßig starke Beschattung, stellt jedoch höhere Ansprüche an Luft- und Bodenfeuchtigkeit. In trockeneren Gegenden mit Niederschlägen unter 600 mm und Luftverschmutzung stirbt sie heute ab. Am wohlsten fühlt sie sich in feuchteren Landstrichen am Bergfuß auf schwerem, frischem Boden. Sie hat ein tiefreichendes Wurzelwerk und leidet nicht unter Windbruch. Ihr weiches, leichtes Holz wird zu Wasserbauten, Balken und zur Gewinnung von Zellulose verwendet.
Männliche Blüten (1a), weibliche Blüten (1b).

Europäische Lärche *Larix decidua* ❷
Familie *Pinaceae* – Kieferngewächse
Die Europäische Lärche wirft ihre Nadeln im Herbst ab. Sie ist verbreitet in den Bergen und Hügelländern Mitteleuropas, besonders in den Alpen und Karpaten. Heute wird sie häufig auch außerhalb ihres natürlichen Verbreitungsgebietes angebaut. Sie wird 30–40 m hoch, hat einen geraden Stamm und eine hoch angesetzte Krone. Ihre weichen Nadeln stehen einzeln an einjährigen Langtrieben und zu 25–40 gebüschelt an Kurztrieben älterer Zweige. Sie blüht zeitig im Frühjahr Anfang April. Gleichzeitig mit den austreibenden Nadeln erscheinen die roten und grünen weiblichen Blüten und die gelben männlichen. Bis zum Herbst entwickeln sich eiförmige Zapfen, 1–3 cm lang, die einige Jahre auf den Bäumen bleiben. Schon nach 15 Jahren wird die Lärche mannbar. Sie ist eine ausgesprochen schnellwüchsige Lichtholzart, die einen luftigen Standort und volles Sonnenlicht verlangt. Sie ist widerstandsfähig gegen Frost und Hitze, ihre Wurzeln verankert sie gut im Boden. Im Frühjahr fällt sie durch ihr frisches Grün, im Herbst durch die goldgelben Nadeln auf. Sie liefert ein sehr gutes Harz und ein Qualitätsholz mit braunrotem Kern, das für Wasserbauten, Wandverkleidungen, Holztreppen und leichte Möbel Verwendung findet.

1a
2a
1b
2
1

Mischwälder der Mittelgebirge

Rotbuche *Fagus sylvatica*
Familie *Fagaceae* – Buchengewächse **1**
Die Rotbuche ist in West-, Mittel- und Südeuropa verbreitet; nicht aber in den nordischen Ländern und in Osteuropa, wo es verhältnismäßig harte Winter gibt. Sie ist eine Schattholzart, bildet reine Bestände, oder wächst in Mischung mit Nadelholz oder anderem Laubholz. In niedrigeren Lagen (400–600 m Meereshöhe) ist sie oft mit Eiche, Tanne oder Weißbuche, in höheren Lagen (700–1200 m) mit Tanne und Fichte gemischt. Allzu feuchte exponierte Standorte meidet sie und bevorzugt leichtere, vor allem kalkhaltige Böden. Da ihr Fallaub einen guten Humus bildet und sie kaum unter Schädlingsbefall leidet, schätzt man diese Holzart in der Forstwirtschaft. Die Rotbuche erreicht Höhen von 30–35 m, bildet lange, glatte Baumstämme mit silbrig-grauer Rinde und hat eine hoch angesetzte Krone. Ihre wechselständigen Blätter sind eiförmig, 5–10 cm lang und ganzrandig. Das zarte Grün der frisch ausgetriebenen Blätter macht den Buchenwald im Frühjahr besonders reizvoll, schön ist auch die bronzebraune Laubfärbung im Herbst. Die männlichen und weiblichen Blüten erscheinen im Mai. Die Früchte reifen im Oktober zu pyramidenförmigen, rotbraunen, ölhaltigen Bucheckern, die in einem zotteligen Becher sitzen und am Boden vom Wild begehrt sind. Samenreiche Jahre sind bei der Buche verhältnismäßig selten, sie wiederholen sich im Abstand von 5–8 Jahren. Buchen werden erst nach 50 Jahren fruchtbar. Die Rotbuche vermehrt sich aus den abgefallenen und am Boden keimenden Samen. Ihr hartes Holz verwendet man zur Herstellung von Möbeln, Parkett, Schwellen und zur Gewinnung von Zellulose.

Bergulme *Ulmus scabra*
Familie *Ulmaceae* – Ulmengewächse **2**
Die Bergulme ist eine Holzart mit sehr großem Verbreitungsgebiet: von Spanien nordwärts bis zum 65. Breitengrad und ostwärts bis zum Ural. Vom Hügelland steigt sie hoch ins Gebirge, und am häufigsten ist sie in Bachtälern, feuchten Mulden und auf Geröllhalden mit nährstoffreichem Boden zu finden. Sie liebt den Halbschatten und verjüngt sich gut auf natürliche Weise. Die Bergulme ist ein stattlicher Baum mit einem zylindrischen, hohen Stamm, der eine rissige Borke hat. Ihre Blätter sind breit eiförmig, 8–16 cm lang, an der Spitze meist dreizipfelig, an der Basis leicht asymmetrisch. Die kugeligen Blütenknospen sind schon im Winter gut sichtbar. Anfang April erscheinen dann die unauffälligen Blüten. Ende Mai reifen und fallen die Früchte. Es sind Schließfrüchte, die bei der Bergulme meist in der Mitte des hautartigen, bis 2 cm langen Flügels sitzen. In niederen Lagen bis 600 m wird auch die Bergulme vom Ulmensterben befallen: Der Baum wird von oben her dürr und stirbt nach einigen Jahren ab. In Berggegenden bleibt die Bergulme vorläufig von dieser Krankheit verschont. Sie liefert ein mittelschweres Holz mit bräunlichem Kern, das man zur Herstellung von Möbeln, Gewehrkolben und im Fahrzeugbau verwendet.
Blüten (2a), Früchte (2b).

2b
2a
2
1

Mischwälder der Mittelgebirge

Eibe *Taxus baccata* ❶
Familie *Taxaceae* – Eibengewächse
Die Eibe gedeiht vor allem im atlantischen Klima. Sie kommt in West-, Mittel- und Südeuropa, von England bis Polen und Griechenland vor. In Mitteleuropa wächst sie im Hügelland und in unteren Berglagen im Unterholz des Mischwaldes. Sie bildet selten reine Bestände, sondern kommt meist einzeln oder in kleinen Gruppen vor, besonders auf Felshängen oder auf kalkhaltigem Untergrund. In den vergangenen Jahrhunderten war die Eibe in Europa viel weiter verbreitet. Durch intensivere Forstwirtschaft und Kahlschlagbetrieb wurde die Eibe in den meisten Ländern aus dem Wirtschaftswald verdrängt. Sie kommt heute nur noch in schwer zugänglichem Gelände wild vor, wird aber in Garten- und Parkanlagen reichlich angebaut. In der BRD und DDR schätzt man die Anzahl der Eiben auf 30 000, in Österreich auf 10 000, in der ČSSR auf 200 000 und in Ungarn auf 50 000. Die Eibe wird 10–15 m hoch, oft wächst sie auch nur strauchartig. Am Stamm schält sich die dünne, rotbraune Borke in großen Schuppen ab. Die Eibe wird bis 1000 Jahre alt. Die flachen, 2–3 cm langen Nadeln sitzen zweizeilig an den Trieben. Oben glänzen sie dunkelgrün, unterseits sind sie hellgrün, vorne scharf zugespitzt. Die Eibe ist zweihäusig. Ihre Blüten erscheinen im März. Im Herbst reifen auf den weiblichen Bäumen die 7 mm langen Samen, die dann von dem roten Samenmantel so umwachsen werden, daß vorne eine Öffnung bleibt. Bis auf den Samenmantel sind alle Teile der Eibe giftig. Vögel fressen ihn gerne und tragen den unverdauten Samen in die Umgebung. Das schwere, rotbraune Eibenholz hat man früher zur Herstellung von Armbrustbogen und wertvollen Möbeln verwendet. Heute steht die Eibe unter Schutz. Man darf sie nicht mehr fällen.

Weißerle, Grauerle *Alnus incana* ❷
Familie *Betulaceae* – Birkengewächse
Die Weißerle ist eine nordeuropäische Holzart. In Mittel- und Südeuropa kommt sie nur in höheren Lagen vor. Sie wird 10–20 m hoch, ihr Stamm hat eine glatte, graue Rinde. Im Unterschied zur Schwarzerle hat sie eiförmige, zugespitzte Blätter, die 4–9 cm lang und auf der Rückseite graugrün sind. Sie blüht zeitig im Frühjahr, etwa 14 Tage vor der Schwarzerle. Die weiblichen Kätzchen sind hellbraun. Die Weißerle besitzt ein gutes Stockausschlagvermögen und treibt oft Wurzelbrut. Sie ist eine Pionierholzart auf Anschwemmungen von Gebirgsbächen und kleinen Flüssen in 600–1400 m Höhe. Oft baut man sie auch als Vorwald auf Ödflächen an, um unfruchtbare Böden mit Stickstoff anzureichern und für eine nachfolgende Kultur vorzubereiten. Ihr helles Holz findet wenig Anklang. Zum größten Teil verwendet man es als Brennholz.

Traubenholunder, Hirschholunder *Sambucus racemosa* ❸
Familie *Caprifoliaceae* – Geißblattgewächse
Der Traubenholunder ist in West-, Mittel- und Südeuropa verbreitet. Er wächst vom Hügelland bis hoch ins Gebirge (bis etwa 1500 m). Er kommt an ähnlichen Standorten wie der Schwarze Holunder vor, also hauptsächlich auf humosen Böden mit höherem Stickstoffgehalt. Er stellt sich alsbald ein auf Katastrophenflächen nach Sturm-, Schneebruch oder Insektenkalamitäten. Der Traubenholunder wächst als Strauch 1–4 m hoch, mit kräftigen Trieben, die innen ein rotbraunes Mark haben. Die Blätter sind etwa 10 cm lang und unpaarig gefiedert mit 5–7 eiförmig-lanzettlichen Fiederblättchen. Die gelblichen Blüten erscheinen im April und Mai. Sie bilden gedrungene, eiförmige Rispen, die am Ende des Sommers rote Beeren von 4 mm Durchmesser tragen.

1
1a
1b
2
2a
2b
3

Mischwälder der Mittelgebirge

Gemeiner Seidelbast *Daphne mezereum* ❶
Familie *Thymelaeaceae* – Seidelbastgewächse
Der Gemeine Seidelbast ist fast in ganz Europa verbreitet und wächst in der Krautschicht des Waldes, vor allem im Buchenwald. Er verlangt feuchten, humosen Boden. An geeigneten Standorten kommt er vom Hügelland bis zu den Mischwäldern der Gebirgsregion vor. Der Gemeine Seidelbast ist ein locker verzweigter Strauch, 50–150 cm hoch, mit graubrauner, glatter Rinde. Seine lanzettlichen Blätter sind etwa 6 cm lang, ganzrandig, am Ende der Triebe gehäuft. Er blüht zeitig im Frühjahr (im März) noch vor dem Laubausbruch. Seine betäubend duftenden Blüten locken die ersten Frühlingsschmetterlinge an. Runde, rote Steinfrüchte von etwa 8 mm Durchmesser reifen Ende Juli heran. Sie enthalten einen schwarzbraunen, eiförmig-kugeligen Kern. Früchte und Rinde des Gemeinen Seidelbasts sind giftig! Wegen seiner dekorativen, wohlriechenden Blüten hat man den wildwachsenden Gemeinen Seidelbast in die Gärten geholt, und so wurde er in den Wäldern selten. Heute ist er geschützt. Das Vernichten oder Entfernen vom natürlichen Standort ist strafbar.

Stechpalme, Hülse *Ilex aquifolium* ❷
Familie *Aquifoliaceae* – Stechpalmengewächse
Die Stechpalme ist ein immergrüner, schlanker Baum, der im Alter eine Höhe von 12–18 m erreicht. Naturgemäß ist sie in Westeuropa verbreitet in Gebieten mit atlantischem Klima, nordwärts dringt sie bis Schweden vor. Sie verträgt verhältnismäßig viel Schatten und wächst im Unterholz der Mischwälder. Im Gebirge steigt sie in über 1000 m Höhe. An den Boden stellt sie keine besonderen Anforderungen, verlangt nur größere Feuchtigkeit. Harte Winterfröste verträgt sie nicht. Daher kommt sie im östlichen Teil von Mitteleuropa nicht vor. Die Stechpalme hat dekorative, lederartige, eiförmige Blätter von 3–8 cm Länge. Oberseits sind sie dunkelgrün, glänzend, am Rand wellig und stachlig. Weißliche, vierzählige Blüten erscheinen im Mai in den Blattachseln. Bis zum Herbst entwickeln sich rote Beeren, die von Vögeln gesucht werden. Die Stechpalmenzweige verwendet man als Weihnachtsschmuck, als Ziersträucher pflanzt man sie auch in die Gärten.

Gemeine Heckenkirsche, Rote Heckenkirsche *Lonicera xylosteum* ❸
Familie *Caprifoliaceae* – Geißblattgewächse
Die Gemeine Heckenkirsche wächst als Strauch, der fast über ganz Europa verbreitet ist und auch bis in Ostsibirien vorkommt. In Mittel- und Westeuropa erscheint er vom Hügelland bis in die Berge (bis 1000 m NN). Die Gemeine Heckenkirsche wächst am Waldrand, an Heckenrainen und im Unterholz der Wälder, denn sie verträgt ziemlich viel Schatten. Besonders frische, nährstoffreiche Böden mit hohem Kalkgehalt sagen ihr zu. Die Gemeine Heckenkirsche ist ein reich verzweigter Strauch von 1–2 m Höhe. Ihre Knospen stehen senkrecht zum Ast. Die Triebe sind innen hohl, die Blätter breit elliptisch, 3–6 cm lang und ganzrandig. Die gelblichweißen Blüten stehen paarweise auf einem Stiel und blühen ab Mai. Im Herbst schmückt sich der Strauch mit blutroten Beeren, mit einem Durchmesser von 7 mm. In Parks und Gärten pflanzt man die Gemeine Heckenkirsche oft als Hecke.

3a
3
1a
2
1

Mischwälder der Mittelgebirge

Weidenbohrer *Cossus cossus*
Familie *Cossidae* – Holzbohrer
Der Weidenbohrer ist ein stattlicher, gedrungen bis plump gebauter Schmetterling mit abgerundeten Flügeln (Spannweite 65–90 mm). Auf der graubraunen Grundfarbe trägt er eine feine, dunkel gewellte Zeichnung. Er bewohnt ganz Europa mit Ausnahme der nördlichen Gebiete, vorwiegend Laubwälder. Er befällt ganz verschiedene Laubhölzer, aber auch Apfel-, Birn-, Pflaumen- und andere Obstbäume. Die Weidenbohrer schwärmen im Juni und Juli, man sieht sie abends und nachts schwerfällig dahinfliegen. Ihre Fruchtbarkeit ist bedeutend: Die Weibchen legen unten an lebenden Bäumen in Rindenrisse bis zu 800 Eier in Gruppen zu je 15–30 Stück. Nach etwa einer Woche schlüpfen die Raupen, die sich sogleich unter die Rinde bohren. Im Herbst erreichen sie Längen von 2–3 cm, fressen nach der Überwinterung in einem gemeinsamen Gang nach allen Seiten Einzelgänge aus, von denen einer zum Hinausdrücken der Exkremente aus dem Stamm dient. Im zweiten Lebensjahr sind die Raupen höchst gefräßig und wachsen rasch. Nach der zweiten Überwinterung wandern sie am Stamm abwärts, wo sie Löcher bohren, die Ausgänge mit Holzmehl verstopfen und sich dort verpuppen. Das Puppenstadium dauert etwa 2–6 Wochen. Der Weidenbohrer ist ein schlimmer Schädling vieler Laubbäume, weil er ausschließlich Bäume mit gesundem Holz befällt, sie beträchtlich schwächt und den Befall durch sekundäre Parasiten (z. B. Schwämme, Schimmelpilze) erleichtert.

Zitronenfalter *Gonepteryx rhamni*
Familie *Pieridae* – Weißlinge
Der Zitronenfalter gehört zu den bekanntesten Schmetterlingen Europas. Er überwintert als Imago (Schmetterling) und fliegt, wenn wärmeres Frühjahrswetter herrscht. Im Frühjahr paart er sich, und die Weibchen legen die Eier an Sträucher. Die Raupen schlüpfen mit dem Austreiben der Blätter. Das Raupenstadium dauert 3–7 Wochen. Vom Schlüpfen bis zur Verpuppung sind die Raupen grün und tragen schüttere Härchen. Die Puppe hängt an dem sogenannten Gürtel. Nicht lange nach der Verpuppung schlüpfen die Falter. Die Männchen sind schwefelgelb, die Weibchen blaß (Flügelspannweite um 60 mm). Diese Art kommt in allen Wäldern der Ebene bis in das Hochgebirge vor. In den Alpen und Karpaten sieht man den Zitronenfalter nicht selten noch in 2000 m Höhe.

Birkenfalter *Zephyrus betulae*
Familie *Lycaenidae* – Bläulinge
Der auch Nierenfleck genannte Birkenfalter ist in Mittel- und Nordeuropa verbreitet und fehlt in südlichen Ländern. Er kommt nirgends häufig vor und erscheint eher vereinzelt. Als größter Zipfelfalter Europas besitzt er die beachtliche Flügelspannweite von 45 mm; die Oberseite der Flügel ist braun, bei den Weibchen mit orangefarbenen Flecken verziert. Die Schmetterlinge fliegen im Spätsommer und Frühherbst. Die grüne Raupe mit dem schwarzen Kopf lebt auf Schlehe, Birke, Haselnuß und anderen Laubbäumen. Die ockerbraune Puppe liegt frei am Boden zwischen gefallenem Laub.

Admiral *Vanessa atalanta*
Familie *Nymphalidae* – Fleckenfalter
Der Admiral gehört zu den Zugfaltern; deshalb hängt seine Populationsdichte, vor allem in den nördlichen Teilen Europas, von der Intensität des Zugs ab. Der schöne Schmetterling ist außerhalb Europas auch in Nordamerika verbreitet. In Asien löst ihn die ähnliche Art *Vanessa indica* ab. Der Admiral fliegt im Mai aus dem Süden ein und gründet eine neue Generation, die man den Sommer und Herbst über an Waldrändern, auch Lichtungen, Wiesen und in Gärten antrifft. Nicht selten sieht man ihn an reifem Obst und den Saft verletzter Bäume saugen. Die Raupen sind schwarz mit je einem hellen Seitenstreifen. Sie leben zwischen zusammengesponnenen Brennesselblättern. Die Puppe ist bräunlich.

Pappelblatt-Wollspinner *Poecilocampa populi*
Familie *Lasiocampidae* – Glucken
Dieser Schmetterling erscheint erst im Spätherbst, im Oktober und November. Er übersteht auch leichte Fröste und fliegt häufig zum Licht hin. Der Pappelblatt-Wollspinner ist schwarzbraun und hat auf den Vorderflügeln zwei weißliche Bänder, auf den Hinterflügeln eines. Die Raupe ist grau, fein behaart und besitzt hinter dem graubraunen Kopf einen rotgelben Fleck. Ihr Bauch ist dunkelbraun gefleckt. Sie lebt vom Frühjahr bis in den Juli an Eichen, Birken, Espen, Linden, Schwarzdorn, Schlehen und Obstbäumen. Zur Verpuppung spinnt sich die Raupe in einen festen aschgrauen Kokon ein, in dem sie sich in eine dicke, zylinderförmige, schwarzbraune Puppe verwandelt.

Lärchenspanner *Poecilopsis isabellae*
Familie *Geometridae* – Spanner
Noch vor kurzem galt er als ein seltener Schmetterling. Erst intensive Untersuchungen haben gezeigt, daß dieser zu den Vorfrühlingsarten gehörende Spanner wesentlich häufiger auftritt, als man annahm. Er erscheint nicht nur in Wäldern des Vorgebirges, wo er an natürliche Lärchenbestände gebunden ist, sondern auch im Flachland. Er schwärmt Ende Februar oder im März. Die Schmetterlinge beider Geschlechter sitzen am Stamm alter Lärchen, etwa 2 m über dem Boden, häufig schon gepaart. Die Weibchen besitzen nur verkümmerte Flügelreste, sind auffallend behaart und mit orangeroten Schuppen verziert. Die Männchen tragen am Kopf ein Paar kammartiger Fühler und entgehen dank der Schutzfärbung ihrer schuppigen Flügel der Aufmerksamkeit. Die Schmetterlinge werden in der Dämmerung aktiv. Die Raupe lebt von Mai bis Juli an Lärchen. Die rotbraune Puppe überwintert im Boden. Die Flügelspannweite der Männchen mißt rund 30 mm, die Körperlänge der Weibchen 20 mm.

Großes Jungfernkind *Archiearis parthenias*
Familie *Geometridae* – Spanner
Das Große Jungfernkind ist der häufigste Vertreter der Gattung *Archiearis.* Außer ihm sind noch zwei ähnliche Arten bekannt; alle drei gehören zu den echten Frühjahrsschmetterlingen, weil sie sehr bald, meist schon Mitte März schlüpfen. Das Jungfernkind ist an die Birke gebunden, wobei schon einzelne Birken für sein Vorkommen genügen. Die Schmetterlinge sind in den Mittagsstunden am aktivsten. Zu dieser Zeit lassen sie sich nur schwer erbeuten, weil sie in lebhaftem Zickzackflug unermüdlich durch die Luft wirbeln. Häufig lassen sie sich auf kleinen Tierkadavern oder Misthaufen nieder. Bei beiden Geschlechtern fallen die orangeroten Hinterflügel auf. Das Weibchen legt die grünlichen Eier im Frühjahr an Birken. Die grünen, gestreiften Raupen ernähren sich vom Birkenlaub. Im Spätsommer verspinnen sie sich zwischen Blättern zum Verpuppen; die Puppen überwintern. Die Flügelspannweite beträgt 35–40 mm. Eine ähnliche Art ist *Archiearis notha,* die vor allem in Pappel- und Espenbeständen vorkommt. Ein dritter Angehöriger der Gattung heißt *Archiearis puella.* Er ist vorwiegend im Flachland von Südeuropa und in den wärmsten Gegenden Mitteleuropas verbreitet.

Wellenlinienspanner *Calocalpe undulata*
Familie *Geometridae* – Spanner
Eine in den Mischwäldern ganz Eurasiens verbreitete Art. Die Imagines sitzen mit Vorliebe an Nadelholzstämmen, besonders in wärmeren Waldteilen. Der Wellenlinienspanner ist ziemlich scheu und fliegt schon mehrere Schritte vor dem Störenfried davon. Außerdem schützt ihn seine Tarnfärbung, die ihn auf der Baumrinde unsichtbar macht. Die Raupen nähren sich von Pflanzen des Unterholzes, von Blättern der Birke, Espe, Weide, Schlehe und verschiedener Nadelbäume. Sie überwintern im Raupenstadium.

Mischwälder der Mittelgebirge

Mittlerer Weidenschwärmer *Deilephila elpenor* ■□
Familie *Sphingidae* – Schwärmer □□
Er erscheint in Europa und Teilen Asiens, in Landschaften mit Steppencharakter, an Waldrändern und besonnten Lichtungen. Der Mittlere Weidenschwärmer lebt meist im Flachland, geht aber auch in das Vorland der europäischen Hochgebirge. Der Schmetterling hat eine Flügelspannweite von rund 70 mm. Er schlüpft meist im Mai und Juni, seltener im August. Wie die übrigen Schwärmer ist er ein guter Flieger und lebt gegen Abend auf. Tagsüber ruht er im Unterholz. Die Weibchen legen ihre Eier einzeln auf schmalblättrige Weiden, verschiedene Labkrautarten, im Süden auch auf Weinreben. Die Raupe findet man von Juni bis September in Bodennähe; sie ist braun, selten grün, wird etwa 8 cm lang und trägt am Hinterleib ein unauffälliges Hörnchen. Knapp über oder unter dem Boden verwandelt sie sich in einem lockeren Gespinst in die ockerbraune Puppe.

Frostspinner, Federträger *Ptilophora plumigera* □■
Familie *Notodontidae* – Zahnspinner □□
Der Frostspinner ist einer der spätesten Schmetterlinge Europas – er fliegt von Oktober bis in den Dezember. Auffällig sind seine starken, kammartig gezähnten Fühler. Die Grundfärbung ist variabel, meist ockerbraun; aber auch schwärzliche Individuen sind bekannt. Die Flügelspannweite mißt etwa 35 mm. Obwohl er so spät fliegt, handelt es sich um eine wärmeliebende Art, die auf Südhängen Laub- und Mischwald liebt. Der Federträger gehört zu den selteneren Arten. Seine Raupen ernähren sich von Blättern des Feld- und Bergahorns. Die Eier überwintern, die Raupen verpuppen sich in einer Erdhöhle zu einer dunkelbraunen, schwarz gefleckten Puppe.

Brauner Bär *Arctia caja* □□
Familie *Arctiidae* – Bärenspinner ■□
Der Braune Bär ist ein häufiger und gut bekannter Bärenspinner. Seine Flügelspannweite beträgt 55–65 mm. Die Vorderflügel sind braun mit weißer Zickzackzeichnung, die Hinterflügel rot, mit schwarzen, blauglänzenden Flecken. Der Schmetterling fliegt in Julinächten. Das Weibchen legt auf die verschiedensten Gewächse bis zu 2000 Eier, aus denen noch im selben Jahr die Raupen schlüpfen, die sehr langsam wachsen und überwintern. Im letzten Entwicklungsstadium sind sie schwarz, mit langen schwarzen und kürzeren rostroten Haaren bedeckt. Sie verpuppen sich in bräunlichen Gespinsten zwischen Blättern am Boden.

Nonne *Lymantria monacha* □□
Familie *Lymantriidae* – Trägspinner □■
Dieser Schmetterling ist für den Wald überaus schädlich. Seine Vorderflügel sind weiß mit schwarzen Zickzacklinien. Bekannt sind auch dunkle Formen, die in manchen Populationen überwiegen. Die Nonne fliegt im Juli und August. Die Weibchen legen mit ihrer langen Legeröhre die Eier gruppenweise tief in Baumrindenrisse. Dort überwintern die Eier. Die jungen Raupen schlüpfen erst im folgenden Frühjahr und wandern in die Kronen der Nadel- aber auch Laubbäume, die sie bei Massenvermehrung kahlfressen. Die Nonne ist besonders in Nadelwäldern ein gefährlicher Schädling, weil die kahlgefressenen Nadelbäume nicht mehr assimilieren können und zugrundegehen. Nach der letzten Häutung ist die Raupe graubraun mit blauen Warzen auf dem Rücken. Sie verpuppt sich in sehr lockeren Gespinsten an Rinden, Zweigen oder Nadeln. Die Puppen sind braun, besitzen Haarbüschel an den einzelnen Segmenten und glänzen metallisch. Der Schmetterling ist über ganz Europa verbreitet, mit Ausnahme der arktischen Gebiete und des spanischen und italienischen Südens. Eine Massenvermehrung der Nonnen kann man nur mit chemischen und biologischen Schutzmitteln bekämpfen.

Mischwälder der Mittelgebirge

Grauer Schmied *Adelocera murina*
Familie *Elateridae* – Schnellkäfer
Der Körper dieses Käfers ist oval, 11–17 mm lang und trägt eine dunkelbraune Grundfärbung. Er ist mit kurzen braunen, rostbraunen, weißlichen und grauen Haarschuppen bedeckt. Die Larve wird 27 mm lang, ist mäßig abgeflacht, unter dem Namen „Drahtwurm" bekannt und gehört zu den schlimmen Forstschädlingen, weil sie die unterirdischen Teile vieler Kulturpflanzen befällt. Besonders gefürchtet ist die Larve in Baumschulen, wo sie besonders die Nadelholzsamen aushöhlt und die Wurzeln und Stämmchen der Sämlinge abfrißt. Die Imagines erscheinen im Wald vom Vorfrühling bis in den Spätherbst. Wenn es zur Massenvermehrung kommt, kann der Käfer ebenfalls schädlich sein, weil er die Knospen von Laubbäumen, vor allem von Fichten und Buchen abbeißt. Auch die Landwirtschaft sieht ihn nicht gern, denn er schädigt Getreidepflanzen und Obstbäume. Der Schmied ist in ganz Europa, bis in den Kaukasus und nach Sibirien verbreitet. Auch in Nordamerika ist er nicht selten.

Schmalbock, Gefleckter Bock *Strangalia maculata*
Familie *Cerambycidae* – Bockkäfer
Der Schmalbock ist ein 14–22 mm langer, schlanker nach hinten zu schmaler werdender Käfer. Kopf und Brustschild sind schwarz; die Flügeldecken weisen braune Querflecken auf, die manchmal in kleinere Tupfen zerfallen. Man sieht die Käfer oft auf Blüten an der Sonne in Gesellschaft von Zweiflüglern Nektar saugen. Die Larven entwickeln sich im Moder von Laubbäumen, gelegentlich auch von Fichten. Trotz ihrer Häufigkeit ist die Art durchaus unschädlich.

Alpenbock *Rosalia alpina*
Familie *Cerambycidae* – Bockkäfer
Die Körperform dieses Käfers ist typisch für die Familie der Bockkäfer. Der Alpenbock ist 15–38 mm lang und schlank; die Fühler der Männchen sind 1,5–2mal so lang wie der Körper, bei den Weibchen wesentlich kürzer. Die blaugraue Grundfärbung geht an den Gliedmaßen und Fühlern in ein intensives Blau über. Die Flügeldecken haben schwarze, hell geränderte Flecken, die in der Mitte ein Querband bilden. Die Zeichnung variiert aber stark. An sonnigen Tagen sind die Käfer aktiv, fliegen lebhaft und paaren sich. Die Larven leben in alten Buchen, vielleicht auch Weißbuchen. Obwohl ein Vertreter der Gebirgsfauna, bevorzugt der Alpenbock warme Südhänge. Er steigt in Höhen von 600–1000 m NN. Oft sieht man ihn in der Umgebung gefällter Baumstämme oder Beigholz. Der Alpenbock schwärmt von Juni bis September. Sein Verbreitungsgebiet reicht in Europa bis Südschweden (am häufigsten tritt er in Mittel- und Südeuropa auf) und umfaßt die Krim, den Kaukasus, Turkmenien und Syrien. In Europa ist er der einzige Vertreter der Gattung *Rosalia*, von der bisher nur sechs Arten auf der ganzen Welt bekannt sind.

Pappelblattkäfer *Melasoma populi*
Familie *Chrysomelidae* – Blattkäfer
Dem 10–12 mm langen Käfer mit seinem gleichmäßig gewölbten Körper und den ziegelroten, manchmal gelbbraunen, fein punktierten Flügeldecken, sieht die verwandte, ähnlich gefärbte Art *Melasoma tremulae* recht ähnlich. Allerdings sind die Flügeldecken bei *M. tremulae* über dem Hinterleib am stärksten gewölbt. Auch in der Form des Schildes unterscheiden sich die beiden Arten. In der Lebensweise dagegen gleichen sie sich wieder. Die Imagines überwintern am Boden in der Laubstreu und erscheinen im Frühjahr (April). Die Weibchen legen ihre Eier meist auf die Unterseite junger Pappel-, Espen- und Weidenblätter, die den Larven als Nahrung dienen. Auch die erwachsenen Käfer schädigen diese Bäume. Ihr Vorkommen erreicht im Juni und Juli einen Höhepunkt.

Mischwälder der Mittelgebirge

Scharlachroter Feuerkäfer *Pyrochroa coccinea* ■□
Familie *Pyrochroidae* – Feuerkäfer □□
Der 14–15 mm lange Käfer ist feuerrot bis gelblichrot. Er schwärmt im Mai und Juni. Seine räuberischen, sehr flachen Larven entwickeln sich unter der Rinde trockener Bäume und Stümpfe, wo sie kleine Insekten erbeuten. Die auffallende Färbung des Käfers schreckt insektenfressende Wirbeltiere ab. Er ist in ganz Europa bis nach Syrien verbreitet.

Frühlingsmistkäfer *Geotrupes vernalis* □■
Familie *Scarabaeidae* – Mist- und Laubkäfer □□
Ein 12–20 mm langer, untersetzter, sich unbeholfen bewegender Käfer, der aber an sonnigen Tagen rasch dahinfliegt. Sein Körper ist gedrungen, breit halbkreisförmig, aber nicht gewölbt. Die schwarze Grundfarbe wird häufig durch einen abstechenden, grünlich-bräunlichen, violetten oder mischfarbenen Metallglanz belebt. Der Mistkäfer kommt überaus häufig vor. Er ist besonders an Wälder gebunden. Er baut Brutstollen, in denen sich die Larven entwickeln. Da sie vorwiegend vom Kot der Pflanzenfresser leben, findet man diese Stollen unter oder in der Nähe von Kothäufchen. Der trichterförmige Hauptstollen läuft an der Sohle sternförmig in kleine Seitengänge aus, die als Vorratskammern dienen. Am Bau dieser Gänge und ihrer Anfüllung mit Mist beteiligen sich abwechselnd beide Geschlechter. Erst nach vollendetem Bau kommt es zur Kopulation im August und im September. Dann zerkleinern die erwachsenen Käfer den Mist und bereiten die Kämmerchen für die Larven vor, in die das Weibchen je ein Ei ablegt. Die Larven verpuppen sich im folgenden Jahr und die Imagines schlüpfen im Juni. Die Art ist in ganz Europa verbreitet, man findet sie auch in Kleinasien und im Iran.

Großer Puppenräuber *Calosoma sycophanta* □□
Familie *Carabidae* – Laufkäfer ■□
Dieser Laufkäfer ist metallisch-grün und hat feuerrote Flügeldeckenränder. Seine Körperlänge beträgt 24–30 mm. Das Schild ist herzförmig, die Flügeldecken sind verhältnismäßig breit. Zuerst sind die Larven weißlich, später dunkeln sie nach. Erwachsene Larven werden 40 mm lang und sind oben schwarz. Sie bewegen sich wie die Käfer sehr gut auf Baumrinde und am Boden, wo sie Insekten, vor allem aber Raupen jagen. Die Käfer suchen auch Baumkronen auf und vertilgen dort große Mengen von Nonnen- und Schwammspinnerraupen. Die Larven verpuppen sich im Juni in der Erde. Im September des gleichen Jahres schlüpfen schon die Käfer. Sie überwintern dann im Boden. Ihren Schlupfwinkel verlassen sie erst im Mai des folgenden Jahres. Von Juli bis August graben sie sich erneut im Boden ein zum Überwintern, können also 3 Jahre leben. Im Wald zählt man die Laufkäfer zu den nützlichsten Arten, weil sie helfen, das biologische Gleichgewicht zu erhalten. Jedes Individuum vertilgt im Laufe seines aktiven Lebens im Sommer an die 400 Raupen größerer Falter. Der Große Puppenräuber ist in Europa und Asien verbreitet. Eine ihm ähnliche, aber kleinere Art (Länge 16–22 mm) ist *Calosoma inquisitor.*

Goldglänzender Laufkäfer, Goldschmied *Carabus auronitens* □□
Familie *Carabidae* – Laufkäfer □■
Der Goldschmied ist 17–28 mm lang, goldglänzend und hat je drei deutliche Längsrippen auf den Flügeldecken. Er lebt ebenso räuberisch wie seine Larve. Beide Entwicklungsstadien sind nachts aktiv, verlassen ihre Schlupfwinkel unter Steinen, Rinden oder in Baumstümpfen und gehen auf Jagd. Sie leben von Nacktschnecken, Regenwürmern und allerhand Insekten. Es sind gute Läufer, die aber nicht fliegen. Die Beute wird außerhalb des Körpers vorverdaut: Die Käfer tropfen eine Flüssigkeit in die Wunde des Opfers, die deren Muskelsubstanz rasch zersetzt und das Zerkauen der Nahrung mit den Kiefern erleichtert. Der Käfer überwintert im Moder, unter der Rinde gefällter Bäume und in Baumstümpfen. Mit einer Reihe ähnlicher Arten ist er in ganz Europa verbreitet.

Mischwälder der Mittelgebirge

Gelbliche Fichtengallaus *Sacchiphantes abietis*
Familie *Adelgidae* – Tannengalläuse
Einer der häufigsten Fichtenschädlinge. Diese Lausart macht eine komplizierte, mehrjährige Entwicklung durch, wobei sich Generationen geflügelter und ungeflügelter Weibchen ablösen, die Larven wechseln ihre Saugstellen und auch die Wirtsbäume. Durch die Saugtätigkeit der Weibchen aus der 1. Generation (Gründergeneration) entstehen im Frühjahr an den Fichtenknospen grüne, ananasförmige, große Gallen von rund 30 mm Länge, an deren Spitze der Trieb normal weiterwächst. Im Juli/August trocknen die Gallen ein und springen an vielen vorgezeichneten Stellen auf. Die geflügelten Weibchen verlassen die Gallen und fliegen auf andere Fichten, um dort im nächsten Jahr ihre Entwicklung abzuschließen. Eine sehr nahe Verwandte, *Sacchiphantes viridis,* saugt ebenfalls an Fichte, braucht aber als Zwischenwirt eine Lärche.

Kamelhalsfliege *Raphidia flavipes*
Familie *Raphididae* – Kamelhalsfliegen
Diese Art ist vom Mai bis August in Nadel- und Laubwäldern reich vertreten. Ihre Flügelspannweite beträgt 24–27 mm. Imagines und Larven sind äußerst beweglich, sie jagen auf und unter der Baumrinde kleine Insekten und gehören daher zu den nützlichen Arten.

Riesenholzwespe *Urocerus gigas*
Familie *Siricidae* – Holzwespen
Die Riesenholzwespe gehört zu den größten Hautflüglern Europas. Ihr zylinderförmiger Körper mißt bei den Weibchen bis 44 mm, die Männchen sind schlanker und kleiner, ihre Körperlänge erreicht nur 32 mm. Beide Geschlechter unterscheiden sich nicht nur in der Form (die Weibchen sind robuster und besitzen Legestachel), sondern auch in der Färbung. Die Grundfarbe ist bei beiden Geschlechtern schwarz, Beine, Fühler und Seiten sind gelb. Die mittleren Glieder des Hinterleibs der Weibchen sind schwarz, das erste und letzte Glied ist gelb. Beim Männchen sind sie rötlich, das erste und letzte Glied ist schwarz. Die beiden Hautflügelpaare sind durchsichtig und rauchfarben. Die erwachsenen Insekten fliegen Ende Mai bis August, besonders in der Nähe frisch gefällten und noch nicht entrindeten Holzes. Die Weibchen befallen Nadelbäume, vor allem Fichten, schieben ihren Legebohrer etwa 1 cm tief ins Holz und legen pro Einstich 4–8 Eier ab, insgesamt 50–350 Eier. Die sechsfüßigen, weißlichen Larven fressen zunächst im weicheren Splint, später auch im Kernholz bis zu 20 cm lange, zylindrische Gänge, die wieder zur Oberfläche zurückführen und mit einer Puppenwiege enden. Die Puppe liegt frei, ohne Gespinst, die Gänge sind dicht mit feinem Holzmehl gefüllt. Die Entwicklung dauert 2–3 Wochen. Die Vollkerfe verlassen den Baum durch runde Ausfluglöcher. Die Riesenholzwespen sind ernstzunehmende technische und physiologische Holzschädlinge.

Blaue Kiefernholzwespe *Paururus juvencus*
Familie *Siricidae* – Holzwespen
Sie ähnelt der soeben beschriebenen Art, doch hat das Weibchen eine kürzere Legeröhre. Die Grundfarbe ist schwarz mit blauviolettem Schimmer. Im Gegensatz zum Weibchen besitzt das Männchen am Hinterleib einen rötlichgelben Mittelteil. Die Körperlänge beträgt 25–30 mm. Die Insekten befallen geschwächtes und geschlagenes, noch nicht entrindetes Nadelholz (Kiefer, auch Fichte und Tanne) und führen mit jedem Einstich 2 Eier ein. Sie fliegen von Juni bis August. Da sie mit den Eiern Sporen von holzzerstörenden Pilzen einschleppen, erhöht sich der Schaden. Sie beschleunigen damit sekundär das Absterben geschwächter oder verletzter Bäume. Die Kiefernholzwespe ist ein sehr häufig vorkommender Schädling.

Mischwälder der Mittelgebirge

Wespenbussard *Pernis apivorus*
Familie *Accipitridae* – Adler-, Geier- und Weihenartige
Nur die Größe des Wespenbussards – er wird 55 cm lang –, seine Körperform und die Ähnlichkeit mit Bussarden erinnern an einen Raubvogel. Er frißt nämlich vorwiegend Insekten, vor allem Wespen und ihre Brut. Wenn Mangel an Insekten herrscht, jagt er Jungvögel, Mäuse, Wühlmäuse und Eidechsen. Der Wespenbussard brütet in den Wäldern ganz Europas, mit Ausnahme der südlichsten und nördlichsten Gebiete. Sein Nest baut er auf hohen Bäumen oder besetzt alte Raubvogelnester. Die zwei rotbraun marmorierten Eier bebrüten beide Eltern abwechselnd etwa 5 Wochen lang. Ihre Jungen füttern sie etwa 40 Tage mit Insekten. Im August und September ziehen sie nach Mittelafrika und kehren häufig erst im Mai zurück. Sie sind nützlich und verdienen Schutz.

Sperber *Accipiter nisus*
Familie *Accipitridae* – Adler-, Geier- und Weihenartige
Dieser hervorragende Flieger brütet fast in ganz Europa (außer in den nördlichen Tundren), Nordafrika und Sibirien. Das Männchen wird 30 cm lang und ist kleiner als das Weibchen, das eine Körperlänge von 40 cm erreicht. Der Sperber bewohnt die Ränder von Misch- und Nadelwäldern, erscheint aber auf der Nahrungssuche auch über Feldern, in Dörfern und in der Umgebung von Städten. Er nährt sich von Vögeln bis Hähergröße. Den Horst baut er hoch in den Zweigen von Nadelbäumen, wo das Weibchen 4–6 weiße, bräunlich gefleckte Eier legt, die es rund 5 Wochen bebrütet. Das Männchen bringt die Beute ans Nest, und das Weibchen füttert damit die Nestlinge etwa einen Monat. Danach fliegen die Jungen aus, übernachten aber noch lange im Horst. Da über die Hälfte der Sperberbeute aus schädlichen Sperlingen besteht, sollte man den Sperber wenigstens zur Brutzeit schützen. Viele Sperber bleiben in der Nähe des Brutreviers (Standvogel) oder ziehen im Winter vom Norden nach Mittel- und Westeuropa (Teilzieher).

Habicht *Accipiter gentilis*
Familie *Accipitridae* – Adler-, Geier- und Weihenartige
In der Färbung und Art des Jagens erinnert der Habicht an den Sperber, ist aber größer. Seine Flügelspannweite erreicht bei dem Männchen 100 cm, bei dem Weibchen 140 cm, die Körperlänge 60 cm. Der Habicht lebt in jeder Art von Wäldern, auch in der Nähe menschlicher Siedlungen. Doch man sieht diesen vorsichtigen Raubvogel nur selten. Er erbeutet Vögel von Taubengröße, Rebhühner und kleinere Säuger und scheut nicht einmal vor Angriffen auf Eulen und andere Raubvögel zurück. In Jagdrevieren schlägt er auch Kleinwild, vor allem Fasanen. In den hoch auf Bäumen, aus Zweigen geflochtenen Horst legt das Weibchen 3–4 grünliche Eier, die es meist allein bebrütet. Das Männchen bringt die Nahrung, das Weibchen zerreißt sie und füttert die Jungen damit. Nach etwa 8 Wochen verlassen diese das Nest. Der Habicht bewohnt Europa, Nordamerika und Asien. Er ist ein Standvogel und zieht nur aus Nordeuropa im Winter nach Süden und Westen.

Baumfalke *Falco subbuteo*
Familie *Falconidae* – Echte Falken
Der kleine etwa taubengroße Raubvogel gehört zu den schnellsten Fliegern. Er jagt seine Beute im Flug – Ammern, Schwalben und Mauersegler, nicht selten auch Insekten. Der Baumfalke hat meist 3 Junge, die nach 4 Wochen aus hellbraunen, gesprenkelten Eiern schlüpfen. Nach 4–5 Wochen Nestlingspflege fliegen die jungen Baumfalken aus. Der Vogel brütet auf hohen Bäumen in verlassenen Nestern, meist Krähen- und Raubvogelnestern. Mit Vorliebe besiedelt er Feldgehölze, sogenannte Remisen, und Ränder größerer Waldungen im Hügelland und Vorgebirge von ganz Europa, Mittelasien und Nordafrika. Im September und Oktober zieht der Baumfalke nach Südafrika, überwintert dort und kehrt Ende April und im Mai zurück. Stellenweise ist er in Europa selten geworden.

Mischwälder der Mittelgebirge

Waldkauz *Strix aluco* ■□
Familie *Strigidae* – Eulen □□

Der Waldkauz (Flügelspannweite etwa 90 cm) brütet meist in Laub- oder Mischwäldern, aber auch in Parkanlagen und größeren Gärten. Er ist in ganz Europa, mit Ausnahme von Nordskandinavien, verbreitet. Er baut kein Nest und das Weibchen legt im April 3–4 Eier in Baumhöhlen, Felsnischen oder auf Balken in Türmen, Scheunen und auf Dachböden. Gern besetzt der Waldkauz Nistkästen mit größerem Flugloch. Die Jungen schlüpfen nacheinander und das Weibchen füttert sie mit der vom Männchen erbeuteten Nahrung. In 4–5 Wochen fliegen die Jungen aus, verweilen aber noch in der Umgebung des Nestes, wo beide Eltern sie weiterfüttern. Die Nahrung des Waldkauzes besteht vor allem aus Mäusen und Wühlmäusen, ab und zu aus kleinen Vögeln, Fröschen, manchmal auch Kleinwildjungen. Dieser Vogel jagt ausschließlich in der Nacht, tagsüber sitzt er auf einem Ast und schmiegt sich eng an den Stamm, um der Aufmerksamkeit seiner Feinde unter den Raubvögeln zu entgehen. Wegen seiner Nützlichkeit verdient der Waldkauz vollen Schutz.

Sperlingskauz *Glaucidium passerinum* □■
Familie *Strigidae* – Eulen □□

Die kleinste europäische Eule erreicht etwa die Größe eines Stars. Am häufigsten erscheint der Sperlingskauz in Ost- und Nordeuropa, taucht aber hin und wieder auch in den größeren Nadelwaldbeständen anderer europäischer Berggebiete auf. Er brütet von April bis Mai in Baumhöhlen (Spechthöhlen) oder Starenkästen. Nach einem Monat schlüpfen aus den durchschnittlich 6 weißlichen Eiern Junge. Die Eltern füttern sie mit Mäusen und Spitzmäusen, aber auch mit Singvögeln und deren Jungen. Der Sperlingskauz jagt manchmal bei Tag. Seine Beute erspäht er von einem Zweig aus. Nicht selten legt er in seinem Nest Vorräte von erbeuteten Vögeln und Kleinsäugern an.

Waldohreule *Asio otus* □□
Familie *Strigidae* – Eulen ■□

Die Waldohreule bewohnt ganz Europa, Sibirien und Nordafrika, wo sie in nicht allzu großen Misch-, Laub- und Nadelwäldern lebt. Sie brütet meist in alten Greifvogel- und Krähennestern. Im April legt das Weibchen 4–7 Eier, und brütet sie allein aus. Die Jungen schlüpfen nach 28 Tagen und verlassen nach etwa weiteren 3 Wochen das Nest. Als Nahrung dienen der Waldohreule vor allem Mäuse und Wühlmäuse, nur ausnahmsweise Vögel. Wie alle anderen Eulen verschlingt sie die ganze Beute und wirft die unverdauten Teile als sogenanntes Gewölle aus. Aus der Analyse eines solchen Gewölles läßt sich die Nahrungszusammensetzung feststellen. Die Waldohreule ist ein sehr nützlicher Vogel und sollte streng geschützt werden.

Kuckuck *Cuculus canorus* □□
Familie *Cuculidae* – Kuckucke □■

Der Kuckuck gehört zu den recht häufigen Vögeln in Mischwäldern mit dichtem Unterholz. Er erscheint fast in ganz Europa und Asien. Aus seinen Winterstandplätzen in Südafrika kehrt er gegen Ende April zurück. Das Männchen trifft zuerst ein und läßt sogleich seinen typischen Kuckucksruf ertönen; das Weibchen erscheint wenige Tage später. Der Kuckuck ist ein ausgesprochener Nestparasit. Er baut selbst nie ein Nest, sondern legt seine Eier in die Nester anderer Vögel mit möglichst ähnlich gefärbten Eiern. Während der Brutzeit legt er je ein Ei in verschiedene Vogelnester, im Durchschnitt insgesamt 20 Eier. Das Kuckucksjunge schlüpft nach etwa 12 Tagen und wirft schon wenige Stunden später die Eier und Jungvögel des Wirtes aus dem Nest. Die beiden Pflegeeltern füttern den jungen Kuckuck etwa 3 Wochen im Nest und weitere 2–3 Wochen in der näheren Umgebung. Erst dann beginnt sich der Kuckuck selbständig zu ernähren; er bevorzugt haarige Raupen, Käfer, Schmetterlinge und Spinnen. Im August und Anfang September ziehen die Kuckucke einzeln nach Süden.

Mischwälder der Mittelgebirge

Buchfink *Fringilla coelebs*
Familie *Fringillidae* – Finken
In Europa bevorzugt der Buchfink lichte Laubwälder der Ebenen und Mittelgebirge, Misch- und Nadelwälder höherer Lagen, man findet ihn aber auch in Gärten und Parkanlagen mitten in der Großstadt. Er brütet zweimal jährlich, die Erstbrut fällt in den April, die Zweitbrut in die Zeit von Mai bis Juni. Das Weibchen baut sein napfförmiges, zierliches Nest meist ziemlich hoch an Bäumen oder im Gebüsch. Das Nistmaterial besteht aus Moos, Flechten und feinen Halmen. Die Mulde ist mit Daunen und feinen Tierhaaren ausgekleidet. Die 4–6 weißlichen, rotbraun gesprenkelten Eier bebrütet das Weibchen etwa 2 Wochen. Beide Eltern füttern die Jungen 14 Tage und setzen die Pflege noch mehrere Tage in Nestnähe fort. Die Jungvögel leben von kleinen Insekten und Spinnen, die Altvögel von verschiedenen Samen und Beeren. Im Herbst ziehen die Buchfinken in die Mittelmeerländer, manche überwintern in Mittel- und Westeuropa.

Zeisig *Carduelis spinus*
Familie *Fringillidae* – Finken
Nadel- und Mischwälder mit reich vertretener Fichte bieten in den Vorgebirgslagen von ganz Europa dem kleinen, gelbgrünen Vogel die besten Brutplätze. Der Zeisig hält sich hier bis in den August auf. Dann zieht er in kleineren Schwärmen hinab in die Ebene, wo er Erlen- und Birkensamen sucht. Dabei verschiebt er seine Standorte nach Süden. Das Weibchen macht oft 2 Bruten im Jahr. Es baut kleine, dickwandige, tief ausgehöhlte Nester aus Reisig, Flechten und Rindenstückchen und legt je 5 weißliche Eier hinein, die es in 2 Wochen bebrütet. Beide Eltern füttern die Jungen etwa 14 Tage mit kleinen Insekten. Erst dann ernähren sich die Jungvögel von Samen der Fichten, Erlen und Birken.

Eisvogel *Alcedo atthis*
Familie *Alcedinidae* – Eisvögel
Kleinere Waldflüsse und -bäche mit dichtem Uferbestand in bergiger Gegend sind die Heimat des Eisvogels. Er besiedelt fast ganz Europa und Asien, mit Ausnahme des hohen Nordens. Nur selten erhascht man einen Blick von dem äußerst wachsamen Vogel mit seinem bunten, blaugrünen Gefieder, vielleicht, wenn er gerade blitzschnell über den Wasserspiegel schießt. Eher kann man ihn überraschen, wenn er regungslos, knapp über dem Wasser auf einem Zweig sitzend, seine wichtigste Beute, kleine Fische belauert. Die Jungen füttert der Eisvogel anfangs auch mit Larven und Insekten. Beide Eltern legen das Nest an steilen Uferböschungen gemeinsam an: Etwa 60 cm über dem Wasserspiegel graben sie mit dem Schnabel einen oft meterlangen, in einer Höhle endenden Gang. In diesem Nest schlüpfen nach 3 Wochen aus 6–7 kugelförmigen Eiern unscheinbare Jungvögel, die von den Eltern etwa 3 Wochen gefüttert werden. Der Eisvogel bleibt auch im Winter seinem Jagdrevier treu. Nur wenn die Gewässer zugefroren sind, streift er umher oder zieht südwärts.

Wiedehopf *Upupa epops*
Familie *Upupidae* – Wiedehopfe
Einst war der Wiedehopf in ganz Europa (außer Skandinavien) und Afrika (außer den Wüstengebieten) verbreitet. Durch intensive Waldwirtschaft geht jedoch die Zahl dieser Vögel zurück. Sie finden heute nur noch selten entsprechende Bruthöhlen. Ein beliebter Standplatz des Wiedehopfs sind die Ränder von Mischwäldern mit benachbarten Weideflächen, wo er mit dem langen Schnabel im Dung seine Lieblingsnahrung sucht: die verschiedensten Insekten. Das Weibchen legt durchschnittlich 6 graue, fein gepunktete Eier, die es 15–16 Tage allein bebrütet. Die Jungen werden von beiden Eltern etwa 1 Woche lang mit Larven und Insekten gefüttert. Im Winter ziehen die Vögel nach Äquatorialafrika und kehren in der ersten Aprilhälfte zurück.

Mischwälder der Mittelgebirge

Rotkehlchen *Erithacus rubecula*
Familie *Turdidae* – Drosseln
Der relativ häufige, etwa sperlingsgroße Vogel mit der typischen ziegelroten Brustfärbung ist ein Bewohner des dichten Unterholzes in Misch- und Laubwäldern von ganz Europa, außer Nordskandinavien. Das Rotkehlchen ist ein ausgesprochener Zugvogel, der vom Oktober bis in den März in Südeuropa und Nordafrika lebt. Es brütet im April in Reisighaufen oder kleinen Baumhöhlen, wo das Weibchen aus einem Geflecht von Wurzeln und Halmen ein zierliches, mit Federn und Haaren ausgekleidetes Nest baut und im Durchschnitt 6 gelbliche, fein rötlich gesprenkelte Eier legt, die es 2 Wochen bebrütet. Die Fütterung dauert etwa 14 Tage, wobei sich beide Eltern ablösen. Die Jungen vertilgen in dieser Zeit gewaltige Mengen verschiedener Kleininsekten und Spinnen. Nach dem Ausführen der Nestlinge gibt es noch eine zweite Brut. Manche Rotkehlchen bleiben auch im Winter bei uns und ernähren sich dann vorwiegend von Beeren und Waldfrüchten.

Fitislaubsänger, Fitis *Phylloscopus trochilus*
Familie *Sylviidae* – Grasmücken
Er bewohnt Europa, mit Ausnahme der südlichsten Gebiete, und Sibirien bis in den Fernen Osten. Der Fitislaubsänger erscheint nicht selten in Misch- und Laubwäldern, wo er in den Baumkronen oder in der Strauchschicht umherfliegt und nach kleinen Insekten und ihren Larven sucht. Seine Brutzeit dauert von April bis Mai. Das Weibchen baut im Gras ein backofenförmiges Nest mit Seiteneingang aus dürrem Gras und Laub, innen mit Federn gepolstert. Es legt 6–7 weiße, rot gesprenkelte Eier, die es 2 Wochen bebrütet. Nach etwa 14 Tagen Nestlingspflege und Fütterung mit Insekten fliegen die Jungvögel aus. Wie alle Laubsänger verläßt auch der Fitis seine Brutplätze und zieht im September nach Mittel- und Südafrika.

Gartenrotschwanz *Phoenicurus phoenicurus*
Familie *Turdidae* – Drosseln
Der Gartenrotschwanz besiedelt die Misch- und Laubwälder ganz Europas und Westsibiriens. Er hat sich an den Menschen gewöhnt und hält sich oft in der Nähe menschlicher Siedlungen auf. In verschiedenen Höhlen und besonderen, halboffenen Nistkästen baut das Weibchen ein aus Wurzelwerk, Grashalmen und Moos geflochtenes Nest. Im Mai legt es 5–7 einfarbig grünblaue Eier hinein und bebrütet sie 2 Wochen. Beide Eltern füttern die Jungen 14 Tage mit Schmetterlingen, Käfern, Larven und Spinnen. Während der Brutzeit vertilgen die Rotschwänze gewaltige Mengen verschiedener Insekten und gehören deshalb zu den ausgesprochen nützlichen Vögeln des Waldes. Im Juli findet nicht selten eine Zweitbrut statt, das Gelege ist aber kleiner. Der Gartenrotschwanz verläßt Europa Ende September bis Oktober und zieht in das tropische Afrika. Anfang April kann man diesen Vogel wiedersehen und erkennt ihn nicht nur an der rotbraunen Färbung, sondern auch an dem typischen Hüpfen und Schwanzwippen.

Zaunkönig *Troglodytes troglodytes*
Familie *Troglodytidae* – Zaunkönige
Das buschige Unterholz vieler Wälder, Parks und Gärten beherbergt das ganze Jahr über einen der kleinsten Vögel Europas – den Zaunkönig. Er ist nur 9 cm lang und wiegt 8–9 g. Auch in Mittelasien, einem Teil Nordafrikas und in Nordamerika kommt er vor. Man trifft ihn überall häufig an, wo er dichtes Buschwerk findet, in dem das Weibchen im Frühjahr mehrere Nester aus Halmen und Moos bauen kann. Eines davon wählt es aus und macht es besonders weich, mit feinen Federn und Haaren. Die kleinen, weißlichen, fein gesprenkelten 5–7 Eier bebrütet das Weibchen etwa 2 Wochen. Beide Eltern füttern die Nestjungen mit Insekten. Den Winter über bleibt der Zaunkönig meist am Brutplatz. Nur aus dem hohen Norden zieht er in wärmere Gebiete.

Mischwälder der Mittelgebirge

Tannenmeise *Parus ater*
Familie *Paridae* – Meisen
Man trifft die Tannenmeise in allen Nadel- und Mischwäldern, vom Tiefland bis in die Berge von ganz Europa, Nordafrika und Asien, einschließlich Japan. Sie brütet Ende April in hohlen Bäumen, Baumstümpfen oder Erdmulden. Mit Vorliebe besetzt sie Nistkästen in Nadelholzbeständen. In das aus Moos erbaute, mit Tierhaaren ausgekleidete Nest legt das Weibchen 8–10 weiße, rot gesprenkelte Eier, aus denen nach 14–16 Tagen Junge schlüpfen. Beide Eltern füttern die Nestlinge etwa 16 Tage mit Insekten. Im Juni findet meist eine Zweitbrut statt, das Gelege ist aber kleiner. Die Tannenmeise vertilgt zahlreiche Insekten, im Winter auch Nadelholzsamen.

Haubenmeise *Parus cristatus*
Familie *Paridae* – Meisen
In ganz Europa bis zum Ural, außer Skandinavien und Italien, begegnet man der Haubenmeise sehr häufig in Nadelwäldern, in Südeuropa auch in Misch- und Laubwäldern (vor allem in Eichenwäldern). In der Lebensweise unterscheidet sie sich nur wenig von anderen Meisen, ganz deutlich jedoch durch ihre kleine schwarze Haube. Die Haubenmeise brütet Ende April in verschiedenen Baumhöhlen, auch in Nistkästen, in die das Weibchen ein Nest aus Moos, Flechten und Halmen gebaut hat. Das Erstgelege enthält höchstens 10 weiße, am breiten Pol kräftig rot gesprenkelte Eier, die das Weibchen durchschnittlich 15 Tage bebrütet. Dann füttern beide Eltern die Jungen rund 20 Tage lang. Wenn die Jungen flügge sind, brütet das Elternpaar im Juni ein zweites Mal, doch meist mit kleinerem Gelege. Während der Brutzeit verbraucht die Haubenmeise eine Menge kleiner Insekten. Im Winter ernährt sie sich hauptsächlich von allerhand Samen.

Weidenmeise *Parus montanus*
Familie *Paridae* – Meisen
In den Nadel- und Mischwaldzonen von Nordamerika, Europa und Asien ist die Weidenmeise zu Hause. Ihre Färbung und auch ihre Größe erinnern an andere Meisenarten, vor allem an die Sumpfmeise. Die Weidenmeise besitzt einen rußschwarzen, mattfarbenen Kopf und einen hellen Flügelfleck. Am liebsten brütet sie in Höhlen, die das Weibchen in morsches Holz oder in die Stämme alter Nadel- und Laubbäume meißelt. Die Holzspäne verwendet es als Nistmaterial, Haare zum Polstern. Ab April legt es dann 7–8 weiße, rot gefleckte Eier, die es 2 Wochen bebrütet. Die Jungen werden von den Eltern ungefähr 17 Tage gefüttert; später auch noch kurze Zeit in Nestnähe. Diese Vögel ernähren sich vorwiegend von kleinen Käfern, besonders Borken- und Rüsselkäfern, deren Larven und Eiern, gegen Herbst und im Winter von Samen, vor allem der Nadelbäume und Beeren.

Kleiber *Sitta europaea*
Familie *Sittidae* – Spechtmeisen
Der Kleiber ist ein häufiger Brutvogel in Wäldern, Parkanlagen, Gärten und Baumalleen mit alten Laubbäumen. Er kommt in Europa und Asien, außer Nordskandinavien vor. Der Kleiber ist vorwiegend ein Standvogel. Nur in strengen Wintern streift er mit Meisen durch die Landschaft in die Nähe menschlicher Behausungen und Futterkrippen. Ende April legt das Weibchen 6–9 weiße, rotbraun gesprenkelte Eier in Baumhöhlen oder Nistkästen. Ein lockerer Haufen aus Rindenstückchen, meist dürrem Laub und Fasern bildet das Nest. Das Weibchen, manchmal auch das Männchen, verkleinern das Einflugloch des Nestes mit einem Gemisch aus Lehm und Speichel auf Körperumfang, so daß nur sie hineinschlüpfen können. Der Kleiber brütet einmal im Jahr. Nach etwa 15tägiger Bebrütung schlüpfen die Jungen. Beide Eltern füttern sie fast 4 Wochen. Dann fliegen die Jungen auf den nächsten Baum, wo sie augenblicklich auf- und abwärtsklettern und Insekten aus den Rindenlücken holen. Im Winter ernährt sich der Kleiber vorwiegend von Haselnüssen, Bucheckern und Eicheln.

Mischwälder der Mittelgebirge

Rabenkrähe *Corvus corone*
Familie *Corvidae* – Rabenvögel
Man trifft diesen Vogel so gut wie überall in der baumreichen Kulturlandschaft. In Süd-, West- und einem Teil Mitteleuropas lebt die Rabenkrähe, östlich der Moldau und Elbe die Nebelkrähe, *Corvus corone cornix*. Es handelt sich um zwei Rassen derselben Krähenart. Die Krähe ist ein schlimmer Waldschädling, da sie gerne Jungwild erbeutet und Vogeleier austrinkt. Andererseits vertilgt sie aber auch Mäuse und Wühlmäuse, frißt Kadaver, Beeren, Samen und Insekten. Auf möglichst hohen Bäumen brüten immer nur einzelne Paare. Beide Eltern bauen ein sperriges Nest aus Zweigen und Reisern, innen legen sie es mit Gras, Moos und Tierhaaren weich aus. Ab April legt das Weibchen 5–6 blaugrüne Eier, die es etwa 3 Wochen allein bebrütet. Ende Mai verlassen die Jungen das Nest und streifen scharenweise durch die Landschaft. Es sind Standvögel und Teilzieher.

Saatkrähe *Corvus frugilegus*
Familie *Corvidae* – Rabenvögel
Die Saatkrähen erscheinen vor allem im Winter in großen Schwärmen von Norden kommend in Mittel- und Westeuropa. Sie streifen mit den Rabenkrähen durch die Gegend, von denen sie sich durch die graue kahle Schnabelwurzel und den violettblauen Glanz des Gefieders unterscheiden. Sie brüten in Kolonien in den Ebenen von Europa und Asien, außer den südlichen Gebieten. Das Nest bauen beide Partner aus Zweigen, die sie zusammenflechten, hoch in den Kronen der Laubbäume, meist zu mehreren auf einem Baum. Ende März und im April legt das Weibchen 3–5 grünliche, braun und grau gesprenkelte Eier, die das Weibchen allein bebrütet. Nach etwa 18 Tagen schlüpfen die Jungen, und beide Eltern füttern sie mit Insekten und deren Larven, Regenwürmern, Schnecken und Samen.

Eichelhäher *Garrulus glandarius*
Familie *Corvidae* – Rabenvögel
Der Eichelhäher ist ein bunt gefärbter, ziemlich häufiger Vogel. Er besiedelt ganz Europa, Mittelasien und Nordafrika. Nur im hohen Norden fehlt er. Man begegnet ihm so gut wie in allen Wäldern. Allerdings bevorzugt er Eichen-Buchenwälder, denn Eicheln, Bucheckern und andere Waldfrüchte sind im Herbst seine Lieblingsnahrung. Während der Brutzeit lebt er dagegen von Vogeleiern und Jungvögeln, Mäusen, Wühlmäusen und Eidechsen. Der Eichelhäher brütet an Waldrändern, wo er hoch im Gezweig aus kleinen Ästen sein Nest baut und es mit einer Schicht vertrockneter Pflanzen und Moose auskleidet. Das Weibchen legt im April 5–6 grünliche, olivbraun gesprenkelte Eier, die von beiden Eltern etwa 17 Tage bebrütet werden. Nach 3 Wochen sind die Jungen flügge, verlassen das Nest und streifen in kleineren Schwärmen bis zum Frühjahr durch die Landschaft. Die Eichelhäher sind argwöhnische, wachsame Vögel und verraten mit ihrem Geschrei jeden Eindringling oder Besucher des Waldes.

Elster *Pica pica*
Familie *Corvidae* – Rabenvögel
Ein metallisch schillernder schwarz-weißer Vogel mit langem schwarzem Schwanz, etwas größer als eine Taube. Er sucht kleine Feldgehölze, dicht bestockte Hänge und Bachufer im Tief- und Bergland von Europa, Nordasien und Nordamerika auf. Ihr haubenförmig überdachtes Nest baut die Elster meist hoch auf Bäumen aus Reisern, Rasenstückchen und Lehm, als Polster verwendet sie dürres Laub und Halme. Ab April legt das Weibchen 6–7 grünliche, dicht graubraun gesprenkelte Eier, die es nicht ganz 3 Wochen lang bebrütet. Die Jungen werden 3–4 Wochen mit Insekten, Körnern, Früchten, aber auch Jungvögeln, Wühlmäusen, Eidechsen, jungen Hasen, Rebhühnern und Fasanen gefüttert. Die Elster richtet vor allem in Fasanerien beträchtlichen Schaden an. Deshalb werden ihre Bestände durch Abschuß geregelt. Sie ist ein Standvogel.

Mischwälder der Mittelgebirge

Baummarder *Martes martes*
Familie *Mustelidae* – Marder
Der Baummarder, auch Edelmarder genannt, lebt in den Wäldern von Europa und Nordasien. Stellenweise ist er recht häufig. Vor allem in Fasanerien verursacht er Schäden an Jungen von Kleinwild, vertilgt aber andererseits zahlreiche mäuseartige Nager und Eichhörnchen, die seine Hauptnahrung sind. Der Baummarder ranzt Ende Januar, das Weibchen wirft die Jungen nach 9 Wochen in hohlen Bäumen oder verlassenen Krähen- und Raubvogelnestern, denn der Baummarder ist ein vorzüglicher Kletterer, der das Leben in den Baumwipfeln bevorzugt. Die 3–6 Jungen sind 10–14 Tage blind. Die Mutter säugt sie rund 2 Monate und betreut sie sorgsam. Das Verbreitungsgebiet des Baummarders teilt der mit ihm verwandte Steinmarder, *M. foina*. Dieser ist etwas kleiner und hat einen weißen Kehlfleck, der sich oft bis zu den Vorderbeinen erstreckt (beim Baummarder ist dieser Fleck weißlichgelb bis orangegelb). Der Steinmarder lebt nicht in Wäldern, sondern in der Umgebung des Menschen, auf Dachböden, in Scheunen.

Mauswiesel *Mustela nivalis*
Familie *Mustelidae* – Marder
Das nur etwa 20 cm lange, schlanke und behende Raubtier ist in ganz Europa, Nordafrika und Nordasien verbreitet. An der Oberseite rostbraun, unterseits das ganze Jahr über weißlich. Nur manche Wiesel im Norden des Verbreitungsgebiets werden im Winter ganz weiß. Seine Hauptbeute besteht aus Mäusen und Wühlmäusen, die es häufig bis in ihre Löcher verfolgt. Nur wenn Mangel an Mäusen herrscht, ernährt sich das Wiesel auch von Kleinwild- und Vogeljungen. Im Sommer hält es sich meist auf Feldern und an Waldrändern auf. Im Winter zieht es sich in den Wald zurück, wo es mehr Nahrung findet. In Steinhaufen, unter Baumstümpfen oder in Erdlöchern wirft das Wiesel 3–4 Junge, bei einem reichlichen Angebot von Wühlmäusen bedeutend mehr. Das Weibchen ist etwa 5 Wochen trächtig und bringt oft mehrmals im Jahr Junge zur Welt. Daher sind diese in der Natur vom Frühjahr bis in den Herbst anzutreffen. Im ganzen gesehen, überwiegt die Nützlichkeit des Wiesels, man sollte es deshalb besser schützen.

Hermelin *Mustela erminea*
Familie *Mustelidae* – Marder
Das Hermelin sieht dem Wiesel ähnlich, ist aber ungefähr ein Drittel größer. Das Ende der Rute ist stets schwarz, auch im Winter, wenn das übrige Haarkleid vollkommen weiß ist. Sein Verbreitungsgebiet erstreckt sich über ganz Europa (außer dem äußersten Süden), Nordasien und Amerika. In Feldgehölzen, an Waldrändern und buschigen Abhängen jagt das Hermelin seine beliebte Beute – Mäuse und Wühlmäuse. Doch nährt es sich auch von Kleinsäugern und Vögeln, besonders von ihren Jungen. Die Ranzzeit ist Ende Februar. Nach 8–9 Wochen wirft das Weibchen 4–7 Junge im April und Mai. Diese bleiben 9–12 Tage blind und werden von der Mutter 2 Monate gesäugt.

Iltis *Putorius putorius*
Familie *Mustelidae* – Marder
Der Iltis ist über ganz Europa und Nordasien verbreitet; sein Lebensraum sind Felder, Waldränder, verwachsene Hänge und der Uferbereich von Flüssen und Teichen. Im Winter zieht es ihn in die Nähe ländlicher Siedlungen, wo er unter dem Geflügel oft beträchtliche Schäden anrichtet. Im Sommer erbeutet er Kleinsäuger, Ratten, Bisamratten, Frösche und Fische, aber auch Kaninchen, Hasen und Fasane. Er ist deshalb in Kleinwildrevieren nicht gern gesehen. Der Iltis bewohnt Holz- und Steinhaufen, hohle Bäume und verlassene Fuchsbaue. Hier wirft das Weibchen nach 40tägiger Tragzeit 4–8 Junge, die etwa 5 Wochen blind bleiben und in 8 Monaten erwachsen sind.

Mischwälder der Mittelgebirge

Reh *Capreolus capreolus*
Familie *Cervidae* – Hirsche
Das Reh kommt überall auf der Erde vor, außer in Nordskandinavien und in waldlosen Zonen. Am liebsten hält es sich in kleinen, von Feldern unterbrochenen Wäldern, an Waldrändern, aber auch in Auwäldern auf und geht hoch in die Berge, oft bis über die Waldgrenze hinaus. Im Winter zieht sich das Reh in das Waldesinnere zurück. In manchen Gegenden bleibt es im Feld und verbringt das ganze Jahr außerhalb des Waldes. Es hat sich der Kulturlandschaft gut angepaßt. Interessant ist bei ihm der Wechsel des Haarkleides – das Sommerkleid ist rostbraun (Rehkitze sind bis in den August weiß gefleckt), im Oktober wächst dann ein längeres braungraues Winterkleid, das am Körperende in einen auffallenden weißen, auch Spiegel genannten Fleck übergeht. Die Rehböcke werfen ihr Gehörn alljährlich im November ab. Während des Winters wächst dann ein neues, stärkeres und größeres nach, das anfangs von weichem Fell (Bast) bedeckt ist. Im April fegt der Rehbock den Bast vom Gehörn an schwachen Stämmen ab. Die Rehbrunft fällt in die Zeit von Juli bis August. Die Rehgeiß ist bis 40 Wochen lang trächtig, da die Keimentwicklung erst im Winter beginnt. Ein Jahr später setzt die Geiß im Mai bis Anfang Juni in der Regel 2 weiß gefleckte Kitze, die sie bereits nach wenigen Tagen mit zur Äsung nimmt. Oft säugt die Mutter sie bis in den Herbst. Im Winter bildet das Rehwild Rudel von 5–10 Stück und hält sich eher im Wald und in der Nähe von Wildfütterungen auf. Als Nahrung dienen ihm die verschiedensten Kräuter, Gräser, junge Triebe verschiedener Holzarten und Feldfrüchte. Das Reh gilt als wichtiges Jagdwild. Es erreicht Gewichte von 15–25 kg und liefert ein ausgezeichnetes Wildbret.

Virginischer Hirsch *Odocoileus virginianus*
Familie *Cervidae* – Hirsche
Der Virginische Hirsch, ein naher Verwandter unseres Rehs, stammt aus Nordamerika. In Europa begegnet man ihm hier und da auch in der freien Wildbahn. Er ist größer als das Reh und hat einen bis 30 cm langen, unten weiß gefärbten Wedel, die sog. Fahne, die er im Laufen aufrecht trägt. Auch das Geweih besitzt eine typische Form: Es ist nach vorne gebogen und bildet über dem Kopf eine Art Korb. Der Virginische Hirsch führt eine ähnliche Lebensweise wie das Reh, schält aber keine Baumrinden. Die Brunft verläuft im November. Diese Hirsche röhren nicht, sondern stoßen eine Art Zischen aus. Im folgenden Mai kommen dann meist zwei Junge zur Welt. Der Virginische Hirsch lebt in kleineren Rudeln, die Männchen führen oft ein Einsiedlerleben.

Wildschwein *Sus scrofa*
Familie *Suidae* – Schweine
Ursprünglich bewohnte das Wildschwein ganz Europa, Asien und Nordafrika, wurde aber durch intensive Jagd in Nordeuropa, stellenweise auch in Mitteleuropa, ausgerottet und war nur noch in Wildgehegen zu finden. Nach dem zweiten Weltkrieg verbreitete sich das Tier erneut und erscheint nun in ganz Europa recht häufig. Das Wildschwein ist ein Allesfresser, der sich von Wald- und Feldfrüchten, Insekten, Würmern, mäuseartigen Säugern, Vogel- und Säugetierjungen, aber auch von Kadavern ernährt. Im Wald ist es nützlich, weil es im Boden nach Insektenlarven sucht. In Feldkulturen aber verursacht es durch Wühlen und Fraß beträchtliche Schäden. Am meisten bevorzugt es kleinere Wälder mit Buche und Eiche, unweit von Feldern und Wiesen mit schlammigen Stellen. Das Schwarzwild paart sich im Winter und die Bache wirft nach 16wöchiger Tragzeit 4–10 hell gestreifte Frischlinge. Die Wildschweine leben bis zum Frühjahr in kleinen Rudeln, auch Rotten genannt. Gefährlich werden sie nur, wenn sie verletzt sind oder ihre Jungen verteidigen. Der erwachsene Eber erreicht Körpergewichte von 150–200 kg, die Bache ist ungefähr ein Drittel leichter.

Mischwälder der Mittelgebirge

Mufflon *Ovis musimon*
Familie *Bovidae* – Rinderartige
Der Mufflon, die Stammform des Hausschafs, ist aus seiner felsenreichen Heimat in Sardinien und auf Korsika künstlich nach Mittel-, Süd- und Westeuropa verpflanzt worden. Die Mufflons sind in Mitteleuropa am häufigsten, besonders in der Tschechoslowakei. In Deutschland hat man sie in vielen Revieren eingebürgert. Im Sommer haben die Tiere ein rostbraunes Fell, das Winterkleid ist dichter und dunkler; die Widder haben an den Seiten weiße Flecken, die sogenannten Sättel. Auf dem Kopf tragen sie ein Dauergehörn, das sich alljährlich nach hinten und außen verlängert, mit der Spitze nach innen krümmt und in 8–10 Jahren Längen bis 100 cm erreichen kann. Die Mufflonhörner nennt man Köcher. Die Mufflons leben vor allem in kleineren Wäldern, auf buschigen Hängen und an Waldrändern, wo sie trockenen und härteren Boden finden. Sie bilden größere Herden, meist von einer alten Geiß geführt; ältere Widder leben als Einzelgänger. Ihre Nahrung sind Waldkräuter, Gräser, Heidelbeeren, Heidekräuter, Moose und Flechten, bei Futtermangel auch Blätter und Triebe verschiedener Holzarten. Die Brunft dauert von Oktober bis November, wobei es erbitterte Rivalenkämpfe gibt. Die Tragzeit dauert etwa 5 Monate. Ab März bis April setzt die Geiß ein oder zwei Junge, die schon nach 3 Wochen selbständig werden, obwohl die Mutter sie noch mehrere Monate säugt. Die Geiß ist nach zwei Jahren fortpflanzungsfähig, der Widder nach drei Jahren. Die Tiere erreichen ein Alter von rund 15 Jahren, stattliche Widder werden 50 kg, Geißen 20–30 kg schwer.

Sikahirsch *Cervus nippon*
Familie *Cervidae* – Hirsche
In den Wildgehegen Europas, ab und zu auch in der freien Natur, kann man einem kleinen Hirsch begegnen, dessen Färbung eher an das Damwild erinnert. Er ist ebenfalls weiß gefleckt, aber im Ganzen dunkler. (Im Winter verschwinden die Flecken). Sein Geweih gleicht dem Geweih des europäischen Hirsches, ist aber schwächer und kleiner. Der Sikahirsch wurde im vergangenen Jahrhundert nach Europa verpflanzt. Seit Ende des letzten Jahrhunderts ist er in Deutschland eingebürgert. Seine natürliche Heimat sind Mandschurei, Japan und Korea. Die Brunft verläuft im Oktober, die Hirsche röhren nicht, sondern stoßen nur ein gedehntes Pfeifen aus. Die Kälber kommen im folgenden Mai zur Welt; meist wird nur eines gesetzt. Der Sikahirsch ernährt sich ähnlich wie die übrigen Hirsche, ab und zu schält er auch die Rinde der Nadelbäume. Im Jagdwesen spielen diese Tiere keine Rolle.

Damhirsch *Dama dama*
Familie *Cervidae* – Hirsche
Ursprünglich war der Damhirsch im Mittelmeerraum und in Kleinasien beheimatet. Zu Beginn unseres Jahrhunderts setzte man ihn auch in Europa aus, wo er sich gut angepaßt hat. Er bevorzugt lichte Haine und kleinere, mit Waldwiesen durchsetzte Wälder. Der Damhirsch besitzt ein roströtliches Sommerfell mit streifig angeordneten weißen Flecken am ganzen Körper. Im Winter färbt es sich graubräunlich. Die Flecken werden verwaschener. Ihre schaufelförmigen Geweihstangen werfen die Tiere erst im Mai ab. Das neue Geweih wächst dann bis zum September nach. Die Brunft verläuft im Oktober und November und im Juni des folgenden Jahres werden die Kälber, meist 2, gesetzt. Die Mutter säugt sie bis Ende November, dann bilden die Damtiere mit den Kälbern größere Rudel, während die stärkeren Hirsche allein oder in kleinen Gruppen stehen. Sie leben von dem üblichen Grünfutter. Baumrinde benagen und schälen sie nicht. Der Damhirsch ist ein wichtiges Jagdwild. Sein Geweih ist eine begehrte Jagdtrophäe, sein Fleisch ein ausgezeichnetes Wildbret. Der gute Schaufler wiegt 40–80 kg, das Damtier nur etwa 50 kg.

Fichtenwälder der Hochlagen

Die natürliche Verbreitung der Fichte erstreckt sich auf höhere Lagen mit reichlichen Niederschlägen. Erst die planmäßige Forstwirtschaft im letzten Jahrhundert hat die Verbreitungsgrenze der Fichte weiter westwärts verschoben und diese Holzart auch in Niederungen und Hügelländer tief unter ihre natürliche Verbreitungsgrenze gebracht. Die Fichte, ein hochnutzbares Gehölz, hat man bis heute wegen ihrer weitgehenden Verwertbarkeit allen anderen Holzarten vorgezogen, oft ohne Rücksicht auf ihre natürlichen Wachstums- und Standortbedingungen. Der Fichtenwald im Gebirge hat im Gegensatz zu anderen Waldgemeinschaften am wenigsten von seinem natürlichen Aussehen verloren, denn der Fichtenbestand war fast rein ohne Beimischung.

In ihrem natürlichen Verbreitungsgebiet findet die Fichte in den höheren Lagen der Gebirge, im Norden auch im Flachland günstige Bedingungen. Sie ist dem feuchten und rauhen Kontinentalklima angepaßt. An den Boden stellt sie geringe Ansprüche, aber immerhin höhere als die Kiefer. Sie braucht hauptsächlich ausreichend Bodenfeuchtigkeit. Wo diese fehlt, kann sie sich in niedrigen Lagen nicht halten. Deshalb gedeiht sie auch nicht auf sandigem Boden.

In natürlichen Fichtenwäldern ist die Moosschicht sehr reich entwickelt oder breitet sich eine Heidelbeerdecke aus. In höheren Lagen kommen saure Gräser hinzu. An der oberen Waldgrenze, wo sich die Bestände lichten, überwiegt oft das Farnkraut. Dort ist auch die Eberesche eingesprengt, für deren natürliche Verbreitung die Vögel sorgen. Sonst sind mitunter Buche, Tanne oder Lärche beigemischt. In urwüchsigen Fichtenwäldern kann man Fichten mit sogenannten Stelzwurzeln antreffen, solche Einzelbäume entstehen aus Samenkörnern, die auf vermorschten Baumstümpfen oder gefallenen Stämmen keimen. Die junge Pflanze treibt ihre Wurzeln mit der Zeit ins Erdreich hinein, und der Baumstumpf oder am Boden liegende Stamm vermodert im Laufe der Jahre darunter und verschwindet. Das junge Bäumchen steht dann auf Stelzen.

Fichtenwälder schließen gewöhnlich die obere Waldgrenze ab. Darauf folgt die Zone der Latschen, die den Boden vor Erosion und Lawinenbildung schützt. Als obere Waldgrenze versteht man die Linie, die die höchsten Punkte des zusammenhängenden natürlichen Waldes verbindet. An Stellen, wo der Mensch keinen Einfluß auf den Wald hatte, ist das durchweg eine klimatisch bedingte Linie, auf der der Wald noch günstige Bedingungen zu seiner Entwicklung findet. Das Zusammenwirken vor allem zweier Faktoren bestimmt diese Grenze: Wärme und Wasser (Schnee).

Ausgedehnte Fichtenbestände im Gebirge beherbergen manche typischen Vertreter von Insekten und anderen Tieren. In natürlichen Wäldern findet man unter der Rinde einer jeden geschwächten Fichte gleich einige Arten von Borkenkäfern, von denen der häufigste der Bastkäfer ist. Seine Larven werden von vielen Ameisen angefallen und dienen auch den spechtartigen Vögeln, vor allem dem Buntspecht und dem Grünspecht, als Futter. Von den Fichtensamen ernähren sich dagegen ganze Schwärme des Kreuzschnabels, die sich hier im Winter einnisten, und der Tannenhäher, der außer dem weiten Norden auch einige Gebirgsregionen bewohnt. Im dichten Bestand kommt auch der Auerhahn vor, an den Rändern der Waldlichtungen und Gebirgswiesen der Birkhahn und in den Felswänden die letzten Steinadler. In den Gebirgswäldern findet das Hirschtier einen Zufluchtsort und sein größter Feind aus dem Reich der Raubkatzen – der Luchs. Von den anderen großen, heute sehr selten gewordenen Tieren ziehen sich Bär, Wildkatze und Wolf vor der vordringenden Zivilisation hierher zurück. Hoch droben über der natürlichen Waldgrenze leben Murmeltiere, Steinböcke und Gemsen, die auch im härtesten Winter nur bis zum Rand der zusammenhängenden Wälder herabsteigen.

Fichtenwälder der Hochlagen

Brunnenlebermoos *Marchantia polymorpha* ❶
Familie *Marchantiaceae* – Brunnenlebermoose
Das Brunnenlebermoos bildet bandartige, etwas fleischige, gabelig verzweigte Lappen (Thalli) mit schwachen Mittelrippen. An der Unterseite befinden sich die sogenannten Bauchschuppen und einzellige wurzelartige Fortsätze, die Rhizoide. Sie befestigen die Pflanze und führen ihr Wasser zu. (Die haarfeinen Rhizoide wirken wie ein Docht, der Wasser kapillar ansaugt.) Auf den Mittelrippen der Oberseite wachsen becherförmige, am Rand gezähnte Brutbecher empor mit einer Anzahl von flachen Brutkörperchen, aus denen unter günstigen Bedingungen neue Thalli hervorgehen. Neben dieser ungeschlechtlichen (vegetativen) Vermehrung kann sich das Lebermoos auch geschlechtlich fortpflanzen. Dazu bildet es auf der Oberseite besondere Organe aus, sternförmige Schirmchen auf einem langen Stiel. Sie sind eigentlich das Auffälligste am ganzen Lebermoos. Männliche und weibliche Organe wachsen auf getrennten Pflanzen. Die männlichen sind niedriger (1a), und unregelmäßig gelappt, die weiblichen sind auffälliger und haben die Form eines mehrstrahligen Sterns auf einem längeren Stengel. Die Befruchtung erfolgt durch Regentropfen, die auf die flachen männlichen Scheiben fallen und von hier die Spermatozoiden auf die weiblichen Schirmchen durch den Aufprall mitreißen. Aus der befruchteten weiblichen Zelle entwickelt sich eine runde Kapsel, in der viele Sporen eingeschlossen sind. Aus ihnen gehen nach der Reife neue Pflanzen hervor. Das Brunnenlebermoos liebt Licht bis Halbschatten und wächst häufig auf feuchten, frischen Böden. Besonders oft findet man es auf alten Feuerstellen, auch auf alten Waldwegen und in feuchten Gräben. Mit zunehmendem Schatten verschwindet es langsam aus dem Wald.

Gemeines Bürstenmoos, Gemeines Frauenhaarmoos *Polytrichum commune* ❷
Familie *Polytrichaceae* – Frauenhaarmoosgewächse
Es ist das größte mitteleuropäische Moos. Sein einfacher, aufrechter Stengel wird bis 40 cm hoch. Er ist dicht belaubt mit lanzettlichen, zugespitzten Blättern. Die kräftig ausgebildete Mittelrippe der Blätter geht in eine braune, gesägte Granne über. Bei Trockenheit schmiegen sich die Blättchen dem Stengel an, bei feuchtem Wetter stehen sie ab. Die Sporenkapsel sitzt auf einem kräftigen, roten bis 15 cm hohen Stiel. Sie hat einen braunen haubenartigen Deckel. Das Gemeine Frauenhaarmoos ist ein Anzeiger für feuchte bis nasse, stark humose bis torfartige Standorte. Es braucht Licht und verträgt nur wenig Schatten. Auf Boden mit höherem Kalkgehalt gedeiht es nicht. Am häufigsten findet man es auf Waldlichtungen, oft wächst es auch auf angestochenem Torfboden. Häufig erscheint es in Löchern nach Windwurf und in Gräben mit stehendem Wasser. Selten tritt es in Gemeinschaft mit anderen Moosen auf, wenn doch, dann ist es ein Zeichen für das Austrocknen des Bodens. In Gesellschaft von Torfmoosen zeigt es an, daß der Boden vernäßt. Es ist eine typische Art der Gebirgslagen. Kapsel (2a oben), Blatt (2a unten).

Einfaches Frauenhaarmoos *Polytrichum attenuatum* ❸
Familie *Polytrichaceae* – Frauenhaarmoosgewächse
Es ähnelt der vorhergehenden Art, mit der es oft verwechselt wird, ist aber häufiger. Der etwas niedrigere Stengel wird nur ungefähr 10 cm hoch. Bei Trockenheit stehen die Blättchen ab, bei feuchter Witterung biegen sie sich zurück. Die linealischen Blätter sind ganz scharf gesägt. Die Sporenkapsel sitzt auf einem 4–8 cm hohen, unten roten, oben gelb werdenden Stiel. Die Kapsel ist länglich, gelbgrün, später gelbbraun und von der Haube nur teilweise bedeckt. Das Einfache Frauenhaarmoos bildet in Nadelwäldern umfangreiche, zusammenhängende Rasen. Es gedeiht im Schatten und Halbschatten mit mittleren bis besseren Böden, zeigt aber eine gewisse Bodenverdichtung an. Starke Rohhumusauflage meidet es und daher auch die Gesellschaft der Heidelbeere. Kapsel (3a links), Blatt (3a rechts).

1
1a
2
2a
3
3a

Fichtenwälder der Hochlagen

Sumpf-Torfmoos *Sphagnum palustre* ❶
Familie *Sphagnaceae* – Torfmoosgewächse
Das Sumpf-Torfmoos bildet oft große, ausgedehnte blaßgrüne bis weißliche Polster, die jedes Jahr an der Oberfläche weiterwachsen, in tieferen Schichten aber absterben und schließlich in Torf übergehen. Die ganzrandigen Blätter haben keine Rippen und sind aus zweierlei Zellen aufgebaut: Blattgrünzellen, die der Assimilation dienen, und große, wandverdickte Wasserzellen, die durch Poren miteinander verbunden sind und bei feuchter Witterung Wasser aufnehmen. Der Moosstengel trägt Seitenästchen, die an der Spitze schopfig gehäuft sind. Die an den Ästen spiralig angeordneten Blätter schmiegen sich dachziegelig an, oder sie stehen ab. Die kugelige, dunkelbraun glänzende Sporenkapsel sitzt auf einem ganz kurzen Stiel und hat in der Jugend eine flach gewölbte Haube, die aber bald abfällt. Das Sumpf-Torfmoos ist kalkfeindlich und gedeiht nur auf feuchten, sauren Böden in schattigen Wäldern, hier auf kleinere Flächen beschränkt, und in Mooren. Es ist von allen Torfmoosen das größte und hat auch die größten Kapseln. Seine lebende Pflanzenmasse ist 10–40 cm hoch und kann sich kräftig ausbreiten. Die *Sphagnum*-Arten zeigen im Wald schlechten Bodenzustand an: starke Podsolierung und beginnende Vermoorung.

Girgensohns Torfmoos *Sphagnum girgensohnii* ❷
Familie *Sphagnaceae* – Torfmoosgewächse
Die aufrechten, langen und spitz zulaufenden Sprosse bilden blaßgrüne bis weiße Polster, ca. 20 cm hoch. Das Moos bevorzugt schattige bis halbschattige Standorte. Die Torfmoose nutzen das Wasser, das sich nach einem Regen auf undurchlässigem Untergrund staut. Dieses Torfmoos braucht jedoch auch erhöhte Luftfeuchtigkeit. Deshalb erscheint es gewöhnlich am Boden von Vertiefungen oder in ausgehobenen Gruben, wobei im oberen Bereich solcher Vertiefungen dann andere Moosarten wachsen. Da es eine mehrere Dezimeter dicke zusammenhängende Decke aus Rohhumus bildet; läßt es keinen Samenanflug aufkommen.

Drehmoos *Funaria hygrometrica* ❸
Familie *Funariaceae* – Drehmoose
Es hat einfache, meist unverzweigte, bis 3 cm hohe Stengel. Die ganzrandigen Blätter besitzen eine deutliche Mittelrippe, die in die Blattspitze ausläuft. Die Sporenkapsel sitzt auf einem 3–5 cm langen, gelbroten, etwas gebogenen Stiel, der sich je nach Luftfeuchtigkeit mehr oder weniger seilartig verdreht. Er entspringt aus der Stengelspitze. Die birnförmige Kapsel ist bei Trockenheit stark zerfurcht. Sie besitzt einen kleinen, stumpf-kegelförmigen Deckel. Das Drehmoos kommt auf kahlen Bodenstellen, an Mauern und auf Dächern und regelmäßig auf alten Feuerstellen im Walde vor, auch auf schlammigen und sandigen Böden. Es bildet dichte, hellgrüne Rasen und dehnt sich oft großflächig aus. Es liebt, helle, sonnige Standorte und fruchtet das ganze Jahr über. Man findet es von der Ebene bis ins Gebirge.

Besen-Gabelzahnmoos *Dicranum scoparium* ❹
Familie *Dicranaceae* – Zahnmoose
Das Moos bildet hellgrüne, glänzende Rasen. An den dünnen, bis 10 cm hohen, einfachen oder gegabelten braunfilzigen Stengeln sitzen die Blätter spiralig. Sie sind sichelförmig, einseitswendig und lanzettlich, die dünne Rippe läuft in die feingesägte Blattspitze aus. Der Stiel der Sporenkapsel ist kräftig rot, 2–4 cm hoch. Die leicht gebogene Kapsel besitzt einen geschnäbelten Deckel. Die Haube bedeckt die ganze Kapsel. Das Moos liebt lichte bis halbschattige Stellen, es wächst auf armen, trockenen Böden und auf Felsen, meidet aber feuchte und nasse Böden. Am besten gedeiht es in lichtem Nadelwald, wo es an mageren und leicht sauren Standorten mit schlechter Humuszersetzung zusammenhängende Polster unterschiedlicher Größen bildet. Die Polster dieses Mooses haben als Wasserspeicher für den Wald nur geringe Bedeutung.

2
3
1
4

Fichtenwälder der Hochlagen

Rippenfarn *Blechnum spicant* ❶
Familie *Polypodiaceae* – Tüpfelfarngewächse
Dieser Farn treibt aus seinem Wurzelstock zweierlei Blätter: unfruchtbare, kurzgestielte und einfach gefiederte Blätter mit stumpf-zugespitzten Fiederlappen. Diese dunkelgrünen, lederartigen Blätter stehen außen an der Blattrosette, sie überwintern. Innen wachsen die fruchtbaren Blätter. Sie sind etwas länger (bis 45 cm) und ihre Fiederlappen schmäler. Auf der Rückseite der Fiederlappen bilden sich am Mittelnerv entlang Sporangienhäufchen. Dieser zierliche Farn kommt in gebirgigen Fichtenwäldern vor. Er braucht sauren Boden und ist an halbschattige bis schattige Standorte mit rauhem Klima und hohen Niederschlagsmengen gebunden. Er ist daher ein Anzeiger für „kühlen", verhältnismäßig nährstoffarmen Boden mit saurer Rohhumusauflage.

Keulenbärlapp, Wolfsklaue *Lycopodium clavatum* ❷
Familie *Lycopodiaceae* – Bärlappgewächse
Die Bärlappe haben einen kriechenden Sproß mit kleinen, anliegenden Blättern. Die Sporenstände bilden eine Ähre. Die Bärenlappe verlangen Schatten, ständige Luftfeuchtigkeit und humusreichen Boden. Der Keulenbärlapp ist der häufigste Bärlapp der Gebirgswälder. Er hat einen bis zu 1 m langen, kriechenden Stengel, aus dem weitere, aufrechte, gabelig verzweigte Stengel hochwachsen. Sie besitzen im unteren Teil viele dichtstehende, feingesägte Blätter. Am Ende dieser aufrechten Stengel stehen je zwei Sporenähren auf locker beblätterten, gelbgrünen Stielen. Er ist in lichten Nadelwäldern auf humosen, sauren Böden verbreitet. Man kann ihn aber auch auf trockenem Heideboden finden. Sehr oft wächst er in Gemeinschaft mit der Heidelbeere. Unter günstigen Bedingungen vermehrt er sich intensiv auf vegetativem Wege durch seine kriechenden Sprosse.

Sprossender Bärlapp, Schlangenmoos *Lycopodium annotinum* ❸
Familie *Lycopodiaceae* – Bärenlappgewächse
Wie die vorher beschriebene Art, hat auch er einen kriechenden Stengel, aus dem aufrechte, kurze Seitenästchen hochwachsen. Die linealisch-lanzettlichen, am Rand scharf gesägten, abstehenden Blätter sitzen lose verteilt an den Trieben. Die Sporenähren sitzen einzeln an den aufrechten Stengeln. Der Sprossende Bärlapp ist am häufigsten in den Fichtenwäldern der Gebirge auf feuchtem Moosboden verbreitet. Da er feuchtere Standorte als der Keulenbärlapp bevorzugt, ist er ein Anzeiger für eine langsame Zersetzung der Waldstreu und beginnende Rohhumusbildung. Er liebt Schatten und schwindet daher in lichten Beständen. Nie bildet er zusammenhängende Polster, sondern wächst immer in Büscheln.

Frauenfarn, Wald-Frauenfarn *Athyrium filix-femina* ❹
Familie *Polypodiaceae* – Tüpfelfarngewächse
Der stattliche, bis 1 m hohe Farn, mit seinen fächerartig angeordneten Blättern ist doppelt gefiedert. Der Blattstiel, kürzer als die gesamte Blattfläche, ist unten braun. Die Sporenhäufchen befinden sich unterseits der Fiedern entlang der Seitennerven. Eine sichelförmige häutige Hülle umgibt sie. Obwohl er auch in niedrigeren Lagen vorkommt, findet man ihn bei genügend Feuchtigkeit am häufigsten in Bergwäldern. Auf schattigem, frischem Waldboden, der reich an zersetztem Humus ist, bildet er ausgedehnte Bestände. Er meidet trockene Böden mit Rohhumusauflagen. Er ist ein sehr dekorativer Farn der europäischen Wälder.

3
2
1
4

Fichtenwälder der Hochlagen

Steinpilz, Herrenpilz *Boletus edulis* ❶
Familie *Boletaceae* – Röhrlinge
Der hell- bis kastanienbraune Hut erreicht einen Durchmesser von 6–25 cm. In der Jugend ist er gewölbt, später mehr flach. Die Röhrenschicht ist zunächst weiß, später gelb, die Poren kreisförmig, in der Jugend fein, später breiter und grünlich. Der Stiel ist unten bauchig verdickt, außen weiß bis rostbraun und feinmaschig geadert. Das Fleisch ist ebenfalls weiß und riecht angenehm. Der Pilz ist über ganz Europa verbreitet und wächst von Juli bis November von der Ebene bis an den Fuß der Berge. Er kommt vor allem in Fichtenwäldern vor, da er in Symbiose mit den Fichtenwurzeln lebt (Mykorrhiza). In ähnlicher Weise bildet er auch mit der Eiche eine Symbiose. Der Fruchtkörper des Steinpilzes hat einen außerordentlich guten Geschmack. In diesem Zusammenhang noch ein kurzer Blick auf den Nährwert der Pilze. Dem Eiweißgehalt nach sind Pilze mit Fleisch vergleichbar. Doch im Gegensatz zu den grünen Pflanzen besitzen sie chitinhaltige Zellwände, die der Magensaft des menschlichen Organismus nicht abzubauen vermag. Man muß daher die Pilze sorgfältig kauen, um möglichst viele Zellen zu verletzen, so daß ihr Inhalt verdaut werden kann. Der menschliche Organismus kann auf diese Weise nur etwa die Hälfte des Eiweißgehalts nutzen. Voll verarbeitet dagegen unser Organismus die im Pilz enthaltenen Kohlenhydrate und Fett. Außerdem enthalten die Pilze Vitamine, besonders B und D.

Pfifferling, Eierschwamm *Cantharellus cibarius* ❷
Familie *Cantharellaceae* – Leistenpilze
Der Pfifferling hat einen 2–7 cm breiten Hut mit eingerolltem Rand. Er ist eidottergelb, hat ein festes, weißes Fleisch und einen aromatischen Geruch. Auf der Hutunterseite erkennt man gabelig verzweigte, lamellenähnliche Leisten, die am gelben Stiel herablaufen. Der Stiel verjüngt sich nach unten. Der Pfifferling wächst besonders in Nadelwäldern auf der ganzen nördlichen Halbkugel, in Niederungen und in den Bergen. Man findet ihn im August und im September. Der Hut der Pfifferlinge ist in Laubwäldern heller. Wegen seines guten Aromas wird er gern gesammelt. Dieser Pilz ist jedoch schwerer verdaulich, man muß ihn daher länger kochen. Er wird niemals madig und ist reich an Vitamin B.

Fliegenpilz *Amanita muscaria* ❸
Familie *Amanitaceae* – Freiblättler
Mit seinem roten Hut und den weißen Tupfen darauf ist dieser stattliche Pilz einer der auffälligsten Pilze unserer Wälder. Die weißen Lamellen stehen dicht beieinander, ohne den Stiel zu berühren. Auch der Stiel ist weiß, ebenso das Fleisch, und unten knollig angeschwollen. Der Pilz enthält zwei Gifte: das Alkaloid Muscarin und das Muscaridin. Bei einer Vergiftung verlangsamt sich der Herzschlag; Galle, Speichel- und Schweißdrüsen erhöhen ihre Sekretion. Gleichzeitig macht sich ein Rauschzustand bemerkbar. Der Fliegenpilz geht aus einer warzigen, rundlichen Knolle hervor, an deren äußerer Hülle man noch keine rote Farbe erkennen kann, innen breitet sich eine 2. Hülle, der Schleier, nur über den Hut. Wenn der Hut die äußere Hülle gesprengt hat, bleiben ihre Reste als weiße Warzen regelmäßig verteilt auf dem roten Hut und als Scheide am Fuß. Die Manschette am Stiel ist der Überrest vom Schleier.

Klebriger Hörnling, Schönhorn *Calocera viscosa* ❹
Familie *Dacrymycetaceae* – Gallerttränenpilze
Der zierliche Pilz findet sich überwiegend in Fichtenwäldern. Sein orangegelber Fruchtkörper ist meist korallenartig verzweigt. Er wird bis 8 cm hoch und fühlt sich klebrig-schlüpfrig an. Im dunklen Nadelwald besiedelt er gern Wurzelstöcke und deren Stockachseln. Er ist nicht giftig, eignet sich jedoch nicht zum Essen.

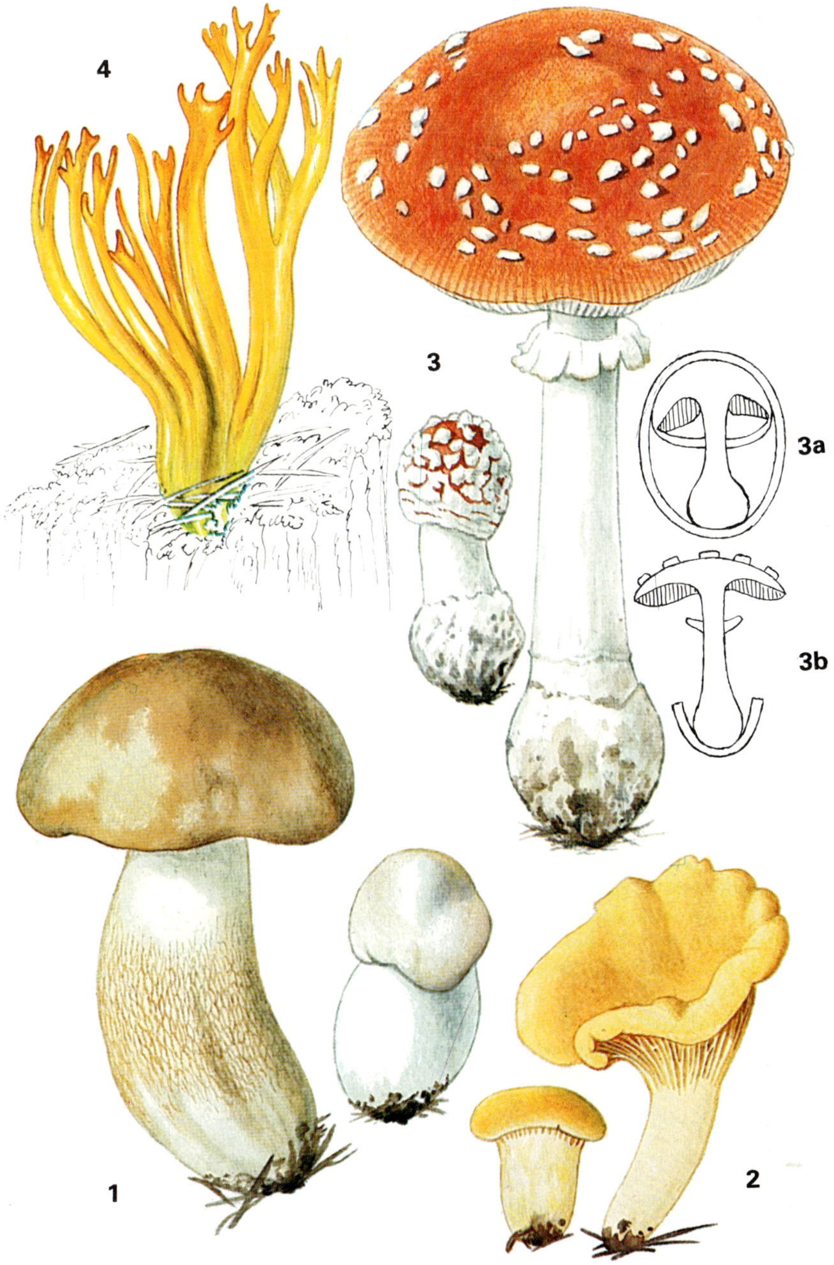
4
3
3a
3b
1
2

Fichtenwälder der Hochlagen

Goldgelber Ziegenbart *Clavaria aurea* ❶
Familie *Clavariaceae* – Keulenpilze
Sein goldgelber Fruchtkörper nimmt später eine mehr ockergelbe oder gar bräunliche Färbung an. Die zahlreichen Ästchen sind zunächst gedrungen strauchartig verzweigt, später strecken sie sich, und der Pilz bekommt ein korallenartiges Aussehen. Man bezeichnet ihn daher auch als Korallenpilz. Er ist spröde und verändert seine Farbe an Druckstellen nicht. Das Fleisch ist weiß, fein im Geruch und im Geschmack. Er wächst in Mischwäldern auf schweren Böden, wo man ihn vom Hochsommer bis Mitte Herbst findet.

Wurzelschwamm *Fomes annosus* ❷
Familie *Polyporaceae* – Porlinge
Der Wurzelschwamm ist der schlimmste Holzzerstörer an der Fichte, befällt aber auch andere Holzarten. Er kommt vor allem in angebauten Fichtenbeständen außerhalb des natürlichen Verbreitungsgebietes vor. Besonders stark tritt er in der ersten Fichtengeneration bei Ackeraufforstung auf. *Fomes annosus* bildet selten und dann erst lange nach der Infektion Fruchtkörper aus, so daß man einen befallenen Baum meist viel zu spät erkennt. Der Fruchtkörper ist braun bis dunkel, unregelmäßig geformt, hat weiße Röhren und ist oft flächenhaft mit der ganzen Oberseite angewachsen, so daß nur die weißen Röhren erkennbar sind. Der Pilz dringt im allgemeinen von unten her in die Hauptwurzeln und in den Stamm ein und verursacht die bekannte, vom Forstmann gefürchtete Rotfäule oder Kernfäule an der Fichte. Das befallene Kernholz verfärbt sich rotbraun und wird im Endstadium so stark zersetzt, daß der Stamm ausgehöhlt wird. Bäume, bei denen die Krankheit schon weit fortgeschritten ist, weisen häufig am untersten Stammteil eine flaschenförmige Ausbuchtung auf. Doch nicht jeder infizierte Baum zeigt dieses Symptom. Oft erreichen die Bäume ein hohes Alter.

Hallimasch *Armillaria mellea* ❸
Familie *Tricholomataceae* – Hellblättler
Seine Fruchtkörper erscheinen im Herbst büschelweise auf Baumstöcken. Der honiggelbe Hut trägt verstreut dunkle Schüppchen, die bei älteren Exemplaren oft abgewischt sind. Die beim Aufschirmen bräunlich werdenden, dann von den Sporen weiß bestäubten Lamellen laufen am Stiel etwas herab. Der zunächst helle, später nachdunkelnde, beschuppte Stiel trägt noch einen ringförmigen Schleierrest. Der Hallimasch ist ein gefährlicher Schmarotzer an fast allen Nadelhölzern, aber auch an Laubholz. Er verbreitet sich zunächst durch Sporen, dann aber durch schwarze Rhizomorphen, die im Boden weiterkriechen und an verletzten Stellen in die Wurzeln eindringen. Auch gesunde Wurzeln können befallen werden. Das Myzel bildet weiße, fächerartig verzweigte Stränge und Häute, die die Rinde vom Holz lösen. Typisch für einen befallenen Baum sind die abnormen Harzausscheidungen. Das vermoderte Holz, hauptsächlich die Wurzeln, leuchten oft nachts. Am meisten schadet er den Fichten, besonders wenn sie außerhalb ihres natürlichen Verbreitungsgebietes angebaut werden.

Grünblättriger Schwefelkopf *Hypholoma fasciculare* ❹
Familie *Strophariaceae* – Dunkelblättler
Er ist ein häufig vorkommender Pilz, der dichte Büschel von Fruchtkörpern auf Baumstökken bildet. Die Fruchtkörper sind schwefelgelb, der Hut an der Spitze braunorange, glatt, die dichtstehenden Lamellen sind in der Jugend grün, später durch die Sporen violettbraun. Der zylindrische Stiel ist hohl und schwefelgelb wie das Fruchtfleisch. Der Pilz erscheint auf Holz, das bereits in Fäulnis übergegangen ist.

1
2
3
4

Fichtenwälder der Hochlagen

Europäischer Siebenstern *Trientalis europaea* ❶
Familie *Primulaceae* – Primelgewächse
Der Siebenstern ist eine ausdauernde Pflanze, bis 20 cm hoch, mit unverzweigtem Stengel, der im oberen Drittel 5–7, fast quirlständige, länglich-eiförmige Blätter trägt. Die Blüten erscheinen von Mai bis Juni einzeln auf langem Stiel. Sieben weiße Kronenblätter bilden die Blüte. Die Frucht ist eine runde grau bereifte Kapsel. Da der Siebenstern genügend Bodenfeuchtigkeit braucht, wächst er gewöhnlich in höheren niederschlagsreichen Lagen. Er verträgt auch sauren Boden und ist ein Anzeiger beginnender Trockentorfbildung. An die Nährstoffe im Boden stellt er keine besonderen Ansprüche. Außerdem gedeiht er im Schatten wie in der vollen Sonne.

Gewöhnlicher Fichtenspargel *Monotropa hypopitys* ❷
Familie *Monotropaceae* – Fichtenspargelgewächse
Der Fichtenspargel ist ein Saprophyt, d. h. er lebt von den organischen Substanzen abgestorbener Pflanzen, denn er besitzt kein Blattgrün zur Photosynthese. Unter den Samenpflanzen (Spermatophyta) gibt es auf der ganzen Welt nur 160 Pflanzenarten, die sich saprophytisch ernähren. Sie haben folgende gemeinsame Merkmale: Sie besitzen kein Chlorophyll. Da die Blätter infolgedessen nicht mehr assimilieren können, sind sie nur noch als Schuppen ausgebildet. Auch feine Haarwurzeln zur Nahrungsaufnahme fehlen. Stattdessen bildet der Saprophyt eine Symbiose mit einem Pilz, der seine Pflanzenwurzel mit feinem Myzel umspinnt und ihm die nötigen Nährstoffe aus abgestorbenen Organismen zuführt (Mykorrhiza). Der Fichtenspargel ist ein typischer Vertreter der saprophytischen Pflanzen. Im Wald fällt er auf durch seinen direkt aus dem Boden wachsenden brüchigfleischigen wachsgelben Stengel. Er wird bis 20 cm hoch und ist mit Schuppen schütter bewachsen. Der Stengel endet mit einer Traube gelber glockiger Blüten, die erst nickend, zur Fruchtzeit aber aufrecht steht. Die Blüten vertrocknen nach der Blütezeit ohne abzufallen und umhüllen die Kapselfrucht. Der Fichtenspargel kommt von der Ebene bis ins Gebirge, in Laub-, wie in Nadelwäldern vor, überall ist er jedoch an eine stärkere Humusschicht gebunden.

Zweiblättrige Schattenblume *Maianthemum bifolium* ❸
Familie *Liliaceae* – Liliengewächse
Aus einem schwachen Wurzelstock wächst ein bis 25 cm hoher Stengel, der in der Mitte nur zwei wechselständige, ganzrandige, herzförmige gestielte Blätter hat. Von April bis Juni erscheinen kleine, wohlriechende weiße Blüten in rispiger Traube. Ihre Früchte sind rote, runde, glänzende Beeren. Die Schattenblume ist häufig von der Ebene bis ins Gebirge zu finden, vor allem auf sauren Böden. Man kann sie als Anzeiger für schlechter werdende Bodenverhältnisse bezeichnen.

Hasenlattich *Prenanthes purpurea* ❹
Familie *Asteraceae* – Korbblütengewächse
Die ausdauernde Planze hat einen stattlichen Stengel und wird 1,5 m hoch. Die asch-grünen Blätter wechseln in der Form von unten bis zur Mitte. Erst die oberen Stengelblätter behalten ihre Form bei – sie sind lanzettlich, ungestielt und stengelumfassend. Aus den Blattachseln wachsen von Juli bis September lockere Rispen purpurfarbener Blüten. Es ist eine typische Pflanze der Bergwälder. Sie braucht genügend Bodenfeuchtigkeit und Böden mit günstiger Humuszersetzung.

4
2
1
3

Fichtenwälder der Hochlagen

Quirlblättrige Weißwurz *Polygonatum verticillatum* ❶
Familie *Liliaceae* – Liliengewächse
Die Quirlblättrige Weißwurz ist eine ausdauernde Pflanze. Aus ihrem unterirdischen Wurzelstock wächst ein 30–100 cm hoher Stengel, der in mehreren Quirlen je 3–7 schmal-lanzettliche Blätter trägt. In den Blattachseln hängen von Mai bis Juni kleine, röhrenartige, grünliche Blüten, meist zu zweien auf einem gegabelten Stiel. Es ist eine Pflanze der höheren Lagen, hauptsächlich der Gebirgsfichtenwälder. Sie braucht feuchten Boden mit guter Humuszersetzung. Die ganze Pflanze ist giftig.

Haingreiskraut *Senecio nemorensis* ❷
Familie *Asteraceae* – Korbblütengewächse
Das Haingreiskraut wird über 1 m hoch. Die lanzettlich-eiförmigen Blätter sind auf der Rückseite flaumig. Der Stengel trägt eine endständige Rispe aus gelben Blütenkörbchen. Die Pflanze blüht von Juli bis September. Ihre Schließfrüchte sind mit zottigem Flaum bewachsen und können so vom Wind über weite Entfernung verfrachtet werden. Das Haingreiskraut kommt vor allem auf Waldlichtungen von unteren bis in höhere Berglagen vor. Es verlangt nährstoffreichen, vor allem stickstoffreichen, feuchten Boden. In Kulturen bildet es oft dicht zusammenhängende Flächen und verdämmt die Pflanzung. – Neben dem Haingreiskraut ist das oben beschriebene Weidenröschen *Chamaenerion angustifolium* ein typischer Vertreter der Schlagflora. Beide Pflanzen haben ein gemeinsames Merkmal: Sie bilden Unmengen flaumiger Schließfrüchte, die der Wind in die nähere und weitere Umgebung verfrachtet. Deshalb kommen diese Pflanzen unter günstigen Bedingungen oft massenhaft vor. Was versteht man nun unter dem Begriff „günstige Bedingungen" bei der Schlagflora? Jede Pflanze stellt gewisse Ansprüche an ihre Umgebung, d. h. sie wächst unter natürlichen Bedingungen nur dort, wo es ihr am besten zusagt. Manche Pflanzen mit ganz besonderen Ansprüchen sind daher auf ganz bestimmte Standorte beschränkt. Und eben eine solche Flora findet man auf Kulturflächen. Ein Kahlschlag verändert die Lebensbedingungen für eine Pflanzengesellschaft ganz erheblich. Deshalb verschwinden hier viele Arten, die sich zuvor im Schutz der Baumkronen wohlfühlten. An ihrer Stelle erscheinen dann neue Pflanzen, denen das Klima des Freilandes zusagt, charakteristische Schlagflora findet sich ein. Zwei wichtige Arten davon sind eben das Weidenröschen und das Haingreiskraut, die Kahlflächen massenhaft zeitweilig besiedeln. Der Humus aus der vorherigen Bestockung zersetzt sich unter dem Lichteinfluß rascher und fördert die Entwicklung dieser Pflanzen.

Waldruhrkraut *Gnaphalium silvaticum* ❸
Familie *Asteraceae* – Korbblütengewächse
Diese ausdauernde Pflanze hat einfache, bis 60 cm hohe, aufrechte, seidig-filzige Stengel mit schmal-lanzettlichen weißfilzigen Blättern. Die kleinen, gelblichweißen Blütenkörbchen bilden eine endständige Traube. Das Waldruhrkraut blüht von Juli bis September und wächst von der Ebene bis ins Gebirge auf Kahlflächen, Waldlichtungen und am Wegrand. Es begnügt sich mit trockenem bis mäßig feuchtem Boden, mäßigem Nährstoffgehalt und guter Humuszersetzung. Es verträgt keinen Kalkboden.

Roter Alpenlattich *Homogyne alpina* ❹
Familie *Asteraceae* – Korbblütengewächse
Der Rote Alpenlattich ist eine ausdauernde Pflanze mit herz-nierenförmigen, glänzenden, gesägten, langstieligen Grundblättern, zwischen denen ein 30 cm langer, zartvioletter Stengel mit einigen Schuppenblättern emporwächst. Die purpurroten Blüten stehen in einem endständigen, einzelnen Körbchen. Der Rote Alpenlattich blüht von Mai bis Juni. Er wächst in den Fichtenwäldern des Gebirges und dringt bis in die Latschenregion vor. Er verlangt mineralreichen, feuchten Boden mit saurem Humus.

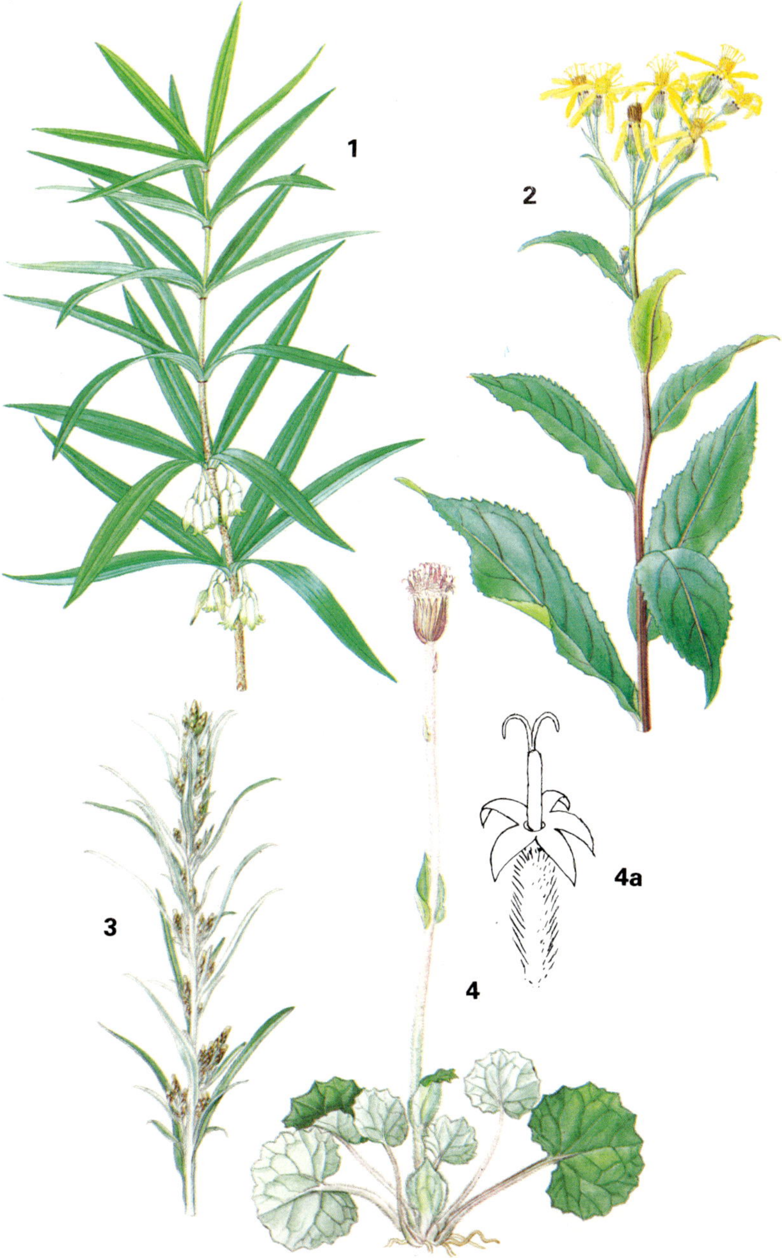
1
2
3
4
4a

Fichtenwälder der Hochlagen

Rundblättrige Glockenblume *Campanula rotundifolia* ❶
Familie *Campanulaceae* – Glockenblumengewächse
Diese ausdauernde Pflanze, die eine Höhe bis 30 cm erreicht, fällt durch zwei Blattypen auf: An unfruchtbaren Trieben entwickeln sich nierenförmig-runde, am Blütenstengel lanzettliche bis linealische Blätter. Die dunkelblauen, nickenden, glockigen Blüten erscheinen von Juni bis September. Bei glockigen Blüten ist die Art der Bestäubung bemerkenswert: In der noch verschlossenen Blüte befindet sich ein kurzer, behaarter Griffel, den die Staubgefäße, mit Nektardrüsen an der Basis eng umschließen. Beim Öffnen der Blüte entleeren die Staubbeutel den Pollen noch vor der Entfaltung der Narbe auf die „Sammelhaare" am Griffel und schrumpfen dann ein. Beim Besuch der Blüten bleibt der Blütenstaub an dem Insekt hängen. Erst wenn der Griffel frei ist von Pollen, entfaltet sich die spiralig gedrehte, dreilappige Narbe. Jeder neue Besucher streift nun beim Eindringen seinen mitgebrachten Blütenstaub an der abstehenden Narbe ab und sorgt so für eine Fremdbestäubung. Aus dem meist dreiblättrigen Fruchtknoten entwickelt sich eine samenreiche Kapsel. Die Rundblättrige Glockenblume wächst auf mageren bis mäßig nährstoffreichen, sauren Böden von der Ebene bis ins Gebirge. Sie verlangt Licht. Im Schatten bringt sie keine Früchte hervor.

Poleigränke, Lavendelheide *Andromeda polifolia* ❷
Familie *Ericaceae* – Heidekrautgewächse
Die Poleigränke wächst als niedriger Strauch etwa 40 cm hoch. Ihre lanzettlichen Blätter sind auf der Unterseite aschgrau. Sie blüht von Mai bis Juli mit 1–4 endständigen nickenden Blüten an langen Stielen. Kelch und Kronblätter der glockigen Blüte sind zartrosa. Der Fruchtknoten reift zu einer fünffächerigen Kapsel heran. Die Poleigränke wächst im Hochmoor, am liebsten auf nassen, vermoosten, sauren Torfböden. Sie kommt vor vom Hügelland bis hinauf in die Berge. Sie ist giftig.

Moosbeere *Oxycoccus quadripetalus* (syn. *Vaccinium oxycoccus*) ❸
Familie *Ericaceae* – Heidekrautgewächse
Die Moosbeere gehört zwar zu den niedrigsten Sträuchern, doch ihre kriechenden, dünnen, schwach verholzten Triebe werden bis 80 cm lang. Die kleinen, am Rand umgerollten, ledrigen, immergrünen, eiförmigen Blätter verteilen sich locker am Strauch. Sie sind kurzgestielt und unterseits mehr aschgrau als grün. Die Moosbeere blüht von Mai bis Juli. Die herrlichen kleinen rosa Blüten mit ihren zurückgeschlagenen Kronblättern und dem roten Kelch stehen nickend auf ihren langen, dünnen Stielen am Triebende. Die großen roten Beerenfrüchte sind eßbar. Die Moosbeere kommt in Hochmooren vor und ist ein Anzeiger für nassen, sauren, vermoosten Torfboden im Gebirge.

Krähenbeere *Empetrum hermaphroditum* ❹
Familie *Empetraceae* – Krähenbeerengewächse
Der kleine Strauch wird 5–20 cm hoch, ähnlich dem Heidekraut. An den Trieben sitzen quirlständig die linealischen, immergrünen Blätter. Die Krähenbeere blüht von Mai–Juni. Sie ist zweihäusig, bringt also männliche und weibliche Pflanzen hervor. Bei den männlichen Blüten setzt sich die rosafarbene Krone aus drei Blättchen zusammen, die weiblichen haben purpurrote Kronblätter. Die Früchte sind rote, säuerlich schmeckende Steinfrüchte. Die Krähenbeere ist eine Pflanze der Hochmoore im Gebirge und kommt auf der ganzen nördlichen Halbkugel vor.

1
2
3
4

Fichtenwälder der Hochlagen

Rauschbeere *Vaccinium uliginosum* ❶
Familie *Ericaceae* – Heidekrautgewächse
Obwohl die Rauschbeere als Strauch bis 100 cm hoch wächst, wird sie doch gelegentlich mit der Heidelbeere verwechselt. Im Gegensatz zur Heidelbeere hat sie graugrüne, ganzrandige Blätter, die sie im Herbst abwirft. Sie blüht von Mai bis Juni. Die bauchig gewölbte, hellrosa Krone hängt an kurzen Stielchen. Zur Reifezeit entwickeln sich dunkelblaue Beeren mit saurem Geschmack. In größerer Menge genossen, bewirken sie Brechreiz. Die Rauschbeere kommt vor allem in Mooren und moorigen Wäldern des Gebirgslandes vor. Sie braucht feuchte bis nasse Böden mit Rohhumusauflage.

Scheidiges Wollgras *Eriophorum vaginatum* ❷
Familie *Cyperaceae* – Riedgrasgewächse
Das Scheidige Wollgras bildet auffällige, horstartige Büschel. Die graugrünen Stengel wachsen an der Spitze mit einem einzigen Ährchen, das auch nach der Blüte aufrecht bleibt. Zur Reifezeit verlängern sich die Blütenhüllhaare und bilden ein weißes „Wollköpfchen". Dieses Wollgras blüht von Mai bis Juni. Es kommt gesellig auf Torfmoos-Bulten vom Flachland bis ins Gebirge vor. Die Pflanze ist wie das *Sphagnum* ein Torfbildner.

Weißer Germer *Veratrum album* ❸
Familie *Liliaceae* – Liliengewächse
Der Weiße Germer ist eine stattliche Pflanze, bis 150 cm hoch. Aus einem starken Wurzelstock (Rhizom) wächst eine Rosette großer, elliptischer, ganzrandiger Blätter mit starker Nervatur hervor. An dem kräftigen Stengel sitzen schmalere, wechselständige Blätter (Unterschied zum Gelben Enzian, der gegenständige Blätter hat.). Die Blüten stehen in endständiger Rispe. Sie erscheinen von Juni bis August mit ihren weißlich-grünen Kronblättern. Aus dem Fruchtknoten geht eine Kapsel hervor. Der Weiße Germer wächst auf feuchten Gebirgswiesen sehr häufig. Die ganze Pflanze ist stark giftig.

Rundblättriger Sonnentau *Drosera rotundifolia* ❹
Familie *Droseraceae* – Sonnentaugewächse
Der Rundblättrige Sonnentau ist eine ausdauernde Pflanze mit einer Rosette von rundlichen Grundblättern. Auf den kaum fingernagelgroßen Blättern stehen rote, drüsenartige Tentakel, die an der Spitze ein klebriges, nach Honig duftendes Sekret als glitzerndes Tröpfchen ausscheiden. Jedes Blatt besitzt ungefähr 200 solcher Tentakel. Aus der Rosettenmitte erheben sich 10–20 cm hohe Blütenstengel, an deren Ende die kleinen weißen Blüten in einem ährenförmigen Wickel stehen. Die Pflanze wächst auf Hochmooren, meist in Torfmoosrasen. Der Rundblättrige Sonnentau gehört zu den sogenannten fleischfressenden Pflanzen. Nur wenige Arten zählen dazu: von 150 000 Arten der Blütenpflanzen sind es nur etwa 400 Arten. Fleischfressende Pflanzen wachsen vorwiegend in Mooren, wo es an Nährstoffen, insbesondere an Stickstoff fehlt. Sie decken daher ihren Stickstoffbedarf mit Insekten, die sie verdauen. Fehlt es an Insekten, dann bleiben solche Pflanzen klein und unfruchtbar. Betrachten wir uns den Fangmechanismus des Sonnentaus. Die glänzenden Sekrettröpfchen auf den Drüsenhaaren locken ein Insekt an. Es setzt sich, klebt fest, wehrt sich, berührt dabei noch mehr Tentakel und wird dadurch umso fester gehalten. Durch den Reiz wenden sich die Tentakel zur Blattmitte von allen Seiten dem Insekt zu, wobei sich die Blattfläche schalenförmig einwölbt. Die erste Reaktion beginnt schon nach etwa 10 Sekunden. An sonnigen Tagen ist der Besucher in etwa einer Stunde vollständig eingeschlossen, bei bewölktem Himmel in etwa 5 Stunden. Auf der Blattfläche befinden sich Drüsen, die vor allem eiweißspaltende Enzyme ausscheiden und die verdaulichen Teile des Insekts auflösen. Danach resorbieren dieselben Drüsen die gelösten Substanzen. Die unverdaulichen Chitinreste bleiben zurück. Nach der Verdauung richten sich die Tentakel wieder auf. Etwa viermal kann ein Blatt diesen Prozeß wiederholen, dann welkt es.

1
4
2
3

Fichtenwälder der Hochlagen

Gemeine Fichte *Picea abies* ❶
Familie *Pinaceae* – Kieferngewächse
Die Gemeine Fichte ist eine typische Holzart der nordeuropäischen Taiga und der Bergwälder in Mitteleuropa: in Westeuropa mit seinem Meeresklima kommt sie nicht natürlich vor. In Mitteleuropa bildet sie hoch im Gebirge an der Waldgrenze reine Bestände, in tieferen Lagen mehr Mischwälder mit Buche und Tanne. Ihr entsprechen vor allem kühle, niederschlagsreiche Gebiete, im niedrigen Hügelland dringt sie in kühle und feuchte Bachtäler ein. Die Gemeine Fichte ist ein stattlicher Baum, der eine Höhe von 40–50 m erreicht. Sie bildet eine dichte, kegelförmig zugespitzte Krone, die bei solitärer Stellung bis tief zur Erde reicht. Die zunächst rotbraune Rinde verwandelt sich im Alter in eine schuppenförmige, braune Borke. Die Nadeln haben einen rhombusartigen Querschnitt, sind 10–26 mm lang und sitzen dicht am Blattpolster. Abgefallene Nadeln hinterlassen am Zweig eine warzenförmige Narbe. Die Fichte ist einhäusig, d. h. männliche und weibliche Blüten entwickeln sich auf demselben Baum, aber an verschiedenen Stellen. Sie erscheinen im Mai, die männlichen als gelbe Kätzchen am vorjährigen Trieb, die weiblichen als rote Zäpfchen stehen aufrecht am Zweigende. Nach der Bestäubung drehen sie sich abwärts und entwickeln sich zu zylindrischen Zapfen von 8–16 cm Länge. Im nächsten Frühjahr öffnen sich die Zapfen und entlassen dunkelbraune, geflügelte Samen von 4–5 mm Durchmesser. Die Fichte fruchtet erst ab etwa 50 Jahren. Die nur flach wurzelnde Fichte findet im Boden wenig Halt und leidet daher sehr unter Windwurf. Ihr Wurzelwerk reicht im Boden weit über den Kronendurchmesser hinaus. Die Fichte ist eine Halbschattenholzart, wenig frostempfindlich, braucht aber genügend Luftfeuchtigkeit und frischen Boden. Sie liefert weiches, elastisches Holz, das man vielseitig verwenden kann, besonders im Bauwesen. Der Holzquerschnitt zeigt regelmäßige, schmale Jahresringe, daher eignet sich Fichtenholz als Resonanzboden für Musikinstrumente. Aus der Fichtenrinde hat man früher Lohe hergestellt. Wegen ihrer vielseitigen Verwendungsmöglichkeit und der hohen Erträge hat man die Fichte oft in reinen Beständen (Monokulturen) auch in niedrigen Lagen, wo sie ursprünglich nicht vorkam, angebaut.
Männliche Blüten (1a), weibliche Blüten (1b).

Zirbelkiefer *Pinus cembra* ❷
Familie *Pinaceae* – Kieferngewächse
Die Zirbelkiefer ist eine Holzart des Hochgebirges, die an der Waldgrenze in den Alpen und Karpaten in 1500–2400 m Höhe wächst. Sie bildet nie reine Bestände, sondern kommt einzeln oder in kleineren Gruppen vor, gemischt mit Lärche, Latsche oder Fichte. Sie erreicht Höhen bis 20 m und ihr knorriger Stamm sowie die dichte, eiförmige Krone ergeben unter den harten Bedingungen des Hochgebirges ein eindrucksvolles Bild. Ihre Nadeln stehen in Büscheln zu je 5 Stück an rostfarbenen, filzigen Trieben. Die Zapfen reifen in 2 Jahren heran. Sie sind breit, eiförmig und 5–8 cm lang. Zur Reifezeit zerfallen sie und geben 1 cm große, flügellose Samen frei. Diese süßen, ölhaltigen Samen werden von Vögeln und kleinen Nagetieren begehrt. Die Zirbelkiefer wächst sehr langsam; sie ist eine Lichtholzart und sehr widerstandsfähig gegen Frost, Sturm und große Schneelasten. Sie liefert leichtes und festes Holz, das man früher zur Herstellung von Möbeln und Holzschnitzarbeiten verwendet hat. Heute ist die Zirbelkiefer selten geworden und als Hochgebirgsholzart streng geschützt.

1
1a
1b
2a
2
2b

Fichtenwälder der Hochlagen

Bergahorn *Acer pseudoplatanus* ❶
Familie *Aceraceae* – Ahorngewächse
Der Bergahorn kommt in West-, Mittel- und Südeuropa vor. Nördlich dringt er nur zur Ostsee durch, ostwärts, in Gebieten mit kontinentalem Klima, ist er nicht zu finden. Er bildet nie reine Bestände, ist nur eine Beiholzart, besonders in Buchen- und Fichtenwäldern. Am häufigsten wächst er auf steinigem Untergrund und in Bergtälern auf ertragreichen, ausreichend feuchten Böden. In den Bergen steigt er 1500–1800 m hoch. Er ist eine Halbschattholzart und vermehrt sich leicht durch Naturverjüngung. Der Bergahorn ist ein stattlicher Baum, der 30–35 m Höhe erreicht. In der Jugend hat der Stamm eine glatte Rinde, im Alter eine blättrig abschuppende Borke. Seine fünffach bis siebenfach gelappten Blätter sind 10–16 cm lang, am Rand grob gesägt und unterseits hellgraugrün. Der Blattstiel ist etwa 15 cm lang. Die grünlichen Blüten erscheinen Anfang Mai in hängenden Trauben. Die Früchte reifen Ende September: Doppelschließfrüchte mit Flügeln, die fast im rechten Winkel zueinander stehen. Der Bergahorn hat ein ausgedehntes Herzwurzelsystem, das ihn gut im Boden verankert. Er liefert helles, hartes Holz, das man zur Herstellung von Möbeln, Musikinstrumenten und anderen Gegenständen verwendet. Während der Blockade Europas in der Zeit der napoleonischen Kriege wurde versucht, aus seinem Saft Zucker herzustellen.

Vogelbeere, Gemeine Eberesche *Sorbus aucuparia* ❷
Familie *Rosaceae* – Rosengewächse
Die Eberesche ist fast über ganz Europa verbreitet; nördlich dringt sie bis hinter den Polarkreis vor, in Mittel- und Westeuropa ist sie vor allem eine Holzart der Mittelgebirge. Sie ist eine wichtige Pionierholzart auf Kahlschlägen und Katastrophenflächen vom Hügelland bis hoch in die Berge in die Latschenzone über die Waldgrenze. Sie ist gegen Frost sehr widerstandsfähig, wenig anspruchsvoll an den Nährstoffgehalt des Bodens und wächst auch auf kalkhaltigem Boden gut. In der Jugend verträgt sie mehr Schatten, im Alter ist sie eine ausgesprochene Lichtholzart. Die Eberesche ist ein Baum zweiter Größenordnung, der Höhen von 12–20 m erreicht und nur verhältnismäßig kurze Zeit (80–100 Jahre) lebt. Der Stamm hat bis ins Alter eine glatte, graubraune Rinde. Die unpaarig gefiederten Blätter, 12–17 cm lang, setzen sich aus 9–15 länglich-elliptischen, am Rand scharf gesägten Fiederblättchen zusammen. Die weißen Blüten bilden im Mai und Juni dichte, traubige Dolden. Als Früchte entwickeln sich aus ihnen rote, erbsengroße Beeren, eine beliebte Nahrung der Vögel. Die lateinische Bezeichnung *aucuparia (aves capere)* sagt aus, was die Vogelfänger früher getan haben. Sie benützten die Beeren der Eberesche als Lockmittel beim Vogelfang. Veredelte Formen der Eberesche züchtet man der süßen Früchte wegen in rauhen Lagen als Obstbäume. Die Früchte lassen sich zu Kompott, Marmelade oder auch zu Likören verarbeiten. Das Holz der Eberesche ist wenig haltbar, man verwendet es daher meistens als Brennholz. Wegen seiner roten Früchte und seiner Anspruchslosigkeit pflanzt man die Eberesche im Bergland oft als Alleenbaum, wo Obstbäume wegen der Höhenlage nicht mehr gedeihen, z. B. bei Freiburg i. Br.

1
1a
2

Fichtenwälder der Hochlagen

Schwarze Heckenkirsche *Lonicera nigra* ❶
Familie *Caprifoliaceae* – Geißblattgewächse
Die Schwarze Heckenkirsche ist ein Strauch der mitteleuropäischen Wälder in unteren und höheren Berglagen. Sie kommt besonders in den Alpen, den Sudeten und Karpaten vor, in Höhenlagen von 600–1500 m. Doch auch hier ist sie nicht sehr häufig und wächst auf Geröllhalden sowie auf humosen Anschwemmungen am Bachrand. Sie ist frosthart und verträgt auch stärkeren Schatten. Die Schwarze Heckenkirsche steht aufrecht, ist selten verzweigt und wird 1–2 m hoch. Sie hat ganzrandige, länglich-elliptische Blätter, 4–6 cm lang mit blaugrüner Unterseite. Die trüb-rosa Blüten stehen paarweise am gemeinsamen Blütenstiel. Sie erscheinen Ende Mai. Im August reifen ihre Früchte: schwarze Beeren mit 8 mm Durchmesser. In den Alpen wird die Schwarze Heckenkirsche oft von der Blauen Heckenkirsche *(Lonicera caerulea)* begleitet. Diese hat gelbe zweizählige Blüten und große schwarzblaue Beeren.

Alpen-Johannisbeere *Ribes alpinum* ❷
Familie *Saxifragaceae* – Steinbrechgewächse
Die Alpen-Johannisbeere ist in Mittel- und Südeuropa verbreitet, wo sie vom Hügelland bis ins Gebirge in Höhenlagen von 1000 m wächst. Sie kommt besonders auf feuchten und felsigen Stellen am Waldrand vor, jedoch auch im Unterholz; denn sie verträgt verhältnismäßig viel Schatten. Die Alpen-Johannisbeere wächst als aufrechter Strauch mit gelbgrauer, schuppiger Rinde 1–2,5 m hoch. Sie hat drei- bis fünflappige, gekerbte kleine Blätter, 3–4 cm lang, mit zugespitzten Lappen. An der Basis sind sie größtenteils breit keilförmig. Die Alpen-Johannisbeere ist zweihäusig. Die unauffälligen grüngelben Blüten stehen in aufrechten Trauben. Im Juli reifen auf weiblichen Sträuchern kugelige Beeren mit 5 mm Durchmesser, die fade schmecken. Die Alpen-Johannisbeere eignet sich auch als Formhekke, da sie den Heckenschnitt gut verträgt. Man verwendet sie daher für mittelhohe Hecken.

Felsen-Johannisbeere *Ribes petraeum* ❸
Familie *Saxifragaceae* – Steinbrechgewächse
Die Felsen-Johannisbeere ist ein Hochgebirgsgehölz, das in Mittel- und Südeuropa vorkommt. Häufiger begegnet man ihr in den Alpen, den Sudeten und Karpaten, wo sie bis in die Latschenzone vordringt, in Höhen über 1800 m. Sie wächst dort auf genügend feuchtem, felsigem Untergrund. Die Felsen-Johannisbeere ist ein dornenloser, aufrechter Strauch, der 1,5–2 m hoch wächst. Die Zweige besitzen eine rotbraune, abblätternde Rinde. Ihre Blätter sind drei- bis fünflappig, 5–9 cm lang, unterseits behaart und an der Basis herzförmig ausgeschnitten. Die rötlichen Blüten bilden überhängende Trauben im Juni. Im August reifen die roten, säuerlichen Beeren mit 6 mm Durchmesser. Die Felsen-Johannisbeere war die Ausgangsart für eine ganze Reihe von Kultursorten, die man heute in den Gärten als schmackhaftes Beerenobst anbaut.

1a
1
2
3

Fichtenwälder der Hochlagen

Bergkiefer, Latsche, Spirke *Pinus mugo* ❶
Familie *Pinaceae* – Kieferngewächse
Die Bergkiefer dringt nicht nach Nordeuropa vor, obwohl sie lange, strenge Winter gut übersteht und auch eine höhere Schneedecke verträgt. Sie ist nur in Mittel- und Südeuropa heimisch. Dort besiedelt sie zwei verschiedene Standorte. Einerseits bildet sie zusammenhängende Bestände auf mineralhaltigen Böden an der Waldgrenze und darüber im europäischen Hochgebirge (1400–2500 m), andererseits wächst sie auf Mooren. Je nach Standort schlängelt sich die Bergkiefer niedrig am Boden hin im Krummholzgürtel (Latsche) oder sie steht als 10–20 m hoher aufrechter Baum (Spirke) da. Als Baum kommt sie an der Waldgrenze in den Pyrenäen, Vogesen, im westlichen Teil der Alpen und auf manchem Moor vor, mehr strauchförmig wächst sie in den Sudeten, Karpaten, auf der Balkanhalbinsel und auf größeren Heidemooren. Bei der Bergkiefer stehen die Nadeln paarweise in Bündeln. Sie sind 3–7 cm lang und dicht am Ast angeordnet. Am Baum entwickeln sich asymmetrische Zapfen mit hakenähnlichen erhabenen, rotbraunen Schuppen (1 a); die strauchartige Form hat symmetrische Zapfen, mit flachen, rotbraunen Schuppen. Die Zapfen reifen innerhalb von 2 Jahren. Im Frühjahr des dritten Jahres fliegt der Samen aus. Er ist 4 mm lang, verschiedenfarbig und geflügelt. Die Bergkiefer ist eine Lichtholzart mit wenig Ansprüchen an Nährstoffgehalt und Tiefgründigkeit des Bodens, sie braucht jedoch genügend Feuchtigkeit. Sie ist sehr wichtig als Bodenschutz zur Verhütung von Schneelawinen und Bodenerosion. Die strauchartige Form der Bergkiefer schätzt man auch sehr als Ziergehölze im Garten.

Grünerle *Alnus viridis* ❷
Familie *Betulaceae* – Birkengewächse
Die Grünerle ist eine Holzart des Hochgebirges. Sie ist hauptsächlich in den Alpen und Karpaten verbreitet, wo sie zusammenhängende Bestände über der Waldgrenze in Höhenlagen von 1300–2200 m bildet. Sie verträgt auch mehr Schatten als die Bergkiefer, und man begegnet ihr vor allem auf feuchten Nordhängen. An Bächen und Rinnen entlang dringt sie örtlich auch in niedrigere Lagen vor, wo sie sich auf Ödlandflächen ansiedelt. Sie treibt bereitwillig Stockausschläge, durch die sie sich leicht vermehrt. In den Bergen schätzt man sie als Bodenfestiger. Sie schützt vor Schnee- und Steinlawinen. Die Grünerle wächst als Strauch 1–3 m hoch und verzweigt sich schon vom Boden an. Ihre Triebe sind braungrün, die Knospen ohne Stiel versetzt angeordnet. Die Blätter sind eiförmig, gesägt, 4–6 cm lang, beidseitig grün, und an der Basis rundlich. Die Pflanze ist einhäusig. Die kätzchenartigen Blüten kommen gleichzeitig mit den jungen Blättern von April bis Mai. Im Herbst entwickeln sich an diesjährigen Trieben aus den weiblichen Blüten zapfenartige Früchte, 1 cm lang, hellbraun und weniger verholzt als bei anderen Erlenarten. Sie entlassen zur Reifezeit geflügelte, kleine gelbbraune Schließfrüchte, die denen der Birke ähneln.
Männliche hängende und weibliche aufrechte Blüten (2a), zapfenartige Früchte (2b).

1a
1
2
2a
2b

Fichtenwälder der Hochlagen

Bewimperte Alpenrose *Rhododendron hirsutum* ❶
Familie *Ericaceae* – Heidekrautgewächse
Die Bewimperte Alpenrose wächst vor allem im Ostteil der Alpen, westlich ist sie nur in der Schweiz zu finden. Am meisten kommt sie in Höhenlagen von 1200–2500 m vor, besonders auf Kalkstein und in den Dolomiten, im Unterholz lichter Wälder und in der Latschenzone. Im westlichen Teil der Alpen und in den Pyrenäen wächst ein naher Verwandter, die Rostblättrige Alpenrose *(Rhododendron ferrugineum)*. Sie ist in der Latschenzone und über der Waldgrenze zu finden: im Gegensatz zur vorhergehenden Art liebt sie keinen Kalk und wächst vor allem auf Granit, Gneis und Glimmerschiefer. Die Bewimperte Alpenrose wächst als Strauch 50–100 cm hoch, hat immergrüne, länglich-elliptische Blätter von 1–3 cm Länge mit borstig bewimpertem Rand. Die Blüten stehen zu 3–10 in Doldentrauben. Sie sind kräftig rosarot und haben eine glockenförmige, 5spaltige Krone. Auf der Blattunterseite erkennt man vereinzelte rostrote Punkte. Die Früchte, fünffächrige braune Kapseln, reifen Ende September. Zur Reifezeit springen sie an 5 vorgebildeten Nähten auf und geben eine Vielzahl kleiner Samen frei. Die Rostblättrige Alpenrose hat unterseits dicht rostrot punktierte Blätter. Ihre Blüten sind dunkler rot. Beide Alpenrosenarten wachsen auch an halbschattigen Stellen. Sie brauchen jedoch genügend feuchte, humose Böden. Man pflanzt sie gern in Steingärten an.

Zwerg-Mehlbeere *Sorbus chamaemespilus* ❷
Familie *Rosaceae* – Rosengewächse
Die Zwerg-Mehlbeere ist ein Strauch, der im subalpinen Gebiet des Hochgebirges von Mittel- und Südeuropa, in den Alpen, den Sudeten, dem Schwarzwald und den Karpaten wächst. Sie kommt hier hauptsächlich auf kalkhaltigen Böden und an sonnigen Stellen der Felsenhänge zwischen Krummholz, der Grünerle und den Alpenrosen vor. Die Zwerg-Mehlbeere wird 1–2 m hoch. Sie hat länglicheiförmige, halblederartige Blätter von 3–7 cm Länge, die oben glänzend grün, unten hellgrün, kahl sind. Ende Mai blühen ihre lachsroten Blüten in spärlichen Rispen. Die elliptischen Früchte, rote Beeren von 8–10 mm Durchmesser reifen Ende September. Die Zwerg-Mehlbeere ist heute in einer ganzen Reihe von Staaten eine geschützte Holzart.

Zwerg-Wacholder *Juniperus nana* ❸
Familie *Cupressaceae* – Zypressengewächse
Der Zwerg-Wacholder ist in den Nordgebieten hinter dem Polarkreis und in den Hochgebirgen von Mittel- und Südeuropa verbreitet, vor allem in den Alpen und in den Karpaten, wo er in Höhenlagen von 1500–2500 m wächst. Er kommt besonders auf trocken-warmen Hängen, an Südhängen in der Latschenzone der Zentralalpen vor. Der Zwerg-Wacholder ist ein kriechender Strauch, ca. 50 cm hoch und hat kurze, 5–10 mm lange, nicht stechende, dicke quirlständige Nadeln. Er ist zweihäusig und blüht Ende Juni. Im Herbst des zweiten Jahres reifen schwärzliche, blaubereifte Beerenzapfen, die den Beeren des Gemeinen Wacholders gleichen.

3a
3
1
2

Fichtenwälder der Hochlagen

Farnwurzelbohrer *Hepialus fusconebulosus*
Familie *Hepialidae* – Wurzelbohrer
Dieser Wurzelbohrer gehört zu einer Familie verhältnismäßig primitiver Schmetterlinge, deren Vorder- und Hinterflügel sich im Geäder kaum unterscheiden. Er besitzt eine Flügelspannweite von 15–25 mm. Seine Lebensweise ist unauffällig. Die Grundfarbe der Flügel ist braun, mit helleren Flecken auf den Vorderflügeln. Typisch ist die lichte Ringelung dieser Flecken, die am Flügelrand markant zunehmen. Die Männchen sind lebhaft gefärbt, die Weibchen eher graubraun und größer. Auch die Raupen führen eine unauffällige Lebensweise, sie leben in der Erde und fressen an den Rhizomen von Farnkräutern. Die im Spätsommer schlüpfenden Raupen überwintern oft zweimal und verpuppen sich bald im Frühjahr. Der Farnwurzelbohrer ist eher selten, ein typischer Bewohner der Vorgebirgs- und Gebirgswälder, gelangt aber auch auf feuchte Wiesen und Gärten in Waldesnähe. Er fliegt im Juni und Juli. In Europa lebt er in den Pyrenäen, Alpen und Karpaten; seine Verbreitung reicht bis zum Ural.

Apollo *Parnassius apollo*
Familie *Papilionidae* – Ritterfalter
Dieser schöne Schmetterling wird in vielen Teilen Europas selten und sollte gesetzlich geschützt werden. Er ist auffällig und gar nicht scheu. Die Vorderflügel erreichen eine Spannweite von 70–90 mm und tragen am Vorderrand vier schwarze Flecken, am Hinterrand nur einen. Der äußere Flügelrand ist schuppenfrei und durchsichtig. Die Hinterflügel haben zwei rote, schwarzgeringelte Augen. Außerdem sind die Flügel in verschiedenem Maße, vor allem an der Basis, mit schwarzen Schuppen besetzt. Dieser Falter ist vor allem an Bergmassive gebunden; doch im Karpatengebiet kommt er an einzelnen Stellen auch im Tiefland (rund 300 m Meereshöhe) vor. So entstanden mehrere geographische Rassen, die sich durch die Zeichnung und andere Merkmale voneinander unterscheiden (Nährpflanzen der Raupen). Er fliegt Ende April bis August; das Weibchen legt die Eier auf Mauerpfeffer- und Hauswurzpflanzen. Die Eier überwintern und im Frühjahr schlüpfen aus ihnen schwarze Raupen mit roten Flecken an den Seiten. Ab Juni verpuppen sie sich am Boden. Die Entwicklung ist sehr unregelmäßig, so daß alle Stadien nebeneinander vorkommen können. Der Schmetterling ist in den Hochgebirgen von Westeuropa und Südskandinavien verbreitet und befindet sich in Mitteleuropa auf dem Rückzug. Sein Verbreitungsgebiet reicht bis nach Mittelasien.

Großer Perlmutterfalter *Mesoacidalia aglaja*
Familie *Nymphalidae* – Fleckenfalter
Ein gewandter, stellenweise noch häufig vorkommender Schmetterling. Er fliegt auf Waldlichtungen, Waldwegen und Waldrändern, ist in ganz Europa und Marokko, in Asien bis China und Japan verbreitet. Seine Flügelspannweite mißt 50–60 mm. Er hat eine Generation und fliegt vom Juni bis in den August, lebt nicht nur im Hügelland, sondern geht auch in die Berge bis an die Waldgrenze. Man kann ihn nach der Unterseite der Hinterflügel sehr gut bestimmen. Die bedornte Raupe lebt vom August bis in den Mai nächsten Jahres auf Veilchen und anderen Pflanzen (Knöterich).

Violetter Silberfalter *Brenthis ino*
Familie *Nymphalidae* – Fleckenfalter
Ein nur noch inselhaft vorkommender, seltener Schmetterling, der auf sumpfigen Wiesen und Torfmooren, auch im Gebirge lebt. (Flugzeit: Juni, Juli) An solchen Stellen ist er manchmal noch häufig, besonders an Bächen und Wildbächen, wo er auf Disteln, Brombeersträuchern und anderen Pflanzen saugt. Die überwinternde Raupe verpuppt sich im Mai. Nährpflanzen sind vor allem die Brombeere und andere Hochlandgewächse (Wiesenknopf, Spiere). Er ist in Mittel- und Nordeuropa, in den Pyrenäen und Alpen verbreitet.

Fichtenwälder der Hochlagen

Schachbrett *Melanargia galathea* ■□ □□
Familie *Satyridae* – Augenfalter
Einer der „hellen Augenfalter" der Gattung *Melanargia*. In Mittel- und Westeuropa (in Deutschland bis zur Küste und Südengland) ist er vom Flachland bis in Höhen von 1500–1700 m verbreitet. Das Schachbrett ist nicht nur an Waldlichtungen oder Kahlschläge gebunden, man kann ihm auf feuchten Wiesen begegnen, wo beispielsweise Gräser der Gattung *Phleum* und *Triticum* wachsen. Es fehlt in Skandinavien und Dänemark. Die Grundfärbung dieses Schmetterlings ist cremeweiß bis gelblich, die Weibchen sind heller. Die gewürfelte Zeichnung der Männchen ist intensiv schwarzbraun, bei den Weibchen bräunlich. Die Flügelspannweite der Männchen beträgt 46–52 mm, der Weibchen rund 56 mm. Das Schachbrett ist ziemlich variabel gefärbt und hat in Europa eine Reihe geographischer Rassen. Seine Puppe ist gelbbraun und besitzt einen beiderseits punktierten Kopfteil. Sie liegt frei am Boden.

Kleiner Augenfalter *Erebia sudetica* □■ □□
Familie *Satyridae* – Augenfalter
Der Kleine Augenfalter kommt in Europa stets nur auf sehr kleinem Raum vor, er beschränkt sich praktisch auf Bergkämme z. B. in den Sudeten, Karpaten und in bestimmten Gebieten der Französischen und Schweizer Alpen. Er gehört zu den kleinen dunklen Augenfaltern (Flügelspannweite 34–36 mm). Am liebsten läßt er sich auf Blüten des Knöterichs und auf Gräsern nieder. Die Raupe nährt sich wahrscheinlich von Gräsern der Gattung *Poa*.

Birkenspanner *Biston betularia* □□ ■□
Familie *Geometridae* – Spanner
Der Birkenspanner ist einer der größten Spanner Europas. Seine Flügelspannweite beträgt 50–60 mm. Außer der hellen Grundform (Pfeffer und Salz) erscheinen auch dunkle bis schwarze Formen. Heute bezeichnet man diese Erscheinung als industriellen Melanismus, der auch bei anderen Schmetterlingsarten bekannt ist. Die Formen des Melanismus können erblich oder umweltbedingt sein. Beim Birkenspanner nimmt der Melanismus immer mehr zu. Seine ursprüngliche helle Form ist an flechtenbewachsenen Stämmen gut getarnt. In der Umgebung von Industrieansiedlungen mit hoher Luftverschmutzung gedeihen jedoch keine Flechten mehr. Auf der dunklen Rinde der Baumstämme heben sich die hellen Schmetterlinge deutlich ab und werden leicht die Beute insektenfressender Vögel. Die dunkleren Individuen dagegen sind auf diesem Untergrund schwerer auszumachen. Gegenwärtig ist es schwer, eine helle Form zu erbeuten, während man die „carbonaria", die dunkle Form, auch auf den Höhen mit reiner Luft findet. Der Schmetterling ist ziemlich häufig und erscheint in der Ebene, im Hügelland und Gebirge. In wärmeren Gegenden bildet er zwei, in den Bergen nur eine Sommergeneration. Die Färbung der Raupen ist variabel, sie können gelbgrün, angegraut oder braun sein. Außer der Birke dienen Eichen, Weiden, Salweiden, Pappeln, Eschen, Schlehen und andere Bäume und Sträucher als Nährpflanzen. Die Raupen verpuppen sich im Herbst im Boden. Die Schmetterlinge schlüpfen Ende April oder im Mai.

Schwarzweißer Birkenspanner *Rheumaptera hastata* □□ □■
Familie *Geometridae* – Spanner
Ein sehr schöner, kontrastreicher Spanner. Auf cremeweißem Grund trägt er eine reich gegliederte schwarze Zeichnung. Sie ist nicht bei jedem Artgenossen gleich. In Berggebieten sind die Birkenspanner oft dunkler gefärbt. Die Flügelspannweite beträgt rund 35 mm. Vom Mai bis Juli kommt dieser Schmetterling auf Moorwiesen mit Birkenbeständen häufig vor. Die Raupen leben auf Birken, aber auch auf Heidelbeeren, Preiselbeeren und Weiden. Sie verpuppen sich im Boden und überwintern dort.

Fichtenwälder der Hochlagen

Blaßgrüner Laubspanner *Jodis putata*
Familie *Geometridae* – Spanner
Ein sehr zarter Spanner mit 22 mm Flügelspannweite. Seine Grundfärbung ist hellgrünblau. Viele Individuen sind fast weiß, besonders wenn sie längere Zeit fliegen. Über die Vorderflügel zieht sich ein kaum sichtbarer weißer, zackiger Querstreifen. Die Raupe ist sehr klein, hellgrau und rot punktiert. Im Juli lebt sie auf Heidelbeeren. Die Puppen überwintern und die Schmetterlinge schlüpfen im Mai bis Juli des folgenden Jahres. Sie ist in Nadel- und Laubwäldern von Nord- und Mitteleuropa bis nach Norditalien zu Hause.

Riesengebirgsspanner *Torula quadrifaria*
Familie *Geometridae* – Spanner
Dieser kleine Spanner ist interessant, weil Vorder- und Unterseite der Flügel die gleiche Zeichnung aufweisen. Seine Flügelspannweite beträgt rund 25 mm, er ist für das alpine Gebiet typisch. Nicht selten trifft man ihn auch oberhalb der Waldgrenze. Er fliegt von Juni bis August. Die braunen Raupen mit den hellen Seiten, der schwarzen Rückenlinie und den dunklen schrägen Seitenstreifen ernähren sich von verschiedenen Gebirgskräutern. Die Raupe überwintert und verpuppt sich erst im folgenden Frühjahr. In ähnlichen Lebensräumen kommt die verwandte Art *Psodos alpinata* vor mit ihren gleichmäßig dunkelbraunen, gelblichrot schimmernden Flügeln. Beide Arten fliegen in höheren Lagen der europäischen Gebirge (Alpen, Riesengebirge).

Heidelbeer-Zünslereule *Hypena crassalis*
Familie *Noctuidae* – Eulen
Der Schmetterling ist an Moore und Heiden in Fichtenwäldern, manchmal auch in Mischwäldern gebunden. Es ist eine häufige Art, der man im Juni, Juli und noch im August begegnet. Die Flügelspannweite beträgt 30–35 mm. Die braunen Vorderflügel tragen am Außenrand eine reich gegliederte Zeichnung, die Hinterflügel sind hell graubraun. Die Raupe ist grün mit gelben Einschnitten und drei dunkelgrünen, undeutlich gezeichneten Rückenlinien; jeder Körperring trägt 4 weiße, mit einem Haar versehene Warzen. Ihr Kopf ist grün und schwarz punktiert. Sie lebt im August auf Heidelbeeren und überwintert als Puppe. Der Schmetterling ist in ganz Mittel- und Nordeuropa verbreitet.

Hecken-Bürstenbinder *Orgyia antiqua*
Familie *Lymantriidae* – Trägspinner
Bei diesem Schmetterling fällt der Geschlechtsdimorphismus auf: Das Männchen hat voll entwickelte Flügel, das Weibchen nur winzige Flügelstummel und einen gedrungenen Körper. Die Flügel des Männchens sind lebhaft braun gefärbt und dunkel gezeichnet. Die Flügelspannweite beträgt 30–34 mm. Als charakteristisches Merkmal weisen die Vorderflügel am hinteren Rand je einen halbmondförmigen, weißen oder gelben Fleck auf. Die Männchen fliegen um die Mittagszeit, um Weibchen aufzusuchen. Die begatteten Weibchen legen die Eier auf die Oberfläche ihres Puppenkokons, den sie während ihres kurzen Lebens nicht verlassen. Nach etwa 14 Tagen schlüpfen kleine schwarze Raupen, die in die Umgebung auseinanderkriechen. Sie sind graublau mit schwarzen, roten und weißen Flecken und tragen auf dem Rücken vier gelbe Haarpinselchen. Die Raupen entwickeln sich im Vergleich zu anderen Arten langsam (nicht selten 2 Monate lang), bevorzugen Laubbäume, leben aber auch auf Fichten und manchen Pflanzen des Unterholzes. Bei günstiger Witterung hat der Bürstenbinder auch zwei Generationen im Jahr, sonst, besonders in den Bergen, nur eine. Die Eier überwintern. Der Schmetterling ist über die ganze gemäßigte Zone von Europa, Asien und Nordamarika verbreitet. Er ist zwar nicht an bestimmte Höhenlagen gebunden, erscheint aber am häufigsten im Hügel- und Bergland. Er hat zwischen 1854 und 1908 in Mitteldeutschland Kahlfraß an Fichten verursacht.

Fichtenwälder der Hochlagen

Großer Gabelschwanz *Cerura vinula*
Familie *Notodontidae* – Zahnspinner
Ein kräftiger Schmetterling mit einer Flügelspannweite von 65–75 mm. Die Grundfärbung beider Geschlechter ist weiß. Die Flügel tragen beim Weibchen eine dunkelgraue, beim Männchen eine schwarze Zeichnung mit stark gebrochenen Wellenlinien. Ebenso sind ihre Körper gefleckt und reichlich behaart. Die Männchen besitzen markante Kammfühler. Die Schmetterlinge fliegen von April bis in den Juli, je nach der Höhenlage. Die Weibchen legen einzelne, bis 2,5 mm große rotbraune Eier auf der Blattoberseite verschiedener Laubbäume ab. Nach der letzten Häutung sind die Raupen grün, mit violettem Rückensattel und kleinem violettem Schild auf dem ersten Körperglied. Statt des letzten Beinpaares besitzt die Raupe zwei etwa 1,5 cm große, dornförmige Schwanzanhänge. Bei Gefahr schlägt sie damit nach allen Seiten und schiebt noch kleine karminrote, fleischige, peitschenartige Fäden daraus hervor, die sie ebenfalls bewegt. Zum Verteidigungssystem der Raupe gehört auch eine Drüse unter dem Kopf, die eine übelriechende Flüssigkeit verspritzt. Die sehr gefräßigen Raupen können kleinere Laubbäume und Sträucher durchaus kahlfressen. Sie fressen die Blätter von Pappel, Espe, Weide und Salweide und lassen nur kurze Stiele übrig. Die Raupen verpuppen sich in der Regel am Fuß der Bäume, wo sie in der Rinde, manchmal auch im Holz einen festen Kokon aus Genagsel anlegen, der sich in Struktur und Farbe nur wenig von seiner Unterlage unterscheidet. In diesem Kokon überwintert die fast schwarze, mattglänzende Puppe. Der Große Gabelschwanz erscheint nicht nur im Tiefland, er geht auch hoch in die Berge und ist in ganz Europa verbreitet.

Goldeule *Autographa bractea*
Familie *Noctuidae* – Eulen
Die Goldeule ist ein typischer Vertreter der Gebirgsfauna, obwohl man diesen Schmetterling auch im Hügelland antrifft. Er gehört zu den selteneren Arten und fliegt vom Juni bis in den September, manchmal auch bei Tag, vor allem vor Wetterstürzen und Gewittern. Die Goldeule bevorzugt feuchte Wiesen, Lichtungen an Bächen und Gebirgsflüssen. Die Raupen ernähren sich von den verschiedensten Pflanzen, beispielsweise vom Huflattich, Habichtskraut, Wegerich und Löwenzahn. Sie überwintern und verpuppen sich erst im folgenden Frühjahr.

Rotbrüstiger Aaskäfer *Oeceptoma thoracica*
Familie *Silphidae* – Aaskäfer
Der etwa 12–16 mm lange Käfer lebt saprophytisch von abgestorbenen Organismen. Man findet ihn vor allem an Kadavern und faulenden Pilze wie z. B. auf der Stinkmorchel, die diese Käfer durch ihren Geruch besonders anzieht, so daß man ihn an diesem Pilz oft findet. Der Rotbrüstige Aaskäfer gehört zu den nützlichen Arten, da er wie andere Käferarten verendetes Wild zu beseitigen hilft. Der Käfer ist überall häufig anzutreffen. Er ist in Europa heimisch, kommt aber auch im Kaukasus, in Sibirien und Japan vor.

Vierpunktiger Prachtkäfer *Anthaxia quadripunctata*
Familie *Buprestidae* – Prachtkäfer
Der erwachsene Käfer ist dunkelbraun, etwa 5–7 mm lang und hat einen leicht gewölbten Körper. Man findet ihn vor allem in Gebirgsgegenden an dürren Kiefern- und Fichtenstämmchen sowie an Ästen älterer Stämme, aber auch auf blühenden Pflanzen wie den Habichtskräutern. Die Larve lebt unter der Rinde abgestorbener Nadelbäume. Diese Art ist auf keinen Fall schädlich, eher nützlich, da sie von abgestorbenem Holz lebt und so zur Humusbildung beiträgt. Die Käfer schwärmen vom Juni bis in den September und erscheinen fast in ganz Europa und Asien.

Fichtenwälder der Hochlagen

Nadelholzprachtkäfer *Buprestis rustica*
Familie *Buprestidae* – Prachtkäfer
Ein 16–18 mm langer Käfer mit abgeflachtem Körper, der vor allem in lichten Nadelwäldern lebt, wo er abgestorbene Baumteile befällt. Er schwärmt im Juni, Juli, August und besiedelt höhere Lagen Europas. Forstlich unbedeutend.

Schulterbock *Oxymirus cursor*
Familie *Cerambycidae* – Bockkäfer
Die Färbung dieses Käfers variiert sehr. Die Flügeldecken sind meist rötlich-gelbbraun mit schwarzen Streifen oder braungelb (Weibchen) ohne Zeichnung. Manche Individuen haben schwarze Flügeldecken mit schmalem rotem Saum oder sie sind einheitlich schwarz. Die Körperlänge beträgt 25–32 mm. Die Larven leben in Baumstümpfen von Fichten und anderen Nadelbäumen. Oft ruhen die Käfer auf bearbeitetem Holz oder an verschiedenen Waldpflanzen, wie der Pestwurz. Sie schwärmen von Mai bis August bevorzugt in Vorgebirgs- und Gebirgslagen. Man findet sie nicht nur in Europa, sondern auch in Asien (Westsibirien, Westasien bis Beludschistan).

Halsbock *Judolia cerambyciformis*
Familie *Cerambycidae* – Bockkäfer
Einer der kleinen Bockkäfer, der nur 7–11 mm lang wird. Sein braungelber Körper ist schwarz gefleckt, ebenso die gelben Flügeldecken. Wie bei *Oxymirus cursor* gibt es auch hier eine Menge Farbvarianten von reingelben bis fast schwarzen Flügeldecken mit schmalen, gelben Querstreifen. Seltsamerweise kennt man die Nährpflanze der Larve noch nicht, vermutlich ist es eine Laubholzart. Den Käfer sieht man meist im Juni bis August auf den verschiedensten Blüten. Er kommt in Niederungen aber auch im Bergland häufig vor und lebt in Europa, Kleinasien und Transkaukasien.

Schusterbock *Monochamus sutor*
Familie *Cerambycidae* – Bockkäfer
Der Schusterbock gehört zu den mittelgroßen Bockkäfern. Sein Körper erreicht eine Länge von 26–32 mm. Die Grundfärbung des Körpers ist schwarz, nur die Flügeldecken tragen drei, in Querstreifen angeordnete gelbliche Flecken, die aber auch fehlen können. Beim Männchen überragen die Fühler den Körper bis um das Doppelte. Die Käfer machen eine einjährige Entwicklung durch. Sie befallen stehende und frisch gefällte Stämme von Fichte und Kiefer, selten Tanne und gelegentlich Zirbelkiefer. Hier legen die Weibchen im Juni und Juli ihre Eier ab. Dazu nagen sie sogenannte Eitrichter bis zum Bast und legen meist je 1 Ei hinein. Die Larven verursachen zunächst im Bast unregelmäßigen Plätzfraß und bohren dann im Splint Gänge mit ovalem Querschnitt; hier überwintern sie. Im darauffolgenden Frühjahr bilden sie weitere Holzgänge, die aber nach außen gerichtet sind, so daß die Puppenwiegen nahe der Stammoberfläche liegen. Die Jungkäfer beißen sich durch ein großes, rundes Ausflugsloch ins Freie. Der Schusterbock ist forstwirtschaftlich bedeutsam, weil er das Holz schädigt. Er kommt hauptsächlich bei Windbruchkalamitäten vor. Sein Verbreitungsgebiet ist groß, es erstreckt sich über ganz Europa, mit Ausnahme von Griechenland, und reicht bis nach Ostasien.

Fichtenwälder der Hochlagen

Rothalsbock *Pachyta quadrimaculata* (syn. *Leptura rubra*)
Familie *Cerambycidae* – Bockkäfer
Dieser Käfer ist 12–18 mm lang, die Weibchen werden größer als die Männchen. Die Fühler erreichen bei beiden Geschlechtern fast Körperlänge. Die Männchen haben einen etwas kürzeren Körper, und ihre Flügeldecken verschmälern sich leicht nach hinten. Die Grundfarbe des Körpers ist schwarz, die Flügeldecken sind gelb bis gelbbraun, je mit zwei hintereinanderliegenden großen, schwarzen Flecken. Das Weibchen legt die Eier vorwiegend an Fichtenstöcke, wo sich die Larven entwickeln. Als Käfer findet man sie häufig auf blühenden Doldengewächsen. Sie fliegen eifrig und schwärmen von Juli bis August. Das Verbreitungsgebiet umfaßt Europa und reicht in Asien bis zum Amur sowie in die nördliche Mongolei. Im Tiefland kommt dieser Käfer selten vor, dafür umso häufiger im Vorgebirge und in den Bergen.

Zangenbock, Schrotbock *Rhagium inquisitor*
Familie *Cerambycidae* – Bockkäfer
Der Zangenbock ist schwarz, Kopf und Schild sind mit anliegenden, grauen Härchen bedeckt. Die Flügeldecken sind blaßgelb, mit fleckig grauer Behaarung. Man kann auf ihnen verschiedene kahle und daher schwarze Stellen unterscheiden: zwei nicht ganz komplette Querstreifen und einige verstreut liegende Flecken. Der Zangenbock ist 12–15 mm lang. Seine Larven leben unter toter Rinde von Nadelbäumen oder vermodernden Baumstümpfen. Sie verpuppen sich unter der Rinde in Puppenwiegen aus groben Spänen und Holzmehl. Die Puppe überwintert in diesem Spannest. Im Frühjahr fliegt der Käfer Blüten verschiedener Pflanzen an, auch sieht man ihn lebhaft über Holz laufen. Die Generation ist zweijährig. Der Zangenbock kommt vor in Eurasien (bis nach Westsibirien) und Nordamerika, in der Ebene und im Bergland.

Großer schwarzer Rüsselkäfer *Otiorrhynchus niger*
Familie *Curculionidae* – Rüsselkäfer
Ein schwarzer, 7–12 mm langer Käfer mit kurzem Rüssel und verhältnismäßig schlankem Körper. Die Flügeldecken haben flache, meist dicht behaarte Längsrillen. Die Beine sind rot. Die Käfer erscheinen im Frühjahr, ab Mai legt das Weibchen seine Eier in Häufchen von etwa 60 Stück in den Boden von Nadelholzkulturen. Die Larven fressen hier zarte Würzelchen, vor allem von Fichten, und richten dadurch großen Schaden an, da die angefressenen Pflänzchen oft schon im gleichen Jahr, spätestens aber nach 2–3 Jahren eingehen. Die Larven haben einen braunen Kopf, der Körper schimmert gelblich weiß und ist gebogen, Beine fehlen. Die ersten Larven verpuppen sich am Fraßort Anfang August in einer Höhle unter der Erde. Ende August und im September schlüpfen die Jungkäfer, die hier überwintern. Im folgenden Frühjahr kommen sie an die Oberfläche und fressen, meist nachts, an den Nadeln junger Fichten (bis 20jährig). Seltener nehmen sie auch Laubblätter an. Dieser Rüsselkäfer bevorzugt in Mitteleuropa Fichtenwälder des Mittelgebirges und des Hügellandes in Höhenlagen bis 800 m.

Weißtannenrüßler *Pissodes piceae*
Familie *Curculionidae* – Rüsselkäfer
Der 7–10 mm lange Rüsselkäfer ist schwarz, quer über seine Flügeldecken verläuft hinten ein rostbraunes Band. Seine Entwicklung dauert 2–3 Jahre. Die Larven fressen im Bast der Tannen und nagen in ihm strahlenförmig auseinanderstrebende, bis 60 cm lange Gänge mit auffallenden Puppenwiegen. In den Splint greifen die Gänge nur wenig über. Die Käfer erscheinen im Wald von April bis in den September. Mit Vorliebe befallen sie 40–80jährige Stangenhölzer (vorwiegend schlechtwüchsige, kränkelnde, aber auch gesunde Bäume). Der Weißtannenrüßler ist mitbeteiligt an dem sogenannten Tannensterben, das verschiedene zusammenwirkende Faktoren (Kalkmangel, Rauchschäden u. a.) verursachen.

Großer Rüsselkäfer *Liparus glabrirostris*
Familie *Curculionidae* – Rüsselkäfer
Mit einer Körperlänge von 17–21 mm ist er einer der größten Rüsselkäfer Europas. Er ist schwarz, auf den Flügeldecken fleckig und am Schild seitlich gelb behaart. Auffallend sind die hakenförmigen Zähne an der Innenseite der Schenkel. Diesen Käfer findet man in ganz Europa vom Juni bis August an Berg- und Wildbächen, im Gebirge und Gebirgsvorland, häufig auf den Blättern verschiedener Pestwurzarten.

Buchdrucker *Ips typographus*
Familie *Scolytidae* – Borkenkäfer
Der Käfer ist klein (4,2–5,5 mm lang), braunschwarz glänzend, mit schwarzem Kopf sowie braunen Flügeldecken. Ein wichtiges Bestimmungsmerkmal ist der Absturz der Flügeldekken. Die Käfer gehen vor allem an liegende, beschädigte oder an stehende, geschwächte Fichten, bei einer Massenvermehrung auch an gesunde Bäume. Die Käfer sind polygam. Man zählt sie zu den sogenannten rindenbrütenden Borkenkäfern. Das Männchen bohrt sich in die Rinde ein und legt eine Rammelkammer an, in der es 2–3 Weibchen begattet. Jedes dieser Weibchen nagt von hier aus einen senkrechten Muttergang in der Rinde, wo es zu beiden Seiten seine Eier ablegt. Die Larven fressen senkrecht zum Muttergang ihre Larvengänge, die in einer Puppenwiege enden. Die Entwicklung dauert 6–10 Wochen, dann bohren sich die Jungkäfer ein Ausflugloch durch die Rinde und schwärmen bei trockenem Wetter auf andere Bäume, wo sie nach einem mehrwöchigen Reifungsfraß fortpflanzungsfähig werden. In Mitteleuropa hat der Buchdrucker meist 2 Generationen. Zu einer Massenvermehrung kommt es in Fichtenwäldern, wenn sich die Aufbereitung des Holzes (Entrindung) verzögert. Eine anhaltend trockene und warme Witterung beschleunigt die Entwicklung der Larven. Heute bekämpft man den Borkenkäfer mit sogenannten Fangbäumen oder mit chemischen Präparaten. Die Fangbäume benutzt man mehr vorbeugend, um den eisernen Bestand des Käfers unter Kontrolle zu halten. Man wirft einzelne Fichten und läßt sie mit der Rinde liegen. Sie werden von den Borkenkäfern bevorzugt angenommen und geben ein Bild vom derzeitigen Stand der Vermehrung. Sobald sich die ersten Larven verpuppen, schält man diese Bäume vorsichtig und verbrennt die Rinde mit Käfern und Larven. Der Buchdrucker kommt in Europa und Asien vor.

Rote Waldameise *Formica rufa*
Familie *Formicidae* – Ameisen
Die Rote Waldameise gehört zu den nützlichen Ameisenarten, weil sie beträchtliche Mengen von Schadinsekten vertilgt. In manchen Staaten ist sie sogar geschützt. Die Arbeiterinnen sind 4–9 mm lang, die Weibchen 9–11 mm. Die Waldameise baut kuppelförmige Nester, die bekannten Ameisenhaufen, meist aus trockener Nadelstreu. Das hochentwickelte soziale Leben führte zur Differenzierung der Individuen – ein Ameisenvolk besteht aus Weibchen, Männchen (die fruchtbaren Individuen sind geflügelt) und Arbeiterinnen mit verkümmerten Geschlechtsorganen (ungeflügelt). In den ungefähr ein Meter hohen Ameisenhaufen leben oft viele tausend Individuen. Ein Teil des Volkes geht im Herbst zugrunde, der andere überlebt im Innern des Nestes. Die Ameisen sind Allesfresser und verzehren außer Eiweißnahrung vor allem süße Säfte, z. B. den Honigtau der verschiedensten Blattläuse sowie Waldfrüchte.

Roßameise *Camponotus ligniperda*
Familie *Formicidae* – Ameisen
Diese Ameise ist fast doppelt so groß wie die Rote Waldameise (14–18 mm lang). Sie legt ihre Nester in alten, vermodernden Stubben, aber auch in stehenden Nadelhölzern, vornehmlich in Fichten an. Die Roßameise ist in Nord- und Mitteleuropa verbreitet und kommt vor allem in den Niederungen vor.

Fichtenwälder der Hochlagen

Waldeidechse, Bergeidechse *Lacerta vivipara*
Familie *Lacertidae* – Halsbandeidechsen
Die Waldeidechse wird selten länger als 160 mm, etwa die Hälfte davon entfällt auf den Schwanz. Sie hat einen graubraunen bis schwarzbraunen Rücken mit helleren Flecken und Bronzeglanz. Am Bauch ist das Weibchen schmutziggelb, das Männchen orangerot. Als Lebensraum bevorzugt die Waldeidechse Waldränder und Lichtungen, wo sie meist an alten Baumstümpfen lebt. Auch auf feuchten Wiesen und Mooren kommt sie vor. Sie ist ovovivipar, d. h. sie legt Eier, aus denen augenblicklich die Jungen schlüpfen. Sie sind fast schwarz und 2,5–3,5 cm lang. Die Waldeidechse ernährt sich von kleinen Insekten. Sie schwimmt gut und verbirgt sich bei Gefahr nicht selten unter Wasser. In den Bergen von Mitteleuropa steigt sie bis in Höhen von 1400 m, in den Alpen und auf dem Balkan sogar bis 3000 m. Sie ist verbreitet in Nord- und Mitteleuropa sowie im gemäßigten Asien.

Ringelnatter *Natrix natrix*
Familie *Colubridae* – Nattern
Die Ringelnatter ist eine der häufigsten Schlangen Europas und weit verbreitet. Man unterscheidet mehrere geographische Rassen. Sie ist grau, manchmal graugrün bis braungrau. Über den Körper sind schwarze, unregelmäßige Tupfen verstreut, und hinter dem Kopf liegen halbmondförmige gelbe Flecke. Die Körperlänge der Ringelnatter erreicht in der Regel 130 cm. Die Natter bewohnt verschiedene Lebensräume, ist aber vor allem an feuchte Biotope gebunden, die sie in der Umgebung von Teichen und Flüssen, aber auch auf hinreichend feuchten Wiesen vorfindet. Im Wald zieht es sie an Tümpel, feuchte Lichtungen und Bäche. Sie lebt von Fröschen, Molchen und selten auch von Fischen. Die Eier werden im Juli in faulendes Laub und überall dort abgelegt, wo Fäulnisprozesse bei hinreichender Feuchtigkeit die Temperatur erhöhen. Im September schlüpfen rund 15 cm lange Junge. Die Ringelnatter findet man von Südeuropa bis nach Schweden.

Glattnatter, Schlingnatter *Coronella austriaca*
Familie *Colubridae* – Nattern
Die Glattnatter gehört zu den kleinen Schlangen in Europa; sie wird etwa 50 cm, nur selten 75 cm lang. Die Grundfarbe ist graubraun mit dunkler Hufeisenzeichnung am Hinterkopf und zwei Reihen dunkelbrauner Flecken, die manchmal stark an die Kreuzotter erinnern. Die Pupille ist rund wie bei den übrigen Nattern. Die angriffslustige Schlange erbeutet vor allem Eidechsen, Blindschleichen und junge Schlangen. Sie hält sich an trockenen Stellen am Waldrand, in Feldgehölzen und manchmal, besonders in den Bergen, auch an feuchten Wiesen auf. Die Glattnatter vermehrt sich ovovivipar. Die bis zu 15 Jungtiere verlassen ihre Eihüllen gleich bei der Geburt.

Kreuzotter *Vipera berus*
Familie *Viperidae* – Ottern
Sie ist die bekannteste Giftschlange unseres Erdteils, geht aber immer mehr zurück. Die Kreuzottern werden in der Regel etwa 50 cm lang. Ihre Färbung ist sehr variabel – die Grundfarbe der Männchen ist Grau, der Weibchen Braun, doch sind auch vollkommen schwarze oder rostrote Exemplare bekannt. Über den Rücken zieht ein typischer zickzackförmiger, mehr oder weniger deutlich ausgebildeter schwarzer Streifen. Die Kreuzotter kommt vor von den Niederungen bis ins Hochgebirge, bevorzugt an Waldrändern, Lichtungen und in Mooren. Sie sucht nicht nur trockene Stellen, man trifft sie auch an torfigen und ausgesprochen feuchten Orten. Jedenfalls liebt sie die Ruhe und eine ungestörte Umgebung. Die Kreuzotter ist eine nützliche Schlange, sie vertilgt eine Menge schädlicher Nager. In der Jugend bevorzugt sie Eidechsen als Nahrung. Sie ist lebendgebärend. Gegen Ende des Sommers gebärt sie 5–18 Junge. Die Kreuzotter ist sehr scheu und flieht bei Gefahr in ein Versteck.

Fichtenwälder der Hochlagen

Mäusebussard *Buteo buteo*
Familie *Accipitridae* – Adler-, Geier- und Weihenartige
Mit einer Flügelspannweite bis zu 135 cm ist der Mäusebussard einer der häufigsten großen Raubvögel in Europa; nur die nordischen Tundren meidet er. Er lebt in Wäldern des Tieflandes und der Berge. Seine Beute sind meist Mäuse und Wühlmäuse, aber auch kleinere Vögel und große Insekten, im Winter Kadaver und ab und zu geschwächtes oder krankes Wild. Den Horst baut er aus dürren Zweigen hoch in den Bäumen, meist knapp am Stamm und kleidet ihn mit Laub und Moos aus. Anfang Mai legt das Weibchen 2–4 weiße, rotbraun gefleckte Eier, die beide Eltern in etwa 31 Tagen ausbrüten. Die Jungen tragen Flaumfedern und werden von den Eltern 6–8 Wochen im Horst und noch einen Monat in der Umgebung gefüttert. Die Färbung des Federkleides schwankt, manche Individuen sind weißlich, andere hell bis dunkelbraun mit unregelmäßigen Längs- und Querstreifen. In Europa ist der Mäusebussard vorwiegend Standvogel.

Wanderfalke *Falco peregrinus*
Familie *Falconidae* – Falken
Sein Brutgebiet erstreckt sich über ganz Europa, Asien und Nordamerika. In West- und Mitteleuropa ist er allerdings schon selten. Der Wanderfalke ist etwas größer als die Rabenkrähe; im Flug erkennt man ihn an den langen, zugespitzten Flügeln und dem kurzen, zum Ende hin schmäleren Schwanz. Das Weibchen legt meist im April braune, gesprenkelte Eier in Nischen von Felswänden, Ruinen oder auch in verlassene Nester anderer Vögel ohne besondere Unterlage. Nach 4 Wochen schlüpfen 3–4 Junge, die das Weibchen mit der vom Männchen gebrachten Nahrung füttert. Nach etwa 40 Tagen fliegen die Jungfalken aus und jagen ihre Beute selbst Tauben, Häher, Rabenkrähen, Schnäpper und andere Vögel. Wegen seiner Geschicklichkeit und Schnelligkeit hat man ihn früher für die Jagd, die Beize (Jagd mit Unterstützung von Raubvögeln) abgerichtet.

Turmfalke *Falco tinnunculus*
Familie *Falconidae* – Falken
Der Turmfalke ist einer der bekanntesten und häufigsten Falken. Man sieht ihn nicht nur im offenen, teils bewaldeten Gelände und am Rand größerer Wälder, sondern auch in Städten, wo er nicht selten in Türmen brütet. Er baut kein Nest. Anfang Mai legt das Weibchen in hohle Bäume, Felsnischen oder verlassene Krähennester 5–6 braune, gesprenkelte Eier, aus denen nach 28–30 Tagen die Jungen schlüpfen. Meist füttert sie das Weibchen, während das Männchen Nahrung herbeiträgt – vorwiegend Mäuse und Wühlmäuse, auch größere Insekten. Er ist Teilzieher. Brutvögel aus Nordeuropa ziehen über den Winter nach Südeuropa, zum Teil bis nach Nordafrika. Weil er schädliche Nagetiere vertilgt, ist er nützlich und sollte streng geschützt werden.

Rauhfußkauz *Aegolius funereus*
Familie *Strigidae* – Eulen
Diese kleine Eule hat eine Flügelspannweite von etwa 55 cm. Sie haust in den Nadel- und Mischwäldern der Ebene und des Hügellandes, wie auch im Gebirge. Ihr Verbreitungsgebiet umfaßt Nord- und Mitteleuropa, wo sie jedoch nur stellenweise, nicht in größeren zusammenhängenden Gebieten vorkommt. Der Rauhfußkauz brütet in hohlen Bäumen, häufig auch in den Nestern spechtartiger Vögel ohne Unterlage. Im April legt das Weibchen 4–6 weiße, kugelförmige Eier, die es etwa 4 Wochen bebrütet. Beide Eltern füttern die Jungen einen Monat im Nest und eine Zeitlang in der näheren Umgebung. Als Nahrung dienen vorwiegend Nagetiere, kleine Vögel und ihre Jungen. Der Rauhfußkauz jagt ausschließlich nachts; sein Flug ist geradlinig, nicht wiegend wie der Flug anderer Eulen. Tagsüber verbirgt er sich im dichten Baumgezweig oder in Höhlen. Der Rauhfußkauz ist ein nützlicher Vogel und sollte geschützt werden.

Fichtenwälder der Hochlagen

Steinadler *Aquila chrysaëtos*
Familie *Accipitridae* – Adler-, Geier- und Weihenartige
Der Steinadler bewohnt die Berggebiete von Europa, Asien und Nordamerika. In Europa erscheint er vor allem in den Pyrenäen und Alpen, in Skandinavien, in den Karpaten und auf dem Balkan. Er brütet meist auf Felsvorsprüngen, in unzugänglichen Wänden und Höhlen. Beide Eltern bauen ein Nest aus Zweigen mit einem Durchmesser von 2 m. Innen kleiden sie es mit trockenem Gras und Fellhaaren aus. Die dunkelbraun gefleckten, weißen Eier legt das Weibchen im April. Beide Eltern bebrüten sie abwechselnd höchstens 45 Tage. Die 1–2 Jungvögel füttert das Weibchen mit Beutetieren, die das Männchen herbeibringt. Der Steinadler jagt alles, was er überwältigen kann, vor allem Murmeltiere, Hasen und Vögel bis Auerhuhngröße. Auf der Jagd fliegt der Steinadler weit ins Land und stößt von oben auf seine Beute nieder. Leider ist dieser Vogel in Europa sehr selten geworden; er verdient daher strengen Schutz.

Auerhuhn *Tetrao urogallus*
Familie *Tetraonidae* – Rauhfußhühner
Das Auerhuhn ist der größte Hühnervogel Europas, dem die Nadelwälder in Skandinavien und Nordsibirien am besten entsprechen. In West- und Mitteleuropa lebt es stellenweise und nur selten in den Fichtenwäldern der Berge. Im April kann man frühmorgens die Balz beobachten: Der Hahn sucht sich einen Balzplatz, meist einen großen, waagrechten Fichtenast. Hier schreitet er mit gefächertem Schwanz, gespreizten Flügeln und hoch aufgerichtetem Kopf einher und läßt dabei sein leises Balzlied hören. Sowie es heller wird, geht er zur Bodenbalz über und paart sich hier mit mehreren Hennen. Die Weibchen legen meist in eine Mulde am Fuß eines Baumes oder Baumstumpfes 5–10 hellbraune, gesprenkelte Eier und brüten sie in etwa 28 Tagen aus. Die Küken sind sehr lebhaft und suchen ihre Nahrung selbständig – Insekten, Beeren, vor allem aber Triebe und Knospen von Nadelbäumen. Das Auerhuhn ist ein standorttreuer Vogel.

Birkhuhn *Lyrurus tetrix*
Familie *Tetraonidae* – Rauhfußhühner
Das Birkhuhn bewohnt die lichten Wälder der nordischen Tundra und sibirischen Taiga. Im übrigen Europa erscheint es im Gebirge in der Latschenregion auf Heiden und Hochmooren mit Birkengruppen, die wenigstens annähernd an die Tundra erinnern. Die Birkhähne balzen gemeinsam auf freien Flächen am Waldrand. Im April und Anfang Mai finden sich auch die Hennen noch vor Morgengrauen auf dem Balzplatz ein, die Hähne hüpfen, plustern sich auf, stoßen leise, aber weithin hörbare Laute aus und paaren sich dann mit mehreren Hennen. Das begattete Weibchen legt in eine mit Gras und Laub gepolsterte Mulde 6–10 gelbbraune Eier und bebrütet sie etwa 4 Wochen. Die Küken schlüpfen, folgen sogleich der Glucke und suchen Nahrung – Nadelholztriebe, Knospen, Beeren und Samen, auch Insekten. Dieser beliebter Jagdvogel wiegt rund 1,5 kg.

Haselhuhn *Tetrastes bonasia*
Familie *Tetraonidae* – Rauhfußhühner
Ein kleiner Hühnervogel, der in nordischen Wäldern mit reichem, buschigem Unterholz noch immer sehr häufig ist. In Mitteleuropa kommt er nur stellenweise, im Südosten öfter vor. Das Haselhuhn lebt fast ständig im Waldesdickicht. Es bevorzugt Mischwälder mit Sträuchern wie Heidelbeere und Preiselbeere, von deren Früchten es im Winter lebt. Im Sommer frißt es vor allem Knospen und Triebe von Laubbäumen, Beeren, auch sammelt es Insekten und Würmer. Das Weibchen legt 8–12 gelbbraune Eier, gut versteckt in eine natürliche Bodenmulde, die es mit Laub und trockenem Gras ausgekleidet hat. Nach 25 Tagen schlüpfen die Jungen und suchen sogleich ihre Nahrung. Etwa 3 Monate bleiben sie in der Obhut der Mutter. In Mitteleuropa ist das Haselhuhn geschützt.

Fichtenwälder der Hochlagen

Buntspecht *Dendrocopos major*
Familie *Picidae* – Spechte
Der schwarz-weiß gescheckte Vogel mit dem roten Streifen am Hinterkopf ist etwa so groß wie eine Amsel. Er bewohnt Europa und Asien, mit Ausnahme der Tundren. Man begegnet ihm in Wäldern aller Art, in Parkanlagen und größeren Gärten. Mit seinem starken Schnabel meißelt er in Baumstämme bis zu 30 cm tiefe Höhlen, in die das Weibchen 5–7 weiße Eier legt. Beide Eltern brüten abwechselnd etwa 2 Wochen lang und füttern dann die Jungen etwa 3 Wochen mit Insekten und Larven, auch noch kurze Zeit nach dem Ausfliegen. Der Buntspecht ist sehr nützlich, da er sich hauptsächlich von holzbewohnenden Insekten, vor allem Borkenkäfern, ernährt, doch auch Haselnüsse und Samen verschiedener Nadelholzarten verschmäht er nicht. In Europa ist er vorwiegend Standvogel. Nur Vögel aus dem hohen Norden ziehen bei Futtermangel mehr nach Süden. Im Winter sieht man ihn gemeinsam mit Meisen und Ammern durch das Land streifen.

Schwarzspecht *Dryocopus martius*
Familie *Picidae* – Spechte
Der Schwarzspecht besiedelt in tiefen Lagen alle Misch- und Nadelwälder von Europa (mit Ausnahme des Südens) und Nordasien. Er meißelt in den Stamm von Kiefern, Buchen und anderen Baumarten bis 50 cm tiefe Löcher mit dem Schnabel. Das Weibchen legt dort hinein 4–5 weiße, spitzovale Eier, die es mit dem Männchen abwechselnd etwa 14 Tage bebrütet. Beide füttern dann die Jungen 4 Wochen lang mit Ameisen, Puppen und Larven. In der Umgebung des Nestes höhlt der Schwarzspecht auch noch weitere Löcher aus, in denen er übernachtet. Er ist ein nützlicher Vogel, denn er vertilgt Larven der Borkenkäfer und vieler schädlicher Insekten. Der Schwarzspecht ist ein Standvogel.

Gimpel, Dompfaff *Pyrrhula pyrrhula*
Familie *Fringillidae* – Finken
Der farbenprächtige Vogel ist nur wenig größer als ein Sperling. Das Männchen hat eine rote, das Weibchen eine graubraune Bauchseite. Der Gimpel bewohnt ganz Europa (mit Ausnahme der Iberischen Halbinsel) und Nordasien. Er lebt hauptsächlich in den Fichtenwäldern der Berge, erscheint aber auch in Mischwäldern des Hügellandes mit dichtem Unterholz. Im Winter kommt er in die Niederungen und streift in großen Schwärmen durch die Landschaft. Das Weibchen baut im April in dichten Fichtenzweigen oder Sträuchern versteckt ein Nest niedrig über dem Boden. Es besteht aus Reiserchen mit Wurzeln, innen mit Laub, Moos und Flechten ausgekleidet. Die 4–5 auf blauem Grund rot gesprenkelten Eier bebrütet meist das Weibchen etwa 14 Tage. Beide Eltern füttern dann die Jungen 2 Wochen mit Insekten. Die Altvögel nähren sich von Samen und Knospen verschiedener Holzarten sowie von Beeren. Im Juli findet oft eine Zweitbrut statt.

Fichtenkreuzschnabel *Loxia curvirostra*
Familie *Fringillidae* – Finken
In verschneiten Nadelwäldern des Berglands begegnet man im Winter fast regelmäßig karminrot und gelbgefärbten Vögeln, die etwas größer sind als Sperlinge. Es handelt sich um Fichtenkreuzschnäbel, die in ganz Europa, in Sibirien und Nordamerika die Fichtenwälder der Gebirge bewohnen. Interessant ist ihr gekreuzter Schnabel, mit dem sie die Schuppen der Fichtenzapfen spalten und ihre Hauptnahrung, den Fichtensamen, herausklauben können. Der Fichtenkreuzschnabel brütet im Winter, vom Januar bis April. Das Nest, ein fester, warmer Bau mit starken Wänden aus Reisern, Halmen, Moosen und Flechten, legt das Weibchen auf hohen Bäumen im dichten Geäst an. Die 4 hellgrünen, fleckigen Eier bebrütet es etwa 14 Tage und füttert dann die Jungen gemeinsam mit dem Männchen 2 Wochen. In Zapfenjahren vermehren sich die Fichtenkreuzschnäbel so stark, daß sie weit ihre Nahrung suchen und bis in die Ebene herabkommen.

Fichtenwälder der Hochlagen

Wintergoldhähnchen *Regulus regulus*
Familie *Regulidae* – Goldhähnchen
Das Wintergoldhähnchen, der kleinste europäische Vogel, wiegt nur 6 g und ist etwa 9 cm lang. Seine Körperfärbung ist unauffällig grünlich, nur auf dem Kopf trägt das Männchen einen orangefarbenen, das Weibchen einen gelben, schwarz gerahmten Scheitelfleck. Der Vogel bewohnt ganz Europa, Asien und Nordamerika bis zur nördlichen Waldgrenze. Er erscheint in allen Höhenlagen von der Ebene bis in die Berge, aber immer in Nadelwaldbeständen, jedoch nicht in Kiefernwäldern. Hoch in der Baumkrone baut er ein fast kugelförmiges Nest, in das das Weibchen im April und Juni 8–10 kleine, hellbraune, gesprenkelte Eier legt. Nach 14 Tagen schlüpfen die Jungen, die von den Eltern rund 2 Wochen mit Blattläusen, Raupen und Spinnen gefüttert werden. Im Winter sammeln diese Vögel Insekteneier und Puppen unter der Baumrinde.

Heckenbraunelle *Prunella modularis*
Familie *Prunellidae* – Braunellen
Der kleine, graubraune Vogel ist etwa sperlingsgroß und bewohnt dichte Nadelwälder, aber auch Mischwälder, Gärten und Parkanlagen in ganz Europa außer den nördlichsten und südlichsten Gebieten. Das aus Reisig und Moos geflochtene Nest bauen die Eltern im Nadel- oder Strauchdickicht knapp über dem Boden. Im April, zum zweiten Mal im Juli, legt das Weibchen 4–5 grünblau glänzende Eier, die beide Eltern gemeinsam etwa 14 Tage bebrüten. Dann füttern sie die Nestlinge noch 2 Wochen mit kleinen Insekten. Die erwachsenen Braunellen leben von Insekten und deren Larven, von Spinnen, Beeren, im Winter vor allem von Samen. Meist überwintern sie in Süd- und Westeuropa; sie kehren bereits im März zurück und bleiben in milden Wintern auch in Mitteleuropa.

Wasseramsel *Cinclus cinclus*
Familie *Cinclidae* – Wasseramseln
Die Wasseramsel wohnt in den Bergwäldern an schnell fließenden Gebirgsbächen mit Felsblöcken. Ihre Nahrungstiere Wasserwanzen, Wasserkäfer, Insektenlarven, die sich im Wasser entwickeln, auch Würmer und kleine Fische jagt sie unter Wasser. Die Wasseramsel ist etwa so groß wie eine Drossel, am ganzen Körper braun, mit einem großen weißen Brustfleck. Das Nest baut sie in Uferhöhlen zwischen Wurzeln, Steinen und in Erdlöchern, auch unter Brücken. Das Weibchen legt dort zweimal, im April und Juli, 4–6 reinweiße Eier. Die Jungen schlüpfen nach etwa 16 Tagen und werden von den Alten 3 Wochen im Nest gefüttert. Diese Vögel leben fast in ganz Europa. Vorkommensinseln gibt es in Nord- und Mittelasien. Aus den Gebirgswäldern geht die Wasseramsel im Winter zuweilen in das Vorgebirge, wo sie manchmal auch brütet.

Waldbaumläufer *Certhia familiaris*
Familie *Certhiidae* – Baumläufer
Er ist dem Gartenbaumläufer, *Certhia brachydactyla,* ähnlich. Doch im Gegensatz zu ihm bewohnt der Waldbaumläufer vorwiegend die Nadelwälder in ganz Europa, mit Ausnahme von Nordskandinavien. Auch in Asien und Nordamerika ist er häufig anzutreffen. Sehr geschickt klettert er rückartig an Baumstämmen hoch und sammelt dabei seine beliebte Kost – kleine Insekten, Larven und Spinnen. Von der Baumkrone fliegt er dann an den Fuß des nächsten Baumes. Der Waldbaumläufer brütet im April und ein zweites Mal im Juni. Sein Nest baut er hinter loser Rinde, in Holzhaufen, unter Dächern. Die 5–7 Jungen schlüpfen aus weißen, fein rot gefleckten Eiern etwa nach 14 Tagen, das Gelege der Zweitbrut ist kleiner. Die Eltern füttern die Jungen etwa 16 Tage mit Insekten. Die Waldbaumläufer sind Standvögel und verlassen den Nadelwald nicht einmal in strengen Wintern, weil sie in Borkenspalten hinreichend Nahrung finden.

Fichtenwälder der Hochlagen

Wacholderdrossel *Turdus pilaris* ■□ □□
Familie *Turdidae* – Drosseln

Die Wacholderdrossel ähnelt der Drossel, unterscheidet sich aber durch die schiefergraue Färbung an Kopf und Hals. Ihr Hauptverbreitungsgebiet sind die Nadelwälder in Nordeuropa, doch ist sie auch in den Mischwäldern des Hügellandes in Mittel- und Westeuropa nicht selten. Die Wacholderdrossel brütet im April in kleineren Kolonien. Das Nest liegt etwa 2–3 m hoch, meist nahe am Baumstamm in einer Zweiggabel. Es ist innen mit Lehm verschmiert. Die 5–6 grüngrauen, fein rotbraun getupften Eier bebrütet das Weibchen 2 Wochen. Dann kümmern sich beide Eltern um die Jungen, füttern sie mit Würmern im Nest und dann in der Umgebung. Im Herbst ziehen große Schwärme von Wacholderdrosseln aus dem Norden nach Mittel-, Süd- und Westeuropa zum Überwintern. Die Wacholderdrosseln nähren sich hauptsächlich von Vogelbeeren und anderen Beeren. Früher hat man diese Vögel wegen ihres schmackhaften Fleisches häufig gejagt. Heute ist das in den meisten Staaten verboten, weil sie stark zurückgegangen sind.

Rotdrossel *Turdus iliacus* □■ □□
Familie *Turdidae* – Drosseln

Die Rotdrossel ist ein Vogel der nordischen Nadelwälder. Der Größe und Färbung nach gleicht sie der Singdrossel, besitzt aber an den Flanken rostfarbene Flecke. Sie nistet auf Bäumen, Sträuchern oder auch direkt am Boden. In das aus Gräsern, Ästchen und Moos geflochtene Nest legt das Weibchen 4–6 grünblaue Eier, die es etwa 2 Wochen bebrütet. Beide Eltern füttern die Nestlinge mit Insekten. Der größte drosselartige Vogel, der ganz Europa, Sibirien und Nordwestafrika bewohnt, ist die Misteldrossel, *Turdus viscivorus*. Am liebsten hält sie sich in Nadelwäldern auf, wo sie mit Vorliebe hoch auf Bäumen ihr Liedchen hören läßt. Hier baut sie auch ihr Nest. Im Oktober und November fliegen die Misteldrosseln nach Süden. Doch bereits im Februar und März kehren sie zurück.

Ringdrossel *Turdus torquatus* □□ ■□
Familie *Turdidae* – Drosseln

Die Ringdrossel lebt vor allem in den Alpen, Pyrenäen, Karpaten und in Skandinavien. Von der Amsel, *Turdus merula*, unterscheidet sie sich durch den weißen Bruststreifen und die hell gesäumten Federn an der unteren Körperseite. Sie brütet meist an der oberen Waldgrenze im Krummholz, oft in der Nähe von Gebirgsbächen. In Mittel- und Westeuropa brütet sie ab und zu auch in Bergwäldern. Ihr Nest bauen die Eltern gemeinsam, meist auf Fichten in dichtem Gezweig aus Halmen und Flechten. Die 4–5 blaugrünen, rotbraun gefleckten Eier bebrütet das Weibchen etwa 14 Tage. Nach 16 Tagen Nestlingszeit verlassen die Jungen das Nest und verstecken sich zwischen Steinen in der Umgebung, wo sie die Eltern noch 2 Wochen füttern. Die Ringdrossel lebt von verschiedenen Insekten, Larven und Würmern, aber auch von Beeren. Im Winter zieht sie nach Südeuropa und Nordafrika.

Singdrossel *Turdus philomelos* □□ □■
Familie *Turdidae* – Drosseln

Diese Drossel brütet in ganz Europa (außer den südlichsten Gebieten) und in Teilen Asiens, zieht aber im Winter nach Süd- und Westeuropa. In Sträuchern, Hecken und auf Bäumen, vor allem halbhohen Fichten, bauen beide Eltern ein Nest aus dürren Stengeln und Halmen, dessen Wände sie mit verspeicheltem Lehm glattschmieren. Die 4–6 hellblauen, schwarz gesprenkelten Eier bebrütet das Weibchen etwa 14 Tage. Nach weiteren 14 Tagen verlassen die Jungen das Nest, aber die Eltern füttern sie in der Umgebung noch weiter mit Insekten, Würmern und Raupen. Die Singdrossel brütet oft zweimal jährlich.

Fichtenwälder der Hochlagen

Murmeltier *Marmota marmota*
Familie *Sciuridae* – Hörnchen
In der Hochgebirgsregion der Alpen und Karpaten hört man nicht selten ein durchdringendes Warnpfeifen: Das Murmeltier warnt seine weidende Familie vor drohender Gefahr. Das Murmeltier ist ein scheues, untersetztes, 70 cm langes und 5 kg schweres, zieselähnliches Säugetier. Es lebt an der Waldgrenze, in der Krummholzzone. Dort gräbt es mehrere Meter lange Erdgänge, in denen es die oft 6 Monate dauernde ungünstige Jahreszeit bei herabgesetztem Stoffwechsel im Winterschlaf zubringt. Die Murmeltiere paaren sich im Mai, und nach etwa 6 Wochen Tragzeit wirft das Weibchen im Sommerbau 2–8 Junge, die es einen Monat säugt. Über den Sommer bis zum September leben die Murmeltiere in kleineren Familienkolonien und nähren sich von Gräsern, Kräutern und Pflanzensamen des Hochgebirges. Ende September erreichen sie das höchste Körpergewicht, die Familien begeben sich gemeinsam zum Winterschlaf und verrammeln den Eingang zum Bau. Die Murmeltiere sind in Mitteleuropa stark zurückgegangen, sie genießen deshalb strengen Schutz.

Baumschläfer *Dryomys nitedula*
Familie *Gliridae* – Schläfer
In Mittel- und Osteuropa sowie in Mittelasien bewohnt der Baumschläfer die Fichtenwälder des Gebirges und der Latschenzone im Hochgebirge, vor allem der Alpen. Er wird etwa 9 cm lang und besitzt einen ebenso langen, zottigen Schwanz. Der Baumschläfer lebt von pflanzlicher Nahrung – verschiedenen Beeren, Samen, im Frühjahr auch von jungen Trieben, verschmäht aber auch Insekten und Würmer nicht. Das Weibchen wirft meist 2–5 Junge, die in den ersten 3 Wochen blind sind. Den Winter verbringt das Tier in tiefen unterirdischen Bauen, wo es zusammengerollt in einen langen Winterschlaf fällt; seine Körpertemperatur sinkt dabei beträchtlich, Atmung und Stoffwechsel verlangsamen sich. Der Baumschläfer erwacht meist erst gegen Ende April.

Erdmaus *Microtus agrestis*
Familie *Cricetidae* – Wühler
An feuchten Stellen mit dichtem Bewuchs, in Sümpfen und Mooren der Gebirgszonen von Europa und Asien ist die Erdmaus ziemlich reich vertreten. Im Vorgebirge und Flachland erscheint sie nur stellenweise, denn hier muß sie ihrer nahen Verwandten, der Feldmaus, *M. arvalis,* weichen, von der sie sich vor allem durch die dunklere Färbung unterscheidet. Im feuchten Boden gräbt die Erdmaus nahe der Erdoberfläche Gänge mit unterirdischen Nestern, in denen sie zwei- bis dreimal im Jahr 4–5 Junge wirft. Sie lebt in Wassernähe und nährt sich von Grashalmen und Pflanzensamen. Im Hochgebirge, häufig auch in der Latschenzone, ist die graubraun gefärbte Schneemaus, *M. nivalis,* zu Hause. Ihr Verbreitungsgebiet erstreckt sich über die Alpen, Karpaten, Pyrenäen und die Gebirge Mittelasiens. Die Schneemaus erreicht eine Körperlänge von 14 cm und ist eine der größten Wühlmausarten. Den meisten Teil des Jahres verbringt sie in tiefen unterirdischen Schlupfwinkeln.

Kleinäugige Wühlmaus, Kurzohrmaus *Pitymys subterraneus*
Familie *Cricetidae* – Wühler
Die Kleinäugige Wühlmaus gehört zu den kleinsten Wühlmäusen Europas. Mit dem Schwanz wird sie nur 8–10 cm lang. Sie ist ein typischer Bewohner der Bergwälder mit feuchteren, lockeren Böden, wo sie wahre Labyrinthe unterirdischer Gänge gräbt. Auch in tieferen Lagen erscheint sie, dort aber nicht so häufig. Im unterirdischen Nest wirft das Weibchen zwei- bis dreimal jährlich 2–3 Junge, die ziemlich rasch fortpflanzungsfähig werden. Die Tiere leben vorwiegend von Grashalmen, Samen, jungen Trieben von Sträuchern und Kräutern. Die Kleinäugige Wühlmaus ist über West-, Mittel- und Osteuropa bis Mittelasien verbreitet, mit Ausnahme der nördlichsten Gebiete.

Fichtenwälder der Hochlagen

Wildkatze *Felis silvestris*
Familie *Felidae* – Katzen
Die Wildkatze ist in Europa heute im großen und ganzen ein selten gewordenes Raubtier. Sie lebt vor allem in Fichtenwäldern des Gebirges oder in Mischwäldern des Hügellandes mit dichtem Unterholz. Sie erscheint in den Karpaten, stellenweise in den Alpen, in Westeuropa, in Nordengland, in Nordafrika und ist in Asien häufiger. Die Wildkatze trägt graue Streifen auf graugelber Grundfärbung. Ihre Schlupfwinkel sucht sie in Felslöchern, Baumhöhlen und verlassenen Tierbauen. Die Paarung vollzieht sich im Februar und März. Danach leben beide Geschlechter das ganze Jahr über getrennt. Das Weibchen wirft nach 9wöchiger Tragzeit 2–6 Kätzchen, die etwa 10 Tage blind sind. Die Katzenmutter betreut sie sorgsam und trägt sie bei Gefahr an eine andere Stelle. Als Nahrung dienen der Wildkatze Mäuse, Wühlmäuse, Kleinvögel und Eidechsen, ausnahmsweise auch Hasen oder Fasane. Von der ähnlich getigerten, verwilderten Hauskatze unterscheidet sie sich durch den stattlicheren Körperbau und den buschigen, stumpf abgeschnittenen Schwanz.

Luchs *Lynx lynx*
Familie *Felidae* – Katzen
Der Luchs ist ein typischer Bewohner der tiefen nordischen Wälder von Europa, Asien und Nordamerika. In Europa wurde er in den meisten Gebirgsländern ausgerottet; man findet ihn nur noch in den Karpaten und in Skandinavien. Der Luchs jagt meist bei Nacht, auf Bäumen belauert er seine Beute und überfällt sie im Sprung, meist krankes oder geschwächtes Wild, aber auch schädliche Nager und Vögel, die am Boden brüten. Der Luchs paart sich im Februar und März; das Weibchen wirft nach 10 Wochen unter entwurzelten Bäumen oder in Felslöchern 2–3 Junge, die etwa 10 Tage blind sind. Es säugt sie rund 2 Monate, bringt ihnen aber bald auch Fleischnahrung. Der Luchs ist wachsam, scharfäugig und hellhörig. In den letzten Jahren genießt er in den meisten europäischen Staaten gesetzlichen Schutz. Allmählich verbreitet er sich wieder gegen Westen.

Braunbär *Ursus arctos*
Familie *Ursidae* – Bären
Der Braunbär ist das größte Raubtier in Europa. In West- und Mitteleuropa kommt er nur noch vereinzelt in manchen Gebirgen wie den Pyrenäen, Apenninen und Karpaten vor, häufiger in Sibirien und Nordamerika. Er bewohnt in erster Linie Bergwälder, wo er in Felshöhlen und unter Fallholz der Windbrüche Schlupfwinkel findet. Dort verschläft er auch den langen Winter, fällt allerdings nie in einen tiefen Winterschlaf, sondern wacht ab und zu auf. Das Bärenweibchen ist 8 Monate trächtig und wirft 2–4 Junge, die etwa 4 Wochen blind sind. Die Bärin säugt ihre Jungen rund 4 Monate und führt sie erst im Frühjahr aus. Der Braunbär nährt sich von Waldfrüchten und Nadelbaumrinden, frißt aber auch Kadaver. Manchmal erbeutet er Wild, Schafe und Rinder. Sehr gern nimmt er Waldbienenhonig aus. Der Braunbär ist überall streng geschützt.

Wolf *Canis lupus*
Familie *Canidae* – Hunde
Der Wolf ist das einzige große Raubtier, das vor allem im Bergland von Nord-, Süd- und Osteuropa noch in größeren Mengen auftaucht. Er lebt in Rudeln, die meist aus einer Familie bestehen, und reißt vorwiegend größeres Wild – Hirsche, Rehe oder Rentiere, auch Schafe oder Rinder. Das Wolfsrudel hetzt seine Beute meist in der Nacht. Die Wölfe paaren sich im Winter. Nach etwa 9 Wochen wirft die Wölfin 4–9 Junge, die 12 Tage blind sind. Die Wölfin säugt ihre Jungen rund 2 Monate, gibt ihnen aber bald auch Fleischnahrung. Die Jungen halten sich zwei Jahre lang an die Eltern, dann machen sie sich selbständig. Der Wolf ist ein äußerst scheues Tier und nicht leicht zu verfolgen.

Fichtenwälder der Hochlagen

Gemse *Rupicapra rupicapra*
Familie *Bovidae* – Rinderartige
Die Gemse kennt man in den Alpen, Pyrenäen, im Hochgebirge von Spanien, Italien, dem Balkan und in den Karpaten als typischen Bewohner grasiger Matten mit Latschenbeständen. Nur in strengen Wintern steigt sie auch in Bergwälder herab und sucht dort nach Baumknospen, Moos und Flechten. Im Sommer äst sie hauptsächlich Hochgebirgskräuter. Die Gemsen leben in kleinen Rudeln und bewegen sich sehr gewandt zwischen Felsen und auf Steinhängen. Beide Geschlechter tragen das ganze Jahr über Hörner (Krucken). Die Brunft verläuft im November und Dezember. Die Geiß ist 6 Monate trächtig und setzt im Juni meist ein Junges, das sie über zwei Monate säugt.

Alpensteinbock *Capra ibex*
Familie *Bovidae* – Rinderartige
Hoch oberhalb der Waldgrenze lebt der Alpensteinbock in kleineren Rudeln. Er nährt sich im Sommer von Hochgebirgskräutern, im Winter von Moosen und Flechten. Die Brunftzeit fällt in den Dezember und Januar. Die Geiß setzt im Krummholz meist 1 Junges, das sie das ganze Jahr über säugt. Die Jungen sind lebhaft und klettern bald nach der Geburt mit dem übrigen Rudel munter über die Felsen. Die Böcke besitzen mächtige, bogenförmig gekrümmte Hörner, die 100 cm lang und 15 kg schwer werden können. Das Steinwild ist streng geschützt.

Edelhirsch *Cervus elaphus*
Familie *Cervidae* – Hirsche
Der Hirsch ist ein edles Wild in den großen Waldgebieten von Europa. Er zieht seine Fährte in den Auen Mittel- und Osteuropas, im Bergland und im Gebirge. Man unterscheidet mehrere Unterarten: in Europa den Mitteleuropäischen Hirsch, der ganz Europa bis zu den Karpaten besiedelt, und den Karpatenhirsch, dessen Vorkommen sich auf die Karpaten beschränkt. Der Mitteleuropäische Hirsch ist im Sommer rotbraun, wiegt bis 170 kg und trägt ein schwächeres Geweih. Die Färbung des Karpatenhirsches spielt mehr ins Graue, er wiegt an die 300 kg und besitzt ein mächtiges Geweih. Der Edelhirsch wirft alljährlich von März bis April sein Geweih ab und bildet anschließend ein neues, das zunächst mit einer weichen, behaarten Haut, dem sogenannten Bast, bedeckt ist. Der Bast vertrocknet und wird an Baumstämmchen abgescheuert (gefegt). Das erste Geweih wächst im 2. Lebensjahr als einfache Stangen (Spieße). Jedes neue Geweih bekommt weitere Enden (Gabel, Sechser, Achter usw.) und wird mächtiger. Es wiegt schließlich 8–12 kg. Seine Ausgestaltung ist erblich bedingt, aber von der Äsung beeinflußt. Mitte September bis Mitte Oktober führen die Hirsche oft harte Kämpfe um die Tiere (Hirschkühe) des Rudels. Zur Brunftzeit kann der Jäger den röhrenden Hirsch durch Nachahmen seiner Stimme auf Schußweite anlocken. Das ist eine gute Gelegenheit, schwache und für die Zucht wenig geeignete Stücke ins Schußfeld zu bekommen. Die Hirsche leben im Dickicht der tiefen Wälder verborgen und äsen nur abends. Die Äsung besteht aus Gräsern, Baum- und Strauchzweigen, Kräutern, Eicheln, Bucheckern und Feldfrüchten. Vor allem im Winter schälen sie die Baumrinde von Nadelbäumen mittleren Alters und verursachen dadurch starke Schäden: die betroffenen Bäume sterben ab oder liefern fehlerhaftes Holz. Deshalb regelt man den Hirschbestand durch Abschuß. Das Mutterwild ist 33–34 Wochen trächtig; ein, selten zwei Hirschkälber werden meist im Juni gesetzt und von der Mutter häufig bis zum Winter gesäugt, obwohl sie schon vom zweiten Lebensmonat an auch pflanzliche Nahrung zu sich nehmen. Das ganze Jahr leben die Alttiere mit den Kälbern, in kleineren Rudeln, die sie nur beim Setzen der Jungen verlassen. Die älteren Hirsche vereinigen sich mit den Tieren während der Brunftzeit, sonst leben sie meist als Einzelgänger.

Nordische Wälder (Tundren)

In den nordischen Gebieten, wo die Temperatur immer mehr absinkt, wird der Wald nach und nach schütterer, niedriger und mehr und mehr buschförmig. Es bilden sich verkrüppelte Gruppen, und schließlich tritt an Stelle der Bäume eine niedrige Gebüschformation, voller Flechten, die von Gras- und Moosflächen durchsetzt ist. In den nördlichsten Gebieten bilden sie eigentlich nur noch einen Vegetationsüberzug. Das ist das Bild arktischer Tundren im hohen Norden von Europa, Asien und Nordamerika.
Bei der Tundra entscheidet also das Klima über ihr Entstehen und ihre Art; die Bedeutung des Bodens tritt hier in den Hintergrund. Die Südgrenze der Tundra liegt dort, wo die Julitemperatur durchschnittlich 10 °C erreicht. Für diese Gebiete sind typisch: lange Sonnenscheindauer, starke Winde, hohe Luftfeuchtigkeit im Sommer und trockene, kalte Winter. Der Gesamtniederschlag beträgt nur ca. 200–300 mm im Jahr. Da jedoch auch die Verdunstung gering ist, bilden sich an manchen Stellen Sümpfe. Selbst im Sommer taut der Boden nicht ganz auf, in gewisser Tiefe bleibt er immer gefroren. Deshalb fehlen in der eigentlichen Tundra nicht nur Bäume, sondern auch Sträucher; wo sie gelegentlich doch vorkommen, sind sie niedrig und flach dem Boden angedrückt. Dementsprechend ist auch ihr Wurzelwerk oberflächlich und weit ausstreichend. Hier kommen vor allem verschiedene Arten von Kriechweiden vor und die Zwergbirke *(Betula nana)*. Unter diesen Bedingungen wachsen die Pflanzen natürlich nur langsam. Sträucher zum Beispiel haben eine jährliche Trieblänge von ca. 1 cm. Der Wacholder erreicht eine Stammdicke von 8 cm Durchmesser an der Erde und ein Alter bis 500 Jahre. Die Blüten der arktischen Pflanzen sind besonders groß und fallen durch ihre leuchtenden Farben auf. Sie duften jedoch nicht.
Entsprechend dem Bodenrelief ändert sich auch die Pflanzendecke. Mulden sind meist verschlammt, teilweise aber vor Winden geschützt. Hier wachsen vorwiegend Sträucher. Solche Gebiete trifft man am häufigsten im südlichen Teil der Tundra. Ebene und nicht durchnäßte Stellen sind mit Gras bewachsen. Sehr trockene Stellen, vor allem im nördlichen Teil der Tundra, weisen gewöhnlich keine zusammenhängende Pflanzendecke auf; hier wachsen vorwiegend Flechten.
Die Flüsse prägen eindrucksvoll das gesamte Aussehen der Tundra. In den Flußtälern dringen Bäume und Sträucher weit nach Norden vor; die Ufer sind oft dicht mit Gras bewachsen. Dadurch verschiebt sich, wenigstens in den Tälern, die Waldgrenze weit nach Norden. Diese bewaldeten Landstriche haben einen besonderen Charakter – die Gehölze bleiben niedrig und oft strauchartig. Durch das rauhe Klima sterben diese Waldgruppen oft ab, zersetzen sich aber nur langsam und geben dadurch der Landschaft ein düsteres Gepräge. Verwesungsprozesse verlaufen in der Tundra überhaupt sehr langsam.
Man könnte meinen, daß die Fauna dieser unwirtlichsten Gebiete der nordischen Tundra sehr artenarm sei. Doch dem ist nicht so. Während des kurzen Sommers beleben zahlreiche Vogel- und Säugetierarten die Tundra. Vor dem langen arktischen Winter ziehen die meisten Vögel nach Süden, und die Säugetiere weichen an den Rand zusammenhängender Fichtenbestände in das Gebiet am Südrand der Tundra aus. Zu den bekannten Bewohnern der strauchartigen Tundra gehören Bluthänfling, Bergfink, Seidenschwanz, Bussard und Baumfalke, auch einige Arten von Gänsen und Enten, die im Winter regelmäßig auch in Mitteleuropa zu sehen sind. Beständigere Arten, die nur im harten Winter in die Wälder ziehen sind Schnee-Eule und Alpenschneehuhn. In der Tundra gibt es auch typische Vertreter der Säugetiere, z. B. Schneehase, Polarfuchs und Lemming, der den Raubvögeln, Eulen und auch dem Vielfraß als Nahrung dient. Das wichtigste Tier der Tundra ist der Elch, der es dem Menschen möglich macht, trotz des lebensfeindlichen Klimas in der nordischen Tundra zu leben: Vom Elch kann man fast alles verwerten.

Nordische Wälder (Tundren)

Waldflechte *Cladonia sylvatica* ❶
Familie *Cladoniaceae* – Becherflechten
Die Waldflechte sieht der nahe verwandten Rentierflechte, *C. rangiferina*, sehr ähnlich und wird oft mit ihr verwechselt, da sie auch ähnliche Standorte besiedelt. Die Waldflechte besitzt einen strauchartig verzweigten Thallus, 5–15 cm hoch. Die gelbgrünen Stiele verdicken sich nach unten und pressen sich an die Unterlage. Die Farbe variiert oft von strohgelb über gelbgrün bis graugrün. Das kann altersmäßig oder durch die Umwelt bedingt sein. Die feinen Verästelungen am Stielende hängen einseitig über und sind gelbbraun. Die Waldflechte wächst auf stark bis mäßig saurem Boden, ist sehr lichtbedürftig und überdauert auch lang anhaltende Trockenheit. Sie zeigt magere Böden an.

Scharlachflechte *Cladonia coccifera* ❷
Familie *Cladoniaceae* – Becherflechten
Aus dem lederartigen, mit Schuppen bedeckten, dem Boden anliegenden Thallus erheben sich bis 5 cm hohe, kelchförmige Auswüchse. An ihrem gezähnten Rand bilden sich scharlachrote Sporenlager auf gelbem bis grüngelbem Untergrund. Die Scharlachflechte kommt von der Ebene bis hoch ins Gebirge vor. Sie gedeiht auf humosen wie sandigen Böden, häufig auch auf vermoosten Felsen. Sie bildet nie geschlossene Flächen, höchstens schüttere Gruppen; meist wächst sie einzeln. Sehr trockene Standorte meidet sie.

Hundsflechte, Schildflechte *Peltigera canina* ❸
Familie *Peltigeraceae* – Schildflechten
Die Hundsflechte fällt auf durch ihren grob gelappten Thallus. Die Lappen erreichen eine Breite bis zu 5 cm und fühlen sich bei Trockenheit weich und biegsam an. Ihre Oberfläche ist meist glatt, graubraun oder graugrün, die Unterseite runzlig-netzig und grau. Diese auffällige Flechte wächst von der Ebene bis in die Berge, auf mittleren bis nährstoffarmen Böden. Sie bevorzugt schattige und feuchtere Standorte, kommt auch auf Lichtungen vor.

Falsche Pflaumenflechte, Kleiartige Laubflechte *Parmelia furfuracea* ❹
Familie *Parmeliaceae* – Schüsselflechten
Die Pflaumenflechte hat einen lappigen Thallus, der nach und nach in strauchartigen Wuchs übergeht. Die Lappen sind bis 10 cm lang und geweihartig verzweigt. Die Oberseite ist grau bis graubraun, die untere hellviolett bis fast schwarz. Sie wächst auf Bäumen und Sträuchern (auch auf Pflaumenbäumen) und ist von der Ebene bis in höchste Gebirgsregionen weit verbreitet. Zum Schluß noch ein Wort zur Vermehrung der Flechten. Im Grunde stellen die Flechten ein Doppelwesen dar aus Pilz und Alge, die sich zu einer Lebensgemeinschaft (Symbiose) zusammenfinden, jedoch eine morphologische und physiologische Einheit bilden. Die Flechte hat daher auch andere Eigenschaften als die beiden einzelnen Partner und vermehrt sich auch anders. Neben einer geschlechtlichen Vermehrung (hier fruktifiziert nur der Flechtenpilz, die Alge vermehrt sich vegetativ) vermehren sich die Flechten in der Hauptsache vegetativ, etwa dadurch, daß sich Teile des Thallus losreißen und anderswo mit ihren Wurzelfäden wieder festsetzen. Bei den meisten aber werden an bestimmten Thallusstellen Algenzellen gruppenweise von Myzelfäden umsponnen, abgeschnürt und wie Sporen vom Wind an einen neuen Standort verweht.

1

3

2

4

Nordische Wälder (Tundren)

Tannenbärlapp *Huperzia selago* ❶
Familie *Lycopodiaceae* – Bärlappgewächse
Der Stengel dieses Bärlapps wächst, von unten an verzweigt, aufrecht bis 25 cm hoch. Seine Äste sind dunkelgrün, glänzend, die Blättchen linealisch zugespitzt, ca. 9 mm lang, ganzrandig und fest. Dieser Bärlapp bildet keine deutlichen Sporenähren aus, sondern kleine Sporenbehälter in den Achseln der oberen Stengelblätter. Er vermehrt sich aber auch vegetativ: An seinen Zweigenden wachsen oft büschelige, waagrecht abstehende Brutäste, die abfallen und unter zusagenden Bedingungen neue Pflanzen hervorbringen. Der Tannenbärlapp ist selten und wächst auf humusreichen Böden der Nadelwälder oder gar auf vermodertem Holz in Lagen von etwa 500 m NN bis zur Baumgrenze, im Norden bis zum Rand der Tundra.

Nordischer Streifenfarn, Gabelstreifenfarn *Asplenium septentrionale* ❷
Familie *Polypodiaceae* – Tüpfelfarngewächse
Der kleine, lichtliebende Farn wird 10–30 cm hoch. Seine Blätter sind gabelig verzweigt. Er ist sehr vermehrungsfreudig; seine Sporenhäufchen bedecken fast die ganze Blattunterseite. In Europa wächst er hauptsächlich in den Bergen in Felsspalten, im Norden geht er in die Tundra über. Er meidet kalkreichen Boden. Die Farne haben allgemein in der Waldgemeinschaft eine wichtige Aufgabe. Man findet sie vorwiegend in Nadel- und Mischwäldern auf schattigen, feuchten, humosen Standorten. Wo sich ein Farn flächenhaft ausbreitet, schützt er den Boden vor übermäßiger Austrocknung. Die dürren Blätter tragen zur Humusbildung bei. Die absterbenden Wurzeln lockern und durchlüften den Boden und reichern ihn in den unteren Schichten mit Humus an. Aber auch die auf Felsen vorkommenden Arten, wie die Mauerraute, haben eine wichtige Aufgabe: Sie sind Wegbereiter für einen späteren Pflanzenbewuchs. In Felsspalten halten sie durch ihr dichtes Wurzelwerk den Humus fest, in dem sich dann Samen höherer Pflanzen verfangen. Sie bilden hier oft den einzigen Schutz gegen Frost und verhindern ein Austrocknen der nachfolgenden Pflanzen.

Moltebeere *Rubus chamaemorus* ❸
Familie *Rosaceae* – Rosengewächse
Die Moltebeere ist eine seltene arktische Pflanze, die während der Eiszeit nach Mitteleuropa gelangte. Als am Ende des Tertiärs sich das Klima verschlechterte, drangen die nordischen Gletscher in Europa weit vor, und die Vegetation in ihrer Nähe mußte nach Süden ausweichen. So kamen viele arktische Arten unter dem Einfluß dieses ungünstigen Klimas nach Mitteleuropa, von denen einige auch nach dem Rückzug des Eises hier heimisch geblieben sind. Man nennt solche Pflanzenarten eiszeitliche (glaziale) Relikte. Ihre Vorkommen liegen oft hunderte von Kilometern auseinander.

Bärentraube *Arctostaphylos uva-ursi* ❹
Familie *Ericaceae* – Heidekrautgewächse
Die Bärentraube ist ein bodendeckender Strauch mit ausgebreiteten Ästen. Die Blätter sitzen dicht an den Ästchen, sind lederartig, verkehrt eiförmig, beiderseits glänzend und ganzrandig. Auf der Unterseite kann man gut entwickelte Nerven erkennen. Die Blüten stehen in einer drei- bis zwölfzähligen Traube. Die krugförmige Krone ist weiß oder rosarot. Die Bärentraube blüht im April. Ihre Frucht ist eine scharlachrote Beere mit 5–7 einsamigen Kernen. Der Strauch ist eine wichtige Pionierpflanze im Gebirge auf Felsen und in Brüchen. Er kommt im Norden in der Tundra vor.

1
3
4
2

Nordische Wälder (Tundren)

Zwergbirke *Betula nana* ❶
Familie *Betulaceae* – Birkengewächse
Die Zwergbirke ist in der Tundra von Nordeuropa und Nordasien heimisch. Als Eiszeitrelikt verblieb sie auch in Mitteleuropa, wo sie sehr selten in den Hochmooren der Voralpen der deutschen Mittelgebirge und in Norddeutschland vorkommt. Sie wächst als liegender, niedriger Strauch mit aufrechten Zweigen meist nur 30–70 cm hoch. Die kleinen, etwa 1 cm langen rundlichen, stumpf gekerbten, kurzstieligen Blätter sind oft mehr breit als lang und besitzen 2–4 deutliche Nervenpaare. Die sitzenden, zylindrigen Kätzchen erscheinen vor den Blättern und blühen Ende Mai; die männlichen sind kurz und grünbraun, die weiblichen dicker und hellbraun – aus ihnen entwickeln sich 10–12 cm lange Fruchtzapfen. Die Zwergbirke kann 50–70 Jahre alt werden. Im hohen Norden dient sie als Brennholz und den Elchen als Äsung.

Sumpfporst *Ledum palustre* ❷
Familie *Ericaceae* – Heidekrautgewächse
Der Sumpfporst ist ein typischer Vertreter der Tundra. Er wächst im Moor und in sumpfigen Gebieten mit ständig gefrorenem Untergrund. Im Küstengebiet der Tundra fehlt er, dagegen kommt er in den Mooren von Mittel- und Nordeuropa vor und bildet dort oft zusammenhängende Bestände. Der Sumpfporst wird ein 70–100 cm hoher, verzweigter Strauch. Er hat linealische Blätter, 2–5 cm lang und nur 2–4 mm breit, oben dunkelgrün, glänzend, unten rostbraun, flaumig, am Rand eingeschlagen. Die weißen Blüten verströmen einen betäubenden Geruch, sie stehen auf langen Stielen zu vielen in dichten endständigen Doldentrauben und blühen im Juni. Die Früchte sind fünffächrige Kapseln auf gebogenen Stielen. Der Sumpfporst verträgt mittelstarken Schatten, fordert aber feuchten, am besten Torfboden.

Krautweide, Zwergweide *Salix herbacea* ❸
Familie *Salicaceae* – Weidengewächse
Die Krautweide ist ein niedriger, kriechender Strauch, nur ca. 20 cm hoch, der in der Tundra, weit im Norden in den Flechten- und Moosteppich vordringt. In Mitteleuropa kommt die Krautweide hoch im Gebirge auf Steinfeldern über der Waldgrenze vor. Sie gedeiht auf feuchten, nährstoffreichen, aber kalkarmen Böden, die nur kurz schneefrei sind. Die Krautweide hat rundliche Blätter, 1–2 cm lang, am Rand fein gesägt, unterseits hellgrün mit netzartiger Nervatur. Die Kätzchen erscheinen mit den Blättern und sind sehr klein, höchstens 1 cm lang. Eine andere Weide, die man sehr oft in der Tundra findet, ist die Wollige Weide, *Salix lanata.* Sie wächst bis zu einer Höhe von 20–100 cm und hat eine kugelige Kronenform. Ihre Blätter sind elliptisch rund, 2–7 cm lang, ganzrandig, beiderseits silbrig-flaumig. Die Nervatur auf der Unterseite der Blätter tritt deutlich hervor. Sie blüht nach dem Laubausbruch im Juni und kommt in der europäischen wie in der asiatischen Tundra, besonders an feuchteren Stellen in der Nähe von Bächen, vor.
Männliche Blüten (3), weibliche Blüten (3a), Samen (3b).

1
2
♀
3a
♂
3
3b

Nordische Wälder (Tundren)

Brombeerzipfelfalter *Callophrys rubi*
Familie *Lycaenidae* – Bläulinge
Der Schmetterling hat eine Flügelspannweite von 28–30 mm und besitzt zum Unterschied von den übrigen Arten dieser Familie eine grünglänzende Flügelunterseite, bei manchen Individuen mit weißen Punkten. Die Oberseite der Flügel ist eintönig braun. Eine ähnliche Färbung trägt die verwandte Art *Callophrys avis*, die jedoch nur stellenweise in Südwesteuropa vorkommt. Der Brombeerzipfelfalter bewohnt ein weites Areal von Europa, Asien über Sibirien bis zur Insel Sachalin. Im Norden reicht sein Verbreitungsgebiet bis über den Polarkreis. Dort tritt die Unterart ssp. *borealis* auf mit ihrer gelblichen Flügelunterseite. Der Schmetterling fliegt im Vorfrühling, hat in Europa aber nur eine Generation. Im Gebirge kommt er noch in Höhen von 1800 m vor. Er erscheint vor allem an Waldrändern, auf Lichtungen und Kahlflächen, wo Brombeer- oder Himbeersträucher wachsen, die neben Preiselbeere und Ginster Nährpflanzen der Raupen sind. Aus grünen Eiern schlüpfen die ebenfalls grünen Raupen mit einem weißlichen, manchmal gelblichen Rückenstreifen. Die Seitenstreifen sind hell. Die gedrungene, kurze Puppe ist braun und liegt frei auf dem Boden unter dürrem Laub.

Veilchen-Perlmutterfalter *Clossiana euphrosyne*
Familie *Nymphalidae* – Fleckenfalter
Auch dieser Falter ist weit verbreitet, vom Mittelmeer bis in die Arktis, dort allerdings mit der Unterart ssp. *septemtrionalis*. In Europa fliegt er häufig in höheren Lagen der Alpen, wo diese Schmetterlinge durch ihre markante dunklere Zeichnung auffallen. Die Falter haben im allgemeinen zwei Generationen, im Gebirge und im Norden nur eine. Die Männchen besitzen eine Flügelspannweite von etwa 40 mm, die Weibchen sind etwas größer. Sie legen kegelförmige, anfangs gelblichgrüne Eier an Veilchen und verpuppen sich dann im Frühjahr am Boden. In Europa lebt die ähnliche Art *Clossiana selene*. Im Gebiet des nördlichen Polarkreises kommen noch andere Verwandte vor, wie *Clossiana titania*, *Clossiana characlea*, *Clossiana freija*. Manche erscheinen auch in Grönland und Nordamerika.

Kleiner Heufalter *Coenonympha pamphilus*
Familie *Satyridae* – Augenfalter
Dieser, auch Kleines Ochsenauge genannte, Falter ist eine der häufigsten Schmetterlingsarten in Europa, Nordafrika, Kleinasien. Er erscheint auch im Libanon, Irak, Iran und in Turkestan, wahrscheinlich sogar in Ostsibirien. Er bewohnt die Ebenen und Gebirge bis in den Hohen Norden. Aber nicht nur in der freien Natur sieht man ihn häufig, selbst in städtischer Umgebung trifft man ihn an. Die Flügelspannweite des Falters beträgt 28–34 mm. Die Imagines fliegen Anfang April in Südeuropa und Ende Mai in Nordeuropa. Bis zum Oktober entwickeln sich zwei bis drei Generationen. Die Raupen schlüpfen aus gelbbraunen Eiern und ihre Herbstgeneration überwintert. Sie sind grünlich mit einem weißlichen doppelten Rückenstreifen. Als Nährpflanzen dienen verschiedene Gräser. Ähnliche Arten sind die bis zum Polarkreis verbreitete *Coenonympha tullia*, *Coenonympha arcania* und *Coenonympha glycerion*, deren nördlichste Heimat Finnland ist.

Birkenprachtkäfer *Dicerca acuminata*
Familie *Buprestidae* – Prachtkäfer
Dieser Prachtkäfer ist ein typischer Angehöriger der nordischen Fauna; sein Verbreitungsgebiet reicht jedoch bis nach Mitteleuropa, Sibirien und Nordchina. In Mitteleuropa kommt er nicht häufig vor und dann vor allem auf begrenzten Flächen mit reichem Birkenbestand, der ihm Nahrung sichert. Der erwachsene Käfer ist 12–18 mm lang und schwärmt im Mai.

Nordische Wälder (Tundren)

Birkenzeisig *Carduelis flammea* ■□ □□
Familie *Fringillidae* – Finken

Der kleine, etwa sperlingsgroße Vogel bewohnt den Südrand der Tundra von Asien, Europa und Nordamerika, die Gebirge von Mittel- und Westeuropa und das Hügelland der Britischen Inseln. Im Norden brütet er meist in niedrigen Büschen, auf Birken und Erlen, im Gebirge in der Latschenzone. Junge findet man zweimal jährlich in dem aus dünnen Reisern, Halmen und Moos geflochtenen Nest, 2–3 m über dem Boden. Sie schlüpfen aus 4–6 bläulichen, braun gesprenkelten Eiern, die das Weibchen etwa 12 Tage bebrütet. Die Jungen verlassen das Nest nach 2 Wochen. Während der Brutzeit lebt der Vogel von Insekten und Larven, im Herbst und Winter von Erlen-, Birken- und Fichtensamen. Den Winter verbringt der Birkenzeisig vom Oktober bis in den März in Mittel- und Westeuropa (Teilzieher).

Tannenhäher *Nucifraga caryocatactes* □■ □□
Familie *Corvidae* – Rabenvögel

Der dunkelbraune, weiß getupfte Tannenhäher besiedelt ausgedehnte Nadelwälder in Skandinavien und Nordsibirien sowie die Gebirgswälder in Mittel- und Westeuropa. Er hat die Größe einer Taube. Anfang März brütet er hoch auf Nadelbäumen, im Norden oft nur 3–4 m über dem Boden. Beide Eltern bauen ein festes Nest aus dürren Reisern, Flechten, Moos und Gras. Das Weibchen legt einmal jährlich 3–4 helle, gräulich und braun gefleckte Eier, die es 17–18 Tage bebrütet. Beide Eltern füttern die Jungen 3–4 Wochen mit Insekten, manchmal rauben sie dazu auch Vogelnester aus. Den Hauptteil der Nahrung bilden vor allem Zirbelnüsse, auch Bucheln und Haselnüsse. In Europa ist der Tannenhäher ein Standvogel, geht aber im Winter in die Mischwälder des Hügellandes. In Mitteleuropa erscheinen im Winter ab und zu große Tannenhäherschwärme aus dem Norden und der sibirischen Taiga.

Wasserpieper *Anthus spinoletta* □□ ■□
Familie *Motacillidae* – Stelzen

Dieser Vogel bewohnt die Gebirgszonen, vor allem die Latschenzone bis zur Schneegrenze in Europa und Asien, in Skandinavien auch tiefere, unbewaldete, felsige Lagen mit Geröllen. Er brütet ein- bis zweimal im Jahr in Bodenmulden unter Grasbüscheln oder niedrigen Sträuchern, wo er aus Halmen, Moosen und Flechten ein geräumiges Nest baut. Das Weibchen legt im Mai 4–5 grauweiße, braun- und graugefleckte Eier, die es etwa 2 Wochen bebrütet. Ebensolange dauert die Nestlingspflege, während der beide Eltern die Jungen mit Insekten, Spinnen und Würmern füttern. Im Winter kommen die Wasserpieper auch in die Niederungen, wo sie allerhand Samen suchen oder weiter nach Süden fliegen. Aus dem Norden ziehen starke Wasserpieperschwärme durch Europa gegen Süden, halten sich aber in mäßigen Wintern auch in Mitteleuropa auf. Im April kehren die Vögel meist wieder an ihre Brutplätze zurück.

Bergfink *Fringilla montifringilla* □□ □■
Familie *Fringillidae* – Finken

Der kleine Vogel bewohnt den hohen Norden von Europa und Asien. Hier brütet er in Fichten- und Birkenwäldern bis hart an die Baumgrenze der Tundra. Das Nest baut der Bergfink aus Moos, Grashalmen und Flechten auf Bäumen und Sträuchern; das Weibchen legt 4–6 graue, braun gesprenkelte Eier und bebrütet sie etwa 2 Wochen. Die Jungen werden mit Insekten, Raupen und Larven gefüttert. Vor Einbruch des Winters, im Oktober und November, beobachtet man auch in Mittel- und Westeuropa große Bergfinkenschwärme, die aus dem Norden kommen. Sie streifen durch die Landschaft, sammeln Erlen-, Birken-, Ebereschensamen, auch Unkrautsamen und Beeren und erscheinen häufig bei Futterkrippen. Ende März und im April kehren sie an ihre Brutplätze zurück.

Nordische Wälder (Tundren)

Seidenschwanz *Bombycilla garrula*
Familie *Bombycillidae* – Seidenschwänze
Von November bis in den März begegnet man in Mittel- und Westeuropa hin und wieder starken Schwärmen bunter Vögel – es sind Seidenschwänze. Sie kommen aus Nordskandinavien und Nordasien, um zu überwintern. Dort lebt der Seidenschwanz in Nadelwäldern und in Tundren mit Baum- und Strauchgruppen. Zwischen Zweigen baut er aus Flechten, Gräsern, Moosen und Reisig ein Nest. Ab Mai legt das Weibchen 4–6 graue, dunkel gesprenkelte Eier, die es etwa 14 Tage bebrütet, während das Männchen Nahrung herbeischafft. Gemeinsam füttern sie dann die Jungen fast 3 Wochen lang mit Insekten, meist Mücken und Larven. Im Oktober sammeln sich große Schwärme dieser Vögel und ziehen nach Süden. In dieser Zeit sind Samen und Beeren, vor allem von Eberesche, Schneeball und Holunder ihre wichtigste Nahrung.

Merlin *Falco columbarius*
Familie *Falconidae* – Falken
Der Merlin erscheint ab und zu im Winter auch in Mittel- und Westeuropa, zieht jedoch meist nach Südeuropa und Nordafrika weiter, um dort zu überwintern. Im Sommer lebt er im baumarmen Gelände der Tundra und in den Hochmooren von Nordeuropa, Nordasien und Nordamerika. Sein Nest baut er aus trockenen Reisern und Gräsern meist unmittelbar am Boden oder auch auf Felsen, manchmal benutzt er auch Krähen- und andere Raubvogelnester. Die 3–6 dicht dunkelbraun gefleckten Eier bebrütet das Weibchen oft abwechselnd mit dem Männchen etwa 4 Wochen, beide füttern die Jungen 25–26 Tage. Der Merlin erbeutet in der Tundra brütende kleine Vögel, im Winter kleinste Falken; seine Flügelspannweite beträgt nur etwa 60 cm. Man erkennt ihn an der typischen Flugsilhouette der falkenartigen Raubvögel.

Rauhfußbussard *Buteo lagopus*
Familie *Accipitridae* – Adler-, Geier- und Weihenartige
Dieser Bewohner des hohen Nordens brütet in den Tundren von Europa, Asien und Nordamerika, meist am Boden oder in Felsen, nur ausnahmsweise auf Bäumen. Ende März baut er auf einer mehrere Zentimeter starken Gräserschicht ein hohes Nest aus Reisern. Das Weibchen legt ab Mai 3–4 Eier, in schlechten Jahren bei Nahrungsmangel, nur 1 oder 2 Eier. Das Weibchen bebrütet die Eier etwa 4 Wochen. Nach weiteren 5–6 Wochen verlassen die Jungen das Nest, werden von den Eltern aber noch einige Wochen gefüttert. Die Hauptnahrung des Rauhfußbussards sind Lemminge und andere Kleinsäuger, in Mittel- und Westeuropa fängt er vom Oktober bis in den März Mäuse, Wühlmäuse und Kaninchen, in strengen Wintern auch Kleinwild, das er zeitweise beträchtlich dezimiert.

Schnee-Eule *Nyctea scandiaca*
Familie *Strigidae* – Eulen
Die Schnee-Eule ist ein typischer Bewohner der arktischen Tundren. In Nordeuropa ist sie fast regelmäßig Wintergast; selten kommt sie nach Mitteleuropa und weiter südlich nur als Irrgast. Sie brütet in Bodenmulden ohne Nest, wo das Weibchen Ende Mai und im Juni 2–8 rundliche, weiße Eier legt. Der Umfang des Geleges hängt von der Vermehrung der Lemminge ab; sie sind die Hauptnahrung der jungen und erwachsenen Eulen. Das Weibchen brütet stark 4 Wochen. Etwa nach 2 weiteren Monaten verlassen die Jungen das Nest und sitzen beharrlich auf erhöhten Stellen, die einen guten Rundblick gewähren. Die Schnee-Eule verbraucht viel Futter, vor allem Lemminge und andere mäuseartige Nager, deshalb jagt sie den ganzen Tag und treibt sich auch weit vom Brutplatz entfernt umher. Weiter südlich, wo die Tundra in Waldgruppen übergeht, brütet die Sperbereule, *Surnia ulula*, meist in Baumhöhlen. Sie ernährt sich vorwiegend von Mäusen und Wühlmäusen.

Nordische Wälder (Tundren)

Graugans *Anser anser*
Familie *Anatidae* – Enten
Sie ist die Stammform unserer Hausgans, hat etwa die gleiche Größe, jedoch ein braungraues Gefieder mit welliger Querzeichnung am Bauch. Ihr Schnabel ist orangefarben. Ihre eigentliche Heimat sind die Tundren von Nordisland, Skandinavien und Sibirien bis in den Fernen Osten. In Mittel- und Osteuropa brütet sie nur vereinzelt. Das Nest wird aus Schilfrohr gebaut und mit Daunenfedern ausgekleidet. Im Juni legt die Gans 5–6 gelblichweiße Eier und bebrütet sie etwa 1 Monat. Der Gänserich ist in der Nähe und behütet das Nest. Die Gänschen folgen bald nach dem Schlüpfen beiden Eltern auf das Wasser und sind nach etwa 2 Monaten flügge. Dann sammeln sie sich zu starken Schwärmen und ziehen im September und Oktober nach West- und Südeuropa, um dort zu überwintern. Im Februar und März kehren sie zurück. Die Graugans nährt sich von Pflanzenteilen und Samen.

Saatgans *Anser fabalis*
Familie *Anatidae* – Enten
Auch die Saatgans ist ein typischer Tundravogel, denn sie brütet von Grönland über Island, Skandinavien bis in den hohen Norden Sibiriens. In Mittel- und Westeuropa erscheint sie nur als Wintergast von Oktober bis in den April auf nicht zufrierenden Gewässern. Sie ist etwas kleiner als die Graugans, ihre Grundfarbe ist dunkler, und sie besitzt einen schwarzen Schnabel mit breitem orangefarbenem Querstreifen. Das Nest baut die Saatgans auf trockenem Boden aus dürrem Gras und polstert es mit Federn aus. Sie legt 4–6 schmutzigweiße Eier. Die jungen Gänse schlüpfen nach etwa 1 Monat und folgen bald den Eltern. Die Saatgans lebt von den verschiedensten Pflanzen. In der Tundra brüten noch weitere Gansarten, am bekanntesten und häufigsten ist die Bleßgans, *Anser albifrons*, und die Zwerggans, *Anser erythropus*. Alle diese Tundragänse überwintern auf fließenden Gewässern in Mittel-, West- und Südeuropa.

Reiherente *Aythya fuligula*
Familie *Anatidae* – Enten
Die Reiherente ist in Nordasien und Nordeuropa, mit Ausnahme der nördlichsten Tundragebiete, beheimatet. Sie brütet auch in Mitteleuropa. Vom Oktober bis zum März oder April begegnet man ihr sogar in West- und Südeuropa, wo sie überwintert. Die Reiherente baut ihr Nest in der Nähe des Wassers, auf kleinen Inseln und im Schilf am Ufer. Die 8–12 grüngrauen Eier bebrütet sie etwa 4 Wochen. Die jungen Enten schlüpfen erst Ende Juni und folgen der Mutter gleich auf das Wasser, werden aber erst nach 2 Monaten flügge. Noch weitere Entenarten leben in der nördlichen Waldtundra, vor allem die Bergente, *Aythya marila*, die Schellente, *Bucephala clangula*, und die Trauerente, *Melanitta nigra*. Alle nordischen Arten überwintern auf fließenden, nicht zufrierenden Gewässern in Mittel-, West- und Südeuropa.

Alpenschneehuhn *Lagopus mutus*
Familie *Tetraonidae* – Rauhfußhühner
Auch das Alpenschneehuhn ist ein typischer Tundrabewohner in manchen europäischen Gebirgen, vor allem in den Alpen, oberhalb der Waldgrenze. Im Sommer hat es ein kastanienbraunes Gefieder mit weißen Flügeln, im Winter ist es schneeweiß, nur die Schwanzfedern bleiben dunkel. Das Alpenschneehuhn brütet im Mai und Juni unter niedrigem Gesträuch und im Heidekraut. In eine mit Gras ausgekleidete Bodenmulde legt die Henne bis zu 12 grünliche Eier mit braunen Flecken. Nach 3–4 Wochen schlüpfen die Küken. Im Winter sammeln sich diese Vögel zu kleineren Schwärmen und suchen gemeinsam Nahrung – Samen, Pflanzenteile, Knospen, im Sommer auch Insekten. In den Wäldern des hohen Nordens am Rande der Tundra lebt das Moorschneehuhn, *Lagopus lagopus*. Es ist ähnlich gefärbt wie das Alpenschneehuhn und wiegt ebenfalls rund 1/2 kg.

Nordische Wälder (Tundren)

Elch *Alces alces* ■□ □□
Familie *Cervidae* – Hirsche
Den Elch findet man in den südlichen Tundragebieten und in lichten Wäldern von Nordeuropa, Nordamerika und der sibirischen Taiga. Er bevorzugt zusammenhängende Waldgebiete mit üppiger Vegetation. Seit er geschützt ist, erscheint er gelegentlich in den Ostseegebieten, ja sogar in Mitteleuropa. Elchhirsche erreichen Körpergewichte von 350 kg, die Tiere sind leichter. Das mächtige Schaufel- oder Stangengeweih kann 20 kg und mehr wiegen. Die Elchbrunft verläuft von August/September bis Oktober unter erbitterten Rivalenkämpfen der Hirsche. Nach der Brunft werfen die Elche das Geweih ab. Im folgenden Frühjahr wächst ein neues nach. Das Tier ist rund 9 Monate trächtig. Im Mai oder Juni setzt es 1–3 Kälber, die es 4–6 Wochen säugt. Im Herbst ziehen die Tiere mit den Kälbern in größeren Rudeln nach Süden.

Ren *Rangifer tarandus* □■ □□
Familie *Cervidae* – Hirsche
Das Ren ist der bekannteste Bewohner der unwirtlichen waldlosen Tundra auf der nördlichen Erdhalbkugel. Es lebt aber auch in der Waldzone und in den Bergen. Im hohen Norden züchtet man große, oft halbwilde Rentierherden, denn sie liefern lebenswichtige Dinge wie Fleisch, Pelze, Leder und Milch. Das Ren wird 150 kg schwer. Beide Geschlechter besitzen ein nach vorne gebogenes Geweih. Die Brunft verläuft unter erbitterten Kämpfen der Männchen im Herbst. Gewöhnlich setzt das Tier im Mai ein Kalb, ausnahmsweise zwei oder drei Kälber. Die Tiere stehen während des ganzen Jahres in Rudeln, nur ältere Männchen sind oft Einzelgänger. Das Ren äst Gräser, Kräuter, Zweige, und Laub verschiedener Sträucher und gräbt im Winter Flechten aus dem Schnee. Im Herbst und Frühjahr wandern mächtige, oft mehrere Tausend Tiere zählende Rudel auf bestimmten Wegen Hunderte von Kilometern weit auf Nahrungssuche.

Vielfraß *Gulo gulo* □□ ■□
Familie *Mustelidae* – Marder
Der Vielfraß kann ein Gewicht bis zu 30 kg erreichen und wird samt Schwanz etwa 1 m lang. Er lebt im Norden von Europa, Asien und Nordamerika in den zusammenhängenden Wäldern und Tundren vom Tiefland bis ins Hochgebirge. Am liebsten erbeutet er Lemminge, jagt aber auch größere Säuger, Vögel und Fische (er ist ein vorzüglicher Schwimmer). Sogar an vereinzelte Rentiere wagt er sich heran. Das Weibchen ist etwa 120 Tage trächtig und wirft im Bau meist 2, manchmal 3 oder 4 Junge, die lange blind bleiben. Der Vielfraß ist vor allem in Kanada und Nordsibirien ein wichtiges Pelztier.

Berglemming *Lemmus lemmus* □□ □■
Familie *Cricetidae* – Wühler
Der Lemming lebt in Nordeuropa hoch in den Bergen, aber auch in Tundraniederungen mit Zwergbirken und Strauchbeständen. Er wird 15–17 cm lang, besitzt einen kurzen Schwanz und ist auf dem Rücken dunkelbraun, am Bauch gelbbraun. Alle 3–4 Jahre kommt es beim Berglemming zu einer Massenvermehrung. Im Sommer legt er dicht unter der Bodenoberfläche, im Winter auch unmittelbar am Boden tief unter der Schneedecke weite und verzweigte Gangsysteme an, und hier findet er auch seine pflanzliche Nahrung. Sein kugelförmiges Nest legt er aus Blättern und Grashalmen gut versteckt zwischen Steinen, unter Baumwurzeln, manchmal auch unter dem Schnee an. Das Weibchen wirft drei- bis viermal im Jahr 5–6 Junge, oft auch mehr. Der Berglemming ist wichtig für die polare Tierwelt, denn von seiner Populationsdichte hängt der Bestand an Raubtieren und Raubvögeln ab, die auf ihn als Nahrungstier angewiesen sind (Vielfraß, Polarfuchs, Eule, Bussard). Bei Übervölkerung ziehen die Berglemminge massenhaft in andere Gegenden, erleiden jedoch auf dem Zug starke Verluste. Sie führen eine nächtliche Lebensweise.

Mensch und Wald

Schon von jeher besteht eine enge Beziehung zwischen Wald und Mensch. Der Wald beeinflußte die wirtschaftliche und kulturelle Entwicklung des Menschen und umgekehrt hat der Mensch das Aussehen des Waldes geprägt. In der gegenseitigen Beziehung zwischen Wald und Gesellschaft kann man im Verlauf einer tausendjährigen Entwicklung einige Etappen erkennen: Zunächst war der Wald Nahrungsquelle und Zufluchtsort, dann dehnte man die Nutzung planlos immer mehr aus, bis der Mensch langsam zur Erkenntnis kam, daß er auch im Wald mit den Vorräten haushalten müsse, und schließlich, daß er die Bestände pflegen und ergänzen müsse, um den Wald in seinem Bestand zu erhalten. Die Entwicklung unserer Gesellschaft brachte es mit sich, daß man weitere Funktionen des Waldes erkannte und schätzen lernte. Sie traten zunehmend in den Vordergrund. Schon früher hatte man Schutzwaldungen ausgeschieden. Nun schuf man Naturschutzgebiete, Freigehege für gefährdete Tierarten und Nationalparks, erklärte bestimmte Waldgebiete zu Erholungsgebieten und lernte den Wald als Sauerstoffspender schätzen.

Betrachten wir nun die einzelnen Etappen. Dem primitiven Menschen lieferte der Wald Nahrung, Brennholz und Heilkräuter. Für ihn war der Wald auch Zufluchtsort vor dem Feind. Erst die Menschen der jüngeren Steinzeit begannen, auf waldfreien Flächen Ackerbau zu treiben. Das Vieh ließen sie in den Wäldern weiden. Neues Ackerland gewann man durch Rodung. Mit zunehmender Bevölkerung und ihrem wachsenden Holzbedarf, nun auch an Bau- und Werkholz, wurde der Wald immer mehr ausgebeutet.

Im Mittelalter entstanden zahlreiche neue Siedlungen und Städte. Dabei entwickelten sich handwerkliche Betriebe. Der Wald mußte Holz liefern und bildete die Grundlage für die Gewinnung von Holzkohle, Asche, Harz und Gerberlohe. Dabei nutzte man lediglich, was der Wald auf natürliche Weise hergab. In neuerer Zeit waren manche Bevölkerungsteile mit ihrem Lebensunterhalt auf den Wald angewiesen. In Archiven erfährt man von handwerklichen Berufen, die man heute gar nicht mehr kennt. Neben Förstern und Jägern ist hier die Rede von Schindlern, Löffelmachern, Pech- und Ascheherstellern. Das sich entwickelnde Gewerbe brauchte aber nicht nur Rohstoffe, sondern auch Energie, nämlich Holz und Wasser. Jede Gegend bot wieder andere Bedingungen für die Entwicklung der Gewerbe. Das wirkte sich natürlich auf den Zustand des Waldes aus. Diese rücksichtslose Ausbeutung des Waldes dauerte bis zum Anfang des 18. Jahrhunderts. Dann erst setzte sich die Erkenntnis durch, daß man dem Wald bei seiner Regeneration helfen müsse, um ihn zu erhalten und seine Erträge auf die größtmögliche Höhe zu steigern. Daraus entwickelte sich allmählich der Kulturbetrieb mit Saat und Pflanzung und die Pflege der Bestände. Dieser Gedanke einer planmäßigen, nachhaltigen Wirtschaft bedeutete gewissermaßen eine geistige Revolution in der Beziehung des Menschen zum Wald.

Die Folgen eines Raubbaues am Wald kann man heute noch in vielen Ländern der Erde sehen. Seefahrende Nationen haben die Gebirgswälder ihrer Umgebung weitgehend vernichtet: die Phönizier den Libanon, die Karthager Teile des Atlasgebirges, das alte Rom den Apennin, die Spanier ihre Gebirge für die „armada", die Republik Venedig den Karst, wo vielfach die fruchtbare Erde, schutzlos preisgegeben, abgeschwemmt wurde und heute der nackte Fels zutagetritt. Rodungen großen Stils können den fruchtbarsten Boden ertraglos machen. So kam es zum Beispiel in der UdSSR, einem Land mit sonst unermeßlichem Waldreichtum, während der Zarenherrschaft in der Ukraine zu einer riesigen Abholzung der Wälder zugunsten der Landwirtschaft. Der Boden trocknete aus, und Staubstürme trugen die gute Ackerkrume davon, so daß dort in vielen Gebieten jetzt keine

landwirtschaftliche Nutzung mehr möglich ist. Heute versucht man, das wieder gut zu machen durch Anlage von langen schmalen Windschutzstreifen quer zur Hauptwindrichtung. Ebenso hat man in den USA gegen Ende des vorigen Jahrhunderts gebietsweise umfangreiche Waldungen gerodet, um Farmland zu gewinnen, mit demselben Erfolg. Dort hat der Mensch in verhältnismäßig kurzer Zeit über 150 Millionen Hektar Land durch Winderosion entwertet und damit auch die benachbarten Gebiete beeinträchtigt.
Schließlich wurden in südlichen Ländern die verbleibenden Waldflächen durch die Bevölkerung devastiert.
So ist in den jugoslawischen Bergmassiven entlang der gesamten Jadran-Küste durch Brennholzgewinnung und Ziegenweiden die Bestockung heruntergekommen und der Boden durch Erosion zum Teil zerstört worden. Heute investiert die jugoslawische Regierung riesige Summen in die Wiederaufforstung dieses Bodens. Man baut besondere Terrassen auf den Felsen und füllt sie mit Erde auf. Ein klassisches Beispiel der Waldverwüstung findet man in Spanien, das trotz seines guten Klimas zu den ärmsten Ländern Europas gehört (Bild 19). Im 15. Jahrhundert ist das Land durch ausgedehnte Weidewirtschaft devastiert worden. Heute macht man große Anstrengungen zur Wiederaufforstung. Die Geschichte bietet genügend Beispiele, daß dort, wo Wald vernichtet wurde, Ödland (Wüste) entstand und Kulturen untergingen.
Je drastischer die Vernichtung der Wälder war, um so eher wurde sich die menschliche Gesellschaft ihrer Fehler bewußt – leider oft viel zu spät. Erst bittere Erfahrungen lehrten den Menschen, die Wohlfahrtswirkungen des Waldes zu beachten. Er erkannte, daß der Wald nicht nur der Holzproduktion dient, sondern viel mehr auch wasserwirtschaftliche

Bild 19. Eine waldlose Gegend, durch die Erosionstätigkeit des Wassers zerfurcht, zeigt, welche Folgen ein unbedachtes Roden des Waldes hat (Erosionsgebiet in Spanien mit begonnener Wiederaufforstung).

und klimatische Aufgaben erfüllte, daß er den Boden vor Erosion schützt und sehr wichtig ist für die Erholung der Bevölkerung und Reinhaltung der Luft. Vor allem die Reinhaltung der Luft findet neuerdings in allen Staaten der Erde immer größere Beachtung. Der Wald fängt zum Beispiel bis zu 60 % des Staubes auf. Im Wald ist die Radioaktivität dreißig mal geringer als im freien Raum. Schließlich verringert der Wald auch die Geräusche: Ein Waldstreifen von ca. 100 m Breite schwächt das Geräusch bis zu 15 Dezibel. Ist man sich all dieser Wohlfahrtswirkungen des ungestörten Waldes bewußt geworden, fühlt man sich gedrängt, das Gewissen der gleichgültigen Mitmenschen zur Rettung und Erhaltung der Wälder aufzurütteln. In allen Kulturstaaten beginnt man, Nationalparks zu schaffen, Tierreservate einzurichten und umfangreiche Gebiete unter Landschaftsschutz zu stellen. Auch muß man das wachsende Verlangen des Stadtmenschen berücksichtigen, seine Freizeit im Walde zu verbringen.
Die Entwicklung der menschlichen Gesellschaft durch Industrie und zunehmende Technisierung der menschlichen Gesellschaft bringt neben den positiven auch negative Aspekte, vor allem durch die Verunreinigung von Luft und Wasser. In allen Industriegebieten der Welt verschlimmern sich die Lebensverhältnisse des Menschen. Um einer Selbstvernichtung zu entgehen, muß der Mensch daher die technischen Errungenschaften mit der Natur in Einklang bringen. Eine wichtige Rolle spielen dabei die Pflanzen, insbesondere der Wald.
Ebenso wichtig sind aber auch Grünpflanzen in Parks, Gärten, Alleen, in der Umgebung von Wohnhäusern, Schulen, Krankenhäusern und Sportplätzen, dann die Grünflächen an Straßen und Wasserläufen entlang oder der Grüngürtel, den man aus hygienischen Gründen um Industriebetriebe, landwirtschaftliche Ansiedlungen oder technische Bauten anlegt. Man hat nämlich erkannt, daß Grünanlagen für das seelische und körperliche Gleichgewicht des modernen Menschen unerläßlich sind. Sie wirken wohltuend auf den menschlichen Organismus, auf das Nervensystem und auf die Stimmung des Stadtmenschen. Hat der Mensch zu wenig Kontakt mit der Natur, so verschlechtern sich Seh- und Gehörfunktionen, Stimmungen und Gefühle, ein labiler Nervenzustand wird beeinträchtigt, und die Neigung zu Depressionen nimmt zu. Deshalb macht sich auch schon ein kurzfristiger Aufenthalt in städtischen Anlagen und Parks auf den menschlichen Organismus wohltuend bemerkbar. Allein die wenigen Beispiele zeigen, daß die Erholungsfunktion des Waldes immer wichtiger wird und in Ballungszentren eine der vordringlichsten Aufgaben ist. Deshalb schützt die fortgeschrittene Gesellschaft nicht nur die Wälder, sondern auch jeden einzelnen Baum in der freien Natur wie in der Stadt (Bild 20).
Im Zusammenhang damit ist es interessant zu wissen, daß man in vielen Kulturstaaten Feste feiert zu Ehren des Waldes, der Grünflächen und der Bäume. Diese Tradition ist über 100 Jahre alt und der Grundgedanke stammt aus den USA, aus Nebraska. In der Mitte des vorigen Jahrhundert lebte in diesem sehr waldarmen Staat, ein junger Journalist namens Julius Sterling. Mehr als der Journalistik widmete er sich dem Pflanzen von Bäumen und Sträuchern, und in der Zeitung propagierte er diese Art der Landschaftsverschönerung. Anfang 1872 publizierte er alle seine damit zusammenhängenden Erfahrungen in einem besonderen Aufruf und forderte die Öffentlichkeit auf, alljährlich einen Tag des Baumes zu begehen. Den Aufruf hat er auch der Regierung von Nebraska zugeschickt, die ihn angenommen hat. Am 10. Mai 1872 wurden daraufhin feierlich eine Million Bäume gepflanzt. Dem Beispiel von Nebraska folgten auch andere Staaten, und mit der Zeit breitete sich diese Aktion über die ganzen USA aus. Als Sterling starb, wurde auf seinem Grab folgende Inschrift eingraviert: „Andere Tage dienen der Erinnerung an die Vergangenheit, jedoch der Tag der Bäume gehört der Zukunft". Aus Amerika übertrug sich dieser Gedanke fast in die ganze Welt. Auch in Japan ist die Tradition des gemeinsamen

Pflanzens von Gehölzen im Frühjahr verwurzelt. Der Kaiser selbst hat zusammen mit seinem Rat die erste Pflanzung durchgeführt. 1951 gab die Organisation FAO einen Aufruf heraus, wonach in allen Staaten der Welt ein ähnliches Fest eingeführt werden solle, verbunden mit einer Massenpflanzung. Die Menschen haben erkannt, wie wichtig die Bäume in wirtschaftlicher, physiologischer und auch ästhetischer Hinsicht sind.

Der Wald als Rohstoffquelle

Der Mensch war von jeher mit dem Wald verbunden. Selbst heute noch braucht er den Wald. Mit zunehmender Bevölkerungszahl (in der Zeit des römischen Imperiums lebten in der Welt 250 Millionen Menschen – heute 3,5 Milliarden) und mit steigenden Lebensansprüchen stiegen auch die Anforderungen an den Wald als Rohstofflieferant, obwohl viele seiner Produkte durch die moderne Chemie und durch neue Stoffe ersetzt wurden.
Die Abhängigkeit des Menschen vom Wald drückt sich aus in der einfachen Redensart: Das Holz begleitet den Menschen von der Wiege bis ins Grab. Es ist schon lange her, daß der erste Mensch seine primitive Hütte aus Baumästen hergestellt hat. Über Jahrtausende hinweg verbesserte sich die Konstruktion bis herrliche, künstlerische Holzbauten entstanden, die man heute noch bewundert. Obwohl man heute kaum mehr aus Holz baut, kommt das Bauwesen ohne Holz nicht aus. Der Holzverbrauch als Hilfsmaterial für die Raumgestaltung wächst ständig.
Der Bergbau unter Tage ist bis heute ohne Holz undenkbar. Das Holz hat nämlich für diesen Arbeitszweig unersetzliche Eigenschaften: Wenn der Druck auf die Holzstempel die kritische Grenze erreicht, dann ächzt das Holz. Der Bergmann kennt das und sagt: Das Holz warnt. Der Holzverbrauch auf diesem Gebiet ist verhältnismäßig groß. Für die Förderung von 1000 Tonnen verbraucht man 25 m^3 Holz.
Die Indianer nannten die Eisenbahn das Stahlroß. Es stimmt zwar, daß ein Zug hundert Tonnen Metall repräsentiert, jedoch die Schienenstränge, auf denen er sich bewegt, liegen auf Holzschwellen. Auch wenn man sie heute vielfach durch Betonschwellen ersetzt, bietet dieses Material doch keinen vollkommenen Ersatz, denn das Holz gleicht die Stöße am besten aus. Auch der Verschleiß der Maschinen ist auf Betonschwellen viel größer. Deshalb kommt im Weltmaßstab auf 19 Holzschwellen nur eine künstliche. In der Welt gibt es ungefähr 1,2 Milliarden Schwellen, die meisten davon Holzschwellen.
Auch die Werft kommt ohne Holz nicht aus. Holz braucht man für Telefonmasten, bei der Regulierung von Flüssen, Wildbächen, zum Bau von Deichen, Brücken und Molen. In der Möbelindustrie und für die Herstellung von Zündhölzern ist Holz das wichtigste Material. In der Verpackungsindustrie braucht man Holz für Fässer, Kisten, Paletten oder Holzwolle.
Schon früh hat der Mensch versucht, das Holz zu veredeln und minderwertigem Holz das Aussehen von Edelhölzern zu geben. Das Holzfurnier der Möbel (Kleben einer dünnen Holzschicht auf das Blindholz) war schon vor fünftausend Jahren bekannt. Bei Ausgrabungen in Theben fand man ein Relief, das 3600 Jahre alt war und das die Herstellung von Furnieren darstellte. Furnier ist eine nur wenige Zehntel Millimeter bis einige Millimeter starke Holzschicht. Man gewinnt es auf zweierlei Weise: bei wertvollen Hölzern durch Schneiden, bei allen anderen durch Schälen, wobei man vom Baumstamm ein Furnierband abwickelt wie von einer Papierrolle.
Der Versuch, auch minderwertiges Holz zu nutzen, führte zur Herstellung verschiedener Platten, die man auf vielen Gebieten verwenden kann. Es sind hauptsächlich Sperrholzplatten, die viele Vorteile haben und eine der unangenehmsten Eigenschaften des Holzes beseitigen – das Werfen. Man klebt sie aus einer ungeraden Zahl von Furnieren, die im

Bild 20. In den Gebirgswäldern bleibt die natürliche Landschaft am weiträumigsten erhalten.

Wechsel so aufeinandergelegt sind, daß die Fasern jeweils senkrecht und diagonal zueinander verlaufen. Eine solche Sperrholzplatte besitzt eine Festigkeit wie ein dreifach so dickes Holz. Den Holzabfall verwendet man zur Herstellung von Sägespänen und Preßspanplatten.
Sehr viel Holz verbraucht die chemische Industrie. Die Holzchemie ist sehr vielfältig. Außer dem Steinkohlenteer gibt es kaum einen anderen Rohstoff, der so viele verschiedenartige Erzeugnisse liefert. Das Prinzip der ganzen Holzchemie erscheint einfach: Es geht um die Isolierung der Zellulose aus dem Holzstoff – dem Lignin. Der Anteil beider Stoffe im Holz ist fast gleich, die Trennung jedoch verhältnismäßig kompliziert.
Das wichtigste Erzeugnis, ohne das man sich das heutige Leben nicht vorstellen kann, ist Papier. Seine Erfindung (im Jahre 105) haben wir Taai-Lun, einem hohen Beamten am chinesischen Hof zu verdanken. Er hat es aus gemahlenem Bast des Maulbeerbaumes und Geweben hergestellt. Da die Chinesen jedoch die Papierherstellung jahrhundertelang geheimhielten, geriet der Name des Erfinders in Vergessenheit.
Die Zellulose hat für den Menschen außerdem den großen Vorteil, daß sie sich mit verschiedenen Stoffen verhältnismäßig gut verbindet. Sie bildet zahlreiche Verbindungen, die als Ausgangsmaterial für die Herstellung der verschiedensten Kunststoffe dienen. Die gesamte Kunstfaserindustrie ist auf diesem Prinzip aufgebaut. Auf 100 Tonnen hergestellter Kunstfaser entfallen 85 Tonnen Zellulose.
Der Wald läßt sich jedoch noch in anderer Hinsicht nutzen. Das ist von Vorteil, denn gerade heute bemüht man sich, in der ganzen Welt, Rohstoffe einzusparen und neue Wege zu suchen für ihre bestmögliche Nutzung. So gewinnt zum Beispiel die Verwertung von Harz immer mehr an Bedeutung. Harz ist der Ausgangsstoff für die Herstellung von Terpentin, das für die Medizin und die Farbenindustrie unentbehrlich und ein wichtiger Rohstoff für die Benzinproduktion ist. Ein Beispiel für das Suchen nach neuen Wegen zur rationellen Gewinnung von Waldprodukten.
Das Institut für Forstwirtschaft in Florida (US Forest Service) hat festgestellt, daß das chemische Präparat Gramoxone, in Europa als Unkrautbekämpfungsmittel verwendet, bei der amerikanischen Kiefer *(Pinus rigida)* die Harzbildung erhöht. Unter normalen Bedingungen enthält diese Kiefer im Holz ca. 1,5 % Harz. Nach Behandlung mit Gramoxone (in den USA Paraquat genannt) steigt der Harzanteil auf 40 %. Nun haben die Forstwirtschaftler ausgerechnet, daß man bei einer jährlichen Ausbeute von 4 Milliarden Kilogramm solchen Holzes etwa 2 % des Benzinbedarfs in den USA decken könnte.
Auch den sonst nicht genutzten Holzabfall einschließlich des schwachen Holzes, das bisher nicht gefragt war und im Wald vermoderte, könnte man in Zukunft zur Energiegewinnung verwenden.
Auf dieses Problem konzentriert sich vor allem Schweden, das Plantagen mit schnellwüchsigen Holzarten anlegt. Besondere Hoffnungen setzt man auf die Pappel, deren ca. 2 m lange und 2 cm dicke Ruten man jedes Jahr schneiden kann. Man erntet sie im Herbst nach dem Laubfall, wobei 1 m^2 Fläche ca. 3 kg Material ergibt. Solche Plantagen nennt man heute „energetische Wälder“. Man versucht die Energiegewinnung aus Holz über verschiedene chemische Prozesse (Vergärung des Holzes; Pyrolyse).
Doch auch andere Produkte des Waldes, die bisher unbeachtet blieben, lassen sich verwerten. Die grüne Laubmasse kann man zur Herstellung von Vitaminmehl nutzen. Dazu verwendet man die Kronen gefällter Fichten, Pappeln, Birken und Kiefern oder ganz kleine Bäume, die beim Durchforsten anfallen. Dieses Vitaminmehl ist ein wichtiger Bestandteil des Viehfutters. Man mischt es hauptsächlich im Winter und im zeitigen Frühjahr unter das übliche Futter, wenn bei Tieren leicht Vitaminmangel auftritt. Eine Waldfläche von 1 ha ergibt nach dem Kahlschlag aus den Nadeln eine Vitaminmenge, die

dem Futterwert des Heus einer 3–4 ha großen Grünfläche entspricht. Auf diese Weise könnte man den Futterbedarf der ganzen Welt decken. Auch die Gerberlohe ist für die Volkswirtschaft wichtig. Die Fichtenrinde ist reich an Gerbstoffen, noch mehr die Rinde junger Eichen. Die gemahlene Rinde hat man vor allem früher zum Gerben des Leders benutzt. Heute ist sie weitgehend durch chemische Mittel ersetzt. Außerdem kann man mit Abfallrinde wertvollen Kompost für die Saatschulen bereiten. Dann sind die Früchte des Waldes zu nennen – Pilze, Erdbeeren, Himbeeren, Brombeeren oder Haselnüsse. Das Öl der Wacholderbeeren ist in der Medizin und Arzneimittelindustrie unentbehrlich, ebenso Heilpflanzen wie der Fingerhut und die Tollkirsche.

Der Wald als Ernährer und Erholungsraum

Befassen wir uns noch einmal mit der Frage des Sammelns von Waldfrüchten und mit dem Jagdwesen, das wir noch nicht besprochen haben. Beide Tätigkeiten fallen unter ein anderes Interessengebiet – die Erholung, denn hier verbindet der Mensch das Angenehme mit dem Nützlichen. Die Verarbeitung von Waldfrüchten ist, von der Menge her gesehen, auch wirtschaftlich recht beachtlich. Man kennt zwar nicht den Verbrauch im Haushalt, doch kann man sagen, daß der Aufkauf und die Menge der verarbeiteten Früchte nach mitteleuropäischem Maßstab in die Millionen gehen. Sehr gut ausgebaut ist die Beerenernte in Polen, wo durchschnittlich 30 000 Tonnen Heidelbeeren aufgekauft werden.
Eine ganz besondere Stellung nimmt das Jagdwesen ein, das man vom wirtschaftlichen wie vom sportlichen Standpunkt aus betrachten muß. In europäischen Wäldern erlegt man jährlich einige zehntausend Tonnen Wild. Auch wenn diese Zahl auf den ersten Blick sehr hoch erscheint, ist sie für die Ernährung der Bevölkerung doch ohne Belang, denn der durchschnittliche Verbrauch an Wild pro Einwohner liegt unter einem halben Kilogramm im Jahr. Dabei ist das Wildbret allein nicht ausschlaggebend. Ins Gewicht fällt auch der Erlös für die Felle. Die größeren wie die kleineren haben ungefähr den gleichen Wert wie das Fleisch. Der Erlös aus dem Verkauf von Jagdwaffen und Munition, verschiedener Jagdartikel und anderer Dinge ist, grob geschätzt, doppelt so hoch. Aber dem steht der Wildschaden gegenüber, der auf dem freien Feld und im Wald durch den Jagdbetrieb entsteht. Andererseits besitzt das Jagdwesen auch einen hohen Erholungswert.
Neben seiner wirtschaftlichen Bedeutung bringt der Wald für die Allgemeinheit noch wichtige Wohlfahrtswirkungen (man spricht von Schutz- und Sozialfunktionen). An erster Stelle steht die Grundwasserhaltung und der Schutz vor Bodenerosion sowie sein Einfluß auf das Klima. Das Wasser ist Bestandteil aller Lebewesen, und ohne Wasser ist kein Leben möglich. Den Wert des Wassers erkennt der Mensch erst, wenn es ihm daran mangelt. In Mitteleuropa hat man sich wegen des Wassers bisher kaum Sorgen gemacht. Doch in den letzten Jahrzehnten stellt sich immer häufiger die Frage, ob das Wasser den zunehmenden Bedarf der Menschheit noch decken kann. Früher reichte dem Menschen ein Eimer Wasser für den Tagesverbrauch. Zu Beginn dieses Jahrhunderts stieg der Tagesverbrauch pro Person in den Industriestaaten bereits auf fünfzig Liter und heute übersteigt er in großen Städten schon tausend Liter täglich. Wir sind auf das vorhandene Wasser angewiesen. Deshalb muß man mit Wasser gut wirtschaften. Die Geschichte zeigt, daß überall, wo der Mensch Wälder gerodet hat, die zuvor fruchtbaren Gebiete sich in Wüste verwandelten. Der Wald sorgt für langsamen Abfluß der Niederschläge und nimmt dem Wasser dadurch seine zerstörende Kraft. Er wirkt auf den Wasserhaushalt der Natur ausgleichend, indem er die Niederschläge zunächst speichert und sie in Trockenzeiten allmählich wieder freigibt.
Früher schrieb man dem Wald einen bedeutenden Einfluß auf die Niederschlagsmenge zu. Man sagte, der Wald ziehe das Wasser an. Doch der Wald hindert lediglich die wasser-

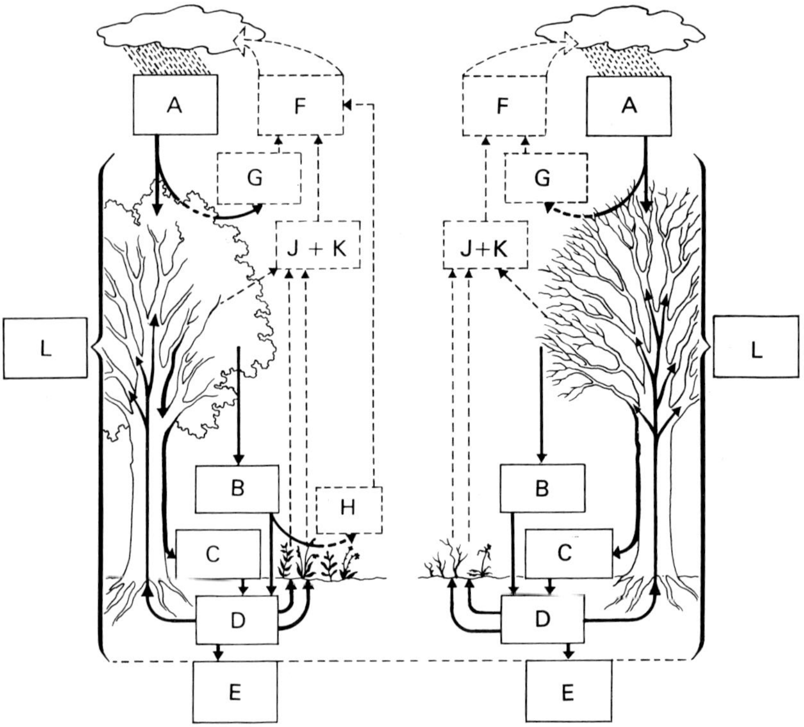

Bild 21. Der Wasserkreislauf im Laubwald während der Vegetationszeit und im Winter: A – Niederschläge, B – Durchsickern und Abtropfen des Regenwassers, C – Herunterlaufen des Regenwassers am Baumstamm, D – Einsickern in den Boden, E – Unterirdischer Abfluß, F – Verdunstung und Transpiration, G – Verdunstung an der Oberfläche von Bäumen, H – Verdunstung an der Oberfläche von Kräutern, J – Transpiration der Pflanzen. K – Verdunstung aus dem Boden, L – Wassergehalt im Boden und in den Pflanzen.

dampfgesättigte Luft am Abfließen, so daß das Wasser langsam verdunstet und sich an Laub und Ästen der Bäume in feinen Tröpfchen niederschlägt. Viel intensiver regelt der Wald dagegen die Wirkung der Niederschläge. Der Regen erreicht nicht unmittelbar den Boden, sondern verfängt sich zum Teil im Geäst und fällt verzögert mit geringerem Aufprall zu Boden. Auf diese Weise sickert das Regenwasser besser in den Boden. Aber schon in den Baumkronen verdunstet ein Teil des Wassers, ebenso an der Bodenoberfläche, wo nur der Überschuß abfließt. Lediglich der Rest dringt in den Boden ein und bildet in größeren Tiefen eine Reserve für trockene Zeiten. Die Pflanzen nehmen Wasser mit ihren feinen Wurzelhaaren auf und geben es über die Blätter in Form von Wasserdampf wieder an die Luft ab (Bild 21).

Betrachten wir die Wasserbilanz in einem Buchenwald: Die Baumkronen verdunsten 20 %, die ganze Pflanze 33 %, die Bodenoberfläche 15 % Wasser. Unter der Erde fließen 22 % und an der Erdoberfläche 10 % des Regenwassers ab. Nur das abfließende Wasser geht

Bild 22. Dichtes Wurzelwerk der Bepflanzung verfestigt das Ufer und verhindert ein Unterspülen.

Bild 23. In Gebirgsbächen schützen Wehre aus Stein vor schnellem Wasserabfluß und zu starker Erosion.

ohne Nutzen verloren. Es ist deshalb wünschenswert, daß möglichst wenig Wasser oberirdisch abfließt, denn starke Regengüsse schwemmen den Boden weg und bilden Erosionsrinnen. Doch nicht jeder Wald hält die Niederschläge so wunschgemäß auf. Nur gesunde Wälder mit einer gut zersetzten Humusauflage sind dazu in der Lage. Die Bodenbedeckung ist für den Wasserabfluß am wichtigsten. Auf unbewachsenem Boden fließt zwanzigmal mehr Wasser ab als unter einer Waldbestockung (Bild 22). An kahlen Hängen kann schon ein schwacher Regen Bodenrinnen auswaschen. Diese Rinnen vertiefen sich mit der Zeit, wobei zugleich das Gefälle zunimmt, so daß das Wasser aus der Umgebung schneller und mit stärkerer Erosionskraft abfließt. So schwellen selbst kleine Bäche an, unterspülen das Ufer und verursachen Überschwemmungen.

Der Wald hält nicht nur unmittelbar die Niederschläge zurück, sondern wirkt sich indirekt auch auf den Feuchtigkeitsgehalt der Luft aus. Im Sommer verdunstet der Boden unter dem schattigen Kronendach weniger Wasser, im Frühjahr taut der Schnee darunter langsamer weg, und das Schmelzwasser dringt ganz allmählich in den Boden ein. An bewachsenen Hängen befestigt das Wurzelwerk den Boden und schützt ihn vor Abschwemmung.

Diese kurzen Angaben genügen, um die wichtige Rolle des Waldes für die gesamte Volkswirtschaft begreiflich zu machen. Die wechselseitige Beziehung zwischen Wald und Wasser zeigt außerdem, wie verheerend sich einseitiges Gewinnstreben in der Forstwirtschaft auswirken kann. Im folgenden Kapitel erfahren wir, wie man im Wald zum Anrücken des Holzes an befestigte Wege einfache Rückwege anlegt für Traktoren und andere Transportmittel. Dazu werden Schneisen geschlagen, und das Gelände ebnet man mit einem Bulldozer ein. In Hanglagen müßte man jedoch zusätzlich für geordnete Wasserableitung sorgen, um einer Erosion vorzubeugen (Bild 23). Denn in einer solchen Schneise könnte schon der erste Regenguß den aufgebrochenen, gelockerten Boden leicht ausschwemmen. Und die Folgen? Die Schneise würde sich in einen Trog verwandeln, die weggeschwemmte Erde das Wasser verunreinigen und die Flüsse verschlammen. Die erheblichen Kosten, die man einspart, wenn man eine geordnete Wasserableitung unterläßt, bezahlt dann die Allgemeinheit.

Die wohltuende Wirkung des Waldes auf die Gesundheit des Menschen ist von jeher bekannt und läßt sich sogar statistisch nachweisen. In der Schweiz findet man die höchste Sterblichkeit in Industriegebieten, die geringste im waldreichen Bergland. In der Bundesrepublik kann man ein Drittel aller Sterbefälle dem ungesunden Stadtklima zuschreiben. Der Aufenthalt im sauerstoffreichen Wald ist demnach für den Menschen unserer übertechnisierten Gesellschaft sehr wichtig, ja sogar lebensnotwendig. Die heilsame Wirkung des Waldes hängt ab von der Zusammensetzung der Pflanzengesellschaften, ihrem Altersaufbau und von der umgebenden Landschaft.

Der günstige Einfluß des Waldes steigert sich noch durch das lokale Kleinklima, das sich durch höhere Luftfeuchtigkeit und eine ausgeglichene Temperatur auszeichnet. Die Baumkronen schützen tagsüber das Waldesinnere vor Überhitzung, nachts vor Abkühlung. Diese Umstände wirken auch wohltuend auf die Stimmungslage des Menschen. Deshalb haben besonders in Stadtnähe die Wälder nicht nur Rohstoff- und Schutzfunktion, sondern sie dienen vorrangig auch der Erholung. Man stattet sie mit den verschiedensten Einrichtungen aus (Trimm-Dich-Pfade, Wurstbrathütten, Kinderspielplätze) mit dem Ziel, den Aufenthalt im erholsamen Wald möglichst anziehend zu machen. Nach dem 2. Weltkrieg flohen die Menschen geradezu in den Wald, um der zunehmend übertechnisierten und uniformierten Umgebung in der Stadt zu entgehen. Der Ansturm auf die Wälder wurde noch gefördert durch die rasche Zunahme der Kraftfahrzeuge, die den Wald der Stadt näher gebracht haben. Heute kann man auch wochentags die Freizeit im Wald verbringen. Nach einer Statistik aus den USA besuchten 1940 etwa 16 Millionen Menschen den Wald, 1970 bereits 200 Millionen und für das Jahr 2000 rechnet man mit 600 Millionen Besuchern. Natürlich ist der Besucherstrom in den einzelnen Ländern verschieden. Er hängt von der Bevölkerungszahl ab, auch von der Bewaldung und der Ausdehung der Waldflächen in der Umgebung von Industriezentren. So dienen z. B. in Holland praktisch zwei Drittel des Waldes zur Erholung, da die gesamte Waldfläche des Landes nur 8,1 % beträgt. Man möchte die Wälder als Erholungsreservoir so ausdehnen, daß in Zukunft für eine Stadt mit über 20 000 Einwohnern etwa 50 m^2 Waldfläche pro Person zur Verfügung stehen.

Bei der Erholung im Wald wird es auch künftig neue Probleme für den Waldbesucher und die Forstverwaltung geben. Man muß beim Waldbesucher noch mehr Interesse für die Natur wecken, versuchen seine naturwissenschaftlichen Erkenntnisse zu erweitern und zu vertiefen und ihm vor allem bewußt machen, daß der Mensch nur in einer gesunden Natur gesund leben kann. Andererseits aber muß man wissen, was der Mensch zur Erholung braucht, was ihm gut tut. Viele Länder haben daher umfangreiche Fragebogenaktionen durchgeführt mit dem Ergebnis, daß der Wald für die Befragten ein sehr wichtiges Erholungsgebiet darstellt. Und, was sehr überraschte, daß sie bereit sind, den Aufwand für die Instandhaltung des Waldes durch erhöhte Steuern zu tragen. Am liebsten sucht man den Wald im Frühjahr und im Herbst auf. Nach Umfragen fehlt es aber im Erholungswald an Abfallkörben, Bänken, Gesundheitseinrichtungen und auch an Wasser. Viele der Befragten empfinden es als störend, wenn sie im Wald die Geräusche fremder Transistorempfänger mitanhören müssen. Am meisten bevorzugen die Erholungssuchenden Mischwälder, wo das verschiedene Grün bei ungleichem Lichteinfall besonders reizvoll wirkt.

Unter dem Begriff Erholungswald faßt man Wälder zusammen, die ganz verschieden zu behandeln sind, je nach vorgesehenem Zweck. Am wichtigsten sind die unmittelbar an das

Wohngebiet einer Stadt angrenzenden Wälder, die mit öffentlichen Verkehrsmitteln rasch und leicht zu erreichen sind. Dann kommen die Wälder in der Nähe größerer Städte und Wälder in der Umgebung von Badeorten und Sanatorien. Einen besonderen Wert haben Naturparks und Naturschutzgebiete.
Die Bewirtschaftung dieser Wälder muß den genannten Erholungszwecken angepaßt sein, und dafür sind besondere Einrichtungen erforderlich. In Stadtnähe sorgt man für Waldparkplätze und Kinderspielplätze (Bild 24), Erfrischungsstände, Ruhebänke, Unterstände, Lehrpfade und Informationstafeln. Zu den Aufgaben der forstlichen Betriebsführung gehören die Gestaltung eines abwechslungsreichen Waldes und das Belassen von Teilflächen im Naturzustand. Exotische Holzarten an Wegen und Schneisen geben ein malerisches Bild. In unmittelbarer Nähe der Stadt sollten die Wälder übersichtlich und ohne Unterholz sein, auch Rasenflächen sollten nicht fehlen, denn hierher streben viele Mütter mit ihren Kindern. Oft wandelt man städtische oder stadtnahe Waldungen in ausgesprochene Erholungswälder um. So wird zum Beispiel in Paris ein ebenes Gelände in eine hügelige, bewaldete Landschaft mit Alleen und künstlich angelegten Wasserläufen umgewandelt.
Negative Begleiterscheinungen im Erholungswald verursacht der Mensch selbst: Die verschiedenartigen Abfälle wirft man skrupellos in den Wald hinein, sogar Sperrmüll aus dem Haushalt lädt man dort ab. Wenn der Autofahrer im Wald sein Auto wäscht oder gar einen Ölwechsel vornimmt, besteht die Gefahr, daß er dadurch die Gewässer verunreinigt. Waldbrände entstehen nur zu oft durch unachtsame Besucher.

Die Sorge um den Wald

Der wissenschaftlich-technische Fortschritt, der sich durch eine schnell fortschreitende Technisierung und Mechanisierung ausdrückt, erfaßt alle Bereiche der Volkswirtschaft in den zivilisierten Staaten. Auch in der Waldwirtschaft greifen heute grundsätzliche Veränderungen auf alle Stufen der Produktion über, aber auch auf die gesamtwirtschaftliche Beurteilung des Waldes, diente doch bisher der Wald in der ganzen Welt dem einzigen Zwecke, in erster Linie Holz und außerdem noch mannigfache Nebennutzungen für die Volkswirtschaft zu liefern. Obwohl man in Mitteleuropa schon lange erkannt hat, daß der Wald das Bild einer Landschaft prägt, hatte diese Erkenntnis nicht immer Einfluß auf das Wirtschaftsziel. Heute werden die Wohlfahrtswirkungen des Waldes neben der Holzerzeugung in der forstlichen Planung mitberücksichtigt. Bis jetzt bringt die Forderung nach einer gesamtwirtschaftlichen Behandlung des Waldes für die Forstverwaltung eine ganze Reihe von Problemen. Einerseits hatte der Forstmann mit diesen Fragen bisher nichts zu tun, andererseits ist ihre ökonomische Auswirkung noch nicht zu übersehen. Zunächst wird es darum gehen, diese Wohlfahrtswirkungen des Waldes bei der Zuteilung von Haushaltmitteln der Holzproduktion gleichzustellen.
Ein sehr wichtiges Problem in der Forstwirtschaft ist heute die Rationalisierung der Arbeit, denn Arbeitskräfte sind nicht nur teuer, sondern auch ihre Zahl reicht nicht mehr aus. Vielfach kann man menschliche Arbeitskraft durch Maschinen ersetzen. Den größten Fortschritt erreichte man in den letzten Jahren mit der Fördertätigkeit. Darunter versteht man das Fällen der Bäume, das Bringen zum befestigten Weg (sogenanntes Anrücken des Holzes) und den eigentlichen Transport zum Verbraucher oder in eigene Lager, wo man es noch in Sortimente zerlegt.
Die Zeiten sind vorbei, als der Waldarbeiter noch in Gruppen arbeitete mit Handsäge, Beil, Schäleisen und anderen Hilfsgeräten, die dazu noch schwer waren. Der heutige Waldarbeiter schafft selbständig. Sein Hauptwerkzeug ist nicht mehr die Axt, sondern die Einmann-

Bild 24. Der Wald gewinnt in letzter Zeit eine immer größere Bedeutung für aktive Erholung und Erfrischung in gesunder, natürlicher Umgebung.

Motorsäge – ein leichtes, handliches Gerät, mit dem man auch entasten kann. Auf diese Weise erfordert die Waldarbeit weniger Anstrengung und bringt höhere Leistung, verlangt aber andererseits fachlich qualifizierte Kräfte, die nicht nur mit ihrer Maschine umgehen, sondern sie in einfacheren Fällen auch selbst reparieren können.

Ebenso hat sich der ganze technische Ablauf der Holzaufbereitung gewandelt. Die Holzhauer von einst arbeiteten das Holz noch im Wald in marktgerechte Sortimente auf. Sie setzten das Beigholz in Raummetern auf. Dazu gehörte Brennholz, Faserholz zur Zellulosegewinnung und Nutzbeigholz (Käferholz, Gartenpfosten usw.). Am wichtigsten aber war das lange Sortiment, d. h. Rundholz (abgelängte Baumstämme mit bestimmten Länge- und

Bild 25. Mit Hilfe der „hydraulischen Hand" ist es spielend leicht, auch die stärksten Baumstämme in einigen Minuten aufzuladen.

Stärkemaßen) für Sägewerke oder Grubenholz für Bergwerke und dazu Nadelholzstangen. Heute schränkt man die manuelle Waldarbeit auf ein Minimum ein und sorgt in technisch wohlausgerüsteten Lagern für die weitere Verarbeitung. Solche Lager errichtet man vereinzelt dort, wo sie für den Holztransport am günstigsten sind, also an Bahnhöfen, schiffbaren Flüssen oder in der Nähe von Sägewerken.

Die Waldarbeit ist sehr weitgehend mechanisiert. Die Waldarbeiter fällen nur noch die zuvor gekennzeichneten Bäume und entasten sie. Dann kommt ein leistungsstarker Traktor mit einer Seilwinde, der die gefällten Bäume zur Fahrstraße bringt. Die höchste technische Ausrüstung stellen Förderkombine und Entastungsmaschinen dar, die Bäume in einem Arbeitsgang fällen, entasten und auf die geforderten Längen absägen können. Die Beherrschung und volle Nutzung solcher Maschinen hängen natürlich vom Gelände und der Arbeitseinteilung ab.

Seit jeher hat man das Holz mit Pferden angerückt; sie mußten die gefällten Bäume aus dem Wald zur Fahrstraße ziehen. Im Gebirge hat man das Holz in mühseliger und gefährlicher Weise auf Schlitten, die von einem Holzfäller gelenkt wurden, zu Tal gebracht. Dieses Verfahren wird heute nicht mehr geübt, auch Pferde verschwinden leider immer mehr aus dem Förderprozeß. Man verwendet sie noch in sehr schwierigen Gebirgslagen und in schwachen, stammzahlreichen Beständen. Heute führt man das Anrücken vorwiegend mit schweren Traktoren (mit Winden) oder Überkopfladern durch (Bild 25).

Dieser kurze Einblick in die Förderarbeiten zeigt, wie sehr sich die Arbeit im Wald gewandelt hat. Aus dem ursprünglich mit Axt und Säge arbeitenden Holzfäller hat sich ein technisch hochqualifizierter Arbeiter, eigentlich ein Waldmaschinist, entwickelt. Mit zu-

Bild 26. Baumschulen bilden die Grundlage der Wiederaufforstung und eines späteren gesunden Waldes.

nehmender Technisierung der Arbeit mußte auch der Wald durch ein Wegenetz aufgeschlossen werden. Man legte Erdwege an zum Rücken und baute feste Sträßchen zur Abfuhr des Holzes mit schweren Lastkraftwagen, die mit verschiedenartigen Ladevorrichtungen ausgestattet sind.

Wesentlich schwieriger ist der Einsatz technischer Hilfsmittel bei den Kulturarbeiten und allem, was dazu gehört; so zum Beispiel die Gewinnung von Saatgut, der Staatschulbetrieb zur Aufzucht von Pflanzenmaterial, Freisaaten und Pflanzensetzen zur Bestandesbegründung, die Pflege der Kulturen und Jungwuchsreinigung, d. h. Austrieb unerwünschten Wildwuchses und andere pflegerische Maßnahmen, die sogenannte Bestandespflege, Reinies nicht gelingt, das Sturmholz rechtzeitig aufzubereiten. Einer solchen Kalamität muß der Forstmann vorbeugen. Durch verschiedene Kontrollmethoden läßt sich die Entwicklung eines Insekts überwachen. Kommt es dennoch zu einer Massenvermehrung, so muß man chemische Schädlingsbekämpfungsmittel einsetzen, die aber oft nicht nur die Schädlinge vernichten, sondern auch nützliche Tiere. Mit chemischen Präparaten, sogenannten Herbiziden, sucht man auch das Unkraut zu bekämpfen in Saatschulen und in Kulturen. Die chemische Unkrautbekämpfung spielt im Wald bei weitem nicht die Rolle wie in der Landwirtschaft, da die Waldbäume im Gegensatz zu den landwirtschaftlichen Produkten erst mindestens in 100 Jahren hiebreif werden. Man versucht durch waldbauliche Maßnahmen den Unkrautwuchs zu steuern.

Natürlich bedarf ein 100jähriger Umtrieb im Wald von der Bestandesbegründung bis zur Hiebsreife einer zielbewußten Planung. Das hat man immerhin so früh erkannt, daß die Forstwirtschaft als erster volkswirtschaftlicher Zweig in der Welt bereits seit über 150 Jahren nach sogenannten Waldwirtschaftsplänen arbeitet. Diese Pläne gründen sich auf Kenntnisse über den Holzvorrat, den Zuwachs und die Flächengrößen. Daraus ersieht der Forstmann, wie viel Holz im Jahr geschlagen werden darf. Der Leitgedanke dieser Pläne ist ausgerichtet auf Nachhaltigkeit und Ausgeglichenheit der jährlichen Erträge. Außer dem textlichen Teil mit vielen technischen und für den Forstmann wissenswerten Daten enthält der Plan auch grafische Darstellungen und eine übersichtliche Wirtschaftskarte, auf der die einzelnen Holzarten und deren Alter durch Farben entsprechend dargestellt sind.

Eine internationale Zusammenarbeit erleichtert es der Forstwirtschaft wie auch anderen Wirtschaftszweigen, viele Probleme zu lösen. Darum hat man am 15. Oktober 1945 die Organisation FAO (Food and Agriculture Organisation) gegründet als Bestandteil der UNO. Dieser Organisation mit Sitz in Rom gehören die Vertreter aus 42 Ländern an. Ihr Ziel ist es, die Ernährung zu verbessern und die Verteilung von Nahrungsmitteln und anderen landwirtschaftlichen Produkten sowie Fisch- und Walderzeugnissen sicherzustellen. Die FAO hat die Aufgabe, die Entwicklung der Weltwirtschaft zu unterstützen, Wasserquellen und den Boden zu schützen, moderne Methoden einzuführen, gegen Tierepidemien anzukämpfen und fachliche Hilfestellung zu geben. Mit anderen Worten: Sie will durch Anwendung der verschiedensten Maßnahmen künftig einen Ausgleich schaffen zwischen der Bevölkerungszunahme und der Lebensmittel- und Rohstoffproduktion.

Die FAO bezieht auch die Forstwirtschaft in ihre Tätigkeit mit ein. Die Anregung dazu gab der amerikanische Präsident F. D. Roosevelt, der am Ende des zweiten Weltkrieges bei einem Flug über den Libanon anstelle der legendären Zedern nur eine Einöde erblickte. Die Abteilung für Forstwirtschaft entstand in der FAO 1946. Der Einsatz dieser Organisation zur Lösung der mit dem Wald zusammenhängenden Probleme hat sich aus der Bedeutung ergeben, die der Wald für den Menschen gewonnen hat. Die Abteilung für Forstwirtschaft schätzt gleichzeitig die Entwicklung der Produktion und des Verbrauchs von Holz bis ins Jahr 1985 ab. Und natürlich befaßt sich die FAO auch mit den Fragen Wild und Wald, Wohlfahrtswirkungen des Waldes und der Einrichtung von Reservaten und Nationalparks (IUCN – International Union for Conservation of Natural Resources).

Neben der Organisation FAO existiert noch die Internationale Union der Institute für Waldwirtschaft (IUFRO – International Union of Forest and Research Organisation), die sehr eng mit Informationszentren in England, der BRD, ČSSR und in der UdSSR zusammenarbeitet.

Aus dem bisher Gesagten geht hervor, daß die forstwirtschaftliche Arbeit zunehmend an Bedeutung gewinnt, mit dem Ziel, zwischen der Holzproduktion und den Wohlfahrtswirkungen des Waldes einen Ausgleich zu schaffen, was sicherlich sehr anzuerkennen ist.

Natur- und Landschaftsschutz

Die vorhergehenden Kapitel zeigen, wie sich die Denkweise unserer heutigen Gesellschaft über die Natur im Umbruch befindet: Der Mensch beginnt, planmäßig die Natur zu erhalten und zu schützen. Auf Grund seiner Kenntnisse der Naturgesetze und der die Lebensvorgänge beeinflussenden Faktoren bemüht er sich, den natürlichen Ablauf der Lebensvorgänge zu benutzen, um seine Ziele zu erreichen. In allen Kulturländern hat der Mensch aufgehört, gewaltsam in die Natur einzugreifen, sie durch Raubbau auszubeuten und zu vernichten. Man entnimmt ihr nur noch das, was notwendig ist, in erträglicher Menge und sorgt für Ersatz, so daß ihr Bestand erhalten bleibt (Prinzip der Nachhaltigkeit). Diese Grundsätze vertreten auch die Organisationen für Naturschutz.

Die ersten bewußten Naturschutzgedanken kamen zu Beginn des 19. Jahrhunderts auf: zunächst nur ein romantisches und sentimentales Rufen nach Rettung einzelner bedeutender Naturdenkmäler. Bald jedoch erkannte man, daß der Schutz zum Beispiel einzelner Pflanzen nichts nützt, wenn man nicht zugleich auch ihren Lebensraum, den sie brauchen, erhält. Darum begann man kleinere und größere Gebiete unter Schutz zu nehmen, in denen die Biozönosen (Lebensgemeinschaften) erhalten blieben. Solche Gebiete nannte man „Naturreservate". 1872 hat man in den USA den ersten „Nationalpark" der Welt gegründet (Bild 27 und 28).

Die zunehmenden verhängnisvollen Eingriffe des Menschen in die Natur zwangen dazu, die Natur als Ganzes zu schützen. Man muß also auf die Tätigkeit des Menschen überall dort aktiv einwirken, wo die Unberührtheit der Natur gefährdet ist. Der Naturschutz von heute umfaßt eine ganze Reihe von Maßnahmen, die den Zweck haben, die Gaben der Natur in wirtschaftlicher, kultureller und ästhetischer Hinsicht sinnvoll zu nützen. Man darf jedoch nicht nur den Bedarf der heutigen Bevölkerung berücksichtigen, sondern muß auch vorausplanen und an künftige Generationen denken. Dabei muß man die natürlichen und die durch den Menschen hervorgerufenen Veränderungen in der Natur miteinbeziehen.

Aus dieser Auffassung über den Naturschutz ergab sich eine internationale Zusammenarbeit. Und so entstand im Oktober 1948 in Frankreich die Internationale Union für den Naturschutz und für Bodenschätze (IUCN). Diese ursprünglich halb private Einrichtung entwickelte sich zu einer internationalen Organisation, in der die Ziele vieler staatlicher gesellschaftlicher und internationaler Organe vereint und koordiniert sind, und die ihr Interesse auf Naturschutz, Landschaftsschutz sowie auf die Sicherung rationeller Nutzung von Bodenschätzen richtet. Mitglieder sind heute 35 Staaten, 291 nationale Organisationen aus 84 Ländern und 18 internationale Organisationen. Die IUCN hat ihren Sitz in Morges in der Schweiz.

Die Tätigkeit der IUCN stützt sich auf die Arbeit ihrer Kommissionen, die aus besten Experten der Welt zusammengesetzt sind. Bis jetzt gibt es 6 Kommissionen; je eine für den Schutz der Arten, für die Ökologie, für Nationalparks, für den Lebensraum, für Politik, Gesetzgebung und Verwaltung und schließlich noch eine Kommission für Erziehung und Propaganda. Zur Lösung spezieller Aufgaben stehen den Kommissionen besondere Fachgruppen beratend zur Seite. Leitorgan ist der Exekutivausschuß, der unter einem Präsidenten 8 Mitglieder aus Europa und jeweils 3 Mitglieder aus Nord- und Südamerika, Asien und Afrika umfaßt. Die IUCN führt eine ganze Reihe internationaler Aktionen für den Naturschutz durch, wie z. B. das Abkommen für die Begrenzung des Handels mit Fellen seltener Säugetierarten oder das Abkommen über den Schutz der Eisbären. Sie hat auch

entscheidenden Verdienst daran, daß auf der ganzen Welt immer mehr Schutzgebiete ausgeschieden werden, vor allem Nationalparks und Reservate.
In den letzten Jahren schaltete sich die IUCN aktiv in die internationale Zusammenarbeit mit den Vertretungen der UNO ein, deren Tätigkeit sich immer mehr auf den Naturschutz und den Schutz des Lebensraumes einstellt. In jüngster Zeit beteiligt sie sich stark an der Ausarbeitung von Aufklärungsmethoden und an der Werbung für den Naturschutz, ebenso an der Abstimmung der Rechtsvorschriften und der Politik des Naturschutzes und Lebensraumes in den einzelnen Staaten. Sehr aktiv hat sich diese Organisation an der englischen Fernsehserie „Überleben sie das Jahr 2000?" beteiligt. Diese populäre Frage betrifft jedoch nicht nur die exotischen Länder und große fremdländische Tiere, sondern auch bei uns noch häufig vorkommende Pflanzen und Tiere.
Durch die zunehmende Inanspruchnahme von Gelände bedroht der Mensch ungewollt die Existenz vieler Tierarten mehr, als dies durch direkte Verfolgung geschieht. Das gilt nicht nur für große auffällige Arten, sondern auch für kleine unscheinbare und gewiß auch solche, von deren Existenz man bisher kaum etwas wußte.
Bei manchen Arten ist der Kampf um ihre Rettung vergebens, bei anderen erfolgreich, und hier hat die IUCN bereits viel nützliche Arbeit geleistet, nicht nur durch zahlreiche Tiergehege, sondern auch durch aktive Unterstützung – künstliche Vermehrung und Züchtung der einzelnen Arten. So hat man in der UdSSR und in Polen von den Säugetieren den Auerochsen vor dem Aussterben bewahrt, ebenso das Przewalski-Pferd, dessen größte Herde im Zoologischen Garten in Prag lebt. Unter den Vögeln ist heute schon die Rettung der Hawaiigans ein klassisches Beispiel.
Die Herausgabe der „Roten Liste" durch die IUCN war ein weiterer wichtiger Schritt. Die Liste enthalt ein Verzeichnis aller bedrohten Arten. Sie informiert einerseits den Fachmann über die am meisten bedrohten Arten und klärt zugleich alle, die an der planmäßigen Umgestaltung der Landschaft mitwirken auf, welche Folgen ein Eingriff in den Lebensraum einer bedrohten Art haben kann.
Seit 1961 arbeitet ebenfalls in der Schweiz eine ähnliche Organisation für den Naturschutz, die sich WWF (World Wildlife Fund) nennt. Sie verfolgt ähnliche Ziele wie die IUCN, d. h. sie bemüht sich um den Schutz der Landschaft, der natürlichen Rohstoffe, und sie unterstützt alle, die auf diesem Gebiet arbeiten. Beide Organisationen haben jedoch die praktischen Aufgaben so aufgeteilt, daß IUCN sich um Fragen der Forschung sowie um Planung und Lenkung der Gesetzgebung kümmert, während die WWF mit Hilfe der nationalen Fachgruppen die Öffentlichkeitsarbeit und Aufklärung über den Naturschutz in die Hand nimmt. Dabei geht es besonders um den Schutz einiger Gebiete, die durch den Zivilisationsdruck in ihrer Existenz gefährdet sind.
Daneben sucht die WWF, die Mittel für eine internationale Unterstützung dieser Projekte zu beschaffen. Ohne internationale Unterstützung könnte man die Naturschutzprobleme nicht lösen. Davon zeugt auch eine der letzten Prognosen über die Gewinnung und Nutzung von natürlichen Rohstoffen und die Umweltverschmutzung. So gelangen zum Beispiel ca. 10 Millionen Tonnen Erdöl und Erdölprodukte in die Ozeane. Jede Tonne Erdöl bildet auf der Wasseroberfläche eine dünne, luftundurchlässige Schicht mit einer Ausdehnung von 12 km^2, so daß heute etwa 1/5 der Wasseroberfläche im Stillen Ozean durch einen Erdölfilm bedeckt ist. Ein weiteres Beispiel: In den letzten 30 Jahren ist in den USA die Verunreinigung von Wasser, Boden und Luft auf das Siebenfache gestiegen. Das Mississippi-Wasser ist mittlerweile so schlecht, daß selbst bei hundertfacher Verdünnung im Laufe eines Tages noch ein Fisch darin verendet. Durch Verbrennung fester Stoffe erhöht sich bis ins Jahr 2000 der Anteil des CO_2 in der Luft gegenüber 1970 um 25 %, was sich auf das gesamte Klima negativ auswirken kann.

Bild 28. In den unter Naturschutz gestellten Gebieten bleiben die Lebensgemeinschaften erhalten.

Die moderne Technik leistet eine wesentliche Hilfe, die Aufgaben, die mit dem Schutz des Lebensraumes verbunden sind, zu lösen. So konnte man mit Hilfe der Satelliten ERTS (Earth Resource Technology Satellite) Schäden feststellen, die durch Schwefeldioxid in Kanada auftreten. In jüngster Zeit prüft man die Reinheit der Luft durch Laser, einem Spitzenerzeugnis der Technik auf diesem Gebiet. Diese wenigen Beispiele zeigen, wie man die wissenschaftlich-technischen Errungenschaften auch im Naturschutz anwenden kann. Nur eine enge internationale Zusammenarbeit, über die Grenzen der Kontinente hinweg garantiert, daß eine gesunde Natur und ihr herrlichster Teil, die Wälder, den kommenden Generationen erhalten bleibt.

Literaturhinweise

Aichele, D., Hier find ich Deutschlands schönste Pflanzen. Stuttgart 1974
Aichele, D., Was blüht denn da? Stuttgart 1979
Aichele/Schwegler, Blumen der Alpen und der nordischen Länder. Stuttgart 1977
Aichele/Schwegler, Der Kosmos-Pflanzenführer. Stuttgart 1978
Aichele/Schwegler, Unsere Gräser. Stuttgart 1978
Aichele/Schwegler, Unsere Moos- und Farnpflanzen. Stuttgart 1978
Aichele/Schwegler, Welcher Baum ist das? Stuttgart 1976
Aichele/Schwegler, Wald und Forst. Stuttgart 1974
Amann, G., Pilze des Waldes. Melsungen 1962
Amann, G., Bäume und Sträucher des Waldes. Melsungen 1956
Amann, G., Kerfe des Waldes. Melsungen 1956
Andrew, John, Vögel erkennen-leicht gemacht. Stuttgart 1978
Bechyné, J. u. B., Welcher Käfer ist das? Stuttgart 1974
Bruun/Singer/König, Der Kosmos-Vogelführer. Stuttgart 1974
Cerny, Walter, Welcher Vogel ist das? Stuttgart 1977
Erhart/Kubicka/Svrcek, Der Kosmos-Pilzführer. Stuttgart 1979
Feininger F., Die wunderbare Welt der Bäume und Wälder 1968
Felix/Toman/Hisek, Der große Naturführer. Stuttgart 1977
Forster/Wohlfahrt, Die Schmetterlinge Mitteleuropas. Stuttgart
Friedrich, Ekkehard, Handbuch der Schmetterlinge. Stuttgart 1975
Frieling, Heinrich, Was fliegt denn da? Stuttgart 1977
Götting, F., Pflanzenbilder aus den Alpen. Wien 1938
Haas/Gossner, Pilze Mitteleuropas. Stuttgart 1978
Haas/Schrempp, Pilze, die nicht jeder kennt. Stuttgart 1973
Haas/Schrempp, Pilze in Wald und Flur. Stuttgart 1977
Hagemann/Egli, Botanik mit der Lupe. Stuttgart 1977
Hoeher, Siegfried, Vogelkinder und ihre Eltern. Stuttgart 1976
Illies, J., Wir beobachten und züchten Insekten. Stuttgart 1974
Jonsson, Lars, Vögel in Wald, Park, Garten. Stuttgart 1977
Krüssmann, G., Die Bäume Europas. Berlin-Hamburg 1968
Kult, Karel, Kosmos-Pilzfibel. Stuttgart 1978
Mebs, Theodor, Eulen und Käuze. Stuttgart 1977
Mebs, Theodor, Greifvögel Europas. Stuttgart 1978
Nilsson/Persson/Mossberg, Praktische Pilzkunde. Stuttgart 1978
Pfletschinger, Hans, Bunte Welt der Insekten. Stuttgart 1970
Pokorný, J., Sträucher und Hölzer. München 1974
Pursey, Helen, Wald- und Wiesenblumen. Stuttgart 1978
Rein/Zech, Wunderwelt der Schmetterlinge. Stuttgart 1975
Rüdt U., Heil- und Giftpflanzen. Stuttgart 1977
Schönfelder/Fischer, Welche Heilpflanze ist das? Stuttgart 1976
Smart, Paul, Kosmos-Enzyklopädie der Schmetterlinge. Stuttgart 1977
Warnecke, Georg, Welcher Schmetterling ist das? Stuttgart 1973
Zahradnik, J., Der Kosmos-Insektenführer. Stuttgart 1976
Zahradnik/Cihar, Der Kosmos-Tierführer. Stuttgart 1978
Zech, J., Bäume und Sträucher. Stuttgart 1977

Register der abgebildeten Arten